Christian Rausc

# Erfolgreiches Management internationaler Geschäftsbeziehungen

GABLER EDITION WISSENSCHAFT

Christian Rauscher

# Erfolgreiches Management internationaler Geschäftsbeziehungen

## Organisationstheoretische Grundlagen, Marketing und interkulturelle Aspekte

Mit einem Geleitwort von Prof. Dr. Reiner Springer

Deutscher Universitäts-Verlag

Bibliografische Information der Deutschen Bibliothek
Die Deutsche Bibliothek verzeichnet diese Publikation in der Deutschen Nationalbibliografie; detaillierte bibliografische Daten sind im Internet über <http://dnb.ddb.de> abrufbar.

Dissertation Wirtschaftsuniversität Wien, 2001

1. Auflage Oktober 2002



Lektorat: Brigitte Siegel / Nicole Schweitzer

Der Deutsche Universitäts-Verlag ist ein Unternehmen der Fachverlagsgruppe BertelsmannSpringer.
www.duv.de



Umschlaggestaltung: Regine Zimmer, Dipl.-Designerin, Frankfurt/Main

ISBN-13:978-3-8244-7645-9 e-ISBN-13:978-3-322-83474-4
DOI: 10.1007/978-3-322-83474-4

## Geleitwort

Mit fortschreitender Globalisierung wächst die Zahl der Unternehmen, die sich am internationalen Austausch beteiligen und zu diesem Zweck internationale Geschäftsbeziehungen eingehen. Die Strukturen und Risiken internationaler Geschäftsbeziehungen sind anderer Art und komplexer als jene nationaler Geschäftsbeziehungen, weil ein Beziehungsgeflecht zwischen institutionellen ökonomischen Akteuren aufgebaut werden muss, deren Handlungsweisen und Entscheidungsverhalten durch unterschiedliche Marketingumfeldbedingungen geprägt sind.

Welche Voraussetzungen und Faktoren begründen den Erfolg von internationalen Geschäftsbeziehungen? Genau dieser Fragestellung, die bisher in der Marketingliteratur kaum systematisch behandelt wurde, geht der Verfasser in der vorliegenden Schrift nach und eröffnet damit für das internationale Marketing ein neues Forschungsfeld.

Mit zunehmender Internationalisierung der Unternehmensaktivitäten unter den Bedingungen der Globalisierung ist diese Fragestellung sowohl von theoretischer als auch praktischer Relevanz. Dies insbesondere deshalb, weil sich mit der Globalisierung in hohem Tempo vielfältige Optionen für neue internationale Geschäftsbeziehungen eröffnen, die bei sich verschärfenden Wettbewerbsbedingungen ergebnisorientiert verhandelt und realisiert werden müssen. Sind nun jene Faktoren bekannt, die Zufriedenheit und Erfolg einer internationalen Geschäftsbeziehung begründen, dann können Geschäftsbeziehungen zielstrebig und bewusst durch das Management zum Erfolg geführt werden.

Im Ergebnis der Analyse internationaler Geschäftsbeziehungen aus organisationstheoretischer, marketingtheoretischer und interkultureller Sicht werden vom Autor 9 ökonomische und 11 nicht-ökonomische Zufriedenheitsfaktoren internationaler Geschäftsbeziehungen identifiziert. Neue Erkenntnisse vermittelt in diesem Zusammenhang vor allem die Analyse der internationalen Geschäftsbeziehungen als interkulturelles Beziehungsgeflecht. Der Verfasser zeigt auf, welche kulturbezogenen Determinanten die Zufriedenheit internationaler Geschäftsbeziehungen beeinflussen und präsentiert ein dynamisches Fünfschichtmodell der kulturellen Einflussfaktoren auf internationale Geschäftsbeziehungen. In diesem Modell werden fünf Kulturebenen unterschieden: Nationalkultur, Unternehmenskultur, Branchenkultur, Subkultur und internationale Geschäftsbeziehungskultur. Neu an diesem Ansatz ist die Einbindung von Branchenkultur und internationaler Geschäftsbeziehungskultur in die Verknüpfung verschiedener Kulturebenen. Mit der Kennzeichnung der Komplexität kulturbedingter Zufriedenheitsfaktoren internationaler Geschäftsbeziehungen werden gleichzeitig auch Möglichkeiten für ein erfolgsorientiertes Management der interkulturellen Dimension grenzüberschreitender Geschäftsbeziehungen aufgezeigt.

Die vorliegende Schrift geht von der Beobachtung aus, dass die Globalisierung eine zunehmende Verflechtung internationaler Geschäftstätigkeit von Unternehmen bedingt. Damit entwickeln sich notwendigerweise vielfältige internationale Geschäftsbeziehungen, deren Erfolg wesentlich von der Zufriedenheit der beteiligten Partner abhängt. Der Verfasser weist mit seiner Untersuchung erstmals und überzeugend nach, dass Zufriedenheit in einer Geschäftsbeziehung zu einer Grundvoraussetzung unternehmerischen Erfolgs wird. Neu ist weiters die differenzierte, mehrdimensionale Sicht auf das Konstrukt Zufriedenheit, wodurch es gelingt, die Komplexität der Zufriedenheitsfaktoren internationaler Geschäftsbeziehungen realitätsnah darzustellen. Insbesondere mit der Identifikation und Systematisierung jener Faktoren, welche die Zufriedenheit internationaler Geschäftsbeziehungen bedingen, hat der Verfasser einen herausragenden Beitrag zur Weiterentwicklung der theoretischen Einsichten über die erfolgsorientierte Anbahnung, Verhandlung und Realisierung von internationalen Geschäften geleistet. Sowohl Wissenschafter als auch Praktiker werden diese Schrift mit großem Erkenntnisgewinn lesen.

Univ.- Prof. Dr. Reiner Springer

# Vorwort

Wirtschaft ist Beziehung. Erfolgreiches Wirtschaften setzt demnach erfolgreiches Gestalten von Beziehungen voraus. Diese Überzeugung konnte sich im Konsumgüterbereich bereits gut etablieren. Zahlreiche Unternehmen bemühen sich aktiv um eine enge Beziehung zu ihren Kunden; um eine Beziehung die auf einem lebendigen Austauschverhältnis basiert und in der beide Partner profitieren. Wissenschafter erforschen die Vorzüge von Kundenbindungsprogrammen und von Kundenloyalität. Über die blosse Zufriedenstellung der Kunden braucht man sich also keine Gedanken mehr zu machen?

Doch in der Realität ärgert sich der Autor über zahlreiche fehlgeschlagene Versuche einen Internetanschluss bei seinem Telefonanbieter zu erhalten und erhält im Call Center die Auskunft er möge doch via Internetrecherche seine Fragen selbst beantworten, sammelt als Mitglied des VIP Kundenclubs „treu" Bonuspunkte bei seiner Bank die in den vergangenen zehn Jahren keine einzige nutzenstiftende Information von sich aus erteilt hätte und „freut" sich über Geburtstagskarten des Möbelhauses bei dem die Lieferzeiten dreimal so lange dauern wie vereinbart. Diese Unternehmen täten gut daran nicht vorschnell Kundenbegeisterung zu propagieren wo Zufriedenheit noch nicht annähernd erreicht ist.

Aber auch im Industriegüterbereich, der stets von individuellen Anbieter-Kunde Beziehungen geprägt war, ist Kundenzufriedenheit keine Selbstverständlichkeit. Nach Hinweisen zur optimalen Gestaltung von Geschäftsbeziehungen sucht man in der Literatur vergebens. Verschärfend kommt hinzu, dass B2B Geschäftsbeziehungen häufig grenzüberschreitenden Charakter aufweisen und damit zusätzliche, unbekannte Größen des kulturellen Umfeldes zu berücksichtigen sind. In vorliegender Arbeit beschreibe ich jene Faktoren, die über Erfolg oder Misserfolg einer internationalen Geschäftsbeziehung entscheiden. Aufgrund der Spezifika des Industriegüterbereichs bezieht sich das Konstrukt der Kundenzufriedenheit auf die (gesamte) Beziehung zwischen Anbieter und Kunde und nicht auf eine einzelne Transaktion. Somit bleibt die Erreichung und Sicherstellung der Zufriedenheit des Kunden immer noch die zentrale Aufgabe jedes Marketingverantwortlichen.

Wer über Zufriedenheit in Beziehungen forscht, muss auch in seinem persönlichen Umfeld auf eben diese achten. Das Abfassen einer Dissertation kann einige „Transaktionsepisoden" mit der Familie und Freunden belasten, insbesondere wenn der Forschungsfortschritt nicht wie gewünscht verläuft. Daher möchte ich mich für viele wichtige Anregungen und Ideen zu meiner Dissertation und insbesondere dafür, dass ich in den vergangenen Jahren nicht nur geforscht habe, bei meinen Freunden und Kollegen bedanken. Besonderer Dank gilt meinem Doktorvater Prof. Reiner Springer, der mich als Mitarbeiter an der Wirtschaftsuniversität Wien aufgenommen hat und mir die Möglichkeit bot, ein für das Institut für Betriebswirtschaftslehre des Außenhandels untypisches Thema zu bearbeiten, sowie meinem Zweitbegutachter Prof. Reinhard Moser der mit einer gesunden Portion kritischer Distanz meinem Forschungsthema gegenüberstand. Eine besonders schöne und innige Beziehung verbindet mich mit meinen Eltern Gerda und Helmut, die in mich unerschütterliches Vertrauen investierten und mir ein besonders kostbares Gut mit auf den Weg gaben: Lebensfreude und Optimismus. Im Zentrum all meiner Beziehungen steht Barbara, deren Liebe, Zielstrebigkeit und Elan mir zugleich Ansporn als auch Vorbild sind.

Dr. Christian Rauscher

# Inhaltsübersicht

# Inhaltsverzeichnis

# Abbildungsverzeichnis

# Tabellenverzeichnis

## Abkürzungsverzeichnis

| | |
|---|---|
| Anm. | Anmerkung |
| BOT | Build-operate-transfer (Vertrag) |
| bspw. | beispielsweise |
| bzw. | beziehungsweise |
| ca. | cirka |
| C/D | Confirmation/Disconfirmation |
| C/L | Comparison Level |
| d.h. | das heißt |
| DMU | Decision Making Unit |
| et al. | und andere |
| EZ | Einzelzufriedenheit |
| f | folgende |
| ff | fortfolgende |
| GM | General Motors |
| GZ | Gesamtzufriedenheit |
| Hrsg. | Herausgeber |
| JIT | Just-in-Time |
| IMP | International Marketing and Purchasing Group |
| Kap. | Kapitel |
| LISREL | Linear Structural Relationships |
| Mio. | Millionen |
| OEM | Original Equipment Manufacturer |
| R | Reaktion |
| RM | Relationship Marketing |
| S | Stimulus |
| usw. | und so weiter |
| Verf. | Verfasser |
| vgl. | vergleiche |
| z.B. | zum Beispiel |

***'To attain knowledge***
***add something every day,***

***to attain wisdom***
***remove something every day.'***
(Chinesische Weisheit)

# 1 Einführung in den Problembereich der Arbeit

„There is only one valid definition of business purpose: to create a satisfied customer. It is the customer who determines what the business is."[1] Was DRUCKER bereits 1967 so knapp formulierte, besitzt heute mehr Aktualität denn je. Globalisierungsprozesse führen zu mannigfachen Herausforderungen für wirtschaftliche Organisationen. Der Aufbau und Erhalt zufriedenstellender internationaler Geschäftsbeziehungen wird zu einer zentralen Voraussetzung für ökonomischen Erfolg. Die vorliegende Arbeit identifiziert auf Basis einer organisationstheoretischen-, marketingtheoretischen- und interkulturellen Betrachtungsweise jene Faktoren, welche dabei zu beachten sind.

## 1.1 Problemhintergrund

Keine Entwicklung hat das betriebswirtschaftliche Umfeld einzelner Unternehmen nach dem zweiten Weltkrieg so geprägt, wie jene, die mit dem Schlagwort der „Globalisierung" bzw. der „Internationalisierung" beschrieben wird.[2] Häufig wird bereits von der Welt als globales Dorf gesprochen. „The peoples of different nations are interconnected more closely than they have ever been. Technology has been a leading force in bringing about this enhanced integration around the globe. Information and communication technology have increased our knowledge of the people of other nations; they have made it possible to interact with and influence

[1] Drucker (Management) 37

[2] Perlitz (Management) 1

each other more than ever before in history of humankind."[1] Diese Entwicklung verursacht auf Unternehmensebene eine **zunehmende Verflechtung** nationaler sowie internationaler Aktivität, welche häufig zu **internationalen Geschäftsbeziehungen** führen. Darunter sollen **Interaktionen** zwischen **institutionellen ökonomischen Akteuren unterschiedlicher Nationen**, welche sich über einen **längeren Zeitraum** erstrecken, verstanden werden.[2]

Die Vorteile effizienter und stabiler Geschäftsbeziehungen sind groß und können zunächst sehr grob in zwei Kategorien unterteilt werden: Wettbewerbsvorteile und Kosteneinsparungen. Diese resultieren auf Seite der Kunden vor allem aus höherer Liefersicherheit verbunden mit geringerem Kontrollaufwand und auf Lieferantenseite aus besserer Kapazitätsauslastung, verringerter Lagerhaltung und der Verminderung der Gefahr opportunistischen Verhaltens.[3] Zusätzlich erhöht sich die Kundenorientierung und damit die Reaktionsgeschwindigkeit auf Markt- bzw. Präferenzänderungen. GUNDLACH, ACHROL und MENTZER stellen fest, dass „A benefit of long-term relationships is that they reduce turnover and eliminate the search and startup costs of frequently dealing with new parties. They also economize on learning costs and experience effects. They require simpler governance structures and monitoring systems and provide a host of efficiencies stemming from flexibility, adaptability, and reduced role ambiguity."[4]

**Zufriedenstellende internationale Geschäftsbeziehungen** werden zunehmend zur *conditio sine qua non* **unternehmerischen Erfolges**. „Gerade in Bereichen, in denen die Massenkommunikationsmittel nicht wirken, also vorwiegend im Business to Business Bereich, spielt die Beziehung zwischen Anbieter und Kunden eine entscheidende Rolle für den Unternehmenserfolg."[5]

Dieser Feststellung entspricht die gegenwärtige wissenschaftliche Marketingliteratur. Die Fachliteratur setzt sich intensiv mit einem **Perspektivenwechsel** auseinander.

---

[1] Doktor/Tung/Von Glinow (International Dimensions) 259

[2] Mauritz (Geschäftsbeziehung) VII

[3] Homburg/Kiedaisch (Geschäftsbeziehungen) 23 und die dort zitierte Literatur

[4] Gundlach/Achrol/Mentzer (Commitment) 80

[5] Harnischfeger (Relations) 15

Die Kundentransaktion wird nicht mehr als das Ziel der Marketingbemühungen verstanden, sondern vielmehr als der Beginn einer langfristigen Beziehung gesehen.[1] Vor allem Veränderungen im Bereich der Technologie führen zu einer Marketingkonzeption, welche auf individuelle Kunden fokussiert und versucht, möglichst alle Problembereiche der einzelnen Kunden zu lösen. Dies bedingt häufig ein Abgehen vom herkömmlichen Produkt- und Dienstleistungsprogramm, welches auf ein breites Kundenspektrum ausgerichtet war, zugunsten der intensiveren Bearbeitung einer isolierten Zahl an Kunden. Diesen veränderten Fokus des Marketing zeigt nachfolgende Abbildung.

**Abbildung 1: Geschäftsbeziehungsmanagement – veränderter Marketingfokus**

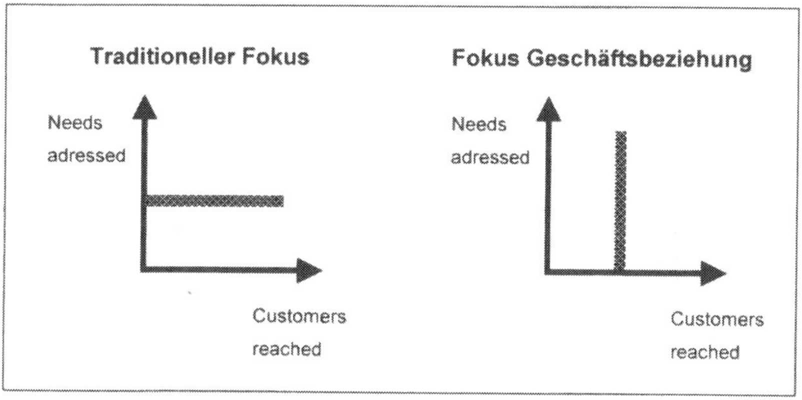


Quelle: Darstellung in Anlehnung an
Rogers/Pepper (Relationship Marketing) Section IV, 2

Dieser Trend ist besonders stark im **Investitionsgütermarketing** zu beobachten. Das Investitionsgütermarketing als Führungsansatz verstanden zielt auf die konsequente Ausrichtung aller Unternehmensaktivitäten auf die Markterfordernisse, mit dem Ziel der Schaffung eines komparativen Konkurrenzvorteils[2] ab. Da sich Wettbewerbsvorteile nur durch überlegenen **Kundennutzen** realisieren lassen, ist es unmittelbar einleuchtend, dass sich die Managementaufgaben immer auf die Ressource „Kunde" beziehen müssen. Letztere ist im Industriegütermarketing nicht

[1] Wehrli (Beziehungsmarketing) 234

[2] Backhaus (Industriegütermarketing) 37

eine anonyme Masse, sondern meist eine **eingrenzbare Menge an Organisationen**. „Der Verlust eines Kunden, der im Konsumgütermarketing in der Regel ohne nachhaltige ökonomische Folgen für eine Unternehmung ist, kann im vielfach durch langfristige Geschäftsbeziehungen geprägten Investitionsgütergeschäft den Unternehmenserfolg ernsthaft gefährden."[1] Industrieelle Märkte bestehen somit nicht aus einer Vielzahl unbedeutender Kunden, sondern aus Nachfragern, die aufgrund ihrer Größe den Anbietern aktiv entgegentreten. Das Machtverhältnis ist daher zumeist symmetrischer als in Konsumgütermärkten.[2] „Zufriedene Kunden zu schaffen, erscheint somit eine notwendige Bedingung für das Überleben der Unternehmung."[3]

**Zufriedenheit** mit der Leistung beinhaltet sowohl **produktspezifische Faktoren** als auch Aspekte, die **nicht unmittelbar dem Produkt zuzuordnen** sind. Dem entsprechend müssen Geschäftspartner, vor allem der Verkäufer, einen hohen Grad an Zufriedenheit für alle wesentlichen Elemente des geschäftlichen Vorgangs garantieren. Aber auch Käufer müssen die Notwendigkeiten des Geschäfts ihrer Partner berücksichtigen, sonst geraten sie selbst in Schwierigkeiten. Ein anschauliches Beispiel dazu schildert WILSON.[4] General Motors verfolgte zu Beginn der 90iger Jahre unter der Leitung von Ignacio Lopez im Einkauf eine extreme Politik der Kosteneinsparung. Das Ergebnis waren zunächst einerseits beachtliche Einsparungen bei General Motors, anderseits jedoch auch in größte Schwierigkeiten gebrachte Zulieferer. Die bedrohlichen Folgen für General Motors zeigten sich jedoch darin, dass die Zulieferer nur mehr Teile gemäß GM - Spezifikation anboten und nicht mehr gemeinsam mit General Motors entwickelten. Schließlich präsentierten einige Zulieferer ihre neuen Entwicklungen nicht mehr bei GM, da sie befürchteten, dass mit ihren Zeichnungen nur mehr der Billigstbieter gesucht würde. Schließlich ließ die Innovationskraft und damit die Konkurrenzfähigkeit von GM gefährlich nach. Das Beispiel zeigt deutlich, dass mangelndes Vertrauen in den Geschäftspartner – und damit einhergehend das Gefühl der Unzufriedenheit in der Geschäftsbeziehung – zu dramatischen Konsequenzen für beide Partner führen kann.

---

[1] Meffert (Kundenorientierung) 74

[2] Werani (Geschäftsbeziehungen) 1

[3] Plinke (Marktorientierung) 833

[4] Wilson (Model) 338

Geht es um die Zufriedenheit in Geschäftsbeziehungen, so deckt die optimale Ausrichtung des Marketing Mix Instrumentariums nur einen Teilbereich ab. Zusätzlich müssen **soziale Aspekte** berücksichtig werden. „As the marketing paradigm shifts to one in which social determinants of behavior such as trust and commitment play even more important role, researchers are going to be faced with the problem of dealing with very complex, overlapping, amorphous, and often ambigious constructs."[1] Darin liegt einer der Hauptgründe, warum trotz zunehmender Bedeutung der Kundenzufriedenheit im Investitionsgütermarketing nur eine zögerliche Auseinandersetzung im Bereich der Wissenschaft stattfindet. MEFFERT sieht in der **Komplexität der Zufriedenheitsforschung** im Business - to - Business Bereich den Grund für die mangelhafte theoretische Durchdringung. Wie die nachfolgende Abbildung zeigt, resultiert die Komplexität aus drei einander überlagernden Problemkreisen.

**Abbildung 2: Besonderheiten der Zufriedenheitsforschung im Investitionsgütermarketing**

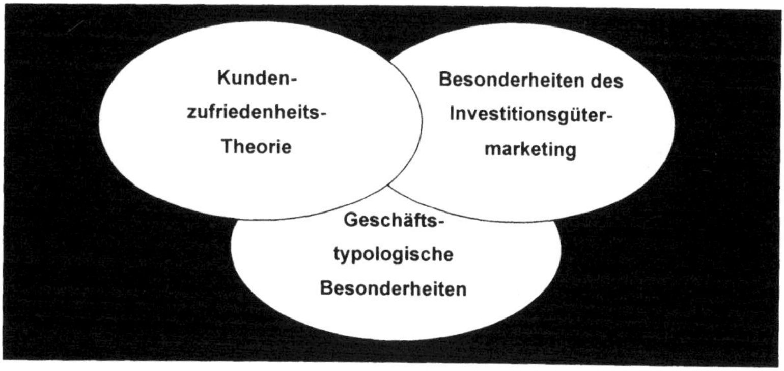


Quelle: eigene Darstellung nach Meffert (Kundenorientierung) 87ff

Wie in vorliegender Arbeit noch zu zeigen ist,[2] bestehen zahlreiche **Probleme im Bereich der Zufriedenheitsforschung** generell, welche bereits bei der Begriffsdefinition beginnen und sich über die Instrumentalebene hin zum Messdesign erstrecken. Als **Besonderheiten des Investitionsgütermarketings** können insbesondere die Multipersonalität und die Dynamik innerhalb einer langfristigen

---

[1] Gundlach/Achrol/Mentzer (Commitment) 79

[2] vgl. Kapitel 5

Geschäftsbeziehung genannt werden. Schlussendlich ergeben sich aufgrund **geschäftstypologischer Besonderheiten** Probleme im Bereich der Zufriedenheitsmessung, bspw. in der Suche nach einer geeigneten Gewichtung von Prozess- und Ergebnisdimension.[1]

Auf eine weitere Problemstellung verweisen HENNIG-THURAU und HANSEN, indem sie festhalten, dass „(...) we can expect there to be serious differences between domestic and international business relationships."[2] Die Autoren vermuten zwei weitere Schlüsselherausforderungen der Marketingforschung: **Kultur als maßgeblicher Einflussfaktor** der Wahrnehmung in einer Beziehung einerseits und die **Qualitätsanforderungen transnationaler Partner** anderseits.

Somit muss ein weiterer Aspekt berücksichtigt werden. Betriebswirtschaftliche Globalisierungsprozesse folgen ökonomischen Sachzwängen. „Ein solcher ökonomischer Entwicklungsdruck zielt auf die Ausweitung von Wirtschaftsräumen, den schnellen Transfer von Technologie, die kosten- und zeitgünstige Verfügbarkeit von Ressourcen, die Realisierung von Massenproduktionsvorteilen und die Omnipräsenz des Angebots. Bei diesem Wettlauf geht es um quantitatives Wachstum."[3] Eine Herausforderung des globalen Wettbewerbs lautet somit <**Erhöhung der kritischen Wettbewerbsmasse**> und damit des Handlungsvolumens **durch unternehmerisches Wachstum**. Die zunehmende Bedeutung strategischer Allianzen, Unternehmenskooperationen, internationaler Joint Ventures sowie Mergers&Acquisitions weist in diese Richtung.

Für das Management international agierender Unternehmen erwächst jedoch zusätzlich ein zweites Spannungsfeld. Neben der Bewältigung von Wachstumssprüngen zur Erhöhung der „kritischen Wettbewerbsmasse" geht es um die Entwicklung der Fähigkeiten, sich auf globalen Märkten zurechtzufinden. Wie nachfolgende Abbildung zeigt, gilt es neben **Handlungsvolumen** zusätzlich **Handlungskompetenz** (oder innere Größe) aufzubauen.[4]

---

[1] Meffert (Kundenorientierung) 87ff

[2] Hennig-Thurau/Hansen (Relationship) 14

[3] Kliemecki/Probst (Interkulturelles) 3

[4] Kliemecki/Probst (Interkulturelles) 3

**Abbildung 3: Zusammenhang quantitativen und qualitativen Wachstums**

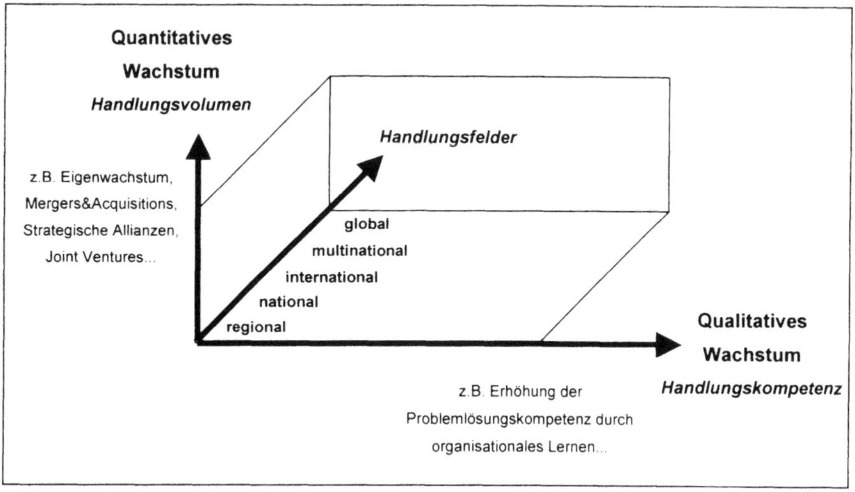


Quelle: Kliemecki/Probst (Interkulturelles) 4

Aufgrund der Expansion der **Handlungsfelder** über Ländergrenzen hinweg steigt auch das **Ausmaß kultureller Unterschiede** und damit das differenzierte Erleben und Handeln derjenigen Akteure, welche an einer Geschäftsbeziehung beteiligt sind. Da Geschäftsbeziehungen stets Kommunikation, Koordination und Planung erfordern, steigen mit zunehmend internationalen Kontakten und Beziehungen die Anforderungen an die Beteiligten deutlich. Sind sich letztere nicht der kulturellen Komplexität ihrer Situation bewusst, führt dies unweigerlich zu Fehlinterpretationen und zu Handlungsfehlern.[1]

Die vorliegende Arbeit verfolgt das Ziel, auf Basis einer organisationstheoretischen-, marketingtheoretischen- und interkulturellen Betrachtungsweise, Zufriedenheitsfaktoren internationaler Geschäftsbeziehungen zu identifizieren. Sie stellt damit einen Beitrag zum Aufbau von **Handlungskompetenz** dar und widmet sich der Frage qualitativen Wachstums.

[1] Mauritz (Geschäftsbeziehung) 1

## 1.2 Zentrale Fragestellung

Die langfristige Entwicklung von Unternehmen bzw. deren strategische Wettbewerbsposition ist von der Qualität und Intensität der nationalen als auch internationalen Geschäftsbeziehungen abhängig.[1] Wenn als Unternehmensziel ganz allgemein die nachhaltige Integration in ein wertgenerierendes Netzwerk[2] formuliert werden kann, so drängt sich unweigerlich die Frage nach der Qualität der Einzelbeziehungen auf. Diese Frage wurde bislang vorrangig auf nationaler Ebene untersucht.[3] Die vorliegende Forschungsarbeit leistet hingegen einen Beitrag zum besseren Verständnis jener Faktoren, die für die Zufriedenheit in internationalen Geschäftsbeziehungen verantwortlich sind, indem sie folgende zentrale Fragestellung untersucht:

**Welche Faktoren sind für die Herausbildung von Zufriedenheitsurteilen in internationalen Geschäftsbeziehungen verantwortlich?**

Zur Beantwortung dieser forschungsleitenden Frage stellen sich weitere **Unterfragen**, welche jeweils in Form von Hauptkapitel bearbeitet werden.

Zunächst gilt es zu klären, ob die Ausgangsbeobachtung vorliegender Arbeit zutreffend ist. Somit ist die **Prämisse zu überprüfen**, ob Unternehmen Geschäftsbeziehungen eingehen und, im Falle einer positiven Antwort, die Frage zu untersuchen, welche Besonderheiten den Austausch in Beziehungen von diskreten Transaktionen abgrenzen. Diese Frage ist keineswegs besonders innovativ, wie das bereits 1975 von BAGOZZI getroffene Zitat belegt. Der Autor geht in einem marketingtheoretischen Aufsatz den Fragen nach: „(1) Why do people and organizations engage in exchange relationships? And (2) How are exchanges created, resolved, or avoided?“[4] Neu hingegen ist die Bedeutung und das dramatisch

---

[1] Wehrli (Beziehungsmarketing) 236

[2] Wehrli (Beziehungsmarketing) 235

[3] Homburg/Kiedaisch (Geschäftsbeziehungen) 22

[4] Bagozzi (Exchange) 32

gestiegene Interesse, welches der Beantwortung der Frage zukommt.

Doch eine Konzentration auf die Marketingperspektive allein, scheint zur Beantwortung der forschungsleitenden Frage nicht ausreichend. Zu Recht verweisen HALLEN, JOHANSON und SEYED-MOHAMED darauf, dass „Exchange is one of the core concepts in marketing theory, but exchange as a central feature in relationships is not exclusively a marketing theory conception."[1] Derselben Auffassung folgen CANNON und PERREAULT, welche festhalten „Therefore, to provide a comprehensive representation of buyer-seller relationships, we draw on multiple theories (...)."[2] Will man die Frage nach den Faktoren, welche Zufriedenheit in internationalen Geschäftsbeziehungen bedingen umfassend beantworten, bedarf es neben der Untersuchung der Nutzenerwartung (als zentrale Aufgabe des Marketing) auch einer Untersuchung der Motive und der Einflussfaktoren auf internationale Beziehungen.

Die **erste Unterfrage** beschäftigt sich demnach mit den **Motiven**, die **zweite** mit den **Nutzenerwartungen**, welche an die Knüpfung von Geschäftsbeziehungen gestellt werden. Dabei geht es um die Frage nach dem Grund für die Entstehung internationaler Geschäftsbeziehungen, oder konkret formuliert: Warum entstehen Geschäftsbeziehungen und welche Nutzerwartungen knüpfen die Geschäftpartner an die Beziehung?

Schließlich gilt es herauszufinden, wie **kulturelle Faktoren Einfluss** auf internationale Geschäftsbeziehungen ausüben. Dazu ist jedoch folgende Abgrenzung der forschungsleitenden Frage durchzuführen. Internationale Geschäftsbeziehungen existieren nicht losgelöst von einem Umfeld. Dementsprechend ist festzuhalten, dass Faktoren, welche **auf** internationale Geschäftsbeziehungen einwirken von solchen, welche **innerhalb** der Geschäftsbeziehung wirken, zu unterscheiden sind. Vorliegende Dissertation beschäftigt sich vorrangig mit der zweiten Gruppe von Faktoren. Dies erklärt auch die Formulierung der forschungsleitenden Frage, welche explizit von „Zufriedenheitsurteilen **in** internationalen Geschäftsbeziehungen" spricht. Nachfolgend interessieren nicht so sehr Faktoren

[1] Hallen/Johanson/Seyed-Mohamed (Adaptataion) 29

[2] Cannon/Perreault (Buyer-Seller Relationships) 441

aus dem Umfeld der Geschäftsbeziehung (bspw. bereits als Frage formuliert: Wie zufrieden sind Sie mit dem politischen Umfeld Ihres Geschäftspartners?, Wie zufrieden sind Sie mit dem ökonomischen Umfeld Ihres Geschäftspartners? etc.), sondern primär Faktoren, welche einer **„Innenperspektive"** der Geschäftsbeziehung entspringen (bspw. Wie zufrieden sind Sie mit der Einhaltung von Leistungsversprechen durch den Geschäftspartner? Wie zufrieden sind Sie mit der Vertrauenswürdigkeit des Geschäftspartners? etc.). Trotzdem findet der Faktor Kultur in vorliegender Arbeit Berücksichtigung, da er in Form der Nationalkultur zunächst eine externe Größe darstellt, sich jedoch in Form der Beziehungskultur, welche zwischen den Partnern entstehen kann, zu einem internen Faktor entwickelt. [1]

Diese **Abgrenzung** erscheint aus zweierlei Gründen erforderlich. Erstens vermindert sie das Risiko, auf eine allzu „unscharfe" und „breite" Problemstellung zu fokussieren, sowie den Leser mit wohlbekannten Umfeldanalyseinstrumenten zu konfrontieren.[2] Zweitens folgt die Arbeit einem Begriffsverständnis von Beziehung, welches zentrale Aspekte der Partnerschaft deutlich höher gewichtet, denn Faktoren, welche außerhalb der Beziehung liegen. Anders formuliert: Die Arbeit entspringt der Überzeugung, dass es möglich ist, zufriedenstellende Geschäftsbeziehungen mit Partnern aus allen Ländern der Welt einzugehen, unabhängig des politischen, rechtlichen oder ökonomischen Umfeldes. Unbestritten bleibt jedoch, dass das Umfeld insbesondere in frühen Phasen internationaler Geschäftsbeziehungen den Prozess der Anbahnung deutlich erschweren kann.

---

[1] siehe Kapitel 4

[2] siehe dazu bspw. Albaum/Strandskov/Duerr (Internationales Marketing) 83ff, Kreikebaum (Unternehmensplanung) 32ff, Meffert (Marketing) 27ff

Nachfolgende Abbildung bietet einen Überblick des Zusammenspiels der drei Unterfragen mit der forschungsleitenden Frage.

**Abbildung 4: Forschungsleitende Frage, Prämissenprüfung sowie Unterfragen**

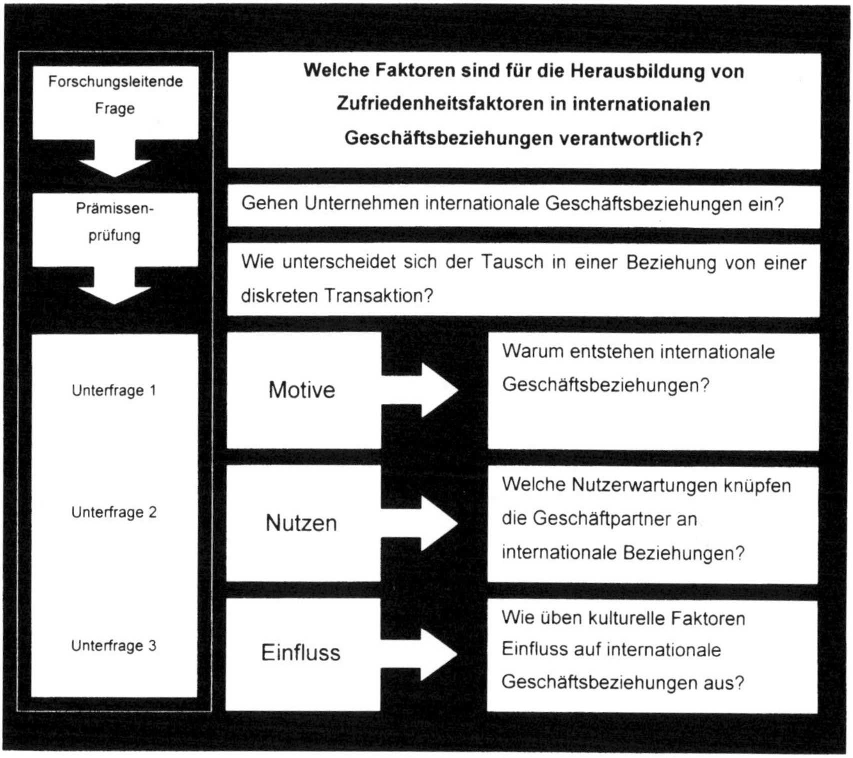


Ergänzend zu den bislang dargestellten Unterfragen gilt es zu klären, was unter Zufriedenheit verstanden wird, **wie Zufriedenheit konzipiert** und **gemessen** werden kann und **welche Verhaltensalternativen Kunden bei (Un-) Zufriedenheit** zur Verfügung stehen. Die Beantwortung dieser Fragen ermöglicht die praktische Umsetzung der literaturgestützt abgeleiteten Faktoren der Zufriedenheit und liefert den Akteuren in der Wirtschaft wertvolle Hinweise zum Management internationaler Beziehungen.

## 1.3 Zielsetzung und Aufbau der Arbeit

Ziel der vorliegenden Dissertation ist die Ableitung jener Faktoren, welche die Zufriedenheit der Geschäftspartner in internationalen Geschäftsbeziehungen bedingen. Dazu soll literaturgestützt ein **Bezugsrahmen** (der Form eines Kausalmodells folgend) entwickelt werden. „Allgemein werden als theoretische, gedankliche oder konzeptionelle Bezugsrahmen (...) Aussagensysteme bezeichnet, die von ihrer logischen Konsistenz und Operationalität her nicht den strengen Anforderungen an ein Hypothesensystem genügen."[1] Somit werden Bezugsrahmen vorrangig in der explorativen Forschung eingesetzt, welche in weiterer Folge die Grundlage für hypothesenprüfende Arbeiten bilden können.

Diesen Anspruch verfolgt die vorliegende Arbeit. Das zu entwickelnde Kausalmodell soll als **provisorisches Gedankengebäude** verstanden werden, welchem **vorläufiger Charakter** zukommt. Es verfolgt den Zweck der Strukturierung und übersichtlichen Darstellung, nicht der Operationalisierung der Wirkungszusammenhänge der einzelnen Zufriedenheitsfaktoren untereinander, noch der exakten Ausformulierung in Form von Indikatoren, welche wiederum als Basis für einen Fragebogen dienen könnten. Dabei basiert das Modell auf vorangehenden Einzelanalysen internationaler Geschäftsbeziehungen als organisationstheoretisches-, marketingtheoretisches- und interkulturelles Problem.

Daraus ergibt sich der konkrete **Aufbau der Arbeit**. Die vorliegende Dissertation gliedert sich in sieben Hauptkapitel.

**Kapitel 1** bemüht sich um eine **Einführung in den Problembereich** der Arbeit. Dabei wird aufgezeigt, dass der Prozess der Globalisierung mit einer zunehmenden Verflechtung der wirtschaftlichen Beziehungen zwischen einzelnen Nationen (oder gesamten Wirtschaftssystemen) einhergeht. Auf der Ebene unternehmerischer Handlungen bedingt die zunehmende Verflechtung der Wirtschaftsräume das Entstehen internationaler Geschäftsbeziehungen. Wenn somit die langfristige Entwicklung von Unternehmen von der Qualität und Intensität internationaler Be-

[1] Kubicek (Bezugsrahmen) 17f

ziehungen abhängt, stellt sich unweigerlich die Frage nach den Faktoren, welche für die Herausbildung von Zufriedenheitsurteilen in internationalen Geschäftsbeziehungen verantwortlich sind. Ziel der Arbeit ist die Identifikation dieser Faktoren, sowie die Darstellung in Form eines Bezugsrahmens. Eine Begriffsbestimmung des zentralen Untersuchungsobjektes der internationalen Geschäftsbeziehung beschließt die Einführung in den Problembereich.

**Kapitel 2** beschäftigt sich mit dem Untersuchungsobjekt aus **organisationstheoretischer Sicht**. Dabei wird der Frage nach den Motiven und Gründen für die Entstehung internationaler Geschäftsbeziehungen nachgegangen. Ganz allgemein formuliert untersucht dieses Kapitel die Frage, unter welchen Bedingungen Organisationen internationale Geschäftsbeziehungen eingehen und wie diese zur Erreichung der Organisationsziele beitragen können. Da eine Vielzahl unterschiedlicher Organisationstheorien wertvolle, jedoch nicht vollständige Erklärungen leisten, erfolgt eine Untergliederung in drei Gruppen:

- **Neue Institutionenökonomische Theorien** (Kap. 2.1): Zu dieser Gruppe zählen die Transaktionskostentheorie, die Prinzipal-Agenten-Theorie und die Property Rights Theorie. Im Mittelpunkt der Theorien steht die Analyse von Institutionen, in deren Rahmen der ökonomische Austausch vollzogen wird. Von unterschiedlichen Blickwinkeln abgesehen, sind deren gemeinsame Themen Kosteneinsparung und Effizienzoptimierung. Sollen internationale Geschäftsbeziehungen hingegen stärker unter dem Aspekt der Wettbewerbsvorteile beleuchtet werden, so bietet der, aus der Neuen Institutionenökonomie entwickelte Industrieökonomische Ansatz einen Analyserahmen in Form des „Structure-Conduct Performance“ Paradigmas.

- **Interorganisationstheorien** (Kap. 2.2): Die Gruppe der Interorganisationstheorien bezieht stärker den Aspekt der Umwelt in ihre Betrachtung mit ein. Die Theorien konzentrieren sich vor allem auf die Analyse gegenseitiger Abhängigkeit von Organisationen aufgrund des Mangels an Ressourcen aller Art. Zu den Interorganisationstheorien gehören die Spieltheorie, die Soziale Austauschtheorie sowie die Resource-Dependence Theorie, wobei die Spieltheorie als Bindeglied zu den Neuen Institutionenökonomischen Theorien verstanden werden kann.

- **Politökonomische Theorien** (Kap. 2.3): Das dominierende Thema der dritten Gruppe, der Politökonomischen Theorien, ist Ungewissheit und somit die Frage, in welcher Form Einflüsse aus der Umwelt auf die Organisation entschärft bzw. beherrscht sowie genutzt werden können. Zu diesen - aus Sichtweise der Systemtheorie entwickelten - Ansätzen gehören institutionalistische Ansätze, der Population Ecology Ansatz, die Kontingenztheorie und die Konsistenztheorie.

Die zentralen Aussagen der einzelnen Theorien werden zunächst jeweils in Tabellenform übersichtlich aufbereitet und schließlich in einem Zwischenergebnis (Kap. 2.4) zusammengeführt.

**Kapitel 3** beschäftigt sich mit dem Untersuchungsobjekt aus einer **Marketingsichtweise**. Dabei wird klar ersichtlich, dass die Gestaltung der Beziehungen zu den Kunden ein zentrales und aktuelles Aufgabengebiet des Marketing, insbesondere des Relationship Marketing Ansatzes darstellt. In der bislang dominierenden Theorie von Angebot und Nachfrage fehlt der Aspekt der menschlichen Interaktion. Doch in der Realität sind diskrete Transaktionen, ohne Vergangenheit und Zukunft, kaum anzutreffen. Die Aufgabe für Unternehmen besteht nun darin, einzelne Kundentransaktionen in interaktive Beziehungen umzuwandeln, den Austausch in Beziehungen zu gestalten und auszubauen und die Marketingaktivitäten der strategischen Partner aufeinander abzustimmen (Kap. 3.1.1). Relationship Marketing richtet sich an eine Vielzahl unterschiedlicher Anspruchsgruppen (Kap. 3.1.2) und umfasst verschiedene Formen von Beziehungen (Kap. 3.1.3). In der vorliegenden Arbeit wird Geschäftsbeziehungsmarketing als eine Teilaufgabe des Relationship Marketing verstanden. Geschäftsbeziehungsmarketing richtet sich an Kunden aus dem Investitionsgüterbereich und hat auf deren Besonderheiten Rücksicht zu nehmen (Kap. 3.2). Diese Besonderheiten, wie bspw. die vergleichsweise geringe Anzahl der Marktteilnehmer, der abgeleitete Bedarf industrieller Nachfrage, der Verkauf nicht standardisierter Produkte oder Dienstleistungen führten bereits sehr früh zur Entwicklung von Interaktionsansätzen, welche auch im Mittelpunkt der

Relationship Marketing Theorie stehen (Kap. 3.2.1 und 3.2.2). Ein Zwischenergebnis sichert den Erkenntnisfortschritt (Kap. 3.3).

**Kapitel 4** beschäftigt sich mit dem Untersuchungsobjekt aus **interkultureller Perspektive**. Dabei erfolgt zunächst eine Auseinandersetzung mit den Begriffen der Kultur und Wirtschaft. Der Begriff der Kultur wird definiert und eine idealistisch-organische Sichtweise eingenommen (Kap. 4.1). Der Idealismus basiert auf der Annahme, dass Wirklichkeit nur als rein geistiges Sein existiert und Materie dessen Erscheinungsform ist. Die organische Sichtweise basiert auf der Annahme der Untrennbarkeit von Kultur und den Bedingungen des Lebens von Menschen. Kerninhalt von Kapitel vier ist die Entwicklung eines eigenständigen Schichtmodells der kulturellen Einflussfaktoren auf internationale Geschäftsbeziehungen (Kap. 4.2). Als Einflussgrößen auf internationale Geschäftsbeziehungen werden Nationalkultur (Kap. 4.2.1), Branchenkultur (Kap. 4.2.2) sowie Unternehmens- und Subkulturen (Kap. 4.2.3) identifiziert. Schließlich entsteht an der Schnittstelle zwischen den beiden interagierenden Unternehmen eine gemeinsame Kultur, welche als Beziehungskultur bezeichnet wird (Kap. 4.2.4). Das derart entwickelte dynamische Fünf-Schicht Modell zur Analyse des Einflusses von Kultur auf internationale Geschäftsbeziehungen bietet die Möglichkeit der Konzeption der Beziehungskultur als Ergebnis von Akkulturation (Kap. 4.2.4.1) bzw. als Dritt-Kultur (Kap. 4.2.4.2). Das Kapitel <Zwischenergebnis> fasst zentrale Aussagen des Dynamischen Fünf Schicht Modells übersichtlich zusammen (Kap. 4.3).

**Kapitel 5** bereitet literaturgestützt die **Grundlagen der Zufriedenheit** auf. Zunächst erfolgt eine Auseinandersetzung mit dem Begriff der Zufriedenheit (Kap. 5.1). Zufriedenheit wird als subjektive, emotionale Reaktion auf einen kognitiven Vergleichsprozess zwischen wahrgenommenen Wertgewinn (als Resultat des Kaufs) und erwartetem Wertgewinn (vor dem Kauf) verstanden. Da Zufriedenheit nicht direkt beobachtbar ist, kommt der Erklärung der Entstehung sowie der Konzeption von Zufriedenheit eine besondere Bedeutung zu. Lerntheoretische- (Kap. 5.2.1), Konsistenztheoretische- (Kap. 5.2.2) und Attributionstheoretische- (Kap. 5.2.3) Erklärungsansätze werden ebenso dargestellt wie die Interaktionstheorien (Kap. 5.2.4) und die Zwei-Faktoren Theorie (Kap. 5.2.5). Ausführlich wird das Confirmation/ Disconfirmation Paradigma als Basismodell der Kundenzufriedenheit behandelt (Kap.

5.3) und in den einzelnen Bestandteilen dargestellt. Nachfolgend werden Verhaltensalternativen von Kunden bei Zufriedenheit bzw. Unzufriedenheit angeführt (Kap. 5.4). Diese reichen im Falle der Zufriedenheit von der Aufnahme in ein „evoked set" über Wiederkauf zu Markentreue und positiver Mund-Propaganda (Kap. 5.4.1) im Falle der Unzufriedenheit von Handlungslosigkeit und Abwanderung über Beschwerden und Einschaltung öffentlicher Einrichtungen bis zu Boykottmaßnahmen (Kap. 5.4.2). Abschließend werden unterschiedliche Verfahren zur Messung von Kundenzufriedenheit vorgestellt (Kap. 5.5) wobei zunächst objektive- (Kap. 5.1.1.) von subjektiven Verfahren (Kap. 5.1.2) unterschieden werden. Die Überlegenheit merkmalsorientierter subjektiver Verfahren zur Messung von Zufriedenheit wird an dieser Stelle klar ersichtlich.

**Kapitel 6** bemüht sich um eine **zusammenfassende Darstellung internationaler Geschäftsbeziehungen aus organisationstheoretischer-, marketingtheoretischer- und interkultureller Betrachtungsweise**. Das Kapitel bietet eine Übersicht der relevantesten Faktoren, welche Zufriedenheit in internationalen Geschäftsbeziehungen bedingen. Dazu wird das Untersuchungsobjekt zunächst als mehrfaktorielles Konstrukt konzeptualisiert (Kap. 6.1) und die Faktoren im Einzelnen dargestellt (Kap. 6.2). Folgende Faktoren konnten identifiziert werden: Verpflichtung (Kap. 6.2.1), Vertrauen (Kap. 6.2.2), Abhängigkeit, Interdependenz und Macht (Kap. 6.2.3), Kooperation und Konflikt (Kap. 6.2.4), gemeinsame Grundannahmen, geteilte Werte und gemeinsame Ziele (Kap. 6.2.5), Informationsaustausch und Kommunikation (Kap. 6.2.6), Anpassungen (Kap. 6.2.7), spezifische Investitionen (Kap. 6.2.8), Opportunismus (Kap. 6.2.9), vertragliche Bindungen (Kap. 6.2.10), organisatorische Bindungen, Schnittstellen und strukturelle Knoten (Kap. 6.2.11), soziale Bindungen und soziale Normen (Kap. 6.2.12), Komplexität und Struktur der Interaktionen (Kap. 6.2.13) sowie Wertgenerierung und Kosten-Nutzen Relation (Kap. 6.2.14). In diesem Kapitel finden insbesondere Ergebnisse empirischer Studien Berücksichtigung.

**Kapitel 7** fasst die Erkenntnisse zusammen und bietet einen Ausblick auf weitere Forschungsfragen und -konzeptionen. Nachfolgende Abbildung stellt den Aufbau der Arbeit zusammenfassend dar.

Abbildung 5: Aufbau der Arbeit

## 1.4 Der Begriff <Geschäftsbeziehung>

Obgleich die Verwendung des Begriffs der Geschäftsbeziehung, in Folge eines verstärkten Abwendens von der Transaktionsbetrachtungsebene, in der neueren Marketingliteratur deutlich zugenommen hat, erscheint eine Definition nicht ganz einfach.

Für die begriffliche Abgrenzung des Begriffs der Geschäftsbeziehung wird der Weg einer merkmalsorientierten Analyse gewählt. Dazu werden zunächst unterschiedliche Begriffsdefinitionen und gemeinsame Merkmale von Geschäftsbeziehungen erarbeitet. Schließlich wird eine Arbeitsdefinition formuliert, welche nachfolgend erläutert wird. Einen Überblick möglicher Definitionen des Begriffs der Geschäftsbeziehung bietet untenstehende Tabelle.

**Tabelle 1: Definitionen des Begriffes der Geschäftsbeziehung**

| Autor | Definition und Merkmale von Geschäftsbeziehungen |
|---|---|
| Diller/Kusterer (Beziehungs-management) 211f | „(...) jede[r] von ökonomischen Zielen zweier Organisationen geleitete Interaktionsprozess zwischen zwei oder mehr Personen ab dem ersten Geschäftsabschluss." |
| Diller (Marketinglexikon) 116 | „Unter Geschäftsbeziehungen sind dabei alle von ökonomischen Zielen zweier Organisationen geleiteten Interaktionsprozesse zwischen je einer oder mehreren Personen auf beiden Seiten zu verstehen. Zweckmäßigerweise kann das Aufleben solcher Beziehungen aus messtechnischen Gründen auf erste Kontakte oder sogar Geschäftsabschlüsse definiert werden." |
| Plinke (Geschäfts-beziehung) 307f | „Eine Lieferanten-Kunden-Beziehung ist eine Folge von Markttransaktionen zwischen einem Anbieter und einem Nachfrager, die nicht zufällig ist. <Nicht zufällig> heißt entweder, dass es auf der Anbieter- und/oder Nachfragerseite Gründe gibt, die eine planmäßige Verknüpfung zwischen Markttransaktionen sinnvoll erscheinen lassen oder die de facto zu einer Verknüpfung führen. Eine Lieferanten-Kunden-Beziehung lässt sich also als eine Folge von Transaktionen ansehen, zwischen denen eine <innere Verknüpfung> existiert." |

**Fortsetzung Tabelle 1: Definitionen des Begriffes der Geschäftsbeziehung**

| Autor | Definition und Merkmale von Geschäftsbeziehungen |
|---|---|
| Heydebreck (Verflechtung) 57 | „(...) langfristig angelegte, von ökonomischen Zielen geleitete Interaktionsprozesse und Bindungen zwischen Mitgliedern verschiedener Organisationen, die auf eine Folge von Austauschvorgängen gerichtet sind." |
| Kliche (Innovations-management) 44 | „(...) eine auf längere Sicht eingerichtete ökonomische Austauschbeziehung zwischen Marktakteuren." |
| Weiber/Beinlich (Geschäfts-beziehung) 122 | „(...) eine Abfolge von Interaktionen zwischen Anbieter und Nachfrager, die untereinander auf unterschiedliche Arten verbunden sein können." |
| Arbeitskreis (Geschäfts-beziehungen) 182 | „(...) eine Folge von Einzeltransaktionen zischen selbständigen Marktteilnehmern (...), zwischen denen eine <innere Verbindung> existiert." ...weiter... "Eine vertikale Geschäftsbeziehung lässt sich als eine hybride Form der Koordination von Austauschprozessen begreifen, die den Markt zurückdrängt, ohne in eine völlige vertikale Integration umzuschlagen." |
| Kaas (Institutionen-ökonomik) 24 | „In einer Geschäftsbeziehung wird eine Folge von Transaktionen getätigt, die in einem inneren Zusammenhang stehen." |
| Bogaschewsky (Kooperation) 163 | „(...) dürften beide Partner die Geschäftsbeziehung in der Regel als Kooperation von erheblicher Bedeutung für die eigene Unternehmung wahrnehmen." |
| Kleinaltenkamp (Business-to-Business) 234 | „Eine Geschäftsbeziehung umfasst alle Aktivitäten, die gegenüber einem einzelnen Kunden ergriffen werden, um ihn zu Wiederholungskäufen zu bewegen." |
| Werani (Geschäfts-beziehungen) 18 | „Geschäftsbeziehungen erlangen dort Bedeutung, wo sich Anbieter und Nachfrager in einem bestimmten, meist sehr engen Verhältnis gegenüberstehen, sich zum einen erheblich aufeinander ausrichten, über vergleichsweise hohe Wertvolumina verhandeln, komplexe Transaktionssituationen auf kooperativen Wege zu meistern haben, oder wo ähnliche Voraussetzungen gelten." |
| Gemünden/ Schaettgen/Walter (Relationships) 1 | „We understand business relationships as interaction processes and ties between members of different enterprises, that are established on a long-term basis, guided by economic purposes, and directed towards fulfillment of specific functions. Depending on the chosen perspective we distinguish between organizational (economical) and individual (social) functions of a business relationship." |

| **In vorliegender Arbeit soll unter Geschäftsbeziehung folgendes verstanden werden:** |
|---|
| • Vorliegen wiederholter Transaktionen zwischen zwei rechtlich autonomen Partnern unterschiedlicher Organisationen, |
| • ab dem Zeitpunkt des ersten Geschäftsabschlusses, |
| • welche von wirtschaftlichen Interesse geleitet sind und |
| • auf einer inneren Verbindung basieren, welche nicht notwendigerweise ein formeller Vertrag, noch eine starke persönliche Bindung sein muss. |

Internationale Geschäftsbeziehungen liegen dann vor, wenn die Interaktionen grenzüberschreitenden Charakter aufweisen. Üblicherweise ist dies dann der Fall, wenn die Träger der Geschäftsbeziehung aus unterschiedlichen Nationalstaaten stammen.[1] Als Träger der Geschäftsbeziehungen kommen sowohl Organisationen als auch Individuen in Betracht. Handelt es sich bei den Trägern selbst um internationale Organisationen, so ist auf den Stammsitz bedacht zu nehmen. Die Aspekte werden im Einzelnen nachfolgend behandelt:

- **Transaktionen und Zeithorizont**

„Wenn ein Unternehmen mit einem anderen wiederholt über einen Zeitraum hinweg Geschäfte tätigt, so sprechen wir üblicherweise von einer <Geschäftsbeziehung>."[2] Geschäftsbeziehungen sind somit eine Folge von Einzeltransaktionen zwischen selbständigen Marktpartnern, bei denen eine innere Bindung besteht. Die Transaktionen erfolgen dabei nicht isoliert mit wechselnden Partnern, sondern im Rahmen einer auf Dauer angelegten Form der Kooperation mit einem bestimmten Partner.[3] Dabei ist jedoch „[n]icht die tatsächliche Häufigkeit der Transaktion, sondern der Grad der Beeinflussung durch frühere Transaktionen und die Berücksichtigung von Wirkungen auf die Zukunft der Beziehung (...)"[4] entscheidend.

---

[1] siehe dazu auch die Diskussion unter Kapitel 4.2.1

[2] Plinke (Geschäftsbeziehungsmanagement) 3

[3] Jung (Geschäftbeziehung) 65

[4] Heydebreck (Verflechtung) 58

Die mit dem individuellen Partner gewonnenen Erfahrungen bilden die Basis für das weitere Verhalten.

Fraglich ist, ab welchem Zeitpunkt vom Vorliegen einer Geschäftsbeziehung gesprochen werden kann. DILLER/KUSTERER beantworten dies mit dem Zeitpunkt des ersten Geschäftsabschlusses,[1] räumen jedoch selbst ein, dass diese Abgrenzung etwas willkürlich getroffen wurde. Häufig verlangt gerade die Komplexität der Industriegüter eine lange Verhandlungsphase vor Vertragsabschluss, welche unbestritten zu einer Art von Beziehung zwischen Anbieter und Nachfrager führt. Auch ist die Tatsache eines einmal gewonnen Kunden allein noch kein konstitutives Merkmal einer Geschäftsbeziehung, vielmehr zielt der Begriff auf den Aspekt der Wiederholung von Transaktionen ab.

WERANI erachtet diese Festlegung aus zweierlei Gründen für sinnvoll. Er führt zunächst die Vermeidung von „(...) *Hit-and-Run-Situationen*, bei denen der maximal mögliche Profit bereits beim ersten Austausch realisiert wird (...)“[2] als Ausschlussgrund für Geschäftsbeziehungen an, da derartige Interaktionen mit dem ersten Geschäftsabschluss beendet sind. Doch auch diese Feststellung dürfte nicht uneingeschränkt gelten. So verweisen BACKHAUS und BÜSCHKEN auf das Paradox nicht zufriedenstellender und trotzdem stabiler Geschäftsbeziehungen in der deutschen Automobilbranche.[3]

Der zweite Hinweis bezieht sich auf das Fehlen wichtiger Erfahrungen mit der Zuverlässigkeit des jeweiligen Partners vor dem ersten Geschäftsabschluss. DILLER/KUSTERER verstehen darunter nicht die - einen Verhandlungsprozess abschließende - Einigung zweier (Vertrags-)Partner, sondern vielmehr die Erfüllung der beiderseitigen Leistungsversprechen. Nur so können die „(...) wichtigen Erfahrungen mit der Zuverlässigkeit des jeweiligen Partners bei der Geschäftsabwicklung (...)“[4]

---

[1] Diller/Kusterer (Beziehungsmanagement) 211

[2] Werani (Geschäftsbeziehungen) 21 [Hervorhebungen sowie Verwendung des Begriffes <Profit> im Original]

[3] Backhaus/Büschken (Paradox)

[4] Diller/Kusterer (Beziehungsmanagement) 212

gewonnen werden. Erst diese Erfahrungen in der Abwicklung führen zu den verhaltensbeeinflussenden Erwartungen für künftige Interaktionen.

Nach Ansicht des Verfassers ist die terminologische Gleichsetzung von Geschäftsabschluss mit „Erfüllung der beiderseitigen Leistungsversprechen“ in jenen Fällen definitiv nicht zielführend, in denen sich die Leistungserbringung über einen langen Zeitraum erstreckt und ein Folgeauftrag überhaupt nicht möglich oder sinnvoll ist. Dies trifft in immer stärkeren Maße auf komplexe Industriegüter zu, die über einen hohen Dienstleistungsanteil verfügen. Als Beispiel könnte auch ein BOT Vertrag genannt werden, bei dem die „Geschäftspartner“ möglicherweise 15 Jahre gemeinsam ein Infrastrukturprojekt betreiben, nach obiger Abgrenzung jedoch keine „Geschäftsbeziehung“ pflegen würden.

Für vorliegende Arbeit soll somit unter Geschäftsabschluss nicht die Erfüllung der beiderseitigen Leistungsversprechen, sondern die auf Wiederholungen ausgerichtete Abgabe von Leistungsversprechen verstanden werden. Geschäftsbeziehungen können auch dann vorliegen, wenn gerade keine Transaktionen abgewickelt werden. So sprechen auch DILLER und KUSTERER einerseits von potentiellem- anderseits von wirklichem Wiederkaufverhalten und decken mit dem Begriff der Geschäftsbeziehung sämtliche Interaktionen ab, die auf einen möglichen Wiederkauf ausgerichtet sind. HEYDEBRECK stellt fest „Nicht die tatsächliche Häufigkeit der Transaktion, sondern der Grad der Beeinflussung durch frühere Transaktionen und die Berücksichtigung von Wirkungen auf die Zukunft der Beziehung ist entscheidend.“[1] Dabei bilden die mit dem individuellen Partner gewonnenen Erfahrungen die Basis für das weitere Verhalten.

[1] Heydebreck (Verflechtung) 58

- **Bindung**

Wiederholte Transaktionen führen bei den Partnern zu Erfahrungen, welche allmählich Sachinvestitionen auch ohne formelle Verträge folgen lassen. Dementsprechend spielen neben vertraglichen Regelungen vor allem informelle Absprachen eine bedeutende Rolle. MacNEIL führt hierfür den Begriff des Relationalen Vertrages ein, welcher nicht auf gesetzlichen oder dokumentierten Grundlagen basiert, sondern auf der Projektion der heutigen Transaktionen der Austauschpartner in die Zukunft.[1] Dies bedeutet, dass die Geschäftspartner einander bei ihren Planungen auch ohne vertragliche Verpflichtungen berücksichtigen. Meist werden (implizit) Versprechen abgegeben, die Erwartungen erzeugen, für deren Durchsetzung nur beschränkt Rechtsmittel existieren. Vielmehr verlassen sich die Partner bei Meinungsverschiedenheit auf Mechanismen, die direkt in der Geschäftbeziehung begründet sind. Sachinvestitionen und persönliche Beziehungen führen zu einem „System von gegenseitigen Bindungen zweier Unternehmen, die in ihren Entscheidungen autonom bleiben, jedoch eine dauerhafte Interdependenz eingehen."[2]

Somit ist die Beziehung nichts anderes als eine Folge von Transaktionen „(...) zwischen denen eine **„Innere Verbindung"** existiert."[1] Je nach Art der inneren Verbindung können unterschiedliche Erscheinungsformen identifiziert werden.

Nachfolgende Tabelle zieht die Kriterien der **Einseitigkeit bzw. Wechselseitigkeit** der Beziehung sowie das Bezugsobjekt der „**Inneren Verbindung**" zur Kategorisierung unterschiedlicher Erscheinungsformen von Kunden-Lieferantenbeziehungen heran. Der **Sachbezug** stellt das Objekt der Markttransaktion in den Mittelpunkt der Betrachtung. Besteht die Bindung einseitig beim Käufer, so kann von Markentreue, System- oder Technologietreue gesprochen werden. Problemtreue hingegen bezeichnet die Bindung eines Lieferanten an die bestimmte Problemlösungserwartung einer Zielgruppe. Ebenso kann die Basis der Beziehung die **Affinität zwischen Personen** sein, oder sich auf ein Unternehmen als Ganzes beziehen.

---

[1] siehe Kapitel 6.2.10

[2] Bauer (Erkenntnisobjekt) 45

**Tabelle 2: Erscheinungsformen von Lieferanten-Kundenbeziehungen**

| Bezugsobjekt / Bindung | Sachbezug | Personenbezug | Unternehmens-bezug |
|---|---|---|---|
| Einseitig beim Käufer | Markentreue<br>Systemtechnologie<br>Technologietreue | Personentreue | Ladentreue<br>Lieferantentreue |
| Wechselseitig | Gegengeschäfts-beziehung | Persönliche Beziehung | Geschäfts-beziehung i.e.S |
| Einseitig beim Anbieter | Problemtreue | Personentreue | Kundentreue |

Quelle: Plinke (Investition) 308, sowie Plinke (Geschäftsbeziehungsmanagement) 24

Obenstehende Typologie versteht sich eher als Orientierungsrahmen denn als trennscharfe Kategorisierung. Überschneidungen lassen sich nicht leugnen. So kann bspw. eine Geschäftsbeziehung zu einer starken persönlichen Beziehung führen oder vice versa. Anderseits existieren trotzdem Bindungen an Unternehmen, die frei von persönlichen Beziehungen sind.

Betrachtet man nunmehr das Feld der **Geschäftsbeziehung im engeren Sinne**, so lassen sich wiederum hinsichtlich der Dimensionen:

- Situation der Beziehung vor Entstehung der Bindung (ex ante), sowie Situation danach (ex post) und
- der planmäßigen oder ungeplanten Entstehung der Beziehung

vier Kategorien unterscheiden.

[1] Plinke (Investition) 308 [Hervorhebung im Original]

**Tabelle 3: Merkmale von Geschäftsbeziehungen**

| Merkmale von Geschäftsbeziehungen i.e.S. | De-facto-Geschäftsbeziehung | Geplante Geschäftsbeziehung |
|---|---|---|
| **Ex ante – Situation** | Fall 1 a<br>Isolierte Transaktion | Fall 2 a<br>Strategische Entscheidung |
| **Ex Post - Situation** | Fall 1b<br>Schleichende Festlegung | Fall 2 b<br>Lock-in-Effekt |

Quelle: Plinke (Geschäftsbeziehungsmanagement) 25

Die Fälle 1a und 1b entstehen ungeplant, mitunter sogar unbemerkt und können als **de facto Geschäftsbeziehungen** bezeichnet werden.[1] Im **Fall 1a** strebt der Kunde nur eine einmalige, isolierte Transaktion ohne zukünftige Folgehandlungen an. Dabei stehen ihm zur Auswahl der Anbieter keine Erfahrungen vergangener Transaktionen zur Verfügung. Anders hingegen im **Fall 1b**, wo aus den Erwartungen bereits Erfahrungen (aus einer vergangenen isoliert gedachten Transaktion mit einem Anbieter) wurden. Je nach positiver oder negativer Erfahrung ist der Entscheidungsspielraum bereits eingeschränkt. In den **Fällen 2a** und **2b** gehen sowohl Kunde als auch Lieferant von einer längerfristigen Zusammenarbeit aus. Die Beteiligten sind zu spezifischen Investitionen in den Aufbau der Beziehung bereit. Im Fall der Ex Post Situation findet sich der Kunde durch seine spezifischen Investitionen in der Geschäftbeziehung bereits gebunden. Ein Austritt ist nunmehr nur durch Inkaufnahme von sunk costs[2] möglich.

- **Autonomie**

Die bereits erwähnte innere Verbindung hebt die Autonomie der Partner bei der Entscheidungsfindung nicht auf. Sowohl Anbieter als auch Nachfrager verfügen über eine Mindest-Autonomie und unterliegen nicht zur Gänze einer hierarchischen Koordination.[3]

---

[1] Plinke (Geschäftsbeziehungsmanagement) 26 ff

[2] siehe Kapitel 6.2.8

[3] Werani (Geschäftsbeziehungen) 19

- **Ökonomische Ziele und Geschäftspartner**

DILLER/KUSTERER verstehen unter einer Geschäftsbeziehung „(...) jeden von ökonomischen Zielen zweier Organisationen geleiteten Interaktionsprozess zwischen zwei oder mehr Personen ab dem ersten Geschäftsabschluss.“[1] Auch PLINKE unterstreicht die Bedeutung einer Zielorientierung. Er versteht unter einer Geschäftsbeziehung eine Folge von nicht zufälligen Markttransaktionen zwischen einem Anbieter und einem Nachfrager. „Nicht zufällig“ bedeutet für ihn das Vorhandensein von Motiven für eine planmäßige Verknüpfung zwischen den Transaktionen, welche zu einer de facto Verknüpfung der Unternehmen führen. Oben angeführte Definition von DILLER/KUSTERER schließt den Einsatz des Begriffs der Geschäftsbeziehung für das Konsumgütermarketing explizit aus. Im Bereich des Investitionsgütermarketings steht eine horizontale als auch vertikale Interpretation des Begriffs hingegen offen.

Der nachfolgende morphologische Kasten soll einer Charakterisierung des Begriffs der internationalen Geschäftsbeziehung dienen. Jene Felder die von dem in dieser Arbeit verwendeten Begriff nicht abgedeckt werden, sind grau unterlegt.

In vorliegender Arbeit beschränkt sich die Betrachtung internationaler Geschäftsbeziehungen auf Anbieter-Nachfrager Beziehungen,[2] demzufolge auf die Unternehmensbereiche der Beschaffung und des Absatzes. Es werden vertikale marktliche Beziehungen untersucht. Die Kunden-Anbieter Beziehung hat einen internationalen Charakter aufzuweisen und darf nicht auf einmalige Transaktionen abzielen. Internationale Geschäftsbeziehungen können sich auf einer vertraglichen Grundlage oder ohne rechtlichen Rahmen ergeben, wobei unterschiedliche Phasen der Beziehung zu unterscheiden sind. Häufig nehmen die Phasen der Beziehung auch Einfluss auf die Zu- und Austrittsmöglichkeiten. „Reife“ Geschäftsbeziehungen zeichnen sich durch ein hohes Maß an gegenseitigem Vertrauen und auf den Partner bezogenen Anpassungen aus; der Charakter derartiger Beziehungen ist eher ge-

[1] Diller/Kusterer (Beziehungsmanagement) 211

[2] synonym wird auch von Lieferanten-Kunden Beziehungen gesprochen

schlossen. Beziehungen welche sich in der Initiierungsphase befinden sind hingegen offen und weisen kaum Austrittsbarrieren auf.

**Tabelle 4: Morphologischer Kasten zur Charakterisierung des Begriffs der internationalen Geschäftsbeziehung**

| | | | | | |
|---|---|---|---|---|---|
| **Unternehmens-bereich** | F&E | Beschaffung | Produktion | Absatz | Marktforschung |
| **Objekt** | funktionsorientiert | objektorientiert | projektorientiert | | |
| **Marktliche Beziehung** | horizontal | vertikal | lateral | | |
| **Art der getauschten Leistung** | Autonom - Integrativ<br>Materiell - Immateriell | | | | |
| **Phase der Geschäfts-beziehung** | Initiierung | Aufbau | Reife | Trennung | Wieder-gewinnung |
| **Grundlage** | Nicht-vertraglich | Austausch-vertraglich | Gesellschafts-vertraglich | | |
| **Grad der Intensität** | Austausch von Informationen und Ergebnissen | Koordiniertes, arbeitsteiliges Vorgehen | Gemeinschaftliches Vorgehen | Bildung einer gemeinschaftlich getragenen Organisation | |
| **Raumaspekt** | lokal | regional | national | international | |
| **Zeitaspekt** | einmalig | sporadisch | regelmäßig | dauerhaft | |
| **Anzahl Marktpartner** | dyadisch | mehrstufig | | | |
| **Zutritts-möglichkeit** | offen | geschlossen | | | |
| **Austritts-möglichkeit** | Beiderseitig möglich | Asymmetrische Bindung | Symmetrische Bindung | | |

Quelle: verändert entnommen aus: Gersch (Geschäftsbeziehungen) 10

Einen anderen Weg der Beschreibung von Geschäftsbeziehungen wählen DILLER und KUSTERER, welche bereits 1988 ein grundlegendes Modell zur Systematisierung der Beziehungsebenen entwickelten. Das Modell umfasst vier Ebenen:[1]

[1] Diller (Beziehungsmanagement); Hennig-Thurau (Klassifikation) 96

- **Sachproblemebene**: basiert auf einem rationalen Vergleich des Verhaltens und der Konditionen des Beziehungspartners mit den Angeboten anderer Anbieter bzw. (aus Sicht des Anbieters) anderer Kunden. Hierzu zählen Indikatoren wie: Produkt, Preis, zeitliche/ mengenmäßige Anpassungen.
- **Organisationsebene**: umfasst die formalen und informalen Regeln zur Gestaltung der Arbeitsabläufe und der effektiven Abwicklung der Geschäftsbeziehung. Hierzu zählen Indikatoren wie: opt. Gestaltung der Waren- und Informationslogistik, Zahlungsverkehr.
- **Machtebene**: ist jener Bereich, der sich aus Ungleichverteilungen ergibt. Hierzu zählen Indikatoren wie: Abhängigkeit-Unabhängigkeitsstreben, Sicher heitsstreben, Vertrauen.
- **Menschlich-emotionale Ebene**: umfasst den gesamten Bereich von Werten, die im Rahmen von Geschäftsbeziehungen von Relevanz sind. Hierzu zählen Indikatoren wie: Anerkennung, Zuneigung, Offenheit, Dankbarkeit, sachliche Kompetenz.

HENNIG-THURAU erweitert dieses Modell um die **Qualität der Bindung**. Er unterscheidet **Verbundenheit**, verstanden als freiwillige Bindung des Kunden an den Leistungsanbieter, von **Gebundenheit**, als unfreiwilliger Bindung des Kunden. Wie nachfolgende Abbildung zeigt weist also eine menschlich-emotional geprägte Beziehung ein hohes Maß an Verbundenheit auf, während sich machtbedingte Beziehungen durch ein hohes Maß an Gebundenheit auszeichnen.

**Abbildung 6: Beziehungsmodell und Gebundenheit/Verbundenheit**

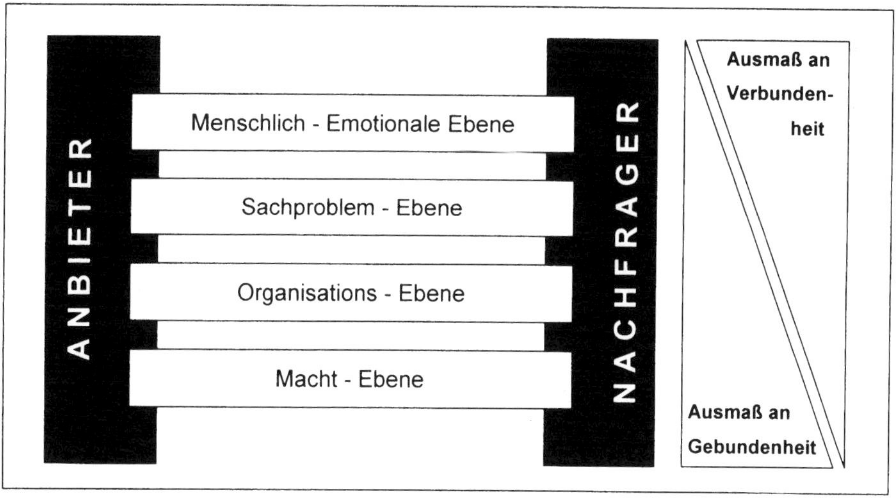


Quelle: Hennig-Thurau (Klassifikation) 97

Internationale Geschäftsbeziehungen können nur entstehen, wenn sowohl Anbieter als auch Kunde von der Beziehung profitieren und die Beziehung auf einem gewissen Ausmaß an Gegenseitigkeit basiert. Dieser Aspekt sei kurz erläutert. Betrachtet man den Prozess der Kaufentscheidung[1] des Kunden, so können, ohne bereits an dieser Stelle auf die (in Kapitel 2 folgende) Transaktionskostentheorie vorzugreifen, zwei Extrempunkte von Verhaltensmustern unterschieden werden:

- **Transaction Buying** als eine vollkommen „neue" isolierte Kaufentscheidung, ohne irgendwelcher Verbundeffekte vergangener oder zukünftiger Entscheidungen, sowie
- **Relationship Buying** als (Wieder)Kaufentscheidung, welche von der Vergangenheit und Zukunft einer bestehenden Geschäftsbeziehung beeinflusst ist.

[1] Plinke differenziert hier offensichtlich nicht zwischen der eigentlichen Kaufentscheidung im Sinne des Treffens einer Entscheidung bei Alternativen, und dem Kaufentscheidungsprozess, als Überbegriff, der sich in unterschiedliche Phasen von Problemerkennung bis Entscheidung oder Verhalten nach dem Kauf gliedern lässt. (vgl. bspw.: Kotler/Fox (Strategic) 251)

Analoges kann für die Seite der Anbieter geschildert werden. Aufgrund der Marktverhältnisse auf Käufermärkten sind es vor allem die Erwartungen der Kunden, die das Verhalten der Anbieter bestimmen. Letztere sind bestrebt, ein „effektives" Angebot zu stellen; also solch eines, welches über einen Wettbewerbsvorteil verfügt. Dies führt zu folgender Situation: „(...) Einem Kunden, der Relationship Buying betreibt, muss aus Effektivitätsgründen ein <Relationship Selling> gegenüber gestellt werden. Wenn der Kunde Transaction Buying betreibt, dann kann der Anbieter auch <Transaction Selling> betreiben."[1]

Treffen nunmehr Transaction Buying und Transaction Selling aufeinander, so kann dies als Transaction Marketing, treffen Relationship Buying und Relationship Selling aufeinander, so kann dies als Relationship Marketing, bezeichnet werden. Den Zusammenhang der Konzeptionen zeigt nachfolgende Tabelle.

**Tabelle 5: Relationship Buying und Relationship Selling**

| | | **Relationship Selling gegeben** | |
|---|---|---|---|
| | | **ja** | **nein** |
| **Relationship Buying gegeben** | **ja** | Relationship Marketing | Effektivitätsverluste |
| | **nein** | Effizienzverluste | Transaction Marketing |

Quelle: Plinke (Geschäftsbeziehungsmanagement) 12

Die Unterscheidung von Selling und Buying soll hierbei die Problematik des Aufeinandertreffens zweier unterschiedlicher Konzeptionen des Kauf- bzw. Verkaufsverhaltens unterstreichen, die langfristig nur erfolgreich sein können, wenn Anbieter- und Käuferverhalten im Einklang stehen.

[1] Plinke (Geschäftsbeziehungsmanagement) 11

- Ein Relationship Selling, das auf ein Transaction Buying trifft, wird zu **Effizienzverlusten** führen, da der Kunde bei jeder Kaufentscheidung auf seinen maximalen Vorteil bedacht ist. Investitionen in die Beziehung seitens des Anbieters führen lediglich zu Mitnahmeeffekten beim Kunden. Nicht zielführende Mehrkosten entstehen.

- Ein Transaction Selling, dass alle Spielräume des Marktes zugunsten des Anbieters ausnutzt, welches auf ein Relationship Buying trifft, führt unweigerlich zum Verlust von Wettbewerbsvorteilen und damit zum Kundenverlust. Beim Anbieter treten **Effektivitätsmängel** auf.

Bei der Abstimmung des Verhaltens des Anbieters auf jenes des Käufers besteht ein permanenter Zielkonflikt zwischen Effektivität und Effizienz. Steigert der Anbieter die Effektivität, indem Kaufmuster des Kunden berücksichtigt werden, so steigen die Kosten. Effizienz hingegen verlangt ein die Kosten senkendes Verhaltensprogramm, also weitgehende Standardisierung.

Die vorliegende Arbeit beschäftigt sich mit dem Feld des **Relationship Marketing** und in Folge mit Situationen, in denen sowohl Käufer als auch Verkäufer an einer grenzüberschreitenden Geschäftsbeziehung interessiert sind. Derartige Geschäftsbeziehungen werden in den nachfolgenden Kapitel mit den Begriffen <**Austauschbeziehung**>, <**Beziehung**> und <**Partnerschaft**> umschrieben. Die Träger der Geschäftsbeziehung werden mit den Begriffen <**Geschäftspartner**>, <**Akteur**> und <**Partner**> bezeichnet.

# 2 Geschäftsbeziehungen als Organisationsproblem

Trotz einer Vielzahl intensiver theoretischer Auseinandersetzungen mit dem Forschungsgegenstand der Organisation gibt es gegenwärtig keine „einzig richtige" Theorie der Entstehung von Geschäftsbeziehungen. Zahlreiche Theorien befassen sich mit den Gründen aus denen bzw. den Bedingungen, unter welchen, Organisationen Beziehungen untereinander eingehen. Dabei liefert eine Reihe von theoretischen Ansätzen wichtige, aber unvollständige Erklärungen zwischenbetrieblicher Austauschbeziehungen. Nicht zu Unrecht betonen Autoren wie bspw. SCHRADER den „Reichtum" an unterschiedlichen Betrachtungsweisen einerseits, bedauern jedoch anderseits die mangelnde Integration der entwickelten Ansätze, welche als weitgehend unverbundene Theoriebausteine nebeneinander bestünden.[1] Diesen Umstand vermag auch die vorliegende Arbeit kaum zu verändern. Vielmehr gilt es auf den nachfolgenden Seiten die wesentlichsten Theorien sowie deren Erklärungsbeitrag für die Entstehung von bzw. den Analyserahmen für Geschäftsbeziehungen knapp darzustellen.

Genauso zahlreich wie die Versuche der Erklärung des Zustandekommens von Geschäftsbeziehungen sind die Interpretationen dessen, was unter Organisation verstanden werden soll. In einer groben Kategorisierung lassen sich drei Betrachtungsweisen identifizieren: eine tätigkeitsorientierte, eine instrumentelle sowie eine institutionelle.

- In einer *tätigkeitsorientierten* Betrachtungsweise wird Organisation als zielorientiertes Strukturieren von Ganzheiten durch bestimmte Personen verstanden. Dabei geben Organisatoren „(...) eine verbindliche Ordnung vor, welche sie zuvor in einem rationalen Denkprozess zielorientiert entworfen haben."[2] Organisation ist demnach eine Tätigkeit bzw. der Prozess der Entstehung von Ordnung.

[1] Schrader (Kooperation) 236f

[2] Bea/Göbel (Organisation) 3

- In einer *instrumentellen* Betrachtungsweise wird Organisation als „(...) ein bewusst und rational geschaffenes Instrument zur Erreichung der Unternehmensziele“[1] verstanden. Demzufolge haben Unternehmen eine Organisation im Sinne dauerhafter Regelsysteme, welche den Ablauf der Aufgabenerledigung durch die Organisationsmitglieder strukturieren.

- In einer *institutionellen* Betrachtungsweise wird Organisation als eine bestimmte Art von Institution verstanden. Institutionen sind dabei gesellschaftlich anerkannte Regelsysteme, inklusive Vorkehrungen zu deren Durchsetzung. Institutionen haben den Zweck individuelles Verhalten in eine bestimmte Richtung zu lenken. Sie ordnen solcherart den Alltag und reduzieren Unsicherheit.[2] Institutionen werden zu Organisationen wenn beteiligte Personen durch eine gemeinsamen Zweck verbunden, durch eine (stabile) Grenze von der Umwelt abgegrenzt und gemeinsamen Spielregeln verpflichtet sind.[3] Organisationen werden vorsätzlich geschaffen, wohingegen Institutionen auch einfach mit der Zeit von selbst entstehen können.[4]

Im Interesse einer bündigen Darstellung der unterschiedlichen Theorien wird nicht zwischen den unterschiedlichen Betrachtungsweisen von Organisationen (bspw. als kybernetisches System, Vertragsgebilde, Produktionsfaktor) sowie dem instrumentellen - und institutionellen Begriff unterschieden. Vielmehr wird dem Ansatz von BEA/GÖBEL gefolgt, welche eine Synthese der eben geschilderten Sichtweisen vollziehen, indem sie Organisation als „(...) eine Institution, in der eine abgrenzbare Gruppe von Personen (die Organisationsmitglieder) ein auf Dauer angelegtes Regelsystem planvoll geschaffen hat, um gemeinsame Ziele zu verfolgen und in der Ordnung auch von selbst entstehen kann“[5] sehen.

---

[1] Bea/Göbel (Organisation) 4

[2] Richter/Furubotn (Institutionenökonomik) 7 sowie die dort angeführte Literatur; ausführlich zum Begriff der Institution siehe auch Kap.: Neue Institutionenökonomische Theorien

[3] Bea/Göbel (Organisation) 5

[4] North (Institutionen) 4f

[5] Bea/Göbel (Organisation) 6

Die nachfolgend anzutreffende synonyme Verwendung des Begriffes der Organisation mit einem konkreten Anwendungsfall von Organisationen, nämlich dem des Unternehmens, erfolgt nicht aus Unachtsamkeit, sondern dient der besseren Lesbarkeit. Organisationstheoretiker mögen nicht zu kritisch urteilen.

Die Untersuchung von Geschäftsbeziehungen als Organisationsproblem kann aus einer Vielzahl unterschiedlicher Betrachtungsweisen erfolgen. Das nachfolgende Kapitel verfolgt das Ziel, den Erklärungsbeitrag unterschiedlicher Organisationstheorien zur Entstehung von Geschäftsbeziehungen aufzuzeigen. Dabei treten immer wieder Parallelen zwischen den einzelnen Theorien auf. So konstatiert RÖSSL Überschneidungen zwischen den Theorien und wechselseitige Ausleihungen einzelner Bausteine,[1] welche letztlich auch noch einen terminologischen „Wildwuchs" bedingen. Der Abhängigkeitsaspekt der Interorganisationstheorien inkludiert, um ein Beispiel zu nennen, zwangsläufig den Faktor Ungewissheit, der das Hauptkriterium der politökonomischen Ansätze darstellt.

Es ist offensichtlich, dass sich jeder Versuch, eine Übersicht dieser Theorien aufzubauen, nur an den wesentlichsten Kriterien orientieren kann und somit für Zustimmung als auch für Widerspruch offen ist. Das vorausgeschickt, wird die Gliederung von PRANGE[2] aufgrund der Übersichtlichkeit übernommen. Nachfolgende Abbildung unterscheidet drei Gruppen von Theorien:

- Neue Institutionenökonomische Theorien,
- Interorganisationstheorien und
- Politökonomische Theorien.

---

[1] Rößl (Austauschbeziehungen) 72

[2] Prange (Networks) 69

Abbildung 7: Organisationstheoretische Erklärungsansätze für Geschäftsbeziehungen

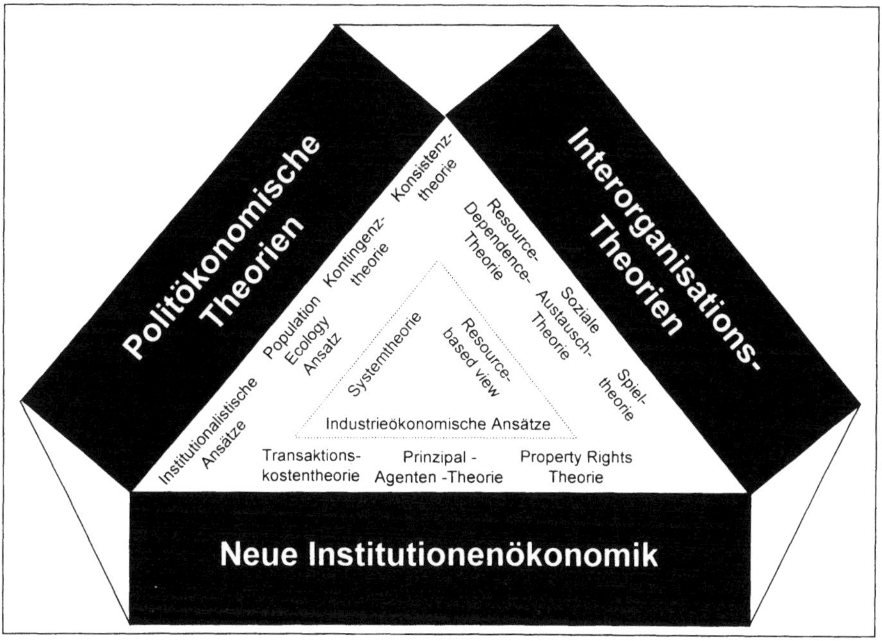


Quelle: Darstellung verändert nach Prange (Business Networks) 69

Zur ersten Gruppe, den *Neuen Institutionenökonomischen Theorien*, gehört die Transaktionskostentheorie, die Prinzipal-Agenten-Theorie und die Property Rights Theorie. Von unterschiedlichen Blickwinkeln abgesehen, sind deren gemeinsame Themen Kosteneinsparung und Effizienzoptimierung.

Die zweite Gruppe, die *Interorganisationstheorien*, konzentrieren sich vor allem auf gegenseitige Abhängigkeit, Mangel an Information und den Mangel an Ressourcen aller Art. Dazu gehören die Spieltheorie, die Soziale Austauschtheorie sowie die Resource-Dependence Theorie, wobei die Spieltheorie als Bindeglied zu den Neuen Institutionenökonomischen Theorien verstanden werden kann.

Das dominierende Thema der dritten Gruppe, der *Politökonomischen Theorien*, ist Ungewissheit und somit die Frage, in welcher Form Einflüsse aus der Umwelt auf die Organisation entschärft bzw. beherrscht sowie genutzt werden können. Zu diesen - aus der Sichtweise der Systemtheorie entwickelten - Ansätzen gehören institutionalistische Ansätze, der Population Ecology Ansatz, die Kontingenztheorie und die Konsistenztheorie.

Im Zentrum der Abbildung befinden sich drei weitere Theorien, welche entweder in die Hauptgruppen von Theorien diffundierten und somit deren Betrachtungsweise von Unternehmen beeinflussten, wie die *Systemtheorie* bzw. der *Resource Based View*, oder jedoch aus den dargestellten Theorien wesentliche Anleihen entnahmen und diese weiterentwickelten, wie der *Industrieökonomische Ansatz*. Die Systemtheorie, der Resource Based View als auch der Industrieökonomische Ansatz werden jeweils zu Beginn der entsprechenden Unterkapitel kurz erläutert.

## 2.1 Neue Institutionenökonomische Theorien

Im Mittelpunkt der Neuen Institutionenökonomischen Theorien steht die Analyse von Institutionen, in deren Rahmen der ökonomische Austausch vollzogen wird. Dabei haben die Akteure „(...) nur unvollkommene Informationen über die Zukunft (exogene Unsicherheit) und über den Markt (endogene Unsicherheit), sie handeln eigennützig und mit beschränkter Rationalität.“[1] Dementsprechend funktioniert der Markt nicht reibungslos; im Gegenteil, das Abwickeln von Transaktionen kostet die Akteure Geld, Zeit und Mühen. Um diese Unsicherheiten zu reduzieren, fordern die Akteure nach funktionierenden Regeln; den Institutionen.

Im Rahmen der nachfolgend skizzierten Theorien werden Institutionen verstanden als „(...) ein auf ein bestimmtes Zielbündel abgestelltes System von Normen einschließlich deren Garantieinstrumente, mit dem Zweck, das individuelle Verhalten in eine bestimmte Richtung zu steuern.“[2] Dadurch definieren Institutionen die „Spielregeln“ des jeweils betrachteten Ausschnittes (bspw. Unternehmen, Haushalte, Handelsbräuche oder eben Geschäftsbeziehungen) und reduzieren Unsicherheiten.[3] Sie schaffen Richtlinien für menschliche Interaktionen und bringen damit eine gewisse Ordnung in den täglichen Lebensrhythmus. „**Institutionen** sind sanktionier-

[1] Kaas (Marketing) 20

[2] Richter (Institutionen) 2

[3] North (Institutionen) 3

bare Erwartungen, die sich auf die Verhaltensweisen eines oder mehrerer Individuen beziehen."[1] Diese Erwartungen dienen den Handelnden - je nach angesprochener Ebene (Einzelne Personen, Gruppen oder alle Mitglieder einer Gesellschaft) – als Wegweiser bei der Aufstellung und Realisierung von Plänen.

Die Vielfalt der Institutionen grenzt die Neuen Institutionenökonomischen Theorien von den Neoklassischen Theorien ab. Letztere gehen von einer einzigen, idealisierten Institution – dem vollkommenen Markt – aus. Prägnant weist KAAS auf diesen Unterschied hin, wenn er meint „In der Welt der Neoklassik gibt es fast nichts von der ganzen Buntheit und Vielfalt einer modernen Wirtschaft, es fehlen vor allem jedwede Institutionen."[2]

Die Neuen Institutionenökonomischen Theorien verfolgen zwei unterschiedliche Forschungsansätze:[3]

- In einer eher explikativen Sicht wird versucht, Gestaltung und Wandel von Institutionen zu analysieren. Ziel dieser Bemühungen ist die Erklärung der institutionellen Infrastruktur einer Wirtschaft.
- In einer eher instrumentellen Sicht wird die Frage untersucht, welche Institutionen bei welcher Art von Koordinationsproblemen die relativ geringsten Kosten und die größte Effizienz gewährleisten. Als Beispiel hiefür kann die Frage nach einem effizienten Anreiz- und Kontrollmechanismus für die Gestaltung einer Hersteller-Handels Kooperation dienen.

In der nachfolgenden Tabelle werden die bedeutendsten Theorien[4] der Neuen Institutionenökonomik übersichtlich zusammengefasst. Die einzelnen Theorien werden in den nachfolgenden Unterkapiteln behandelt.

---

[1] Picot/Dietl/Franck (Organisation) 11 [Hervorhebung im Original]

[2] Kaas (Institutionenökonomik) 2

[3] Kaas (Institutionenökonomik) 3

[4] Auf eine gesonderte Darstellung der Voraussetzungen und Konsequenzen von Informationsasymmetrien und Möglichkeiten der Überwindung, wie sie im Rahmen der Informationsökonomik erfolgt, wird an dieser Stelle bewusst verzichtet. Siehe dazu bspw. Hopf (Informationen)

**Tabelle 6: Gegenüberstellung der bedeutendsten Theorien der Neuen Institutionenökonomischen Theorien**

| | Transaktions-kostentheorie | Prinzipal-Agenten-Theorie | Property-Rights-Theorie |
|---|---|---|---|
| **Untersuchungs-gegenstand** | Austauschbeziehung | Prinzipal-Agenten-Verhältnisse | Verfügungsrechte an Institutionen |
| **Untersuchungs-einheit** | Transaktion | Individuum | Individuum |
| **Verhaltensannahmen** | Opportunismus, beschränkte Rationalität, Risikoneutralität | Hidden-action, hidden-information und hidden-characteristics | Individuelle (ego-istische) Nutzen-Mehrung unter Restrik-tionen, Rationalität |
| **Untersuchungs-variablen** | Spezifität, Unsicher-heit, Häufigkeit | Asymmetrische Informationsverteilung | Unbekannt |
| **Untersuchungs-perspektive** | Ex post | Ex ante | Ex ante |
| **Gestaltungs-variablen** | Koordinations-mechanismus | Vertrags-, Kooperations-beziehungen | Handlungs- bzw. Verfügungsrecht-strukturen |
| **Effizienzkriterium** | Transaktionskosten | Agency Kosten | Summe aus Trans-aktionskosten und Wohlfahrtsverlusten aufgrund externer Effekte |
| **Dynamische Aspekte** | z.B. fundamentale Transaktion, vertikale Integration | unbekannt | Herausbildung und Zuordnung von Verfügungsrechten |

Quelle: gekürzt entnommen aus: Tunder (Transaktionswert) 62

Bevor nun der Erklärungsbeitrag der Neuen Institutionenökonomischen Theorien für die Entstehung von Geschäftsbeziehungen dargestellt wird, soll noch in knapper Form auf den *Industrieökonomischen Ansatz*, als Weiterentwicklung der oben genannten Theorieströmung hingewiesen werden. In Abgrenzung zu den Neuen Institutionenökonomischen Theorien betont der Industrieökonomische Ansatz stärker den Aspekt der Wettbewerbsvorteile und damit verbesserter Gewinnchancen als treibende Kraft hinter kooperativem Verhalten von Unternehmen. Als Analyserahmen dient Vertretern der Industrieökonomik das „*Structure- Conduct- Performance*“

Paradigma, nach dem der wirtschaftliche Erfolg (performance) von Unternehmen wesentlich von dem konkreten (Anpassungs-)Verhalten (conduct) an die speziellen Ausprägungen der Marktstruktur (structure) abhinge.[1] Dieser Analyserahmen wurde später um eine vierte Komponente, die sogenannten Basisbedingungen erweitert.[2] Jede dieser vier Komponenten wird durch eine Vielzahl bestimmender Faktoren genauer beschrieben. Den Aufbau des Analyserahmens zeigt die nachfolgende Abbildung.

**Abbildung 8: Analyserahmen des "Structure-Conduct Performance" Paradigmas**

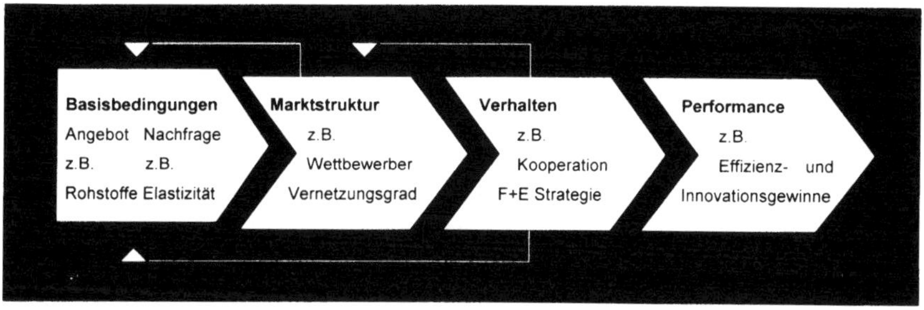


Quelle: Schwerk (Dynamik) 85

Wie die Abbildung erkennen lässt, entspricht der Aufbau in vier Komponenten zwar der Richtung des Kausalverlaufs, er ist jedoch keineswegs als eindirektional zu verstehen. Vielmehr existieren zwischen den einzelnen Komponenten Interdependenzen, sodass Rückkoppelungseffekte eintreten. Das Verhalten von Unternehmen wirkt somit auf die Marktstruktur und diese wiederum auf die Basisbedingungen.[3] Das Modell geht von der Prämisse aus, dass Unternehmen keinen dauerhaften Wettbewerbsvorsprung erzielen können, da die Konkurrenten durch Imitation rasch aufschließen. Dies führt zu einer homogenen Branchenstruktur. Das Eingehen internationaler Geschäftsbeziehungen stellt im Rahmen dieses Analyseschemas eine mögliche Verhaltensoption dar. Führt dieses Verhalten zu Markterfolgen wird es von den Konkurrenten imitiert und in der gesamten Branche zum üblichen Standard.

---

[1] siehe bspw. Scherer/Ross (Structure) 4ff

[2] Scherer/Ross (Structure) 4ff

[3] Koch (Industrial) 92ff

### 2.1.1 *Transaktionskostentheorie*

Diese Theorie geht in ihren Grundzügen auf die Arbeit von COASE zurück. Er suchte Antworten auf die Frage nach dem Grund für die Existenz von Unternehmen, wenn doch im allgemeinen die Koordination in einer Volkswirtschaft über den Preismechanismus wahrgenommen wird, oder umgekehrt gefragt: „Why is not all production carried on by one big firm?"[1] Als Antwort argumentiert COASE, dass offensichtlich sowohl marktmäßige wie auch organisationsinterne Koordination von wirtschaftlichen Aktivitäten Kosten verursacht. Das Gleichgewicht zwischen Markt und Unternehmen ergibt sich aus dem Ausgleich der Grenzkosten der beiden Transaktionsformen. „Naturally, a point must be reached where the costs of organizing an extra transaction with the firm are equal to the costs involved carrying out the transaction in the open market."[2]

Rund vierzig Jahre später griffen RICHARDSON[3], WILLIAMSON[4] und PICOT[5] die Grundidee erneut auf und erweiterten das historische Konzept zu einer Erklärung der Ursachen langfristiger Geschäftsbeziehungen, Kooperationen und Allianzen von Unternehmen. Zum besseren Verständnis des Modells zunächst eine Erklärung der beiden wesentlichsten Begriffe der Theorie, nämlich Transaktion und Transaktionskosten.

**Transaktion** bedeutet, dass ein Gut oder eine Leistung über eine trennbare Schnittstelle hinweg, also von einer Institution zu einer anderen, übertragen wird.[6]

Diese Definition zielt jedoch nicht auf eine Trennung zwischen physischen Austausch und vorbereitenden Aktivitäten zur Abwicklung dieses Austausches ab. Vielmehr wird eine Transaktion als Prozess der Klärung und Vereinbarung eines Leistungs-

---

[1] Coase (Firm) 394

[2] Coase (Firm) 394

[3] Richardson (Organization)

[4] Williamson (Institutionen)

[5] Picot (Transaktionskosten)

[6] Balling (Kooperation) 56

austausches zwischen zwei Partnern verstanden.[1] In der wirtschaftlichen Realität wird die Analyse einer einzigen Transaktion häufig zu kurz greifen. Oft beabsichtigen die Beteiligten weitere Transaktionen durchzuführen und somit eine dauerhafte Transaktionsbeziehung einzugehen. Trotz der Gefahr eines vorzeitigen Abbruchs der Beziehung ist es für GANSKE nicht ausreichend, die Betrachtung auf das frühestmögliche Ende dieser Beziehung zu beschränken. "Kommt eine Fortsetzung über diesen Zeitpunkt hinaus in Frage, ist die sinnvolle Analyseeinheit der gesamte (kontrahierte und angestrebte) Güter- und Leistungsaustausch der Beteiligten, also die Transaktionsbeziehung als Ganzes."[2]

**Transaktionskosten** sind, ganz allgemein formuliert, die Kosten der Betreibung eines Wirtschaftssystems.[3] „Dazu gehören die Kosten der Bereitstellung, Nutzung, Aufrechterhaltung und Umorganisation von Institutionen."[4]

JOST fasst diese unterschiedlichen Kostenpositionen in zwei Gruppen zusammen. Er unterscheidet *Koordinationskosten*, also jene Transaktionskosten die bei der Lösung des Koordinationsproblems entstehen von *Motivationskosten,* also jenen Transaktionskosten, die mit der Lösung des Motivationsproblems verbunden sind.[5] Dabei ist unmittelbar einsichtig, dass unterschiedliche Koordinationsmechanismen[6] des Organisationsproblems zu unterschiedlichen Kostenausprägungen führen.

---

[1] Picot (Organisationstheorie) 269

[2] Ganske (Mitbestimmung) 109f

[3] Arrow (Theory) 48

[4] Richter (Institutionen) 5f. Diese Auffassung entspricht einem weiteren Verständnis des Konzeptes der Transaktionskosten. Für eine Abgrenzung der Begriffe Transaktionskosten und Produktionskosten siehe bspw. Ganske (Mitbestimmung) 110f

[5] Jost (Organisation) 185

[6] Im Grundmodell wird die marktliche- von der hierarchischen Transaktion unterschieden. (siehe auch nachfolgend)

Speziell auf den Aspekt der Übertragung von Gütern und Dienstleistungen am Markt ausgerichtet, lassen sich folgende fünf Kostengruppen unterscheiden: [1]

- Kosten der Anbahnung, z.B. für Reisen, Kommunikation, Entwicklung, Beratung, Fertigungsvorbereitungen
- Kosten der Vereinbarung, z.B. für Verhandlungen, Rechtsberatung, Verträge etc.
- Kosten der Abwicklung, z.B. für Logistik der Übertragung und Managementkosten
- Kosten der Kontrolle, z.B. für Überwachung von Qualität, Mengen und Terminen
- Kosten der Anpassung, z.B. wenn nachträgliche Änderungen auftreten.

WILLIAMSON unterscheidet auch zwischen ex ante Transaktionskosten, also Kosten, die bis zur Durchführung der Transaktion entstehen und ex post Kosten, also solchen, die nach der Transaktion entstehen. [2] Dabei sind die Transaktionskostenbestandteile in aller Regel interdependent: Je weniger Aufwand für die Festlegung der Ansprüche und Verpflichtungen betrieben wird, desto höher sind tendenziell die Kosten der Verhaltenskoordination bzw. der möglicherweise erwachsenden Schäden, die durch Koordinationsmangel entstehen.

Als Kosten der Hierarchie sind vor allem die Kosten der Einrichtung und Unterhaltung der Organisationsstruktur, sowie die Kosten der laufenden Koordination zu nennen. [3] Nachfolgende Tabelle zeigt in einer leicht modifizierten Sichtweise die Klassifizierung der Transaktionskosten.

---

[1] Picot/Dietl/Frank (Organisation) 67

[2] Williamson (Institutionen) 22ff

[3] Jost (Organisation) 186

**Tabelle 7: Koordinations- und Motivationskosten bei marktlicher bzw. hierarchischer Koordination**

| Kosten / Koordinations-mechanismus | Koordinationskosten | Motivationskosten |
|---|---|---|
| **Markt** | Anbahnungskosten<br>- Suchkosten<br>- Informationskosten<br>Vertragskosten<br>- Verhandlungskosten<br>- Einigungskosten<br>- Kosten ineffizienter Vertragsergebnisse | Kosten der Absicherung<br>- Reputationskosten<br>- Vertragsanpassungen<br>Kosten der Durchsetzung<br>- Gerichtskosten |
| **Hierarchie** | Kosten der Organisationsstruktur<br>- Kosten der Einrichtung, Erhaltung und Änderung<br>Kosten des Betriebs<br>- Entscheidungskosten<br>- Informationskosten | Kontroll- und Überwachungskosten<br>Kosten der Leistungsbewertung<br>Kosten nicht konformer Entscheidungen<br>Kosten durch Konflikte |

Quelle: Jost (Organisation) 189

Die Höhe der Kosten, die für die Abwicklung und Organisation einer Transaktion entstehen, wird durch drei Charakteristika der Transaktion beeinflusst:[1]

- **Transaktionsspezifische Investitionen**

  Transaktionspartner können zur Erstellung eines auszutauschenden Gutes, oder einer Leistung, auf mehr oder weniger spezialisierte Inputfaktoren zurückgreifen. Aufgrund von Spezialisierungsvorteilen lassen sich dadurch Produktionskostenersparnisse realisieren. Es besteht jedoch gleichfalls das Risiko, bei sich wandelnden Umweltbedingungen nicht mehr anpassungsfähig zu sein. Es können verschiedene Formen transaktionsspezifischer Investitionen (bspw. standortspezifische Investitionen oder anlagenspezifische Investitionen) unterschieden werden.

[1] Einen Überblick bieten: Ebers/Gotsch (Theorien) 228f

- **Unsicherheit**

  In Rahmen der Transaktionskostentheorie wird zwischen Umfeldunsicherheit und Verhaltensrisiken unterschieden. Umfeldunsicherheit bedingt das Organisationsproblem, dass zum Anfangszeitpunkt einer Transaktion niemals vollständige Kataloge bedingter Handlungsanweisungen festgelegt werden können. So kann beispielsweise die Entdeckung einer neuen Handlungsmöglichkeit oder das überraschende Eingehen von Informationen ein Revidieren der vorherigen Wahrscheinlichkeitsvorstellungen über die Umweltzustände nahe legen. Die Verhaltensrisiken zielen auf mögliches opportunistisches Verhalten der Transaktionspartner und damit auf die Frage, ob der Transaktionspartner seine Verpflichtungen erfüllen kann, erfüllen wird und erfüllt hat, ab.[1]

- **Häufigkeit**

  Je häufiger Transaktionspartner identische Transaktionen miteinander abwickeln, desto eher lassen sich ceteris paribus Skalen- und Synergieeffekte realisieren. Sowohl eine Senkung der Transaktions- als auch der Produktionskosten kann dadurch erreicht werden.

PICOT ergänzt diese Aufzählung noch um die strategisch-unternehmerische Bedeutung der Transaktion. Ähnlich argumentiert auch JOST, der einen Einfluss einer komplexen Umwelt auf die Höhe der Transaktionskosten vermutet. Je größer die Interdependenzen der betrachteten Transaktion mit anderen Transaktionen sind, desto höhere Koordinations- und Motivationskosten entstehen.[2] Die nachfolgende Abbildung zeigt die Auswirkungen der Transaktionsmerkmale auf die Transaktionskosten. Die Plus/Minus Symbole verweisen auf die Richtung des je-desto Zusammenhanges; somit bspw. je häufiger eine Transaktion, desto geringer die Transaktionskosten.

---

[1] ausführlich dazu: Kapitel 2.1.2

[2] Jost (Organisation) 206

**Abbildung 9: Der Einfluss der Transaktionsmerkmale auf die Transaktionskosten**

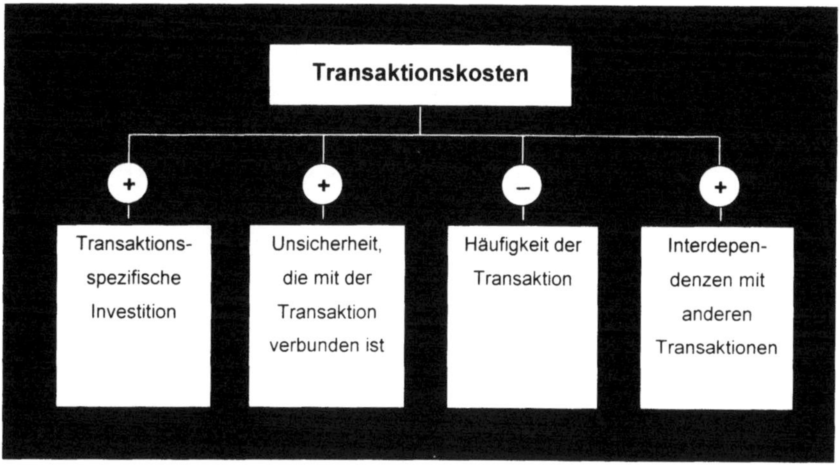


Quelle: verändert entnommen aus: Jost (Organisation) 207

Auf Grund der Größenordnung[1] der Transaktionskosten bestimmen sie, und nicht die Kosten der Technologie und Produktion[2] die optimale Organisationsform. Die Transaktionskostentheorie geht nun davon aus, dass sich Unternehmen so positionieren, dass die Transaktionskosten möglichst gering sind. Damit wird das Problem der ökonomischen Organisationsform als Vertragsproblem gesehen. Die Aufgabenerfüllung des Unternehmens kann auf unterschiedliche Art geschehen. Dabei stehen insbesondere Markt und Hierarchie als strukturell differente, konkurrierende Koordinationssysteme zur Verfügung. Als „Grundformen" ökonomischer Organisation werden die Extrempositionen

- marktmäßige Organisation, bei der - idealtypisch - die Koordination der Transaktionen ausschließlich über den Preis erfolgt, der alle relevanten Informationen enthält, und die
- hierarchische Organisation, bei der - wieder idealtypisch - Weisungen von oben jede marktliche Koordination ersetzen,

---

[1] Die Angaben schwanken zischen 50 Prozent [Wallis/North (Measuring) 121 sowie Jost (Organisation) 192f] und 80 Prozent [Richter(Institutionen) 9] des Bruttosozialproduktes.

[2] Zentrales Analysefeld der Neoklassischen Theorien

unterschieden. Werden die Kosten für marktliche Transaktionen zu hoch, so tritt an dessen Stelle die Institution „Unternehmen“ und wickelt die Koordination durch zentrale Planung und Hierarchie ab.

Dieses Grundmodell macht jedoch eine eindeutige Zuordnung, ob es sich bei einer bestimmten Transaktion (bspw. langfristiger Liefervertrag) um eine solche im Markt oder in einem Unternehmen handelt, schwer. Dies veranlasste RICHARDSON[1] zur Einführung einer dritten „Grundform“ der Transaktion wirtschaftlicher Aktivitäten, nämlich zur Zusammenarbeit in Form von Kooperationen. Eine zwischenbetriebliche Kooperation ist eine vertraglich vereinbarte Zusammenarbeit zwischen zwei rechtlich selbständigen Unternehmen, bei der die Ressourceneinbringung und die Teilung der geschaffenen Werte festzulegen ist. Neben dem Preis und der Anordnung wird nun als neues Koordinationsinstrument die Verhandlung eingeführt. Die Verhandlung führt zum formalen Kooperationsvertrag.[2]

Die Kooperation stellt eine Hybridform aus Markt und Hierarchie dar. Einerseits besteht keine anonyme Beziehung zwischen den Vertragsparteien wie bei der reinen marktlichen Transaktion, anderseits bleiben die Partner aber autonom. Weder das Zusammenspiel von Angebot und Nachfrage, noch die hierarchische Koordination regeln den Austausch. Der Übergang zwischen den drei Koordinationsmechanismen ist dementsprechend fließend. Die nachfolgende Abbildung zeigt die Hybridstellung der Kooperation zwischen Markt und Hierarchie, sowie die den einzelnen Mechanismen zugeordneten Instrumente.

---

[1] Richardson (Organization) 887

[2] Jost (Organisation) 211

**Abbildung 10: Die zwischenbetriebliche Kooperation als intermediärer Koordinationsmechanismus**

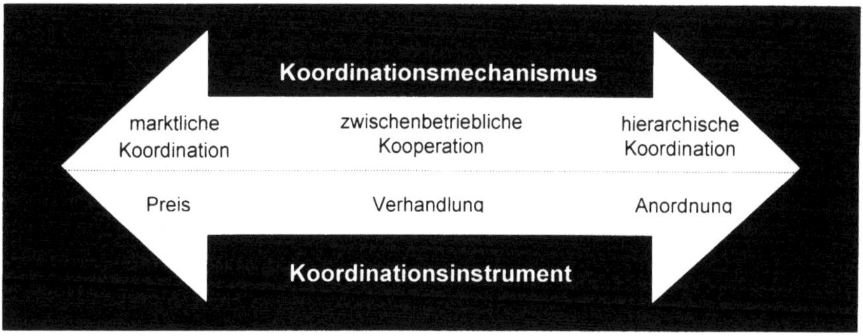


Quelle: verändert entnommen aus: Jost (Organisation) 211

Im deutschsprachigen Raum war es vor allem SYDOW,[1] der sich mit weiteren intermediären Koordinationsmechanismen beschäftigte und diese in das obenstehende (bereits erweiterte) Grundmodell einarbeitete. So ordnet nun die nachfolgende Abbildung die unterschiedlichen institutionellen Koordinationsformen auf dem Kontinuum zwischen Markt und Hierarchie ein. Die Einteilung erfolgt auf Basis der, bei spezifischen Koordinationsproblemen anfallenden Transaktionskosten. Demnach bewegt sich die Organisation der Transaktion weg vom „Markt" hin zu „Hierarchien", je unsicherer, häufiger, spezifischer und strategisch bedeutsamer die Transaktion ist.[2] Der Übergang zwischen den Grundformen Markt und Hierarchie ist, wie bereits erwähnt, fließend zu verstehen. Die dritte Form der ökonomischen Organisation, jene der „Kooperation", vereint demnach marktliche als auch hierarchische Elemente. „Kooperationen entstehen, ausgehend von einer Marktsituation, durch eine Intensivierung der Zusammenarbeit zwischen den Unternehmungen – durch Internalisierung. Ausgehend von einer Hierarchiesituation kommt es durch eine begrenzte Funktionsausgliederung oder Lockerung der hierarchischen Strukturen zu einer Externalisierung."[3] Beide Veränderungsschritte (Internalisierung/Externalisierung) können horizontalen als auch vertikalen Charakter aufweisen.

[1] Sydow (Netzwerke)

[2] Balling (Kooperation) 59

[3] Balling (Kooperation) 60

Abbildung 11: Organisationsformen ökonomischer Aktivitäten

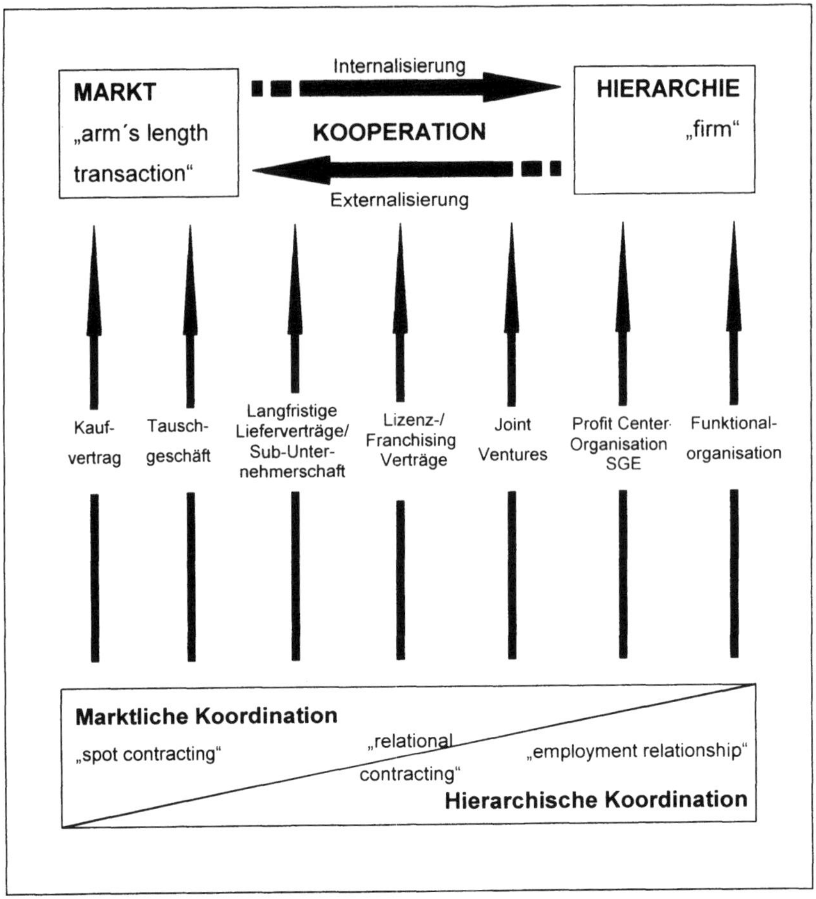


Quelle: Darstellung verändert nach Balling (Kooperation) 60 und die dort zitierte Literatur

Bei Kooperationen werden relationale Verträge (relational contracting) eingesetzt. Diese nehmen eine intermediäre Position zwischen dem reinen „spot contracting“ des Marktes und der „employment relationship“ der Hierarchie ein.[1] Relationale Vertragsbeziehungen sind durch eine noch weitere Auflösung des diskreten Charakters der Transaktion, durch eine Etablierung einer sehr langfristigen Austauschbeziehung zwischen den Akteuren gekennzeichnet. Aufgrund der bei Vertragsabschluss vorhandenen Unsicherheit und der Kosten für die Informations-

[1] Balling (Kooperation) 60

beschaffung ist es unmöglich, vollkommene Verträge, welche alle Eventualitäten abdecken, abzuschließen. Relationale Verträge beziehen sich daher auf die gesamte Beziehung und nicht auf eine einzelne Transaktion.[1]

[1] Jung (Geschäftsbeziehung) 57 und die dort zitierte Literatur

**Tabelle 8: Zusammenfassung Transaktionskostentheorie**

| Annahmen | Kernaussagen zu Geschäftsbeziehungen | Kritik |
|---|---|---|
| Begrenzte Rationalität (bei Transaktionen)<br><br>Vollständige Rationalität (bei Entscheidungen über Koordination der Transaktion)<br><br>Opportunismus der Akteure | Geschäftsbeziehungen entstehen aus rationalen Entscheidungen wirtschaftlicher Akteure. Einfluss auf diese Entscheidung nehmen die Transaktionskosten. Transaktionskosten umfassen all jene Kosten, die mit dem Austausch eines Gutes oder einer Leistung verbunden sind; insbesondere Kosten der Anbahnung, Vereinbarung, Abwicklung, Kontrolle und Anpassung von Transaktionen.<br><br>Die Geschäftspartner wählen aus verschiedenen Koordinationsformen von Transaktionen zwischen Markt und Hierarchie die kostenminimale aus. Dabei werden alle zwischen Markt und Hierarchie liegenden Formen als Kooperation bezeichnet, wobei die Grenzen zwischen den Formen fließend sind. Die Form der Geschäftsbeziehung wird (als Alternative zu Markttransaktion oder Hierarchischer Koordination) gewählt, wenn sie von beiden Partnern für transaktionskostenoptimal gehalten wird. Langfristig wird die Geschäfts-beziehung aufrecht erhalten, wenn auch der Kostenvorteil von Dauer ist.<br><br>Ein etwaiger Kostenvorteil ist abhängig von dem Zusammenspiel der transaktionsspezifischen Charakteristika; so wirken transaktionskostenspezifische Investitionen, die mit der Transaktion verbundene Unsicherheit, sowie Interdependenz der Transaktionen kostensteigernd, die zunehmende Häufigkeit von Transaktionen kostensenkend. | An der Transaktionskostentheorie ist vielfach Kritik geübt worden. So sei es bis heute nicht gelungen, den Begriff der Transaktionskosten einheitlich abzugrenzen und zu definieren. Weiters halten Kritiker auch die Prämissen, auf denen diese Theorie aufgebaut ist, für fragwürdig, denn:<br>• die Annahme vollständiger Rationalität bei der Auswahl der Organisationsform ist realitätsfremd<br>• die Transaktionskosten sind ein wesentliches, aber nicht das einzige Kriterium für die Wahl der Organisationsform. So werden bspw. Nutzenkategorien bei der Entscheidung nicht berücksichtigt.<br><br>Operativ wird die Erklärungskraft in Bezug auf Geschäftsbeziehungen angezweifelt, denn sie vermag kooperative, auf Langfristigkeit und Vertrauen basierende Beziehungen nicht zu erklären, da sie die Möglichkeit, opportunistisches Verhalten durch langfristige und vertrauensvolle Beziehungen auszuschalten, zwar anspricht, aber nicht in ihr System integriert.<br><br>Für die Entstehung und den Erfolg der oben angesprochenen Kooperationen kann die Transaktionskostentheorie immerhin eine teilweise Erklärung bieten, wobei wie so oft die empirische Überprüfung kaum verwertbare Ergebnisse bringt. |

### 2.1.2 *Prinzipal - Agenten - Theorie*

Diese Theorie ist einer der ältesten Erklärungsansätze des Verhaltens bei Zusammenarbeit. Im Mittelpunkt der Prinzipal-Agenten Theorie steht die Institution des Vertrages und seine Rolle in Austauschbeziehungen zwischen einem Auftraggeber ("Prinzipal") und einem Auftragnehmer ("Agent"). Der Prinzipal überträgt bestimmte Aufgaben und Entscheidungskompetenzen an den Agenten. Letzterer soll die Interessen des Auftraggebers realisieren und erhält dafür, auf Basis einer Vereinbarung, eine Vergütung. An dieser sozialen und wirtschaftlichen Beziehung können entweder Einzelpersonen, z.B. Eigentümer eines Unternehmens und Geschäftsführer, oder ganze Organisationen, z.B. Unternehmen, beteiligt sein.

Bei einer auf diese Weise entstandenen Beziehung wird angenommen, dass beide Partner ihren Eigennutzen maximieren wollen und unterschiedliche Nutzenüberlegungen verfolgen. Daraus erwächst die Gefahr opportunistischen Verhaltens. Opportunismus ist die „(...) Neigung von Menschen, den Buchstaben und den Geist eines Vertrages zu verlassen, wenn sich daraus ein Vorteil ausrechnen lässt."[1] Für das Vorliegen einer Prinzipal-Agenten Beziehung ist somit konstitutiv, dass „(...) die Handlungen des Auftragnehmers (des Agenten) nicht nur sein eigenes Wohlergehen, sondern auch das Nutzenniveau des Auftraggebers (des Prinzipals) beeinflussen."[2]

In einem vollkommenen Markt, unter der Bedingung der vollkommenen Information, wäre dies nicht weiter problematisch; der Wettbewerb würde jede opportunistische Handlung seitens des Auftragnehmers ausschließen. Opportunistische Agenten würden umgehend ersetzt werden und aus dem Markt herausfallen. In der Prinzipal-Agenten Theorie ist jedoch die Informationsbeschaffung mit Kosten verbunden; der Auftraggeber ist nicht vollkommen informiert, der Auftragnehmer hat einen Informationsvorsprung. Diese *Informationsasymmetrie* erschwert es dem Auftraggeber, das Verhalten des Auftragnehmers wirksam und laufend zu kontrollieren. Die Theorie geht von der grundsätzlichen Annahme aus, dass der Auftraggeber dem Auftragnehmer nicht trauen kann und damit einer Verhaltensunsicherheit ausgesetzt

---

[1] Trumpp (Kooperation) 69

[2] Picot/Dietl/Franck (Organisation) 85 [im Original: Princi**pal(s)**]

ist. Diese kann drei unterschiedliche Formen annehmen: Hidden characteristics, Hidden action bzw. Hidden information und Hidden intention.[1]

- *Hidden characteristics* bezeichnet das Problem der Auswahl schlechter Vertragspartner (*adverse selection*) dadurch, dass der Auftraggeber Eigenschaften des Auftragnehmers oder der von ihm angebotenen Leistungen vor Vertragsabschluss nicht kennt.[2] Der Agent verbirgt seine schlechten bzw. unterdurchschnittlichen Eigenschaften bis zur Vertragsunterzeichnung. Erst danach erfährt der Prinzipal die wahren Eigenschaften. Dieses Problem tritt vor allem bei der Einstellung neuer Mitarbeiter oder zwischen Kreditgeber und Kreditnehmer auf.

- *Hidden action* bzw. *hidden information* als zweites Hauptproblem umfasst möglichen nachvertraglichen Opportunismus des Auftragnehmers im Rahmen des *moral hazard*. Moral Hazard bezeichnet dabei die „(...) Schwierigkeit zwischen echten Risiken und menschlichen Versagen zu unterscheiden."[3] Dadurch, dass der Auftraggeber die Handlungsweise des Auftragnehmers nicht beobachten kann (*hidden action*) oder er sie zwar beobachten, aber mangels Fachwissen nicht beurteilen kann (*hidden information*), erhält der Auftragnehmer einen Handlungsspielraum, den er opportunistisch nutzen und mit dem er den Interessen der Auftraggeber zuwider handeln kann.[4] In beiden Fällen „(...) kennt der Prinzipal zwar das Handlungsergebnis, weiß aber nicht, inwieweit dieses auf Anstrengungen des Agent und inwieweit es auf exogene Faktoren zurückzuführen ist."[5]

---

[1] Picot/Dietl/Franck (Organisation) 88f

[2] Die Verwendung des Begriffes erfolgt in der Literatur nicht einheitlich; diese Form der Informationsdefizite wird auch häufig als *hidden information* bezeichnet. Beispiele unterschiedlicher Auffassungen finden sich bei Kräkel (Organisation) 23

[3] Arrow (Organisation) 34

[4] Strübing grenzt durch dieses Kriterium die Prinzipal-Agenten Theorie vom Stakeholderansatz ab, bei dem ebenso Verhaltensunsicherheit in Form des *Holdup* untersucht wird. Anders als die Prinzipalen können Stakeholder jedoch ex post feststellen, ob die entsprechende Gegenleistung erbracht wurde.

[5] Picot/Dietl/Franck (Organisation) 85 [im Original: Principal]

- *Hidden intention* ist als Gefahr ebenso nicht zu unterschätzen. Von ihr spricht man, wenn der Auftraggeber opportunistisches Verhalten des Auftragnehmers ex post, also nach Abschluss der Vereinbarung, zwar erkennt, aber nicht verhindern kann. Das Problem tritt vor allem dort auf, wo der Auftraggeber irreversible Investitionen getätigt hat und damit in Abhängigkeit vom Auftragnehmer gerät. Bei Abbruch der Zusammenarbeit besteht die Gefahr, dass diese Investitionen zu *sunk costs* werden. Selbst bei symmetrisch verteilter Information kann es zu opportunistischem Verhalten bzw. einer *hold-up* Situation kommen. Bei dieser Unsicherheit geht es um das nachvertragliche Risiko der opportunistischen Ausnutzung von Vertragslücken, die bei sogenannten *incomplete contracts* in Bezug auf die zu erbringende Leistung bestehen.

Der Prinzipal strebt dennoch nach einer derartigen Beziehung, um die spezialisierte Arbeitskraft und den Informationsvorsprung des Agenten zu nutzen. Vor diesen Problemfeldern ist das zentrale Interesse der Prinzipal-Agenten Theorie einerseits die Analyse der Möglichkeiten zur Reduktion der Informationsasymmetrie vor Vertragsabschluss, sowie anderseits die Analyse der vertraglichen Koordination von Entscheidungen der beiden Akteure.

In der ex-ante Phase kann der potentielle Agent mittels *Signalling* seine überlegene Leistungsfähigkeit bzw. –bereitschaft dokumentieren. Als Beispiele sind vor allem Zeugnisse, Gütesiegel, Gutachten, Diplome etc. zu nennen. Im Gegensatz dazu wird der Prinzipal vor Vertragsabschluss versuchen, durch *Screening* zuverlässige Informationen über die für ihn relevanten Qualitätsmerkmale des Agenten zu erlangen. Als Beispiele dafür wären Einstellungstests, Gutachten, Probefahrten etc. zu nennen.[1] Zu beachten sind dabei die Informationsbeschaffungskosten sowie der Informationswert. Ist Letzterer gering, so kann es von Vorteil sein, Entscheidungen unter Unsicherheit zu treffen.[2] Eine weitere Form den Markt zu differenzieren ist das Verfahren der *Self Selection*, bei dem für potentielle Agenten Anreize geschaffen werden, sich selbst in eine entsprechende Untergruppe einzuordnen. So können

---

[1] Picot/Dietl/Franck (Organisation) 91f

[2] Schwerk (Dynamik) 76f

bspw. über unterschiedliche Angebotsformen des Selbstbehalts bei Versicherungen unterschiedliche Risikogruppen auf Seite der Versicherungsnehmer unterschieden werden. Dadurch hat der Agent einen Anreiz, ehrlich Auskunft über seine persönliche Risikoeinschätzung zu erteilen.

In der ex-post Phase gilt es für den Prinzipal möglichst zuverlässig sicherzustellen, dass der Agent die übernommene Aufgabe auch korrekt ausführt. Aufgrund der Informationsasymmetrie ist es dem Prinzipal jedoch nicht möglich alle Eventualitäten vertraglich abzusichern. „Der Prinzipal versucht nun, durch Auswahl eines geeigneten Anreiz- und Kontrollsystems diese Verluste [*aufgrund unvollkommener Verträge (Anm. d. Verf.)*] zu minimieren."[1] Die Prinzipal-Agenten Theorie unterscheidet dabei verhaltensorientierte von ergebnisorientierten Verträgen. Während Erstere auf leicht zu beobachtendendes Verhalten abzielen, orientiert sich die Entlohnung bei der zweiten Gruppe am Grad der Ergebniserfüllung. Eine weitere Möglichkeit der Beschränkung des Handlungsspielraumes für den Agenten liegt in der Angleichung der Interessen, also darin, dass der potentielle Agent ein Eigeninteresse an der Zielerreichung entwickelt. Schließlich besteht die Möglichkeit des Aufbaus eines Monitoring Systems.

Die Vertreter der Prinzipal-Agenten Theorie gehen davon aus, dass all diese Maßnahmen (ex ante, ex post) mit Kosten verbunden sind. Diese werden als Agency Kosten bezeichnet und setzen sich aus drei Bestandteilen zusammen:[2]

- den Signalisierungskosten des Agenten,
- den Kontrollkosten des Prinzipal, sowie
- aus dem verbleibenden Wohlfahrtsverlust.

Der Zusammenhang zwischen Agency Kosten und Transaktionskosten wird von HENNART besonders ausführlich analysiert.[3]

---

[1] Trumpp (Kooperation) 39

[2] Picot/Dietl/Franck (Organisation) 86

[3] Hennart (Theory)

Ziel der Prinzipal-Agenten Theorie ist es, unter Bezugnahme auf die zugrundeliegende Informationsasymmetrie und die zu befürchtenden Verhaltensprobleme, die geeignetste institutionelle Arrangementform abzuleiten, wobei die Agency Kosten minimiert werden sollen. Die Gestaltungsempfehlungen der Prinzipal-Agenten Theorie sind in der nachfolgenden Tabelle zusammengefasst.

**Tabelle 9: Gestaltungsempfehlungen der Prinzipal-Agenten Theorie**

<table>
<tr><th>Informations-asymmetrie / Unter-scheidungskriterium</th><th colspan="3">Hidden characteristics</th><th colspan="2">Hidden action/ Hidden information</th><th>Hidden intention</th></tr>
<tr><td>Informationsproblem des Prinzipal</td><td colspan="3">Qualitätseigenschaften der Leistung des Vertragspartners unbekannt</td><td colspan="2">Anstrengungen des Vertragspartners, nicht beobachtbar bzw. nicht beurteilbar</td><td>Absichten des Vertragspartners unbekannt</td></tr>
<tr><td>Problemursache oder wesentl. Einflussgröße</td><td colspan="3">Verbergbarkeit von Eigenschaften</td><td colspan="2">Ressourcenplastizität; Überwachungsmöglichkeiten und –kosten</td><td>Ressourcenabhängigkeit, -einmaligkeit und –entziehbarkeit</td></tr>
<tr><td>Verhaltensspielraum des Agenten</td><td colspan="3">Vor Vertragsabschluss</td><td colspan="2">Nach Vertragsabschluss</td><td>Nach Vertragsabschluss</td></tr>
<tr><td>Beispiel</td><td colspan="3">Kreditgeber und Kreditnehmer; Einstellung von Personal</td><td colspan="2">Patient und Arzt; Leistungsverhalten von Personal</td><td>Fischer und Konservenfabrik; Verweilabsicht von Personal</td></tr>
<tr><td>Problem</td><td colspan="3">Adverse selection</td><td colspan="2">Moral hazard</td><td>Hold up</td></tr>
<tr><td rowspan="2">Art der Problembewältigung</td><td colspan="2">Beseitigung der Informationsasymmetrie durch</td><td rowspan="2">Interessen-angleichung</td><td rowspan="2">Interessen-angleichung</td><td rowspan="2">Reduzierung der Informations-asymmetrie (Monitoring)</td><td rowspan="2">Interessenangleichung</td></tr>
<tr><td>Signalling/ Screening</td><td>Self Selection</td></tr>
<tr><td>Möglichkeit zur Problembegrenzung (beispielhaft)</td><td>Bilanzen, Zeugnisse, Gütesiegel</td><td>Differenzierte Kooperations verträge</td><td>Reputation des Vertrags-partners</td><td>Ergebnisbeteiligung des Vertragspartners (z.B. Prämiensystem oder Kapitalbeteiligung)</td><td>z.B. durch Planungs- und Kontrollsysteme, Berichtswesen etc.</td><td>Sicherheiten (z.B. Leistungsgarantien, Bürgschaften, Gegengeschäfte)</td></tr>
</table>

Die Prinzipal – Agenten Theorie lässt sich auf eine Vielzahl sozialer Phänomene anwenden. STRÜBING resümiert: „Demnach ergibt sich die Möglichkeit der Anwendung des Agency - Konzeptes bereits aus der Existenz von sozialen Beziehungen, Organisationen und/oder Kooperation; das potentielle Untersuchungsfeld beschränkt sich also nicht auf ökonomische Sachverhalte."[1] KARMANN stellt fest, dass der Übergang zu diesem Analyserahmen „(...) insbesondere auch einen Schritt vom Modell des anonymen Marktes hin zu Kooperationsbeziehungen zwischen einzelnen Parteien"[2] darstellt.

---

[1] Strübing (Unternehmenskooperation) 20

[2] Karmann (Principal) 557

**Tabelle 10: Zusammenfassung Prinzipal – Agenten Theorie**

| Annahmen | Kernaussagen zu Geschäftsbeziehungen | Kritik |
|---|---|---|
| Kosten für Informationsbeschaffung führen zu Informationsasymmetrie zwischen Prinzipal und Agenten.<br><br>Akteure handeln rational und versuchen den Eigennutzen zu maximieren.<br><br>Opportunismus der Akteure in Form von:<br>• Hidden characteristics<br>• Hidden action / Hidden information<br>• Hidden intention | Der Auftraggeber (Prinzipal) überträgt bestimmte Aufgaben und Entscheidungskompetenzen einem Auftragnehmer (Agenten), der die Interessen des Prinzipal vertreten soll und dafür eine Vergütung erhält. Derartige Geschäftsbeziehungskonstellationen finden sich sowohl auf der Beschaffungs- (bspw. JIT-Programme; Fertigung spezifischer Teile, Qualitäts-anforderungen...) als auch Absatzseite (bspw. internationale Distributionsaufgaben von Absatzmittlern...) eines Unternehmens.<br><br>Da der Auftraggeber dem Auftragnehmer grundsätzlich nicht trauen kann, weil dieser danach trachtet den Eigennutzen zu maximieren, versucht der Prinzipal die Informationsasymmetrie zu reduzieren. Diese Bemühungen können vor Vertragsunterzeichnung (self signalling, self selection) oder ex-post (Kontrollmechanismen, Pönale) ansetzen, führen jedoch zu zusätzlichen Kosten.<br><br>Geschäftsbeziehungen entstehen in Analogie zum Transaktionskostenansatz, aus als Form der Koordination zwischen Markt und Hierarchie unter Berücksichtigung der spezifischen Informationsasymmetrie, der zu befürchtenden Verhaltensprobleme und der Informationsbeschaffungskosten. | Die Kritik an der Prinzipal - Agenten Theorie richtet sich vor allem gegen die Grundtendenz der Theorie, wonach die Interessen des Prinzipal gegenüber denen der Agenten als höherwertig und vorrangig angesehen werden. Dementsprechend wird die Rolle der Agenten grundsätzlich negativ gesehen; man kann ihnen nicht trauen und sie sind eigentlich nur ein notwendiges Übel, das in Kauf genommen wird, um zum eigenen Vorteil deren Fähigkeiten und Kenntnisse zu nutzen. Daraus ergeben sich zwei Folgerungen, die deutlich an der Realität vorbeigehen, nämlich:<br>• Es wird unterstellt, dass die Agenten (Manager, Mitarbeiter) rational und in ausschließlichem Eigeninteresse handeln. Dass der Mensch vor allem emotional bestimmt handelt, dass er z.B. eine ordentliche Arbeit leisten kann aus Ehrgeiz oder aus Spaß daran, oder aus dem Wunsch, die Leistung vorzuzeigen, wird dabei ignoriert. Auch dass z.B. Loyalität gegenüber dem Unternehmen ein Beweggrund sein kann, wird übergangen.<br>• Die Organisation betreffend wird konsequenterweise ein streng mechanistischer Ansatz verfolgt. Die Delegation von Aufgaben ist nur ein Produkt von Unsicherheit und sollte so gering wie möglich gehalten werden, da sie nur zu Missbrauch führt. Delegation als Mittel, Mitarbeiter zu motivieren und zu ermuntern, wird grundsätzlich abgelehnt, da es dadurch nur Nachteile für den Prinzipal gibt. Die Prinzipal - Agenten Theorie setzt vielmehr voll auf Kontrolle, möglichst bis ins Detail.<br><br>Zwar nur marginal, aber doch erwähnenswert ist, dass so manches Beispiel falsch gewählt ist.<br>• Das Verhältnis Kreditgeber - Kreditnehmer ist ein einfaches Kunden - Lieferanten Verhältnis, die Bank schützt sich gegen Risiken nicht durch dicke Verträge, sondern durch handfeste Sicherheiten<br>• Auch das Verhältnis Arzt - Patient ist ein Kunden - Lieferanten Verhältnis, höchstens mit der Besonderheit, dass es bei Nicht-Erfüllung der Leistung (Patient wird nicht gesund) keine, einer Mängelrüge vergleichbare Vorgangsweise (Setzung einer Nachfrist zwecks Nachbesserung, angemessene Preisminderung etc.) gibt.<br>Abschließend ist darauf hinzuweisen, dass die Grundidee der Theorie, nämlich je mehr Kontrolle, desto besser das Ergebnis, empirisch nicht beweisbar ist, womit natürlich die Annahmen über das Verhalten der Agenten anzuzweifeln sind. Die Beweggründe der Menschen sind eben doch recht komplex. |

### 2.1.3 *Property Rights Theorie*

Im Mittelpunkt der Property Rights Theorie steht die Institution des Verfügungsrechts,[1] verstanden als institutionell festgelegte Handlungs- und Verfügungsmöglichkeit von Individuen über knappe Ressourcen. „Verfügungsrechte legen fest, in welcher Weise ihr Inhaber legitimerweise über die Ressourcen verfügen kann, an denen er die Rechte innehat."[2] Der Begriff der Handlungs- möglichkeit bezieht sich auf Rechte, welche nicht auf ein physisch definiertes Gut bezogen sind (bspw. das Recht zu wählen).[3] Dabei können die (knappen) Ressourcen rechtlicher, ökonomischer oder sozialer Natur sein. Im Umkehrschluss stellen Handlungsmöglichkeiten des Besitzers von Rechten gleichzeitig Verfügungsbeschränkungen für andere Wirtschaftssubjekte dar. Die Zuordnung von Property Rights schafft somit Handlungsrechte für die begünstigten Individuen und Handlungsrestriktionen für diejenigen Individuen, die über keine Property Rights an dem betreffenden Gut verfügen.

Verfügungsrechte haben sowohl einen gegenstandsbezogenen als auch einen personenbezogenen Aspekt. Sie legen die Rechte von Individuen im Umgang mit einem Gut fest und grenzen damit die Rechte der Individuen untereinander ab. Property Rights Theoretiker analysieren stets das wirtschaftliche Verhalten von Individuen, nicht jenes von Kollektiven. Gilt es den Einsatz von Verfügungsrechten auf Unternehmensebene zu analysieren, so werden kollektive Entscheidungen auf individuelle reduziert.[4] Das Individuum kalkuliert rational die Vorteilhaftigkeit alternativer Austauschbeziehungen. Ein Handeln von Unternehmen im eigentlichen Sinne soll es nicht geben, vielmehr resultiert es aus der Summe der Einzelverträge.[5] Unternehmen werden als dynamisches Geflecht von Einzelverträgen betrachtet.

Das Hauptanliegen der Theorie besteht darin, "(...) den Einfluss von sozial anerkannten, auf Konvention, Tradition, gesetztem Recht oder auf Verträgen beruhenden

[1] zur Übersetzungsproblematik: Budäus/Gerum/Zimmermann (Verfügungsrechte) 10

[2] Ebers/Gotsch (Theorien) 200

[3] Ganske (Mitbestimmung) 14

[4] Budäus/Gerum/Zimmermann (Verfügungsrechte) 11

[5] Schreyögg (Verfügungsrechte) 153

institutionellen Handlungsbeschränkungen (Property Rights) auf wirtschaftliche Phänomene zu erklären."[1] Neben anderen Fragestellungen untersuchen Vertreter dieser Theorie insbesondere die aus einer bestimmten Verteilung der Property Rights resultierende Anreizwirkung auf das Verhalten von Individuen.[2] Nicht das Eigentum oder der Besitz eine Gutes ist von ökonomischen Interesse, sondern vielmehr die mit den Gütern verbundenen Rechte. „Rechte an Austauschbarkeiten sind gleichermaßen Folge und Voraussetzung des Austausches."[3] Für den Austausch von Gütern werden vier Einzelrechte unterschieden:[4]

- Rechte, welche die Nutzung eines Guts betreffen (*usus*)
- Rechte, die Form und Substanz des Gutes zu verändern (*abusus*)
- Rechte, sich die aus dem Gut zu ziehenden Gewinne anzueignen bzw. die Verpflichtung, die aus der Nutzung resultierenden Verluste zu tragen (*usus fructus*).
- Rechte, das Gut an Dritte zu veräußern (Kapitalisierungs- bzw. Liquidationsrecht).

Das Recht auf exklusive Nutzung eines Gutes steht einem Wirtschaftssubjekt nur dann zu, wenn es sämtliche Teilrechte innehat. Die Verfügungsrechte können jedoch auf mehrere Subjekte verteilt sein (bspw. steht dem Mieter einer Wohnung das Nutzungsrecht zu, nicht jedoch das Liquidationsrecht). Ist die Zahl der Subjekte, welche Verfügungsrechte an einer Ressource innehaben, sowie das Ausmaß der institutionellen Einschränkung der Nutzungsmöglichkeiten (im vorangegangenen Beispiel bspw. Mietrecht oder Bauordnung) einer Ressource groß, so spricht man von „*verdünnten*" Rechten. Die zwei Dimensionen der Verdünnung von Property Rights zeigt die nachfolgende Abbildung.

---

[1] Schüller (Einführung) VII

[2] Picot/Reichwald/Wigard (Unternehmung) 39

[3] Krause (Soziologie) 97

[4] Picot/Reichwald/Wigard (Unternehmung) 39

**Tabelle 11: Zwei Dimensionen der Verdünnung von Property Rights**

| | | Anzahl der Property Rights Träger | |
|---|---|---|---|
| | | **Niedrig** | **Hoch** |
| **Grad der Vollständigkeit der Property Rights Zuordnung** | **Hoch** | Konzentrierte Property Rights Struktur<br><br>Bsp. Einzelunternehmen | Verdünnte Property Rights Struktur<br><br>Bsp. Aktiengesellschaft |
| | **Niedrig** | Verdünnte Property Rights Struktur<br><br>Bsp. Stiftung | Stark verdünnte Property Rights Struktur<br><br>Bsp. Großverein wie ÖAMTC |

Quelle: Picot/Dietl/Franck (Organisation) 56

Auch bei der Property Rights Theorie stellt die Analyse von Kosten einen weiteren Forschungsschwerpunkt dar. Die dabei betrachteten Transaktionskosten entstehen, wenn Verfügungsrechte gebildet, übertragen oder durchgesetzt werden. Es handelt sich dabei um Kosten der Information und Kommunikation sowie um Zeit und Mühe, die für die Anbahnung und Abwicklung des Austausches aufgewendet werden müssen.[1]

„Die Verfügungsrechtsstruktur und die Transaktionskosten setzen Anreize und Beschränkungen für das Verhalten und die Allokationsentscheidungen von ökonomischen Akteuren."[2] Dabei streben die Akteure nicht nach Gewinnmaximierung, sondern nach *individueller Nutzenmaximierung*, welche auch in altruistischen Handlungen liegen könnte. Der Begriff der individuellen Nutzenmaximierung ist ex ante weder positiv noch negativ besetzt. Hoher Nettonutzen ist mit möglichst „unverdünnten" Verfügungsrechten und minimalen Transaktionskosten erzielbar. Ist die Durchsetzung von Rechten an einer Ressource bspw. sehr kostspielig, so ist die

[1] Picot/Reichwald/Wigard (Unternehmung) 39

[2] Ebers/Gotsch (Theorien) 201

Wahrscheinlichkeit groß, dass Dritte die Ressource nutzen, ohne dafür den Inhaber der Verfügungsrechte zu entlohnen.

Aus der Nutzung der Verfügungsrechte an Ressourcen erwachsen *positive* als auch *negative Effekte*, die – idealtypisch – dem Besitzer zugeordnet werden sollten. Wird dies verabsäumt, so entstehen *externe Effekte*, welche der Gesellschaft zufallen.[1] Das Auftreten externer Effekte wird seitens der Akteure dann vermieden, wenn dadurch der Nettonutzen gesteigert werden kann, also der Nutzen der Internalisierung der Effekte deren Kosten nicht übersteigt.

Die Property Rights Theorie erklärt die bestehende Verfügungsrechtsstruktur anhand von Nutzen und Kosten und unterstellt, dass sich effizientere Strukturen langfristig durchsetzen. „Die Struktur der Verfügungsrechte sowie die Struktur und Höhe der Transaktionskosten beeinflussen die Nutzen und Schäden, die den Akteuren im Rahmen der Ressourcennutzung erwachsen, und damit die Allokationsentscheidungen der Akteure. Ein Akteur wird bei gegebenen institutionellen Rahmenbedingungen solche Formen der Ressourcennutzung wählen und solche Verfügungsstrukturen etablieren, die seinen Nettonutzen maximieren."[2] Entstehen hohe Transaktionskosten und hohe negative externe Effekte, so ist dies ein Indiz für die Notwendigkeit neuer institutioneller Lösungen.[3]

[1] Es liegt wohl in der Natur des Menschen, dass es sich meist um negative Effekte – wie Umweltverschmutzungen - handelt, die der Gesellschaft zufallen und die dann von dieser getragen werden müssen.

[2] Ebers/Gotsch (Theorien) 203 [Text im Original kursiv]

[3] Picot/Reichwald/Wigard (Unternehmung) 40

**Tabelle 12: Zusammenfassung Property Rights Theorie**

| Annahmen | Kernaussagen zu Geschäftsbeziehungen | Kritik |
|---|---|---|
| Rationalität und Einfallsreichtum der Akteure<br><br>Individuelle Nutzenmaximierung unter Restriktionen der Verfügungsrechte<br><br>Knappe Ressourcen<br><br>Ungleiche Informationsverteilung<br><br>Externe Effekte durch Nutzung der Verfügungsrechte | Nicht der Besitz von Eigentum, sondern die damit verbundenen Rechte sind von zentralem ökonomischen Interesse. Die Verteilung von Property Rights hat maßgeblichen Einfluss auf das Verhalten wirtschaftlicher Akteure; Sind die Einzelrechte der Nutzung, Veränderung, Gewinnaneignung und Veräußerung stark verdünnt, so sind die Handlungsmöglichkeiten der Akteure limitiert.<br><br>Rechte an Austauschbarkeiten sind gleichermaßen Folge und Voraussetzung des Austausches. Bei Austauschvorgängen wird nicht die Ressource an sich bewertet, sondern die damit verbundenen Rechte. Ein Austausch findet dann statt, wenn es nach dem Tausch zu einer Erhöhung des Wertes des Rechtsbündels kommt.<br><br>Die Bildung, Übertragung und Durchsetzung von Handlungsrechten ist mit Transaktionskosten verbunden. Dabei handelt es sich um Kosten der Information, Kommunikation sowie Zeit und Mühe für die Anbahnung und Abwicklung des Austausches. Diesen Kosten stehen Nutzeneffekte gegenüber, die idealtypisch dem Besitzer der Rechte zufallen.<br><br>Bei gegebenen institutionellen Rahmenbedingungen wird ein Akteur solche Formen der Ressourcennutzung wählen und solche Verfügungsstrukturen etablieren, die seinen Nettonutzen maximieren. Dabei setzen sich langfristig effiziente Strukturen durch. | Kritiker halten es für hochgradig unwahrscheinlich, dass, unter der Annahme, dass zwei Individuen den größtmöglichen Vorteil anstreben, sie zu einer Austauschlösung gelangen in der beide zusammen und zugleich jeder einzelne Vorteile erzielen kann. Allgemeiner formuliert geht es um den Nachweis der Unmöglichkeit, eines Nutzen- und Wohlfahrtsmaximums unter der Bedingung nicht vorhandenen sozialen Austausches.<br><br>Dies würde auf individueller Ebene zwangsweise die Entstehung negativer Externalitäten bedeuten. Eine effiziente Ordnung auf individualistischer Grundlage ist demnach ausgeschlossen und eine Begrenzung kollektiver Bedürfnisbefriedigung müsste die Folge sein. Ein vorteilsmotiviert handelndes Individuum wird seinen Beitrag zur Erstellung eines Kollektivgutes um so geringer ansetzen, je mehr es damit rechnet, aufgrund der Beiträge anderer dennoch an das Gut zu gelangen. Jedes Individuum erwartet einen zusätzlichen Nettonutzen, den es nur erzielen kann, wenn andere ausgeschlossen werden. Geschäftsbeziehungen müssten somit alle Anderen (Konkurrenten) zwangsweise von der Nutzenquelle abtrennen. |

## 2.2 Interorganisationstheorien

Interorganisationstheorien basieren auf der Betrachtungsweise des *Resource Based View,* dessen Grundidee darin besteht, dass die Wettbewerbsvorteile eines Unternehmens gegenüber der Konkurrenz durch die Qualität der Unternehmensressourcen zu erklären sei. Auf Basis dieser Vorteile kann das Unternehmenswachstum abgeleitet werden.[1] Der Begriff **Ressource** umfasst dabei alles, was als **Stärke oder Schwäche** eines Unternehmens angesehen werden kann. Die nachfolgende Abbildung unterscheidet drei Bereiche in denen Ressourcen angesiedelt sein können:[2]

- einen greifbaren/materiellen- (tangiblen),
- einen nicht greifbaren/immateriellen- (intangiblen) und schließlich
- den Humanbereich.

Zu den **greifbaren Ressourcen** zählen die Faktorausstattung des Unternehmens sowie deren Finanzausstattung. Im **nicht greifbaren Bereich** werden vor allem technische Ressourcen bspw. im Sinne von Innovationskraft oder Patente, Kundenloyalität und Reputation sowie die Unternehmenskultur subsummiert. Dementsprechend sind internationale Geschäftsbeziehungen als immaterielle Ressource aufzufassen. Der **Humanressourcenbereich** umfasst vor allem Mitarbeiterqualifikation, -motivation und –loyalität.

Ressourcen alleine machen jedoch noch keinen Unternehmenserfolg aus. Vielmehr ist es die Fähigkeit die Ressourcen auch gezielt einzusetzen, also neuen Kundennutzen zu kreieren, die Effizienz der Wertschöpfung zu verbessern oder dazu beizutragen neue Märkte zu erobern, die zum Unternehmenserfolg beiträgt. Diese Fähigkeit wird häufig als Kernkompetenz bezeichnet.[3] Kernkompetenz bezeichnet die Fähigkeiten eines Unternehmens, kollektives Handeln der Mitarbeiter zu erzielen, um einzelne Ressourcen zu Produkten so zu kombinieren, dass anhaltende Wett-

---

[1] Knyphausen-Aufsess (Unternehmensführung) 82

[2] Grant (Analysis) 111ff

[3] bspw. Wernerfelt (Resource), Peteraf (Cornerstones), Prahalad/Hamel (Competence)

bewerbsvorteile erreicht werden.[1] Die Bedeutung der Kernkompetenzen für den Unternehmenserfolg kann jedoch nicht aus einer isolierten Innensichtweise getroffen werden, sondern bedarf der Überprüfung mit (externen) Branchenstandards; bspw. in Form von Benchmarking.

**Abbildung 12: Die Beziehung von Unternehmensressourcen, Fähigkeit und Wettbewerbsvorteil**

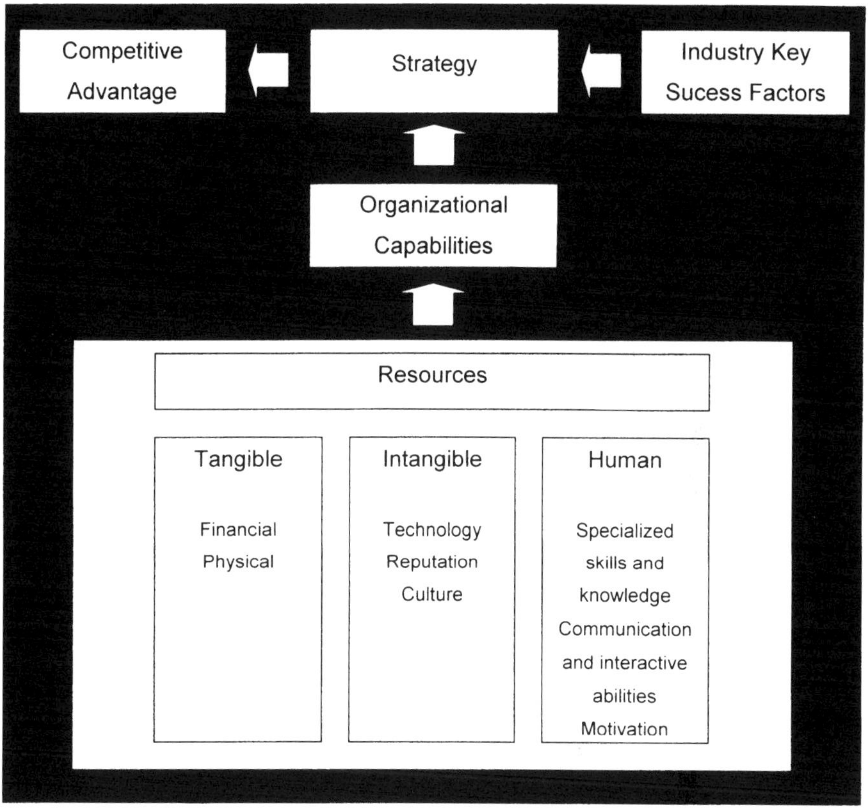


Quelle: Grant (Analysis) 113

Spannend ist nun die Frage unter welchen Bedingungen sich ein Unternehmen die (Quasi-)Rente aus den Wettbewerbsvorteilen auch aneignen bzw. langfristig halten kann. GRANT nennt folgende Voraussetzungen:[2]

---

[1] Schneider (Kernkompetenzen) 345

[2] Grant (Analysis) 129ff

1.) die Ressourcen müssen

- einen **Wert besitzen**, also die Effizienz und Effektivität des Unternehmens verbessern;
- **knapp sein**, also den Konkurrenten nicht zugänglich;

2.) die Ressourcen dürfen

- **nicht substituierbar sein** und
- es dürfen **keine anderen Optionen** offen stehen, den gewünschten Effekt zu erzielen.

All diese Voraussetzungen können auf Geschäftsbeziehungen zutreffen. Internationale Geschäftsbeziehungen können jedoch nicht nur als Ressource betrachtet werden, sondern entstehen aufgrund des Austausches von Ressourcen. Damit die ausgetauschten Ressourcen einen Beitrag zur langfristigen Stabilität der Beziehung leisten können, sollten sie folgende kritische Voraussetzungen erfüllen:[1]

- **Effizienz/Effektivität:** Die Ressourcen müssen dazu beitragen, die Effizienz bzw. Effektivität der Erstellung von Kundennutzen zumindest für ein Marktsegment zu fördern.
- **Heterogenität:** Die Einzigartigkeit der Ressourcen bedingt, dass nur wenige Anbieter über diese Ressourcen verfügen bzw. diese am Markt anbieten. Je weniger alternative Anbieter zur Verfügung stehen, desto langfristiger ist die Beziehung ausgerichtet.
- **Schwere Nachahmbarkeit:** Die Ressourcen sollten nur schwer kopierbar sein.
- **Schwer Ersetzbar:** Es sollte schwer fallen die Ressourcen von einem anderen Anbieter zu beziehen.
- **Begrenzte Mobilität:** Kritische strategische Ressourcen sollten eine eingeschränkte Fungibilität besitzen.

Interorganisationstheorien stellen eine Erweiterung der klassischen Organisationstheorie durch Einbezug des Aspektes der **Umwelt** dar. Dabei wird Umwelt vor allem durch die Existenz von Organisationen, mit denen das fokale Unternehmen in Wettbewerb steht, charakterisiert.

Interorganisationstheorien verfolgen die Frage wie sich Unternehmen im **Spannungs feld zwischen Autonomie und Abhängigkeit** gegenüber anderen Organisationen bewähren.[2] Das Spannungsfeld resultiert aus dem Streben nach größtmöglicher Unabhängigkeit der Unternehmen von ihrer Umwelt, bei gleichzeitiger Notwendigkeit, externe Ressourcen in den Leistungserstellungsprozess zu integrieren und somit Austauschbeziehungen mit anderen Unternehmen zu etablieren.

Zu den Interorganisationstheorien zählen insbesondere die Spieltheorie, die Soziale Austauschtheorie und die Resource Dependence Theorie.

### *2.2.1 Spieltheorie*

Die Spieltheorie wird zur Analyse dort eingesetzt, wo soziale Beziehungen zugleich durch Kooperation und Konflikt gekennzeichnet sind.[3] Dabei werden Handlungsstrategien von mindestens zwei rationalen Individuen, die zu stabilen Gleichgewichten führen, untersucht. Rationale Entscheidungsträger versuchen ihren individuellen Nutzen zu maximieren, wobei „(...) die Reaktionen der Mitspieler in die eigene Entscheidungsfindung mit einbezogen"[4] werden. Die Entscheidungsträger verfolgen teilweise divergierende Interessen und können autonom über ihr Verhalten befinden.[5]

Diese Theorie kann herangezogen werden, um das Zustandekommen von Kooperationen oder Geschäftsbeziehungen zu erklären. Dabei werden die Bedingungen untersucht, unter denen jeder Partner bessere Ergebnisse im Rahmen der Zusammenarbeit erzielt, als wenn er allein vorginge. Bei einer Zusammenarbeit gibt es immer wieder Situationen, in denen ein Partner befürchtet, dass der andere aus der Kooperation wesentlich größere Vorteile zieht und daher beschließt, nicht zu kooperieren. Das Grundproblem besteht darin, dass die Verfolgung der Einzel-

---

[1] Morgan/Hunt (Competitive Advantage) 285 sowie Weber (Partnering) 89

[2] Werp (Geschäftsbeziehungen) 62

[3] Güth (Kooperation) IX

[4] Schwerk (Dynamik) 109 f

[5] Güth (Spieltheorie) 1

interessen durch jeden Teilnehmer dann zu einem schlechten Ergebnis für alle Beteiligten führt.

Die Spieltheorie versucht nun, diese Konfliktsituation zu formalisieren und als „Spiel" bezeichnete Lösungskonzepte anzubieten. Bekannt sind vor allem zwei von AXELROD[1] weiterentwickelte Beispiele, nämlich das „Gefangenendilemma" (wenn es um die Kooperation von zwei Partnern geht) und die „Hirschjagd" (wenn es um die Kooperation von mehreren Partnern geht). Zur Veranschaulichung seien beide Spiele kurz dargestellt:

1. **Gefangenendilemma:** Zwei Personen werden eines Verbrechens verdächtigt, es gibt allerdings nur wenige Indizien. Die Polizei unterbreitet daher beiden folgenden Vorschlag: Wenn beide gestehen, erhalten beide eine angemessene Strafe (Kooperation, beide je 7 Jahre). Wenn einer der beiden den anderen belastet und der andere schweigt (Kooperation, Defektion), erhält der Belastete eine hohe Strafe (10 Jahre) und der andere eine sehr geringe Strafe (1 Jahr). Schweigen beide, erhalten beide eine geringe Strafe (jeweils 3 Jahre). Aus der Sicht des einzelnen Teilnehmers ist damit die Belastung des Anderen, also Nicht - Kooperieren, die günstigste Lösung, dann erst kommt die Kooperation, das heißt beiderseitiges Schweigen. Jedoch ist die Wahrscheinlichkeit groß, dass beide, aus Angst vom Kollegen belastet zu werden, die Tat gestehen. So wird die in der Gesamtsumme ungünstigste Lösung (insgesamt 14 Jahre Haft) realisiert. In diesem Modell handeln die Akteure somit rational und ökonomisch. Ihr Ziel ist die individuelle Ergebnismaximierung.

[1] Axelrod (Cooperation) bzw. in dt. Übersetzung Axelrod (Kooperation)

**Tabelle 13: Gefangenendilemma: Schadenwerte alternativer Handlungskonzepte**

| | | Gefangener / Spieler B | |
|---|---|---|---|
| | | Gestehen / Kooperation | Nicht Gestehen / Defektion |
| Gefangener / Spieler A | Gestehen / Kooperation | 7, 7 | 1,10 |
| | Nicht Gestehen / Defektion | 10,1 | 3,3 |

Quelle: Picot/Reichwald/Wigand (Unternehmung) 37 [1]

2. **Hirschjagd:** Eine Gruppe von Jägern umzingelt einen Hirsch. Arbeiten alle zusammen, wird der Hirsch erlegt und jeder hat ausreichend Beute. Lässt sich einer ablenken um z.B. einen Hasen zu erlegen, kann der Hirsch entkommen. Dann hat der Egoist zwar einigermaßen Beute sicher, der Rest der Jäger geht aber leer aus. Weil aber ein Hase in der Hand besser ist als ein Hirsch im Gehölz, kommt die Kooperation nur zustande, wenn jeder der Jäger überzeugt ist, dass sich alle übrigen ebenfalls an der Hirschjagd beteiligen.

Die Spieltheorie geht somit davon aus, dass das Verhalten von Menschen von subjektiven Ergebnismatrizen, wie in der vorangegangenen Abbildung dargestellt, abhängt. Unklar bleibt jedoch, woraus sich die erwarteten (Nutzen)Werte der Ergebnisfelder ergeben und welche Bedeutung ihnen für die Ausgestaltung der konkreten Handlungen der Akteure zukommt. Schließlich besteht die Realität nicht aus einer isolierten Beziehung, sondern aus einer Vielzahl von Relationen, die wiederum Einfluss auf die Ergebniserwartungen ausüben.[1]

Ebenso muss kritisch angeführt werden, dass in der wirtschaftlichen Realität die Kommunikation zwischen den Akteuren und somit die Koordination der Vorgehensweise möglich ist. Trotzdem scheitern viele Kooperationen oder Geschäftsbeziehungen an der verbleibenden Verhaltensunsicherheit des Partners, der entgegen der Vereinbarung handeln kann und dies auch tun wird, so ferne das Spiel

---

[1] Im Falle von Geschäftsbeziehungen sollten weniger Schadenswerte als vielmehr Nutzwerttableaus betrachtet werden.

aus einer einzigen Runde besteht und nicht wiederholt wird. Bei wiederholten Interaktionen wird die Frage nach der besten Entscheidungsregel „(...) ersetzt durch die Frage nach der richtigen langfristigen Handlungsstrategie unter Einbeziehung und in Abhängigkeit von Erfahrungen vorangegangener Spielrunden mit demselben Partner."[2]

Als Ausweg aus diesen vordergründigen Vorteilen des Defektierens schlägt AXELROD eine *„tit for tat"* Strategie („Wie du mir, so ich dir" Strategie) vor. Dabei beginnt ein Teilnehmer mit kooperativem Verhalten und richtet dann sein eigenes Verhalten nach dem Verhalten des (der) anderen Teilnehmer(s). Unter diesen Umständen stabilisiert sich häufig das Spiel (die Zusammenarbeit im Netzwerk), da sich die Spieler so verhalten, als ob sie sich gegenseitig vertrauen. Bedingung für diese Stabilität ist, dass die Teilnehmer nicht ein Maximum an eigenem Vorteil suchen, sondern sich so verhalten, dass jeder Teilnehmer aus der Zusammenarbeit ausreichend Vorteile zieht. Dieses Verhalten ist von folgenden Grundorientierungen geprägt:[3]

- Vermeidung unnötiger Konflikte durch eigene Kooperation solange der andere Spieler kooperiert.
- Provozierbarkeit und Reaktion angesichts eines unnötigen Nicht-kooperieren des anderen.
- Nachsichtigkeit bei der Antwort auf eine Provokation (kein nachtragendes Verhalten).
- Verständlichkeit des Verhaltens, damit der andere Spieler sich an das eigene Verhaltensmuster anpassen kann.

Auf einen kurzen Nenner gebracht: Die Spieltheorie stellt das Schaffen von Vertrauen in den Mittelpunkt ihrer Betrachtungen und unterstellt, dass Kooperationen dann Vorteile bringen und funktionieren, wenn die Teilnehmer langfristig denken und handeln.

---

[1] Argyle (Interaktion) 192

[2] Strübing (Unternehmenskooperation) 53

[3] Axelrod (Cooperation)

Folgende stabilitätserhöhenden bzw. –senkenden Bedingungen für Geschäftsbeziehungen können abgeleitet werden:[1]

- Ist eine Geschäftsbeziehung auf einen bestimmten Zeitraum begrenzt, wird das kooperative Verhalten stark vermindert oder gänzlich ausbleiben *(Endspieleffekt)*.
- Den Kooperationswillen deutlich signalisierende Verhaltensweisen können zu erhöhtem Vertrauen beitragen. Dies fördert die Stabilität der Geschäftsbeziehung. Bei der Tit for Tat Strategie wird dieser Wille durch den Verzicht auf erstmalige Defektion erkennbar.
- Eine große Bedeutung zukünftiger Erträge aus der Geschäftsbeziehung trägt zur Stabilität bei.
- Defektionsversuche werden unwahrscheinlicher je länger die Partner einander kennen, bzw. je größer die gemeinsamen Erfahrungen sind. Auch der Ruf eines Akteurs hat eine ähnliche Wirkung und kann als Sanktionierer defektiven Verhaltens gesehen werden.
- Die durch eine längere Geschäftsbeziehung entstandene Familiarität zwischen den Partnern wirkt positiv auf die Entstehung und Stabilität einer weiterer Beziehung.
- Sind mehrere Personen an der Geschäftsbeziehung beteiligt, so kann dies zu Koordinations- und Kommunikationsproblemen sowie Zielkonflikten führen. Dies reduziert die Stabilität der Beziehung.
- Bestimmte Auszahlungsmuster fördern die Stabilität einer Beziehung. So sollte bspw. die Differenz zwischen dem Auszahlungsbetrag bei Kooperation und bei Defektieren relativ gering gehalten werden. Dies reduziert den Anreiz als erster zu defektieren (und einen einmaligen „Bonus“ zu kassieren). Ein Mittel hierzu ist die Installation sogenannter „Commitments“ in Form irreversibler Investitionen oder vertraglicher Pönale-Vereinbarungen.

---

[1] Axelrod (Cooperation) 59ff sowie 124ff, Weder (Joint Venture) 103ff

**Tabelle 14: Zusammenfassung Spieltheorie**

| Annahmen | Kernaussagen zu Geschäftsbeziehungen | Kritik |
|---|---|---|
| Rationale Akteure<br><br>Situation eines Gefangenendilemmas<br><br>Individuelle Nutzenmaximierung unter Einbezug der Reaktion des Mitspielers<br><br>Die Akteure kennen ihre Situation und können die Konsequenzen ihrer Handlungen abschätzen<br><br>Autonomie der Akteure | Die Spieltheorie untersucht die Bedingungen unter denen die Akteure in einer Geschäftsbeziehung bessere Ergebnisse erzielen als wenn sie allein vorgingen. Dazu werden unterschiedliche Spielsituationen konstruiert, wobei bezüglich der zeitlichen Perspektive als auch der Akteure differenziert werden kann:<br>1. Einmalige Interaktion - Mehrfache Interaktion<br>2. Zwei Akteure – Mehrere Akteure<br><br>Der Verzicht auf den maximalen Nutzen (auf Kosten des anderen Akteurs) ist aus individueller Perspektive bei einmaliger Interaktion irrational und deshalb unwahrscheinlich. Erst bei wiederholten Transaktionen gewinnt kooperatives Verhalten an Attraktivität, ist jedoch aufgrund der verbleibenden Verhaltensunsicherheit des anderen Akteurs auch nicht zwingend. Geschäftsbeziehungen entstehen somit nur, wenn Vertrauensvorschuss von mindestens einem Akteur vorliegt und opportunistisches Verhalten umgehend sanktioniert werden kann.<br><br>Besteht eine Geschäftsbeziehung längerfristig, so wird aus der Frage nach der besten Entscheidungsregel eine Frage der richtigen langfristigen Handlungsstrategie unter Einbeziehung und in Abhängigkeit von Erfahrungen vorangegangener Spielrunden mit dem selben Akteur. Die Geschäftspartner sollten deshalb auf die Verständlichkeit des eigenen Verhaltens für den Partner achten und nicht nachtragend agieren. | An der Spieltheorie werden vor allem ihre einschränkenden und realitätsfernen Annahmen kritisiert. So fehlt z.B. beim Gefangenendilemma die Variante, die der Realität am nächsten kommt, nämlich dass jeder Gefangene den anderen belastet, bzw. sich die Gefangenen bereits vor der Verhaftung einem „Ehrenkodex" verpflichten. Ebenso ist eine Hirschjagd niemals eine Treibjagd, bei der viele Jäger zusammenarbeiten müssen. Es stellt sich die Frage, wie eine Theorie Erklärungen für Vorgänge und Abläufe anbieten will, wenn sie dazu Vorgänge und Abläufe erfinden muss, die es so gar nicht gibt.<br><br>Darüber hinaus wird auf jede Betrachtung der Kostenseite (10 Jäger und nur 1 Hirsch) verzichtet, ebenso bleiben Phänomene der Machtbalance unberücksichtigt. Zusätzlich ist bei Geschäftsverhandlungen die Kommunikation zwischen den Teilnehmern nicht nur möglich, sondern Voraussetzung für das Zustandekommen von Vereinbarungen.<br><br>Abschließend muss anerkannt werden, dass dieses ausschließlich auf Nutzen - Kategorien aufgebaute Denkmodell zu Strategie - Vorschlägen führt, die empirisch nachgewiesenermaßen zum Erfolg führen. |

### 2.2.2 *Soziale Austauschtheorie*

Die Soziale Austauschtheorie wurde von EMERSON[1] und HOMANS[2] entwickelt um Tauschbeziehungen zwischen Individuen auf der Basis ökonomischer, soziologischer und psychologischer Theorien zu erklären.[3] Sehr rasch wurden die Grundannahmen der, im englischen als *Power Dependence* bezeichneten, Theorie auch zur Erklärung interorganisationaler Austauschbeziehungen herangezogen.[4]

Die ökonomische Perspektive zeigt sich in der Anlehnung an Überlegungen der Transaktionskostentheorie. So geht die Soziale Austauschtheorie davon aus, dass Tauschbeziehungen einerseits mit negativ bewerteten Konsequenzen (in den meisten Fällen sind dies wohl Kosten, jedoch nicht ausschließlich diese) behaftet sind, anderseits seitens der handelnden Akteure konkrete Nutzenerwartung an den Austausch gestellt werden. Kommen die potentiellen Tauschpartner zu einer positiven individuellen Kosten-Nutzen Schätzung, so kann ein Austausch stattfinden. Die Tauschpartner sind demnach bestrebt einen, die Kosten des Austausches übersteigenden, Nutzen zu erzielen. Damit werden „(...) die Prinzipien der Nutzenmaximierung und Kostenminimierung aus der Ökonomik mit dem aus der Psychologie stammenden Prinzip, dass Regeln auf Verbindungen zwischen dem Einfluss der äußeren Umgebung (stimuli) und einzelnen Gegenständen individuellen Verhaltens (Antworten) beruhen“[5] verknüpft.

Ist ein positiver Kosten-Nutzen Saldo über langfristige Beziehungen besser möglich als über einfache Markttransaktionen, so wird diese Alternative gewählt, wobei während der gesamten Laufzeit eine Kosten-Nutzen Bilanz geführt wird. Besonders zu Beginn einer Beziehung achten die Tauschpartner auf unmittelbaren Gewinn. In späteren Phasen ist die Bereitschaft größer, (Vor-) Leistungen ohne unmittelbaren

---

[1] Emerson (Power Dependence)

[2] Homans (Behavior)

[3] Erste Arbeiten in denen das Austauschkonzept bereits angeklungen ist gehen bereits auf den Anfang des 20.Jahrhunderts zurück. vgl. Mikula (Theorien) 273

[4] bspw. durch Levine/White (Framework)

[5] Smelser (Theorien) 81

Kosten-Nutzen-Überschuss zu erbringen.[1] Werden hingegen Beziehungen eingegangen bei denen langfristige Nutzenerwartungen bestehen, so fällt den ersten Austauschprozessen ein Testcharakter zu. Verläuft der erste Test positiv, so verstärkt sich dieses Verhalten zu festen Handlungsmustern; d.h. der einmalige Austausch wird zu einer wiederholten Austauschbeziehung mit festen Ablaufmustern.

Angewandt auf die Bildung von Geschäftsbeziehungen bedeutet das, dass sich Zusammenarbeit „mit der Zeit" entwickelt, in der die daran Beteiligten gegenseitig und Schritt für Schritt ihre Vertrauenswürdigkeit nachweisen. Dieser Vorgang kann als ganz normale Investition verstanden werden, die getätigt wird, um die Beziehungen zwischen den Beteiligten in Hinblick auf kommende Geschäfte zu vertiefen.

Die psychologische Perspektive der Sozialen Austauschtheorie zeigt sich in der Annahme „(...), dass zwei oder mehr Personen sich untereinander nach den Prinzipien von Belohnung als Verstärkung verhalten und dass alle Typen von interaktiven Beziehungen (z.B. Kooperation, Autorität) als Manifestationen solchen Austausches verstanden und erklärt werden können."[2] Auf Basis des Belohnung-Verstärkungs-Prinzips bietet die Theorie eine Erklärung dafür, wie sich aus reinen Marktbeziehungen - über unterschiedlich intensive Formen der Kooperation - Fusionen entwickeln können. Damit entnimmt die soziale Austauschtheorie Bausteine lerntheoretischer Erkenntnisse und Begriffe wie das nachfolgende Zitat belegt. „Da im Falle sozialer Interaktion die Konsequenzen der Handlungen einer Person zu einem wesentlichen Teil aus den Handlungen der Interaktionspartner resultieren, lässt sich soziale Interaktion als Austausch von Handlungen und der mit ihnen verknüpften Belohnungen und Bestrafungen interpretieren."[3] Demnach werden belohnende Interaktionen wiederholt und freiwillig Beziehungen eingegangen, bestrafende Interaktionen abgebrochen bzw. vermieden. Hinter all dem steht das Hedonismusprinzip welches anstrebt „(...) ein Maximum an Befriedigung durch Belohnung bei einem Minimum an Kosten zu erlangen."[4]

---

[1] Leik/Leik (Transition)

[2] Smelser (Theorien) 81

[3] Mikula (Theorien) 274

[4] Mikula (Theorien) 274

Folgende drei Faktoren nehmen Einfluss auf das Streben nach maximaler Befriedigung:[1]

- Erstens stehen die Interaktionspartner in wechselseitiger Abhängigkeit zueinander; dies beschränkt die Erzielung positiver Handlungskonsequenzen, da eine Beziehung nur dann entsteht, wenn auch der Partner Vorteile erzielen kann.
- Zweitens können sich Belohnung und Befriedigung mit einer zeitlichen Verzögerung einstellen, dies erschwert sowohl Planung als auch Kontrolle der erzielten Ergebnisse.
- Drittens kennt die soziale Austauschtheorie neben materieller Belohnung und Befriedigung auch immaterielle Bedürfnisse, wie bspw. Information und soziale Anerkennung. Die Kosten-Nutzen Bilanz ist daher nicht im streng „buchhaltärischen" Sinne zu verstehen.

Aus der bisherigen Argumentation ergibt sich eine weitere Grundannahme der Sozialen Austauschtheorie; sie basiert auf der Überzeugung, dass auch komplexe soziale Phänomene stets durch Rückgriffe auf Thesen des individuellen Verhaltens erklärt werden können.[2] So hat HOMANS nachfolgende Thesen für das Sozialverhalten[3] von Individuen formuliert, die wiederum auf das Konstrukt der Geschäftsbeziehung übertragen wurden:[4]

---

[1] Mikula (Theorien) 274

[2] Homans (Social) 12

[3] Sozialverhalten liegt vor, wenn die Handlungen einer Person durch die Handlungen einer anderen Person belohnt oder bestraft werden.

[4] Die Darstellung der Thesen wurde von Mikula (Theorien) 277ff übernommen, da dieser auf Unzulänglichkeiten in der deutschen Übersetzung hinweist. In besagter Übersetzung finden sich die Thesen unter: Homans (Verhalten) 45ff

- Je häufiger eine bestimmte Handlung einer Person belohnt worden ist, desto eher wird die Person diese Handlung ausüben.
- Wenn in der Vergangenheit anlässlich des Vorkommens eines bestimmten Reizes oder Reizmusters die Handlung einer Person belohnt wurde, dann wird die Person diese oder ähnliche Handlungen umso eher ausführen, je ähnlicher die gegenwärtige Reizsituation der vergangenen ist.
- Je wertvoller für eine Person das Resultat ihrer Handlung ist, desto eher wird sie diese Handlung ausführen. Bzw. alternativ formuliert: Je größer der Profit ist, den eine Person als Resultat ihrer Handlung erzielt, desto eher wird sie diese Handlung ausführen.
- Je öfter eine Person in jüngster Vergangenheit eine bestimmte Belohnung erhalten hat, desto weniger wertvoll wird für sie jede weitere Einheit der Belohnung.
- Wenn eine Handlung einer Person nicht jene Belohnung erfährt, die diese erwartet, oder eine Bestrafung erfährt, die sie nicht erwartet, wird die Person verärgert sein; sie wird aggressives Verhalten zeigen, und die Folgen solchen Verhaltens werden für sie wertvoller werden.

HOMANS versteht diese Thesen als Gesamtsystem bestehend aus Aussagen, die gleichzeitig wirken. Demnach können die Effekte die von den einzelnen Thesen vorhergesagt werden, durch die Effekte einer anderen These verändert oder überlappt werden.[1]

[1] Homans (Verhalten) 44f

**Tabelle 15: Zusammenfassung Soziale Austauschtheorie**

| Annahmen | Kernaussagen zu Geschäftsbeziehungen | Kritik |
|---|---|---|
| Rationalität der Entscheidungsträger<br><br>Nutzenmaximierung der Entscheidungsträger<br><br>Austausch von Gütern ist mit Kosten verbunden<br><br>Selbständige Organisationen sind abhängig von den Ressourcen anderer und müssen diese deshalb eintauschen<br><br>Dabei versuchen sie, einen die Kosten des Austausches übersteigenden Nutzen zu erzielen und somit den eigenen Nutzen zu maximieren<br><br>Komplexe soziale Phänomene (im konkreten Fall sind dies die Geschäftsbeziehung und die involvierten Unternehmen) können stets durch Rückgriffe auf Thesen des individuellen Verhaltens erklärt werden | Unternehmen sind bestrebt, vor dem Hintergrund eines unsicheren Umfeldes, durch das Eingehen von langfristigen Geschäftsbeziehungen etwas Sicherheit - zumindest in Teilbereichen der Umwelt - zu schaffen. Geschäftsbeziehungen entstehen insbesondere, wenn Interdependenzen zwischen den Unternehmen bestehen und Einigkeit über die Aufgabenverteilung erzielt werden kann. Dabei erhöht ein unsicheres, dynamisches Umfeld die Bereitschaft zur Kooperation.<br><br>Während der gesamten Laufzeit einer Geschäftsbeziehung wird ein Kosten-Nutzen Saldo geführt, wobei insbesondere zu Beginn der Beziehung auf einen Nutzen Überschuss abgezielt wird. In späteren Phasen der Geschäftsbeziehung steigt die Bereitschaft ohne unmittelbaren Gegennutzen in die Beziehung zu investieren.<br><br>Geschäftspartner lernen innerhalb der Beziehung und sind bestrebt belohnende Interaktionen zu wiederholen und freiwillig Beziehungen einzugehen bzw. zu intensivieren, bestrafende Interaktionen hingegen abzubrechen bzw. zu vermeiden. | Die Kritik an der sozialen Austauschtheorie betont, dass sie Erklärungsansätze personaler Beziehungen, die vielfach in experimentellen Untersuchungen überprüft wurden, auf die Beziehungen zwischen Organisationen überträgt, dafür aber die empirischen Belege schuldig bleibt. Dies ist insofern nicht verwunderlich, da zentrale theoretische Begriffe (bspw. Kosten, Profit) teils sehr vage definiert wurden und damit Konzepte zur Messung dieser Größen gänzlich fehlen. Selbst wenn dieses Problem lösbar erscheint, bleibt die Frage offen, wie verschiedene Formen der Belohnung (materielle und immaterielle) sowie Belohnungen und Kosten auf einer gemeinsamen Nutzen Skala gemessen werden können.<br><br>Außerdem wird vollständige Rationalität der Entscheidungsträger unterstellt, was unrealistisch ist, dafür aber werden die bei Geschäftsbeziehungen zwangsläufig auftretenden Machtprozesse weitgehend vernachlässigt, womit eine sehr realistische Problematik ignoriert wird.<br><br>Von soziologischer Seite wird insbesondere der Arbeit HOMANS psychologischer Reduktionismus vorgeworfen; so berufe er sich zu Unrecht auf die behavioristische Psychologie und ignoriere wesentliche Erkenntnisse (bspw. die unterschiedlichen Auswirkungen verschiedener Verstärkerpläne).<br><br>Über die Erfolgsfaktoren einer Geschäftsbeziehung gibt sie kaum Aufschluss, der Hinweis auf die Ausgewogenheit des gegenseitigen Gebens und Nehmens ist doch etwas sehr vage und allgemein. |

### 2.2.3 *Resource Dependence Theorie*

Die Resource Dependence Theorie[1] (Ressourcenabhängigkeitsansatz) untersucht, wie sich Unternehmen möglichst vorteilhaft in unterschiedliche und veränderliche Umweltsituationen einfügen können. Vertreter dieser Theorie stellen sich die Frage wie einzelne Unternehmen[2] unterschiedliche institutionelle Koordinationsformen auf Basis ihrer Abhängigkeit von der Umwelt herausbilden. Dabei greifen insbesondere PFEFFER/SALANCIK[3] die Überlegungen der sozialen Austauschtheorie auf und erweitern diese um die Aspekte von Macht und Konflikt. In neueren Arbeiten verfolgt ALDRICH eine stärker systemtheoretische Perspektive und bezeichnet seine Weiterentwicklung als Evolutionstheoretischen Ansatz. [4]

Der Ressourcenabhängigkeitsansatz baut auf der Annahme auf, dass Unternehmen *Ressourcen* brauchen, um ihr Überleben zu sichern. Alles außerhalb eines Unternehmens, das nicht selbst bereitgestellt werden kann, stellt eine Ressource dar. Ressourcen sind knapp und können durch Austausch erlangt werden.[5] Austauschbeziehungen bedingen jedoch Handlungsspielräume der Austauschpartner und somit Unsicherheiten. Deshalb versuchen Unternehmen ihre *Abhängigkeit* von der Umwelt (und damit von anderen Unternehmen) zu reduzieren und möglichst viel Macht auf sich zu vereinigen.

Die Rolle der Macht in Austauschvorgängen wurde vor allem von EMERSON erforscht und entwickelt. Macht wird dabei definiert als Verfügung über Ressourcen, die der andere Partner braucht bzw. die Kontrolle über alternative Ressourcen. Mit dieser Macht kann der eine Partner den (die) anderen beeinflussen, seinen Wünschen gemäß zu handeln.

---

[1] Ob es sich hierbei bereits um eine eigenständige Theorie handelt sei an anderer Stelle diskutiert. Kritisch hierzu äußert sich bspw. Scott (Organisationstheorien) 160.

[2] Dies stellt ein wesentliches Abgrenzungsmerkmal zum Population Ecology Ansatz, welcher ganze „Populationen“ untersucht, dar.

[3] Pfeffer/Salancik (Organizations)

[4] Aldrich (Evolving) XII f

[5] Sydow (Netzwerke) 196

Das Streben nach Reduktion von Abhängigkeit führt dazu, dass Unternehmen grundsätzlich autonom bleiben wollen und somit möglichst wenige Ressourcen extern beziehen. Jedoch bleibt eine vollkommene Autonomie unerreicht, „(...) zumal eine Organisation nicht sämtliche von ihr benötigten Ressourcen integrieren kann.“ [1] In jenen Bereichen wo Autonomie nicht möglich oder wirtschaftlich sinnvoll erscheint, wird zumindest eine Reduktion von Unsicherheiten durch den Aufbau stabiler interorganisationaler Beziehungen angestrebt. Aus der Resource Dependence Perspektive stellen solche Beziehungen stets nur *second best solutions*[2] dar, da das Eingehen solcher Relationen den eigenen Handlungsspielraum und die unternehmerische Selbständigkeit einschränkt, oder anders formuliert, weil *Interdependenzen* entstehen. Dies bedeutet jedoch nichts anderes, als dass die eigenen Handlungsergebnisse von den Handlungen anderer Akteure, die zwar nicht zufällig, aber ex ante unbekannt sind, abhängen. Das Interesse an Ressourcen, die von anderen Akteuren produziert oder verwaltet werden erzeugt „(...) eine Abhängigkeit von anderen Akteuren, so dass das auf Ressourcensicherung und -erwerb gerichtete strategische Verhalten gleichzeitig ein Streben von Akteuren nach Sicherung und Erweiterung der eigenen Autonomie impliziert.“[3] Ziel ist das Vermeiden oder Vermindern strategischer Unsicherheit. Deshalb versuchen Unternehmen, die mit der Beziehung verbundene Unsicherheit durch möglichst starke Integration, Koordination oder Kontrolle des Partners zu reduzieren.

Beziehungen haben somit stets mit *Macht* und *Konflikten* zu tun. Je dringender die Ressourcen gebraucht werden, desto eher sind Unternehmen geneigt, sich in gegenseitige Abhängigkeiten einzulassen. Es hat sich gezeigt, dass der interne Widerstand gegen das Eingehen derartiger Bindungen und Abhängigkeiten umso stärker abnimmt, je mehr diese Bindungen und Abhängigkeiten auf Gegenseitigkeit beruhen. Dementsprechend fördert die volle Gleichheit und Gegenseitigkeit der Vorteile in einer Beziehung die Zusammenarbeit und wirkt der Beherrschung des einen Partners durch den anderen entgegen. Es wird also ein Unternehmen den Verlust eines Teils seiner Autonomie im Rahmen einer Partnerschaft dann akzeptieren,

---

[1] Sydow (Netzwerke) 198

[2] Rössl (Austauschbeziehungen) 232

[3] Küpper/Felsch (Macht) 101

wenn es im Gegenzug einigermaßen sicher sein kann, dass der Partner bei einer eventuellen Ausdünnung der Partnerschaft genau soviel verliert.

Schließlich gilt es *Macht* aufzubauen, indem andere Unternehmen von den eigenen Ressourcen möglichst abhängig sein sollten. Das Ausmaß der Abhängigkeit vom Ressourcenanbieter wird von der Bedeutung der Ressource für den Nachfrager bestimmt, welche ihrerseits vom gesamten Netz der Ressourcenstrukturen abhängt.[1] Somit sinkt die Abhängigkeit des Ressourcennachfragers bspw. wenn alternative Ressourcenquellen existieren und zugänglich sind, eine Zielerreichung für den Nachfrager auch ohne die betreffende Ressource möglich ist oder die Ziele selbst verändert werden können.[2]

Der Resource Dependence Ansatz versucht nun Unternehmen Wege zur Reduktion der Ressourcenabhängigkeit aufzuzeigen. Dabei werden - ähnlich dem Transaktionskostenansatz - drei unterschiedliche Bezugsmöglichkeiten von Ressourcen unterschieden; Einfache Markttransaktionen, zwischenbetriebliche Austauschbeziehungen und die Internalisierung. „Die Wahl einer geeigneten Alternative wird anhand eines zweidimensionalen Entscheidungsraumes vorgenommen, der als eine Dimension die Abhängigkeit des Unternehmens von der entsprechenden Ressource und als zweite Dimension das Ausmaß der Umweltdynamik, d.h. die Wahrscheinlichkeit von relevanten Veränderungen in der Umwelt, betrachtet."[3] Internalisierung ist dann vorteilhaft, wenn die Umweltgegebenheiten stabil sind und die Abhängigkeit des Unternehmens von der Ressource hoch ist. Stabile Umweltgegebenheiten ermöglichen es dem Unternehmen auch höhere Investitionsbeträge zu amortisieren. Ist die Abhängigkeit von der Ressource hingegen gering und sind die Umweltgegebenheiten instabil, so empfiehlt sich eine einfache Markttransaktion, da die geringe strategische Bedeutung weder die Investitionen für eine Internalisierung, noch das Eingehen von Abhängigkeiten im Rahmen einer Beziehung rechtfertigen. Sind die Umweltgegebenheiten hingegen instabil, die Abhängigkeit von der Ressource jedoch hoch, so empfehlen Vertreter der Resource Dependence Theorie das Eingehen von Austauschbeziehungen mit anderen Unternehmen. Einerseits

---

[1] Rössl (Austauschbeziehungen) 234

[2] Pfeffer (Theory) 194

[3] Werp (Geschäftsbeziehungen) 65, ausführlich dazu auch: Rössl (Austauschbeziehungen) 235ff

sprechen die instabilen Umweltgegebenheiten gegen die Internalisierung mit den damit verbundenen hohen Investitionskosten, anderseits scheidet aufgrund der hohen strategischen Bedeutung die Form der einfachen Markttransaktion verbunden mit geringen Kontrollmöglichkeiten aus.

Mit diesem Erklärungsansatz verlässt die Theorie den vergleichsweise „engen“ Untersuchungsgegenstand der Transaktion zugunsten eines größeren Kontextes welcher auf Umwelteinflüsse Rücksicht nimmt. „Das Verständnis einer Unternehmung als offenes System rückt somit Fragestellungen in den Vordergrund, die den Einfluss der Umwelt auf die Struktur, das Handeln aber auch das Schicksal einer Unternehmung näher betrachten.“[1] Der Ansatz basiert auf der Annahme, dass das Verhalten von Unternehmen wesentlich von externen Anforderungen und Zwängen bestimmt wird. Aus dieser Sichtweise hängt in letzter Konsequenz das Überleben von Unternehmen vom erfolgreichen Bewältigen der Anforderungen der Umwelt ab, wobei sich letztere dynamisch entwickelt. Unternehmen sind diesen (stets veränderten) Anforderungen nicht passiv und machtlos ausgesetzt, sondern steuern aktiv ihr eigenes Schicksal, indem sie bestrebt sind dauerhafte Beziehungen zu anderen Unternehmen aufzubauen.[2] Der Beziehungsaufbau erfolgt in einem evolutionären Prozess, welcher vier Phasen umfasst: *Variation*, *Selektion*, *Retention* und *Struggle*.[3]

- *Variation*: In jedem Unternehmen finden ständig geplante oder zufällige Veränderungen statt.
- *Selektion*: Veränderungen, die nutzlos oder gar schädlich sind, führen zur Schwächung oder zum Untergang des Unternehmens. Diese werden eliminiert. Anderseits erhöhen Variationen mit positivem Effekt deren Überlebenschancen.
- *Retention* bzw. Bewahrung und Weitergabe: Nützliche Variationen müssen gesichert und an folgende Generationen weitergegeben werden.
- *Struggle* bzw. Existenzkampf: Je knapper die Ressourcen sind, desto intensiver findet der Prozess der Selektion statt. In ressourcenreichen Um-

[1] Werp (Geschäftsbeziehungen) 63

[2] Werp (Geschäftsbeziehungen) 64

[3] Aldrich (Evolving) 22 sowie Bea/Göbel (Organisation)154

welten (z.B. mit staatlicher Unterstützung) können auch Schwächere überleben. Nachfolgende Tabelle bietet Definitionen und Beispiele für die einzelnen Phasen.

**Tabelle 16: Phasen des evolutionären Prozesses**

| Evolutionary process | Definition | Example |
|---|---|---|
| **Variation** | Change from current routines and competencies; change in organizational forms<br>• **Intentional**: occurs when people actively attempt to generate alternatives and seek solutions to problems<br>• **Blind**: occurs independently of environment or selection pressures | • Within organizations: problemistic search<br>• Between organizations: founding of new organization by outsiders to an industry<br>• Mistakes, misunderstandings, surprises, and idle curiosity |
| **Selection** | Differential elimination of certain types of variations<br>• **External selection**: Forces external to an organization that affect its routines and competencies<br>• **Internal selection**: Forces internal to an organization that affect its routines and competencies | • Market forces, competitive pressure, and conformity to institutionalized norms<br>• Pressure toward stability and homogeneity, and the persistence of past selection criteria that are no longer relevant in a new environment |
| **Retention** | Selected variations are preserved, duplicated, or otherwise reproduced | • Within organizations: specialization and standardization of roles that limit discretion<br>• Between organizations: institutionalization of practices in cultural beliefs and values |
| **Struggle** | Contest to obtain scarce resources because their supply is limited | Struggle over capital or legitimacy |

Quelle: Aldrich (Evolving) 22

Demnach können Beziehungen beabsichtigt bzw. geplant, als Reaktion auf Umweltgegebenheiten oder hingegen eher zufällig ohne äußeren Druck entstehen. Die Auswahl der erfolgreichen Beziehungsformen kann entweder durch externe oder interne Kräfte erfolgen. Erfolgreiche Beziehungsformen werden beibehalten und dupliziert. Die zunehmende Komplexität des solcherart entstehenden Beziehungsgeflechts führt zu Wettbewerb und Verteilungskonflikten um limitierte Ressourcen. Obgleich aus einer analytischen Perspektive die vier Phasen einfach zu trennen sind, treten sie in der Realität nicht aufeinanderfolgend, sondern simultan auf. Die einzelnen Phasen sind durch Feedback- und Lernkreisläufe vernetzt. [1]

[1] Aldrich (Evolving) 33

**Tabelle 17: Zusammenfassung Resource Dependence Theorie**

| Annahmen | Kernaussagen zu Geschäftsbeziehungen | Kritik |
|---|---|---|
| Rationalität der Entscheidungsträger<br><br>Selbständige Organisationen sind abhängig von den Ressourcen anderer, die somit extern beschafft werden müssen<br><br>Bei der Beschaffung/ dem Austausch soll der Nutzen die Kosten übersteigen | Der Ressourcenabhängigkeitsansatz baut auf der Annahme auf, dass Unternehmen *Ressourcen* brauchen, um ihr Überleben zu sichern. Alles außerhalb eines Unternehmens, das nicht selbst bereitgestellt werden kann stellt eine Ressource dar. Ressourcen sind knapp und können durch Austausch erlangt werden. Austauschbeziehungen bedingen jedoch Handlungsspielräume der Austauschpartner und somit Unsicherheiten. Deshalb versuchen Unternehmen ihre *Abhängigkeit* von der Umwelt (und damit von anderen Unternehmen) zu reduzieren und möglichst viel Macht auf sich zu vereinigen. | Ausgangspunkt der Kritik sind deren Grundannahmen, wonach Überleben und Autonomie die wichtigsten Ziele eines Unternehmens wären. In der Regel sehen Unternehmen bloßes Überleben nicht als ihre oberste Priorität und scheuen auch selten davor, sich in Abhängigkeiten zu begeben. Schon die Gründung eines Unternehmens durch einen Unternehmer bedeutet, dass er sich in Abhängigkeiten z.B. von Kunden, Mitarbeitern, Lieferanten etc. begibt, und zwar völlig freiwillig, in der Absicht Gewinn zu machen. |
| Macht spielt in Austauschbeziehungen eine entscheidende Rolle | Macht wird dabei definiert als Verfügung über Ressourcen, die der andere Partner braucht bzw. die Kontrolle über alternative Ressourcen. Mit dieser Macht kann der eine Partner den (die) anderen beeinflussen, seinen Wünschen gemäß zu handeln.<br><br>Das Streben nach Reduktion von Abhängigkeit führt dazu, dass Unternehmen grundsätzlich autonom bleiben wollen und somit möglichst wenige Ressourcen extern beziehen. Je dringender die Ressourcen gebraucht werden, desto eher sind Unternehmen geneigt, sich in gegenseitige Abhängigkeiten einzulassen. | Auch eine weitere Grundannahme der Theorie, wonach Macht durch Ungleichgewichte beim Austausch ungleich verteilte Abhängigkeiten schafft, ist zu relativieren. Für Unternehmen, die auf dem Markt Güter oder Leistungen kaufen oder anbieten, entspricht diese ungleich verteilte Abhängigkeit der jeweiligen Angebots- und Nachfragesituation; diese wiederum bestimmt den Preis und über diesen hinaus gibt es für die an der Transaktion Beteiligten keine weiteren Verpflichtungen. Ein sehr kompliziert dargestelltes Phänomen findet auf diese Weise eine sehr einfache Erklärung. |
| | Ob Geschäftsbeziehungen langfristig bestehen bleiben oder nicht hängt davon ab, ob sie den evolutionären Ausleseprozess überstehen. | Nicht zu Ende gedacht erscheint auch der Vorschlag, die eigene Autonomie durch das Eingehen von Kooperationen zu erhöhen. Jede Kooperation schafft neuen Spielraum, engt aber auch den bisher bestehenden ein. |

## 2.3 Politökonomische Theorien

Zentrales Problem der Politökonomischen Theorien ist der Umgang von Organisationen mit der, aus einer dynamischen Umwelt resultierenden Handlungsunsicherheit. Die Politökonomischen Theorien basieren auf der *Systemtheorie*, deren Grundidee darin besteht, dass Unternehmen in eine komplexe und damit nicht beherrschbare Umwelt eingefügt sind.[1] Unternehmen sind bestrebt durch eine Reduktion dessen, was für sie von Relevanz ist die paralysierende Wirkung der komplexen Umwelt zu reduzieren und eine überschaubare Struktur zu schaffen. Geschäftsbeziehungen als auch Unternehmen können als (Sub- oder Teil-) Systeme des umfassenden Systems <Umwelt> gesehen werden. Der höhere Organisationsgrad von Unternehmen (verglichen mit der Umwelt) beschränkt zwar die Variabilität eben dieser, dient jedoch auch als Grenze zu allem, was außerhalb des (Teil-) Systems <Unternehmen> liegt.

Ein System besteht aus mehreren, voneinander verschiedenen Teilen, die nicht wahllos nebeneinander liegen, sondern zu einem bestimmten Aufbau miteinander vernetzt sind. Bei einem System kann man somit weder einzelne Teile miteinander vertauschen, noch etwas hinzufügen, oder entfernen „(...) ohne dass sich die Beziehungen aller Teile zu allen und damit der Charakter des Systems ändern würde."[2] Systeme weisen also eine Struktur auf. Gerade hierin liegt das Kriterium zur Abgrenzung eines Systems zu seiner Umwelt. Ein System entsteht durch die Bildung einer Ordnung, also durch Organisation, oder anders ausgedrückt, durch die Reduktion aus der unendlichen Fülle möglicher Beziehungen zwischen Elementen auf eine begrenzte Menge.[3] Dabei kann die sachliche Komplexität (z.B. die Geschäftsbeziehung umfasst nur Teilbereiche des Unternehmens), die zeitliche Komplexität (z.B. Die Geschäftspartner erinnern sich nur an die positiven Erfahrungen der jüngeren Vergangenheit) oder die relationale Komplexität (z.B. die Geschäftsbeziehung ist auf wenige Akteure limitiert) reduziert werden.[4]

---

[1] Rössl (Austauschbeziehung) 92

[2] Vester (Neuland) 27

[3] Arbeitsgruppe Soziologie (Denkweisen) 110

[4] Gliederung nach Rössl (Austauschbeziehung) 92

Soziale Systeme bestehen nicht für sich, sondern verfolgen den Zweck, für eine Umwelt Leistungen zu erbringen und mit Gegenleistungen eigene Bedürfnisse zu befriedigen.[1] Sie setzen immer eine Umwelt voraus, die sie durch ihre eigene Konstruktion erschaffen und an der sie sich spiegelbildlich konstruieren.

Auf die Frage, wie sich unterschiedliche Umweltsituationen auf die Organisation auswirken, antworten Vertreter der Institutionalistischen Ansätze mit der gesellschaftlichen Erwartungshaltung. Demnach würden Organisationen genau so handeln, wie es sich die Gesellschaft erwartet. Vertreter des Population Ecology Ansatzes sehen in der Umwelt einen Selektionsmechanismus, der nur solche Organisationen überleben lässt, die sich am vorteilhaftesten in ihre Umwelt eingegliedert haben. In der Gestaltung der Organisationsstrukturen sind den handelnden Akteuren jedoch enge Grenzen gesetzt. Und schließlich werden nicht einzelne Organisationen selektiert, sondern ganze Populationen. Dies stellt auch ein Abgrenzungsmerkmal zu Vertretern der Kontingenz- und Konsistenztheorie dar.

### *2.3.1 Institutionalistische Ansätze*

Institutionalistische Ansätze gehen davon aus, dass Unternehmen in einer Umwelt entstehen, in der Regeln und Erwartungen der Gesellschaft existieren, wie effektive und effiziente Organisationen auszusehen haben, warum sie nützlich sind und welche Aufgaben ihnen zukommen und welche nicht.[2] Diese Vorstellungen der Gesellschaft entwickeln für Unternehmen einen verbindlichen Charakter. Deshalb schaffen Unternehmen Strukturen, die nicht immer den Anforderungen nach Effizienz entsprechen, jedoch von der Umwelt erwartet werden. Anders formuliert geht es bei den Bemühungen um Legitimität der Strukturen, nicht um Effizienz. „Konkret heißt das: Viele der in Organisationen vorzufindenden Stellen, Abteilungen, Verfahrensweisen oder Programme werden aufgrund der öffentlichen Meinung und der Sichtweisen wichtiger Kunden erforderlich oder durch Gesetze erzwungen, sie

---

[1] Li Hanlin (Grundstruktur) 29

[2] Scott/Meyer (Theory) 3

werden adoptiert, und zwar unabhängig von ihren Auswirkungen auf das Arbeitsergebnis."[1]

Die vielleicht prägnanteste Beschreibung des Anpassungsverhaltens findet sich bei BERGER/LUCKMANN, die das Endstadium der Anpassung an die Umgebung als „(...) a reciprocal typefication of habitualized action by types of actors"[2] beschreiben. „Habitualized action" steht dabei für Verhaltensweisen, die sich im Lauf der Zeit entwickelt haben, um regelmäßig wiederkehrende Probleme zu lösen, „reciprocal typefication" bedeutet die Entwicklung von allseits akzeptierten Definitionen und Bedeutungen, die sich auf die erwähnten Verhaltensweisen beziehen.

Institutionalistische Ansätze basieren auf der Annahme, dass die Wirklichkeit sozial konstruiert ist. Demnach bestimmen Alltagserfahrungen was „wirklich" ist. Wirklichkeit wird in einem erheblichen Ausmaß subjektiv empfunden und damit gesellschaftsabhängig. „Was für einen europäischen oder amerikanischen Geschäftsmann <wirklich> ist, braucht für einen tibetanischen Mönch nicht <wirklich> sein."[3]

Konstruktion von Wirklichkeit bedeutet jedoch auch, dass soziale Beziehungen und Handlungen nicht mehr hinterfragt werden und so, die von Mitgliedern einer Gesellschaft durch Interaktion geschaffenen Deutungssysteme, sukzessive als objektive und externe Strukturen gesehen werden. Die Strukturen werden als gegeben und richtig betrachtet.[4]

Daraus folgt, dass das Ziel der Akteure innerhalb eines Unternehmens darin bestehen sollte, die Struktur des Unternehmens mit den von außen gegebenen Fakten oder Normen in Übereinstimmung zu bringen. Wenn diese Anpassung an das

---

[1] Walgenbach (Organisationstheorie) 320

[2] Berger/Luckmann (Konstruktion) 58; in Anlehnung an Schütz (Social World)

[3] Berger/Luckmann (Konstruktion) 15; [Dieses Zitat erscheint noch deutlich zu moderat formuliert, stellt doch die Überwindung der Illusion der Existenz unserer Umwelt (und damit dessen was in Europa als „Wirklichkeit" verstanden wird) das Hauptanliegen des Buddhismus dar. Für den fortgeschrittenen tibetanischen Mönch existiert keine „Realität" im westlichen Sinn, vielmehr erkennt er die Leere alles Seins. Ziel ist es jede Anhaftung seiner (körperliche) Existenz zu lösen. Anm. des Verfassers]

[4] Walgenbach (Organisationstheorie) 321

gesellschaftliche Umfeld zu gefährlichen Mängeln an Effizienz führt, koppelt sich die tatsächliche Tätigkeit von den formalen Strukturen ab, die dann nur megr Alibifunktion besitzen.[1]

Zusammenfassend kann festgehalten werden, dass institutionalistische Ansätze das Modell des rational handelnden Akteurs ablehnen. Vielmehr sind es die institutionalisierten Regeln, welche als unabhängige Variable zu betrachten sind. Die überindividuellen Einheiten bestimmen die konkrete Ausgestaltung der Unternehmensstrukturen. Somit stehen sie, ihre Eigenschaften und Wirkungsweisen – und nicht die Individuen – im Mittelpunkt der institutionalistischen Analyse.

Im Sinne der institutionalistischen Ansätze werden Netzwerke gebildet um der Forderung nach Legitimität zu genügen, mit anderen Worten um den herrschenden Normen, Erwartungen oder Regeln des gesellschaftlichen Umfelds zu entsprechen. Die Rolle des Managers besteht nach diesen Ansätzen nicht darin, für Effizienz zu sorgen, sondern Verhaltensweisen zu fördern, welche die Legitimität des Unternehmens stärken.

---

[1] Meyer/Rowan (Organizations)

**Tabelle 18: Zusammenfassung Institutionalistische Ansätze**

| Annahmen | Kernaussagen zu Geschäftsbeziehungen | Kritik |
|---|---|---|
| Ablehnung des Modells des rational handelnden Akteurs<br><br>Institutionalisierte Regeln geben die Unternehmensstruktur vor<br><br>In der Gesellschaft existieren Regeln und Erwartungen, wie effektive und effiziente Organisationen auszusehen haben, warum sie nützlich sind, welche Aufgaben ihnen zukommen und welche nicht<br><br>Unternehmen bemühen sich um Legitimität der Strukturen, nicht um Effizienz<br><br>Wirklichkeit ist sozial konstruiert und wird subjektiv empfunden | Konstruktion von Wirklichkeit bedeutet, dass soziale Beziehungen und Handlungen nicht mehr hinterfragt werden und so, die von Mitgliedern einer Gesellschaft durch Interaktion geschaffenen Deutungssysteme, sukzessive als objektive und externe Strukturen gesehen werden. Die Strukturen werden als gegeben und richtig betrachtet.<br><br>Internationale Geschäftsbeziehungen entstehen dann, wenn sie von der Gesellschaft als „wichtig" für Unternehmen gesehen werden. Geschäftsbeziehungen dienen nicht der Effizienz der Unternehmen, sondern erhöhen lediglich deren Legitimität. | Die Kritik an dieser Theorie setzt vor allem daran an, dass die wesentlichste Aussage, nämlich dass die interne Struktur einer Organisation durch das gesellschaftliche / institutionelle Umfeld bestimmt wird, in keiner Weise empirisch nachzuweisen ist.<br><br>Die Grundidee, dass institutionelle Normen dazu führen, dass die Strukturen der Organisationen immer ähnlicher werden steht im Gegensatz zu der Tatsache, dass die Strukturen der Unternehmen, ihrer jeweiligen Strategie folgend, immer unterschiedlicher werden. Dass dabei einzelne interne Abläufe einschlägigen Gesetzen folgend angepasst (adoptiert) werden, sei in keiner Weise bestritten; das heißt aber noch lange nicht, dass Unternehmen irrational vorgehen, andere nachahmen und letztlich ausschließlich durch ihre Umgebung geformt werden. Wie schon zu Beginn dieser Kurzkritik erwähnt, halten die Kernaussagen dieser Theorie den Ergebnissen empirischer Forschung nur in bescheidenem Ausmaß Stand. |

### 2.3.2 *Population Ecology Ansatz*

Der Population Ecology Ansatz, welcher maßgeblich von HANNAN/FREEMAN[1] entwickelt wurde, basiert auf evolutionstheoretischen Überlegungen. Dabei werden Unternehmen als dynamische Gebilde betrachtet, welche permanenten Prozessen der Veränderung unterworfen sind. Diese Adaptionsprozesse resultieren aus veränderten Anforderungen der Umwelt. Jene Unternehmen, die den Anforderungen nach wiederkehrendem Strukturwandel am besten gerecht werden, haben die größten Überlebenschancen. Demnach besäße auch im Wirtschaftsalltag das Darwin Zitat *„adapt or die"* Gültigkeit. Jedoch sind der Unternehmensleitung bei den Evolutionsbestrebungen enge Grenzen gesetzt. Aus Sicht der Vertreter evolutionstheoretischer Ansätze sind Unternehmen zu komplex, als dass eine korrekte Einschätzung des Beitrags zur Zielerreichung einer gesetzten Maßnahme möglich wäre. Vielmehr können die Gestalter zwar Evolutionsprozesse einleiten, jedoch entscheidet letztlich die Auslese durch „(...) die Umwelt darüber, welche organisationalen Variationen von Nutzen sind und überleben."[2]

Unternehmen unterliegen starken Kräften der Beharrung und sind in geringem Ausmaß in der Lage sich zielgerichtet – rational – an Umweltveränderungen anzupassen. Ursachen retardierender Kräfte sind hierbei vor allem unterschiedliche Zielsysteme der agierenden Interessengruppen, unvollkommene Information über Zweck-Mittel-Beziehungen der Organisationsgestalter sowie die Trägheit des Unternehmens selbst, welche bspw. in bestehenden Strukturen und internen Abläufen, sowie in Marktaustrittsbarrieren und einer stark ausgeprägten Unternehmenskultur begründet sein kann.[3] Diese Beharrungskräfte machen Unternehmen unflexibel und unfähig, auf Änderungen in der Umwelt zu reagieren.

Populationsökologen setzen sich jedoch nicht mit einzelnen Unternehmen auseinander, sondern mit Gesamtmengen von Unternehmen, welche in bestimmter Hinsicht gleich sind. Solch eine Menge wird – in Anlehnung an biologische Spezies -

---

[1] Hannan/Freeman (Structural Inertia), sowie Hannan/Freeman (Population Ecology)

[2] Kieser/Woywode (Evolutionstheoretische) 253 [im Original kursiv]

[3] Kieser/Woywode (Evolutionstheoretische) 256

Population genannt. An dieser Stelle interessiert jedoch weniger die Population der Löwen als gefährlicher Faktor für die Population der Gazellen, sondern bspw. die Population von internationalen Geschäftsbeziehungen, Zeitungsverlagen oder Bildungseinrichtungen. Die Beispiele zeigen, dass unterschiedliche Kriterien zur Identifizierung der Mitglieder einer Population vorgeschlagen wurden, „(...) darunter gemeinsame Strukturmerkmale, gleiche Aktionsmuster, gleiche Funktionen für das Gesellschaftssystem oder gleiche Empfindlichkeiten gegenüber Umweltveränderungen."[1] Wichtig bei der Entscheidung für ein Kriterium ist dessen Fähigkeit als Isolationsmechanismus zwischen organisationalen Populationen zu dienen, sowie die Abschätzung der Bedeutung der Entscheidung für eine ganz spezifische Analyseebene für die Ergebnisgewinnung.[2] Die generierten Ergebnisse hängen maßgeblich davon ab, was als Population definiert wird.

Erfolgsmodelle innerhalb einer Population (bspw. einer Branche) animieren zur Imitation. Dabei entstehen Unternehmensneugründungen mit dem Ziel, an den offensichtlich vorhandenen Chancen teilzuhaben. Komplexe Organisationen lassen sich jedoch nicht exakt kopieren; dadurch - sowie durch den Versuch des Imitators die Effizienz der Verfahren zu optimieren - entstehen *Variationen* innerhalb einer Population. Es reichen bereits die zufälligen Variationen um Evolutionsprozesse in Gang zu bringen.[3] Gänzlich *neue Organisationsformen* resultieren häufig aus technologischem Wandel.

Die Mitglieder einer Population stehen in einem Konkurrenzverhältnis, in dem die Umwelt den Prozess der Auslese trifft. *Selektion* bedeutet das Ausscheiden weniger effizienter Organisationen bspw. durch Konkurs oder Auflösung. Nicht alle Organisationen unterliegen einem ökonomischen Effizienzbegriff; manche erfüllen gesellschaftlich erwünschte Ziele. Langfristig bewirkt der Selektionsprozess eine Homogenisierung innerhalb einer Population.[4]

---

[1] Scott (Organisationstheorie) 237

[2] Ein Beispiel dazu führt Scott an: Scott (Organisationstheorie) 237f

[3] Kieser/Woywode (Evolutionstheoretische) 257

[4] Kieser/Woywode (Evolutionstheoretische) 257

Während Entscheidungen eines Managers auf Unternehmensebene (*Variation*) die *Selektion* auf der Ebene der Gesellschaft nicht beeinflussen können, beeinflusst das gesellschaftliche Umfeld nachhaltig Form und Wirken eines Unternehmens; die Umwelt optimiert die Population.[1]

Schließlich gilt es selektierte Organisationsformen zu bewahren (*Retention*) und zu reproduzieren. Diese Funktion übernehmen gesellschaftliche Institutionen wie bspw. Schulen, Kirchen, Familie sowie bürokratische Richtlinien, wie bspw. Verfahrensrichtlinien oder Leitfäden.

Aus dem Blickwinkel des Population Ecology Ansatzes sind Geschäftsbeziehungen wahrscheinlich die richtige Art von Variation, um der Selektion durch die Umwelt zu entsprechen. Da dieser Ansatz aber davon ausgeht, dass strategische Entscheidungen seitens der Unternehmung nicht möglich sind und da man sich voll auf die Wettbewerbsdynamik des Unternehmens konzentriert, ignoriert dieser Ansatz die Fähigkeit von Unternehmen, nicht zuletzt in Zusammenarbeit mit anderen, das gesellschaftliche Umfeld zu beeinflussen.

[1] Hannan/Freeman (Population Ecology) 939f

**Tabelle 19: Zusammenfassung Population Ecology Ansatz**

| Annahmen | Kernaussagen zu Geschäftsbeziehungen | Kritik |
|---|---|---|
| Unternehmen sind dynamische Gebilde und damit permanenten Prozessen der Veränderung unterworfen<br><br>Gesamtmengen von Unternehmen (Populationen) handeln gleich<br><br>Beharrungskräfte machen Unternehmen unflexibel und unfähig, auf Änderungen in der Umwelt zu reagieren<br><br>Jene Unternehmen, die den umweltbedingten Anforderungen nach wiederkehrendem Strukturwandel am besten gerecht werden, haben die größten Überlebenschancen | Aus dem Blickwinkel des Population Ecology Ansatzes sind Geschäftsbeziehungen wahrscheinlich die richtige Art von Variation, um der Selektion durch die Umwelt zu entsprechen. Werden internationale Geschäftsbeziehungen aufgrund einer zunehmend globalen Umwelt eingegangen, so sind deren Auswirkungen auf das Unternehmen nicht abschätzbar.<br><br>Erfolgsmodelle innerhalb einer Population (bspw. einer Branche) animieren zur Imitation. Zählen internationale Geschäftsbeziehungen zu den Erfolgsmodellen, so würde jene Population von Unternehmen, die keine internationalen Beziehungen pflegen, aus dem Wettbewerb ausscheiden. | Kritiker dieser Theorie weisen zunächst darauf hin, dass der Vergleich mit der Evolution im Sinn von Darwin zwar interessant, aber äußerst gewagt ist. In der Natur geht es um einzelne voneinander unabhängige Lebewesen, Erbanlagen, Mutation einzelner Lebewesen in Anpassung an die Umwelt, Geburt und Tod etc. Wenn man dieses Grundmuster auf Unternehmen übertragen will, beginnen die Schwierigkeiten, denn Lebewesen werden geboren und sterben. Unternehmen können sich hingegen auch fusionieren oder Unternehmensteile als selbständige Unternehmen ausgliedern und dabei weiterbestehen. Mutationen betreffen immer nur einen kleinen Teil der Lebewesen einer Art, der weitaus überwiegende Teil ist von den Erbanlagen der Eltern bestimmt. Bei Unternehmen gibt es keine dem entsprechende Vorprogrammierung, ihre Strukturen werden vielmehr von ihren Managern bestimmt, die sich dabei von den Erfordernissen ihrer Produkte, Märkte, Größe, Innovationsgrad etc. orientieren.<br><br>Ein weiterer Kritikpunkt ist, dass, wie bei allen politisch - soziologisch betonten Ansätzen, der Einfluss der öffentlichen Einrichtungen (Gesetzgeber, Gebietskörperschaften etc.) maßlos überschätzt wird. Natürlich gibt es zwischen Unternehmen und der Öffentlichkeit beträchtliche Interaktion, das ist aber fast immer eine Sache des Top-Managements und einzelner Fachabteilungen (bspw. PR, Lobbyisten etc.), der weitaus überwiegende Teil an Managementkapazität wird sich aber damit befassen, konkurrenzfähige Produkte zu entwickeln, zu produzieren und zu verkaufen - und das zu Kosten, die unter den zu erzielenden Marktpreisen liegen und damit Gewinne sichern. Wenn man aber diesen Kritikpunkt akzeptiert und dabei bleibt, dass sich Unternehmen nur sehr langsam an ihre Umwelt anpassen, gerät man in eine Theoriefalle. Dann besteht nämlich der überwiegende Teil des Unternehmensumfeldes wiederum aus Unternehmen - nämlich, Mitbewerbern, Kunden und Lieferanten.<br><br>Wenn sich diese Unternehmen, wie von der Population - Ecology Theorie unterstellt, nur sehr langsam verändern, ergibt sich die Frage, woraus die schnellen Veränderungen resultieren, die das Unternehmen gefährden. Die Kritik abschließend muss gesagt werden, dass die wesentlichen Aussagen der Population Ecology Theorie, nämlich<br>• dass sich Unternehmen kaum anpassen können<br>• dass Änderungen auf der Ebene der Gesellschaft stattfinden und dass dadurch schlecht angepasste Unternehmen absterben und besser angepassten Platz machen, und<br>• dass Manager in politisch motiviertem Eigeninteresse handeln und ihre Unternehmen nicht durch rationale Entscheidungen lenken<br>auch nach 10 Jahren Forschung kaum mehr denn Annahmen bleiben, die nicht empirisch erhärtet werden können. |

### 2.3.3 *Kontingenztheorie*

Diese Theorie sieht Unternehmen als offene Systeme, die ihre Strukturen laufend mit der Umwelt abstimmen. Die Struktur des Unternehmens wird dabei als Spiegelbild der Zwänge aus der Umwelt, also der „Kontingenzfaktoren“ angesehen, wie z.B. Eigentumsverhältnisse, Wachstum, Einkaufsgewohnheiten sowie Fragen der Technologie und Beziehungen zur Umwelt. „Es interessiert also, ob bestimmte merkmale und bestimmte Strukturmerkmale <kontingent> sind, d.h. regelmäßig zusammen auftreten.“[1] Nach der Kontingenztheorie sind Unternehmen dann effizient, wenn sie sich in die Umwelt gut einfügen. Dementsprechend gibt es keine allgemein beste Organisationsmethode, trotzdem jedoch unterschiedlich effektive Or-. ganisationen, deren innere Wesenszüge den Umweltanforderungen am besten entsprechen, leisten die beste Adaption.[2] Der etwas einseitige Charakter dieser Theorie reduziert die Tätigkeit des Managers praktisch auf eine einzige Dimension - Anpassung.

Eine gründliche Analyse, die auch diese Einseitigkeit stark abschwächt, stammt von LAWRENCE/LORSCH,[3] die davon ausgehen, dass unterschiedliche äußere Gegebenheiten unterschiedliche Anforderungen an Organisationen stellen. Hinsichtlich der äußeren Gegebenheit unterscheiden sie, abhängig vom Unsicherheitsgrad, eine dynamische- von einer stabilen Umwelt. Die Analyse von LAWRENCE/LORSCH bezieht sich nicht auf das Gesamtsystem „Unternehmen“, sondern auf die verschiedenen internen Teilsysteme, wie z. B. Marketing, Planung, Finanzen etc.. Diese Teilsysteme werden mit den entsprechenden Teilaspekten des gesellschaftlichen Umfelds abgestimmt, und da diese ihrerseits unterschiedlich sind, werden letztlich auch die Unternehmen stark differenziert. Die unterschiedlichen Teilsysteme sind unterschiedlichen Anforderungen von außen ausgesetzt. Dabei gilt: „Je vielfältiger die äußeren Gegebenheiten, mit denen ein bestimmter Organisationstyp konfrontiert ist, um so differenzierter muss die Organisations-

---

[1] Bea/Göbel (Organisation) 89

[2] Scott (Organisationstheorie) 163

[3] Lawrence/Lorsch (Organization)

struktur sein. Und je differenzierter die Struktur, um so größer ist der Aufwand, den die Integration der verschiedenen Untereinheiten erfordert."[1]

Einen weiteren wichtigen Aspekt im Zusammenhang mit Umweltkomplexität arbeitet GALBRAITH[2] heraus. In seiner Analyse setzt er sich mit dem Aspekt der Informationsverarbeitung auseinander und weist nach, dass ein Zusammenhang zwischen der Unbestimmtheit der Aufgabe (als Ergebnis der Umweltunsicherheit) und der Größe der zu verarbeitenden Informationsmenge im Arbeitsprozess des Entscheidungsträgers besteht. Unternehmensstrukturen im Sinne von Regeln und Hierarchien wiederum beeinflussen die Möglichkeit der Informationsweiterleitung. Die Herausforderung für Organisationen besteht nun darin, entsprechend der Umweltgegebenheiten Strukturen zu schaffen, welche die Informationsweiterleitung optimieren.

Vertreter der Kontingenztheorie versuchen die Vielzahl unterschiedlicher Organisationsformen auf ein Kontinuum zu reduzieren. Dabei stellen hochgradig formalisierte, zentralisierte Organisationen mit klaren Zielvorgaben, sowie gering formalisierte, auf persönliche Qualitäten der Beteiligten gestützte Organisationen ohne Zielvereinbarung die Extrempunkte dar. Die unterschiedlichen Ausprägungen der Organisation werden durch das jeweilige Umfeld bestimmt und können zwischen den beiden Polen eingeordnet werden. Damit verfolgen auch die Vertreter der Kontingenztheorie ökologische Argumente. „Es sind die Umweltbedingungen, die darüber entscheiden, welche Systeme überleben und gedeihen: die am besten angepassten haben die besten Erfolgsaussichten."[3] Zusammengefasst kann vermutet werden, dass in dynamischen Umwelten unbürokratische Strukturen mit geringer Spezialisierung, flachen Hierarchien und viel Raum für Selbstbestimmung zu erfolgreicheren Ergebnissen führen, als stark hierarchisch strukturierte Unternehmen. „Die organische Struktur <passt> zur dynamischen Umwelt besser; man spricht vom **<Fit>**."[4]

---

[1] Scott (Organisationstheorie) 164

[2] Galbraith (Organization) [Hervorhebung im Original]

[3] Scott (Organisationstheorie) 178

[4] Bea/Göbel (Organisation) 96 [Hervorhebung im Original]

Da die Kontingenztheorie kaum wesentliche neue Erkenntnisse für die Analyse von Geschäftsbeziehungen leistet, wird auf eine zusammenfassende Darstellung verzichtet. Trotzdem sollte der Aspekt der Betrachtung eines Unternehmens als System bestehend aus einer Vielzahl von Teilsystemen, die jeweils einer spezifischen Umwelt ausgesetzt sind, beachtet werden. Für Geschäftsbeziehungen könnte somit der Umstand, welche Teilsysteme in der Beziehung involviert sind, und wie deren Umwelten gestaltet sind, von Relevanz sein. Aufgrund des geringen Erkenntnisgewinnes unterbleibt eine gesonderte Darstellung in Form einer Tabelle.

### *2.3.4 Konsistenztheorie*

Die Konsistenztheorie geht vor allem auf MILLER/FRIESEN[1] zurück. Die Autoren betrachten Unternehmen vor allem als „(...) complex entities whose elements of structure, strategy, and environment have a natural tendency to coalesce into quantum states or <configurations>."[2] Strategie, Struktur und Ressourcen eines Unternehmens streben nach innerer Konsistenz. Dabei sind die einzelnen Elemente eines Unternehmens eng miteinander verbunden und beeinflussen einander gegenseitig. Die Bedeutung eines einzelnen Bausteines eines Unternehmens erschließt sich nur aus der Betrachtung der gesamten Konfiguration. Die zentrale These von MILLER/FRIESEN lautet, dass sehr wenige, dafür jedoch weit verbreitete, unterschiedliche Unternehmenskonfigurationen existieren. Diese können mittels Typenbildung (sog. „Konfigurationen", „Archetypen" oder „Gestalten") beschrieben werden.

Unternehmen sind bestrebt diese innere Konsistenz so lange wie möglich zu erhalten; erst wenn die Spannungen zwischen äußeren Anforderungen und inneren Bedingungen zu groß werden, kommt es zu radikalen Änderungen, dem sogenannten *quantum change*, der dann aber praktisch alle Bereiche des Unternehmens erfasst. Auf Grund dieser ausgeprägten „Innensicht" ist diese Theorie zur Analyse von Austauschbeziehungen nur sehr eingeschränkt brauchbar. Eine zusammenfassende Darstellung kann entfallen.

---

[1] Miller/Friesen (Organization)

[2] Miller/Friesen (Organization) 1

## 2.4 Zwischenergebnis

Zusammenfassend kann festgehalten werden, dass nahezu alle angeführten Theorien Aussagen über Geschäftsbeziehungen treffen. Eine einzige Theorie allein kann jedoch nur Teile des Beziehungsphänomens erklären. „Will man dem Untersuchungsgegenstand gerecht werden, ist es somit notwendig, z.B. die Transaktionskostentheorie durch andere theoretische Ansätze zu ergänzen."[1] Einzelne Ansätze sind in ihrer Erklärungskraft limitiert und durch ein funktionalistisches Paradigma gekennzeichnet.

Um die Erkenntnisse der einzelnen Ansätze prägnant fest zu halten, entwirft der Autor vorliegender Arbeit einen Analyserahmen, welcher die Aussagen der einzelnen Theorien in zwei Gruppen einordnet:

- **Aussagen über das Umfeld von Geschäftsbeziehungen**: Dabei wird das Umfeld als Rahmen für Geschäftsbeziehungen verstanden. Das Umfeld nimmt förderlichen oder retardierenden Einfluss auf die Erwartung, Qualität und den Prozess der Beziehung.
- **Aussagen über Geschäftsbeziehungen:** Wie in nachfolgender Abbildung ersichtlich, werden die Aussagen über Geschäftsbeziehungen in drei Untergruppen eingeordnet:
    - *Aussagen über die Erwartungen und Ziele der Geschäftsbeziehung.* In diesem Feld wird der Frage nachgegangen warum Organisationen internationale Geschäftsbeziehungen eingehen, welche Erwartungen sie an Geschäftsbeziehungen stellen und welche Ziele sie verfolgen.
    - *Aussagen über Formen und Qualität der Beziehung.* Was macht die Qualität einer Beziehung aus? Welche Kriterien sind zur Beschreibung unterschiedlicher Typen von Beziehungen geeignet? Welche Beziehungen sind erfolgreich und wie verhalten sich die Träger der Beziehung?
    - *Aussagen über zeitliche Aspekte (insbesondere Prozesse) von Geschäftsbeziehungen.* Existiert ein typischer Ablauf der Entstehung und

[1] Bresser (Geleitwort) 1

Entwicklung von Geschäftsbeziehungen? Welche Phasen können unterschieden werden und welche Auswirkungen haben diese auf die Qualität der Beziehung?

Die nachfolgende Abbildung zeigt den Analyserahmen zur Zusammenfassung zentraler Aussagen der organisationstheoretischen Überlegungen.

**Abbildung 13: Analyserahmen zur Zusammenfassung wesentlicher organisationstheoretischer Erkenntnisse**

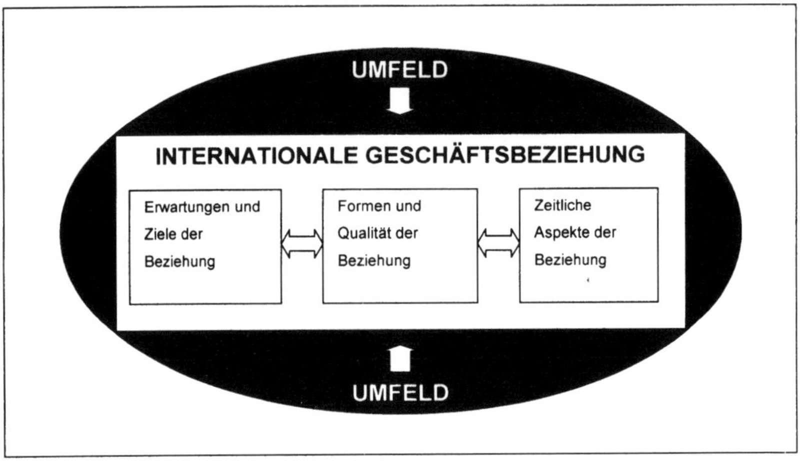


Die Zusammenfassung der organisationstheoretischen Erkenntnisse basiert auf zwei Arbeitsschritten.

*Im ersten Schritt* werden die einzelnen Theorien zusammengefasst und auf ihren Erklärungsgehalt bezüglich des Umfeldes von Geschäftsbeziehungen, sowie der Geschäftsbeziehungen selbst untersucht.

*Im zweiten Schritt* erfolgt eine Zuordnung der Aussagen in den entworfenen Analyserahmen. Wesentliche Aspekte der Institutionenökonomischen Theorien, der Interorganisationstheorien sowie der Politökonomischen Theorien werden in Tabellen erfasst und den entsprechenden Feldern des Analyserahmens zugeordnet.

**Neue Institutionenökonomische Theorien** gehen von einer unsicheren Zukunft und von einem unvollkommenen Markt aus. Jeder Austausch kostet Zeit, Geld und Mühen, zudem ist er mit Risiken verbunden. Wirtschaftliche Akteure suchen nach funktionierenden Regeln; nach Institutionen. In vorliegender Arbeit sind dies internationale Geschäftsbeziehungen. Sie sollen helfen, gemeinsam vereinbarte Ziele zu erreichen und das individuelle Verhalten in eine bestimmte Richtung zu lenken.

Die *Transaktionskostentheorie* gibt entscheidende Anhaltspunkte über die Erwartungen der Geschäftspartner, deren primäres Ziel darin liegt die Kosten des Austausches zu minimieren. Geschäftsbeziehungen scheinen insbesondere geeignet, die Koordinations- und Motivationskosten, sowohl auf marktlicher- als auch auf organisatorischer Ebene zu reduzieren. Kosteneinsparungen durch Geschäftsbeziehungen, so die Theorie, sind bei der Anbahnung von Transaktionen und dem Vertragsabschluss, sowie bei der Absicherung und Durchsetzung von Verträgen möglich. Ebenso scheinen Geschäftsbeziehungen geeignet, Kosten der Informations suche und der Entscheidung zu senken, sowie Kosten der Kontrolle, der Leistungsbewertung und der Konfliktaustragung zu senken. Die Kosten der Transaktion sind von transaktionsspezifischen Investitionen, der Umwelt- und Verhaltensunsicherheit, der Häufigkeit der Transaktion und der Interdependenz mit anderen Transaktionen abhängig.

Die *Prinzipal-Agenten Theorie* liefert Erkenntnisse im Bereich der Qualität der Beziehung. Vertreter der Theorie beschäftigen sich mit der Verhaltensunsicherheit der Geschäftspartner und der Gefahr opportunistischen Verhaltens aufgrund bestehender Informationsasymmetrie. Probleme können im Bereich der Auswahl eines geeigneten Geschäftspartners (hidden characteristics), nachvertraglichem Opportunismus des Partners (hidden action) sowie durch Gebundenheit, bspw. aufgrund transaktionsspezifischer Investitionen, (hidden intention) entstehen. Trotzdem werden Geschäftsbeziehungen eingegangen, um von dem Informationsvorsprung und den Kapazitäten des Partners zu profitieren. Den Geschäftspartnern bieten sich unterschiedliche Strategien der Risikominimierung. Der Anbieter kann seine überlegene Leistungsbereitschaft dokumentieren (Signalling), oder sich freiwillig in unterschiedliche Risikogruppen einordnen (Self Selection). Seitens des Nachfragers bietet sich insbesondere die umfassende Suche nach Qualitätsmerkmalen (Screening) zur Vermeidung von Risiken.

Die *Property Rights Theorie* basiert auf der Annahme, dass im Rahmen von Austauschbeziehungen nicht die Ressource an sich bewertet wird, sondern die damit verbundenen Rechte. Ein Austausch soll zu einer Erhöhung des Wertes des Rechtsbündels führen. Letzteres bestimmt sich aus der Exklusivität des Rechtes auf Nutzung eines Gutes (usus), des Rechtes der Veränderung von Form und Substanz eines Gutes (abusus), des Rechtes auf Gewinnaneignung (usus fructus) sowie des Rechtes der Veräußerung des Gutes an Dritte.

*Industrieökonomische Ansätze* betonen bei der Auseinandersetzung mit internationalen Geschäftsbeziehungen vor allem den Aspekt möglicher Wettbewerbsvorteile bspw. in Form von Effizienz- und Innovationsgewinnen, erhöhter Planungssicherheit und Zugang zu neuem Know-how, Zugang zu Ressourcen etc. Die Bereitschaft, internationale Geschäftsbeziehungen zu knüpfen, hängt maßgeblich von der Marktstruktur und den Basisbedingungen von Angebot und Nachfrage ab.

Die nachfolgende Tabelle bietet eine Zusammenfassung wesentlicher Aspekte der Neuen Institutionenökonomischen Theorien. Dabei fällt auf, dass keinerlei Aussagen über den zeitlichen Aspekt von Geschäftsbeziehungen getroffen werden.

**Tabelle 20: Wesentliche Aspekte der Neuen Institutionenökonomischen Theorien**

| INSTITUTIONENÖKONOMISCHE THEORIEN | |
|---|---|
| **Aussagenfeld** | **Kernaussagen** |
| Umfeld | • Unvollkommener Markt (Jeder Austausch ist mit Kosten und Risiken verbunden; Informationen sind nur in begrenztem Ausmaß erhältlich, deren Beschaffung ist mit Kosten verbunden)<br>• Marktteilnehmer handeln opportunistisch (hidden-action, hidden-information, hidden-characteristics)<br>• Marktteilnehmer streben nach Nutzenmaximum<br>• Anzahl alternativer Partner muss beachtet werden<br>• Rechtliche Rahmenbedingungen<br>• Unsicherheit<br>• Merkmale der Branchenstruktur |
| Erwartung | • Transaktionskosten reduzieren (Anbahnung, Vertrag, Absicherung, Durchsetzung, Organisationsstruktur, Kosten des Betriebs, Kosten der Kontrolle, Kosten nicht konformer Entscheidungen, Kosten durch Konflikte)<br>• Schaffung von Wettbewerbsvorteilen (bspw. Effizienz- und Innovationsvorteile, Know-How, Zugang zu Rohstoffen, Planungssicherheit...)<br>• Unsicherheitsreduktion<br>• Zugang zu Informationen<br>• Erhalt von exklusiven Verfügungsrechten der Nutzung (usus), Veränderung (abusus), Gewinnaneignung (usus fructus) und Veräußerung |
| Qualität | • Transaktionsspezifische Investitionen, Umwelt- und Verhaltensunsicherheit, Häufigkeit der Transaktion und Interdependenz mit anderen Transaktionen beeinflussen die Kosten der Transaktion<br>• Gebundenheit und Gefahr von sunk costs<br>• Informationssymmetrie / -asymmetrie<br>• Signalling, Screening und Self Selection, als mögliche Strategien im Umgang mit Unsicherheit |
| Zeitliche Aspekte | - |

**Interorganisationstheorien** erklären das Wachstum von Unternehmen auf Basis überlegener Unternehmensressourcen. Eine internationale Geschäftsbeziehung kann – als immaterielle Ressource betrachtet – einen Wettbewerbsvorteil darstellen. Dazu muss jedoch die Geschäftsbeziehung einen Wert besitzen (also bspw. durch die Beziehung zusätzlicher Kundennutzen geschaffen werden, die Effizienz der Wertschöpfung verbessert oder ein neuer Markt erobert werden) und knapp sein (also den Konkurrenten nicht zur Verfügung stehen). Weiter sollte die Geschäftsbeziehung nicht substituierbar sein und keine alternative Möglichkeit zur Erzielung des gewünschten Effektes bestehen.

Die *Spieltheorie* liefert wertvolle Erkenntnisse über Konflikt- und Kooperationssituationen in Geschäftsbeziehungen. Demnach verfolgen Individuen grundsätzlich Eigeninteressen und gehen nur dann Beziehungen ein, wenn diese zu einem besseren Ergebnis führen. Geschäftspartner entwerfen zu Beginn der Beziehung ein Nutzentableau und überlegen ihre Strategie unter Berücksichtigung der zeitlichen Komponente. Werden langfristige „Spiele" eingegangen, gilt es, Vertrauen durch Kooperation und Verständlichkeit des eigenen Verhaltens aufzubauen. Weitere zentrale Aussagen der Spieltheorie betreffen die Qualität und den Prozess der Beziehung: Ist ein Ende der Geschäftsbeziehung abzusehen, steigt die Konfliktneigung. Wird der Beziehung ein hohes Ertragspotential zuerkannt, steigt die Stabilität. Je länger die Beziehung besteht, desto stabiler ist sie. Je mehr Akteure in der Beziehung involviert sind, desto instabiler wird sie. Selbstverpflichtungen durch irreversible Investitionen in die Beziehung erhöhen deren Stabilität.

Die *Soziale Austauschtheorie* geht davon aus, dass Geschäftspartner eine Kosten-Nutzen Bilanz der Beziehung führen. Dabei ist, so Vertreter der Theorie, vor allem zu Beginn der Beziehung die Neigung gering, Leistungen ohne Nutzenüberschuss zu erbringen. Erst wenn die Partner einander vertrauen, steigt die Bereitschaft, in die Beziehung zu investieren. Die Geschäftspartner lernen am Erfolg der Beziehung. Sie verstärken erfolgreiche Handlungen und vermeiden verlustbringende Interaktionen, wobei sowohl Planung als auch Kontrolle der Ergebnisse durch etwaige Zeitverzögerungen erschwert werden. Die Partner stehen in wechselseitiger Abhängigkeit zueinander. Geschäftsbeziehungen befriedigen sowohl materielle als auch immaterielle Bedürfnisse.

Die *Resource Dependence Theorie* baut auf der Annahme auf, dass Unternehmen Ressourcen benötigen, um ihr Überleben zu sichern. Austauschbeziehungen bedingen jedoch Handlungsspielräume der Partner, welche am besten durch den Aufbau und die Nutzung von Macht begrenzt werden. Die eigene Unsicherheit lässt sich vor allem durch Koordination, Integration oder Kontrolle des Partners vermindern. Unternehmen versuchen so, ihre Abhängigkeit von der Umwelt zu reduzieren. Da jedoch vollkommene Autonomie nicht erzielt werden kann, entstehen Interdependenzen. Der Beziehungsaufbau erfolgt in einem Prozess, welcher die Phasen der „Variation“, „Selection“, „Retention“ sowie „Struggle“ umfasst.

Nachfolgende Tabelle bietet eine Zusammenfassung wesentlicher Aspekte der Interorganisationstheorien.

**Tabelle 21: Wesentliche Aspekte der Interorganisationstheorien**

| INTERORGANISATIONSTHEORIEN | |
|---|---|
| **Aussagenfeld** | **Kernaussagen** |
| Umfeld | • Geprägt von Organisationen, mit denen Wettbewerb besteht<br>• Austausch mit Kosten und Unsicherheit verbunden<br>• Organisationen müssen mit anderen Organisationen Ressourcen austauschen |
| Erwartung | • Wertgenerierung durch Geschäftsbeziehung (bspw. neuer Kundennutzen, neuer Markt der bearbeitet wird, Verbesserung der Wertschöpfung)<br>• Geschäftsbeziehung einzige Alternative Wert zu schaffen<br>• Geschäftsbeziehung als Quelle von Unternehmenswachstum<br>• Materieller oder immaterieller Nutzenüberschuss<br>• Vertrauensaufbau<br>• Reduktion der Abhängigkeit von der Umwelt<br>• Integration |
| Qualität | • Kooperation: Je größer die Aussicht auf Gewinn, desto stabiler die Beziehung<br>• Kooperation bzw. Selbstverpflichtung: Irreversible Investments erhöhen die Stabilität der Beziehung<br>• Konflikt: Je mehr Personen involviert, desto instabiler<br>• Wechselseitige Abhängigkeit<br>• Lernen am Erfolg und Misserfolg<br>• Je größer die Aussicht auf Gewinn, desto stärker das Engagement<br>• Verhaltenssicherheit durch Einschätzung der Reaktion des Partners<br>• Koordination und Kontrolle des Partners<br>• Ausmaß der Interdependenzen<br>• Macht |

**Fortsetzung Tabelle 21: Wesentliche Aspekte der Interorganisationstheorien**

| INTERORGANISATIONSTHEORIEN | |
|---|---|
| **Aussagenfeld** | **Kernaussagen** |
| Zeitliche Aspekte | • Kooperation: Je älter die Beziehung, desto stabiler<br>• Konflikt: Je näher das Ende der Beziehung, desto größer die Konfliktbereitschaft<br>• Zeitliche Verzögerung der Ergebnisse von Beziehung erschweren Planung und Erfolgskontrolle<br>• Vier Phasen: Variation, Selection, Retention, Struggle |

**Politökonomische Theorien** erklären, wie Organisationen überschaubare Strukturen in einer dynamischen Umwelt schaffen. Geschäftsbeziehungen reduzieren die sachliche (nur wenige Teilbereiche des Unternehmens sind involviert), zeitliche (nur wenige erfolgreiche Episoden müssen erinnert werden) oder relationale (nur wenige Akteure sind involviert) Komplexität und schaffen eine Struktur, die sie von der Umwelt abgrenzt.

Vertreter *Individualistischer Ansätze* sehen in der zunehmenden Bereitschaft, internationale Geschäftsbeziehungen einzugehen, eine Reaktion der Organisation auf Erwartungen der Gesellschaft. Unternehmen schaffen Strukturen nicht aus Effizienzüberlegungen, sondern auf Basis der gesellschaftlichen Erwartungen. Damit versuchen sie ihre Legitimität zu erhöhen.

Der *Population Ecology Ansatz* beschreibt die Umwelt als ein Selektionskriterium. Organisationen, die sich nicht den veränderten Anforderungen der Umwelt anpassen, werden vom Wettbewerb eliminiert. Geschäftsbeziehungen stellen eine Möglichkeit dar, Wandel innerhalb des Unternehmens zu initiieren und bspw. „schlankere" Organisationsstrukturen durch Outsourcing zu schaffen. Dabei müssen jedoch organisationsinterne Beharrungskräfte überwunden werden. Untersucht werden nicht individuelle Unternehmen, sondern Populationen bspw. Branchen. Der Prozess des Wandels wird durch Variation, Selektion und Retention beschrieben. Zusätzlich ist Imitation durch externe Organisationen möglich.

Weder *Kontingenz-* noch *Konsistenztheorie* konnten neue Erkenntnisse leisten. Nachfolgende Tabelle bietet eine Zusammenfassung wesentlicher Aspekte der Politökonomischen Theorien.

**Tabelle 22: Wesentliche Aspekte der Politökonomische Theorien**

| POLITÖKONOMISCHE THEORIEN | |
|---|---|
| **Aussagenfeld** | **Kernaussagen** |
| Umfeld | • Dynamisch und Komplex<br>• Unsicher, nicht beherrschbar<br>• Internationale Geschäftsbeziehungen sind in „Mode"<br>• Umwelt trifft Auslese und eliminiert nicht erfolgreiche Organisationen |
| Erwartung | • Schaffung einer kalkulierbaren Struktur<br>• Reduktion von Komplexität (sachlich, zeitlich, relational)<br>• Erhöhung der gesellschaftlichen Legitimität<br>• Wandel initiieren<br>• Schlanke Organisation schaffen |
| Qualität | - |
| Zeitliche Aspekte | • Überwindung von Beharrungskräften<br>• Variation, Selektion und Retention<br>• Imitation von Erfolgsmodellen möglich |

# 3 Geschäftsbeziehungen als Marketingproblem

Lange Zeit dominierte in der traditionellen Betriebswirtschaftslehre (und so auch im Marketingbereich) eine Betrachtungsweise, die von „Stimulus-Response" oder „Stimulus-Organism-Response"-Modellen dominiert war. Dabei richteten Unternehmen ihr Angebot auf einen anonymen Massenmarkt aus und versuchten, durch gezielten Einsatz der Marketing-Mix Instrumente möglichst viele Käufer zu gewinnen. Der einzelne Mensch wurde auf ein möglichst exakt kalkulierbares „Objekt" reduziert. In der Theorie von Angebot und Nachfrage fehlt jedoch der Aspekt der menschlichen Interaktion. Sie geht davon aus, dass „(...) sich also ein plötzlicher, unpersönlicher Verkaufsvorgang an der Schnittstelle zwischen Angebot und Nachfrage am Markt abspielt. Das hat eigentlich nie gestimmt und trifft bei der heutigen Produktkomplexität und den immer stärker werdenden Interdependenzen noch viel weniger zu."[1] Käufer erwarten eine Vielzahl an Zusatzleistungen; sie erwarten nicht ein unverbindliches Verhältnis, sondern eine Ehe.[2] Dies bedeutet eine langfristige Bindung, bei der man nicht einfach aussteigen kann, wenn die ersten Probleme beginnen.

Unternehmerisches Handeln ist stets einem Wettbewerb ausgesetzt und auf die Schaffung überlegener Kundenvorteile ausgerichtet.[3] Dies bedeutet jedoch auch, dass die Unternehmensaktivitäten immer nur auf jener Ebene ansetzen können, in der Wettbewerb identifiziert werden kann. Der einzelne internationale Kunde und jene Unternehmen, die sich um sein Problem annehmen, können als ein Ausschnitt des Wettbewerbs gesehen werden. Solcherart ist Marketing von Geschäftsbeziehungen ein „(...) Verhaltensprogramm, das explizit auf die Existenz und die Bedeutung *anhaltender* Austauschbeziehungen zwischen *einem* anbietenden Unternehmen und *einem* Kunden abstellt und das Wiederkaufverhalten des Kunden zum Fokus der Marketing-Maßnahmen macht."[4]

---

[1] Levitt (Vekaufsabschluss) 17f

[2] Levitt (Vekaufsabschluss) 18

[3] Plinke (Geschäftsbeziehungsmanagement) 3 f

[4] Plinke (Geschäftsbeziehungsmanagement) 5 [Hervorhebungen im Original]

Langfristige Beziehungen entstehen aber nicht von selbst, sondern bedürfen eines gezielten Aufbaus und permanenter Pflege. Diese zielgerichteten Handlungen sind Aufgabe eines Beziehungsmanagements. Inhaltlich betrachtet umfasst dieser Begriff die Gesamtheit aller aufeinander abgestimmten „(...) Grundsätze, Leitbilder und Einzelmaßnahmen zur langfristig zielgerichteten Anbahnung, Steuerung und Kontrolle von Geschäftsbeziehungen.“[1]

Unklar bleibt jedoch zunächst, wer als Anspruchsgruppe für ein Beziehungsmanagement dienen soll. Während Beziehungsmanagement unbestritten auf Endkunden fokussiert, so scheint es durchaus plausibel, auch andere Zielgruppen in ein Beziehungsmanagement-Konzept zu integrieren. HARNISCHFEGER spricht sogar vom Unternehmen als „House of Relations“.[2] Um wettbewerbsfähig zu bleiben, bedarf es, seiner Auffassung folgend, der exakten Planung aller „(...) Aktivitäten der Unternehmung, die das Ziel verfolgen, eine Beziehung zu Kunden und Kooperationspartnern sowie unter Mitarbeitern aufzubauen, zu halten und zu entwickeln.“[3] Damit vertritt er eine Sichtweise, die typisch für Vertreter des Relationship Marketing Konzeptes ist.

Offensichtlich können externe von internen Kundenbeziehungen unterschieden werden, wobei erstere die Verbundenheit und Verflechtung des Unternehmens mit dem Marktumfeld dokumentieren.

In der vorliegenden Arbeit wird Geschäftsbeziehungsmarketing (bzw. Management) als eine Teilaufgabe des Relationship Marketing (bzw. Management) verstanden. Demzufolge beschäftigt sich das Kapitel zunächst mit der Darstellung der Aufgaben des Relationship Marketings ehe auf Ansätze zur Analyse von Geschäftsbeziehungen im Industriegüterbereich eingegangen wird.

Nachfolgend werden die Begriffe „Relationship Marketing“ und „Relationship Management“ synonym verwendet. Dies erfolgt nicht aus Unachtsamkeit, sondern vielmehr aufgrund der zunehmenden Verflechtung beider Begriffe. Exemplarisch

[1] Diller (Marketinglexikon) 116

[2] Harnischfeger (Relations) 14

[3] Harnischfeger (Relations) 14

kann auf SHARMA[1] verwiesen werden, der sich ebenso ausführlich als auch kritisch mit der Entwicklung der akademischen Literatur und der damit verbundenen Trennung der beiden Begriffe, die zu einer untergeordneten Rolle des Strategischen Marketings im Vergleich zum Strategischen Management führte, auseinandersetzt. Sharma meint: „However, the popular business press has shown little interest in this debate, indicating that this academic bone of contention is not a significant issue for practitioners"[2] und weiter „(...) this article argues for a synthesis of the two disciplines for more effective teaching and research in the domain of competitive strategy."[3] Letztlich entspricht auch die zugrundeliegende Relationship Marketing Literatur bereits dieser Forderung und unterlässt die Trennung von Relationship Management und Relationship Marketing.

## 3.1 Beziehungen als zentrale Aufgabe des Relationship Marketing

Wenn man der Definition KOTLER/BLIEMEL`s folgt, die Marketing verstehen als einen „(...) Prozess im Wirtschafts- und Sozialgefüge, durch den Einzelpersonen und Gruppen ihre Bedürfnisse und Wünsche befriedigen, indem sie Produkte und andere Dinge von Wert erzeugen, anbieten und miteinander austauschen"[4], so wird offensichtlich, welche Bedeutung dem Austausch von Produkten (und Dienstleistungen) bei den Marketingüberlegungen zukommt. Ohne Austausch findet in unserer Gesellschaftsordnung keine (oder nur eine sehr begrenzte) Bedürfnisbefriedigung statt.

---

[1] Sharma (Trespass)

[2] Sharma (Trespass) 74

[3] Sharma (Trespass) 74

[4] Kotler/Bliemel (Marketing-Management) 7

Austausch steht am Beginn jeder Beziehung und ist die „kleinste“ Einheit. Die Betrachtung des Austausches bietet mehrere Vorteile:[1]

- Austausch stellt ein zentrales Ereignis zwischen zwei, oder mehreren Parteien dar.
- Austausch bietet einen wichtigen Referenzrahmen zur Identifikation des sozialen Netzwerkes, der in die Entstehung und Durchführung involvierten Individuen und Organisationen dar.
- Austausch bietet die Möglichkeit, die transferierten Objekte oder psychischen Einheiten zu untersuchen.
- Austausch ist ein kritisches Ereignis im Markt und bietet somit Gelegenheit, die Voraussetzungen und Prozesse der Käufer-Verkäufer Transaktion gewissenhaft zu untersuchen.

Damit ein Austausch stattfinden kann, müssen bestimmte Rahmenbedingungen erfüllt sein (so müssen beispielsweise mindestens zwei Parteien involviert sein und über Tauschobjekte verfügen, die für die jeweils andere Partei von Interesse sind) und die beteiligten Akteure zu einer Übereinkunft gelangen. Dies wird als Transaktion bezeichnet. „Transaktionen bilden gewissermaßen die grundlegende Maßeinheit zwischen zwei Parteien.“[2]

Der Begriff der Transaktion umfasst die Übereinkunft zweier Parteien, welche Verfügungsrechte zu welchen Bedingungen insgesamt zu transferieren sind. Damit stellt eine Transaktion „(...) das dar, was wir in der Alltagssprache üblicherweise als ein <Geschäft> bezeichnen.“[3]

Dabei kann eine einzelne Transaktion auf dem Kontinuum zwischen Austausch in einer Beziehung und der Form der diskreten Transaktion eingeordnet werden. „Der Prototyp einer diskreten Transaktion als ein Pol des Kontinuums stellt ein einfaches Tauschereignis dar, bei dem Geld und eine nicht erklärungsbedürftige Ware zum

---

[1] Dwyer/Schurr/Oh (Relationships) 11

[2] Kotler/Bliemel (Marketing-Management) 11

[3] Plinke (Marktprozesse) 44

gleichen Zeitpunkt ausgetauscht werden."[1] Bei dieser Form des Austausches existiert weder ein Vorspiel, bspw. im Sinne von bereits existierenden Präferenzen der Nachfrager aufgrund der Marketingmaßnahmen des Anbieters, noch eine Zukunftsorientierung. Das Konstrukt der diskreten Transaktion schließt alle Elemente einer Beziehung aus. Auch die Kommunikation wird auf ein Minimum reduziert. In dieser extremen Formulierung stellt die Form des diskreten Austausches ein hypothetisches Konstrukt dar und ist somit in der Realität kaum beobachtbar. Auch das von DWYER/SCHURR und OH gebotene Beispiel des einmaligen Kaufes von Benzin an einer Tankstelle in einem weit entfernten Ort[2] blieb nicht ohne Kritik, da auch hier meist eine Beziehung zumindest zu der Tankstellenkette des Verkäufers besteht.

Gegenstand des Relationship Marketing ist nicht die Einzeltransaktion, sondern die gesamte Beziehung bzw. die Gesamtheit aller Beziehungen eines Unternehmens. Austausch in Beziehungen weist eine Vergangenheit und eine Zukunft auf. Positive Erfahrungen und die damit verknüpfte Zufriedenheit mit den bereits durchgeführten Transaktionen, führt zu sozialem Austausch. Die Komplexität des Beziehungstausches verlangt exakte Spezifikationen und Messungen der ausgetauschten Güter. Zahlreiche soziale Kontakte, vielleicht auch die Integration von Drittparteien, sind notwenig.

Relationship Marketing und Transaktions Marketing können als zwei Extrempunkte eines Marketing Strategie Kontinuums aufgefasst werden. Zwischen den beiden Punkten ergibt sich eine Vielzahl unterschiedlicher Strategieabstufungen, denen GRÖNROOS aus Illustrationszwecken in der nachfolgenden Tabelle typische Branchen zuordnet.

Diese Zuordnung ist akzentuierend zu verstehen; dementsprechend schießt GRIMSCHITZ mit seiner Kritik, dass gerade bei „(...) schnelldrehenden Produkten des Verbrauchsgütersektors durchaus mit Instrumenten des Relationship Marketing operiert werden (...)"[3] kann, weit über das Ziel hinaus. Obgleich natürlich sowohl Handel als auch Produzenten von Verbrauchsgütern Instrumente(!) des Relationship

---

[1] Schütze (Kundenzufriedenheit) 26

[2] Dwyer/Schurr/Oh (Relationships) 12

[3] Grimschitz (Relationship Marketing) 15

Marketing einsetzen, ist Kundenintegration beim Marketing von Salz beispielsweise nicht so bedeutend wie bei der Errichtung eines Stahlwalzwerkes. Unbestritten bleibt hingegen, dass „(...) both business marketing and consumer marketing benefit from attention to conditions that foster relational bonds leading to reliable repeat business."[1]

**Tabelle 23: Das Marketing Strategie Kontinuum zwischen Transaktions- und Relationship Marketing**

| | Transaction Marketing ⟵⟶ | | | Relationship Marketing |
|---|---|---|---|---|
| Dominating Marketing Function | Traditional Marketing Mix Dominated | | | Interactive Marketing Dominated* |
| Quality Dimension Most Important for a Competitive Advantage | Output-related Technical Quality Dominating | | | Process-related Functional Quality Dominating** |
| Price Sensitivity | Customers Very Price Sensitive | | | Customers Much Less Price Sensitive |
| Interface Between Marketing and Other Functions e.g. Organizational Behavior/Personnel | Limited or Non-existent; Interface of no Significant Strategic Importance | | | Substantial; Interface of Strategic Importance |
| Typical Marketing Situations Continuum | Consumer Packaged Goods Marketing | Consumer Durables Marketing | Industrial Goods Marketing | Services Marketing |

* But supported by traditional marketing mix elements

** Provided that the technical quality is at an acceptable level

Quelle: Grönroos (New Paradigm) 8

[1] Dwyer/Schurr/Oh (Relationships) 12

Ob es sich bei Relationship Marketing um einen Paradigmenwechsel handelt, wie dies von GRÖNROOS mit Nachdruck behauptet wird,[1] oder nicht, sei an anderer Stelle diskutiert.[2] Für die gegenständliche Arbeit reicht die Gegenüberstellung der beiden Konzeptionen – wie sie in der nachfolgenden Tabelle von PAYNE/RAPP und HENNIG-THURAU/HANSEN dargestellt wird - als Nachweis einer veränderten Denkhaltung der Marketing Konzeption.

**Tabelle 24: Gegenüberstellung wesentlicher Merkmale von Transaktionsorientiertem Marketing und Relationship Marketing**

| Transaktions Marketing | Relationship Marketing |
|---|---|
| Fokussierung auf Einzelverkäufe | Fokussierung auf den Erhalt bestehender Kundenbeziehungen |
| Aktionsorientiert | Interaktionsorientiert |
| Statische Perspektive | Dynamische Perspektive |
| Schwerpunkt Kundenakquisition | Schwerpunkt Kundenbindung |
| Schwerpunkte auf Produkteigenschaften | Schwerpunkt auf Kundenwert |
| Kurzfristigkeit | Langfristigkeit |
| Geringe Bedeutung des Kundenservice | Hohe Bedeutung des Kundenservice |
| Beschränktes Engagement für Kundenbelange | Uneingeschränkter Fokus auf Kundenproblem |
| Geringe gegenseitige Abhängigkeit | Hohe gegenseitige Abhängigkeit |
| Unregelmäßiger, geringer Kundenkontakt | Häufiger, kontinuierlicher Kundenkontakt |
| Kundenzufriedenheit wird ausgedrückt durch Marktanteil (daher Messung der Kundenzufriedenheit indirekt) | Kundenzufriedenheit wird ausgedrückt durch Wiederkauf (daher Messung der Kundenzufriedenheit direkt) |
| Bedeutung der Mitarbeiter gering | Bedeutung der Mitarbeiter hoch |
| Bedeutung internes Marketing gering | Bedeutung des internen Marketing hoch |
| Qualität als Anliegen hauptsächlich der Produktion | Qualität als Anliegen aller Beteiligten |

Quelle: Payne/Rapp (Relationship) 6f; Hennig-Thurau/Hansen (Relationship) 5

---

[1] Grönroos (Paradigm Shift) bzw. Grönroos (Quo Vadis) 1: „A paradigm shift in marketing is under way."

[2] siehe bspw. den Artikel von Sheth (Paradigm) dessen erster Satz lautet: „Relationship Marketing, at least at the practice level, is recognized as a major paradigm shift in marketing comparable to what the marketing concept in the 1960s, with its focus on customer needs and wants, and more recently the quality concept, with its focus on customer satisfaction, did in transforming business practices and philosophy."

### *3.1.1 Der Begriff <Relationship Marketing>*

„A striking omission in the emerging relationship marketing literature is a lack of agreement on what relationship marketing is."[1] Wie so häufig wenn ein neues Forschungsgebiet in Mode kommt und damit die Anzahl von Publikationen in kurzer Zeit rasch ansteigt, erscheint es, aufgrund des terminologischen Wildwuchses notwendig, zuerst den zugrundeliegenden Begriff zu klären. Dieses Unterfangen stellt sich als überaus schwierig heraus, da derartige Überlegungen in der gegenwärtigen akademischen Diskussion keinen prominenten Platz einnehmen. Die Diskussion über das Wesen des Relationship Marketing erfolgt stets vor dem Hintergrund eines konkreten Verwendungsinteresses.

So betont beispielsweise GRÖNROOS, der sich mit den Konsequenzen des Relationship Marketing im Dienstleistungsbereich beschäftigt, vor allem den Prozesscharakter und die Vertrauenskomponente in der Beziehung. Beide Aspekte sind im „klassischen" Dienstleistungsmarketing schon lange von Bedeutung. „Marketing is to establish, maintain, enhance and commercialize customer relationships, (often but not necessarily long term relationships) so that the objectives of the parties involved are met. This is done by a mutual exchange and fulfillment of promises."[2] Dabei müssen die Ressourcen des Verkäufers so eingesetzt werden, dass der Käufer dem Anbieter Vertrauen entgegenbringt. Der Aspekt des Versprechens ist wechselseitig. Sowohl Anbieter als auch Nachfrager geben ganz bestimmte (Leistungs-)Versprechen ab, von deren Einhaltung die Stabilität und Dauer der Beziehung abhängen. Ganz offensichtlich spielt der Aspekt des Abgebens von Versprechen vor allem in der Anfangsphase einer Beziehung eine bedeutende Rolle. Nach dem Eingehen der Beziehung folgt eine Phase des Erhaltens, welche vom Einlösen der gegenseitigen Versprechen geprägt ist. Das Einlösen der Versprechen ist Voraussetzung für eine Ausweitung der Beziehung in der erneut Versprechen abgegeben werden. Dabei ist für GRÖNROOS die langfristige Ausrichtung der einzelnen Beziehung zwar wahrscheinlich, nicht jedoch ein konstitutives Merkmal. In Abgrenzung zum Transaktionsmarketing wird der Prozessgedanke noch

---

[1] Li/Greenberg/Li (Definition) 238

[2] Grönroos (New Paradigm) 4

deutlicher betont: „This approach to marketing is based on how to develop and execute good marketing performance, rather than just on what decisions to make to do marketing. Process is more important than structure.“[1]

Auch bei GORDON findet sich der Prozessgedanke, jedoch erweitert um den Aspekt der Suche nach und Schaffung von Kundennutzen. „Relationship Marketing is the ongoing process of identifying and creating new value with individual customers and then sharing the benefits from this over a lifetime of association.“[2] PARVATIYAR/SHETH ergänzen dieses Verständnis um die Komponente des wirtschaftlichen Vorteils, der sich aus der Beziehung ergibt, wenn sie meinen, Relationship Marketing wäre der „(...) ongoing process of engaging in cooperative and collaborative activities and programs with immediate and end-user customers to create or enhance mutual economic value at reduced cost.“[3] Gleichzeitig erweitern PARVATIYAR/SHETH die Anspruchsgruppe des Relationship Marketing. Bei ihrer Definition geht es nicht mehr ausschließlich um (End-)Kunden, sondern - sehr vage formuliert - auch um andere Marketing Handlungsträger. RM zeichnet sich durch einen Fokus auf „(...) cooperative and collaborative relationships between the firm and its customers and/or other marketing actors“ aus.[4] Diese Sichtweise entspricht der Forderung jener Forschergruppe, die sich mit dem Relationship Marketing Konzept und Fragen des Absatzkanals auseinandersetzen. So stellen MORGAN/ HUNT fest, dass „(...) many instances of relationship marketing do not have a <customer> as one of the exchange participants.“[5] Nicht immer geht es nur um Käufer und Verkäufer oder Key Accounts, vielmehr können einfach Partner im Austauschprozess involviert sein. Dementsprechend bezieht sich Relationship Marketing auf alle „(...) marketing activities directed toward establishing, developing, and maintaining successful relational exchanges.“[6]

---

[1] Grönroos (New Paradigm) 5 [Hervorhebungen im Original]

[2] Gordon (Relationship) 9

[3] Parvatiyar/Sheth (Conceptual) 9

[4] Parvatiyar/Sheth (Conceptual) 7

[5] Morgan/Hunt (Commitment-Trust) 22

[6] Morgan/Hunt (Commitment-Trust) 22

Einen strukturierteren Gliederungsansatz empfiehlt WILSON[1], der drei Forschungsebenen des RM unterscheidet. Dabei fällt jedoch die Abgrenzung nicht ganz eindeutig aus, und eine Zuordnung einzelner Publikationen zu einem der Teilbereiche kann nur akzentuierend verstanden werden.

- Die **konzeptionelle Ebene** umfasst jene Vorhaben, die Verbesserungen im Bereich der Definitionen und Operationalisierungen der Konstrukte anstreben. „Concept – level research relates to identifying, defining, and measuring constructs that are either successful predictors or useful measures of relationship performance."[2]
- Auf der **Modell Ebene** wird der Versuch unternommen, Einblicke in die Entstehung von und die Zusammenarbeit in Beziehungen zu gewinnen bzw. Faktoren, die diese beeinflussen, zu erklären. Ein Beispiel dafür sind die Ansätze der IMP Gruppe.[3]
- Die **Prozess-Forschung** stellt den Lebenszyklus einer Beziehung in den Mittelpunkt ihrer Betrachtung. Dabei wird versucht, unterschiedliche Stufen oder Phasen zu unterscheiden und jeweilige Einflussfaktoren zu identifizieren.

PARVATIYAR/SHETH unterscheiden nach dem Bedeutungsinhalt des Relationship Marketing zwischen einem engen und erweiterten Zutritt zum Untersuchungsobjekt.[4]

- Der enge RM Begriff ist operativ ausgerichtet. Er zeichnet sich durch Konzentration auf den Einsatz von Informationstechnologien (typische Schlagworte: Database Marketing[5], Data Warehousing...) oder taktischer Instrumente im Bereich des After Sales Marketing, mit dem Ziel der Kundenbindung, aus.

---

[1] Wilson (Modell)

[2] Parvatiyar/Sheth (Conceptual) 26f

[3] siehe Kap. 3.2.2

[4] Parvatiyar/Sheth (Conceptual) 5

[5] siehe bspw. Shani/Chalasani (Niches)

- Der erweiterte RM Begriff ist stärker strategisch ausgerichtet. Nicht mehr das Unternehmen, sondern der Kunde rückt in den Vordergrund der Betrachtung, oder wie McKENNA meint: nicht das „telling and selling", sondern das „communicating and sharing the knowledge"[1] stellt den Mittelpunkt der Marketingbemühungen dar. Aus dieser Perspektive kann die Kundenakquisition nur noch als notwendiger Zwischenschritt zur Entwicklung loyaler Kunden gesehen werden.[2] Dies bedeutet nichts anderes, als dass die Umweltbeziehungen zur Unternehmensgrundlage werden. Sie sind ausschlaggebend für die Existenz der Unternehmen.

Den umfassendsten Gliederungsversuch unternehmen LI/GREENBERG/LI.[3] Er beinhaltet nicht nur die bereits angesprochene taktische bzw. strategische Ebene, sondern stellt stärker auf die zugrundeliegenden Orientierungen und Werthaltungen der Unternehmen ab. Dabei ergänzt der Gliederungsversuch den vorangegangenen um die von GRÖNROOS[4] und GUMMESSON[5] initiierte Paradigmendiskussion. Nachfolgend werden die Begriffsdefinitionen in drei Gruppen (Relational Selling, Relationship-Focus Marketing und Broadend Relationship Marketing) gegliedert.

**Relational Selling**

Das Ziel der Relationship Marketing Anstrengungen dieser Gruppe liegt in der Erreichung einer präferierten Lieferantenstellung, in der gegenseitiges Vertrauen herrscht. Dieses Ziel wird nur bei einigen Schlüsselkunden eine Zeit lang angestrebt. Die starken, andauernden Bande zwischen Anbieter und Kunde sollen jedoch nach wie vor mit dem klassischen Instrumentarium des Transaktionsmarketing realisiert werden. Der Fokus liegt somit weiterhin auf der Steigerung des Verkaufserfolges.

**Relationship-Focus Marketing**

Unter der Gruppe des Relationship-Focus Marketing werden all jene Autoren subsumiert, welche bereits stärker den Aspekt des interaktiven Beziehungs-

---

[1] McKenna (1991) 119ff

[2] Berry (Relationship) 25

[3] Li/Greenberg/Li (Definition) 238

[4] bspw. Grönroos (Paradigm Shift)

[5] bspw. Gummesson (Paradigm Shift)

prozesses auf strategischer Ebene betonen. Dabei wird die taktische Ebene und das primäre Denken in Marketing Mix Instrumenten zugunsten des Beziehungsaspektes verlassen. „Relationship marketing is attracting, maintaining and - in multi-service organizations - enhancing customer relationships."[1]

**Broadened Relationship Marketing**

Diese Kategorie stellt das umfassendste Verständnis des RM Begriffes dar. Dabei steht weniger die objektbezogene Austauschbeziehung im Vordergrund, als vielmehr eine Wertschöpfungspartnerschaft mit dem Ziel der Schaffung komparativer Wettbewerbsvorteile. Damit verlässt dieses Begriffsverständnis den Bereich des Absatzkanals. Sehr deutlich beschreiben PARVATIYAR/SHETH den Wertschöpfungsgedanken wenn sie unter einer RM Orientierung das Streben nach „(...) close interactions with selected customers, suppliers and competitors for value creation through cooperative and collaborative efforts"[2] verstehen.

[1] Berry (Relationship) 25

[2] Parvatiyar/Sheth (Paradigm Shift) 1

**Tabelle 25: Perspektiven und Gruppen des Relationship Marketing und deren Dimensionen**

| | Relational Selling | Relationship Focus Marketing | Broadend Approach |
|---|---|---|---|
| **Analyse Ebene** | Taktik | Strategie | Paradigma |
| **Fokus** | Transaktion oder Verkauf | Beziehungen | Allgemeine Beziehungen |
| **Wesen der Beziehung** | Kunden-beziehungen | Marketing Beziehungen | Geschäfts-beziehungen |
| **Zugrunde-liegender Austausch** | Typische Markttransaktion | Beziehungsaustausch | Erweiterter Austausch |
| **Ziel** | Customer Retention | Aufbau und Erhalt von Beziehungen | Strategisches Management von Beziehungen |
| **Zentrale Forschungs-felder** | Persönlicher Verkauf, Direkt Marketing | Absatzkanäle, Dienstleistungs-marketing | Strategische Allianzen, Netzwerke |

Quelle: Li/Greenberg/Li (Definition) 239 [übersetzt aus dem Englischen]

Ganz deutlich soll noch einmal der unterschiedliche Fokus der RM-Konzeptionen herausgearbeitet werden. Relational Selling konzentriert sich auf Umsatzsteigerungen, Relationship Focus Marketing zielt auf die Errichtung und Erhaltung von Tauschbeziehungen, und der erweiterte RM Ansatz strebt nach Wettbewerbsvorteilen durch die Integration in ein übergeordnetes Netzwerk an Beziehungen, welches gestaltet werden muss. Bei dieser Form der Betrachtung sind interne Anspruchsgruppen des Relationship Marketing zwar nicht explizit ausgeklammert, jedoch zeigt sich deutlich eine Umfeldorientierung (Absatzmarkt bzw. bei „broadend approach" Konkurrenz sowie vor- und nachgelagerte Wirtschaftsstufen).

Aus der bisherigen Analyse kommen LI/GREENBERG/LI mittels integrativer Vorgehensweise zu folgender funktionaler Definition, die auch der vorliegenden Arbeit zugrunde liegt:

> **„Relationship marketing is an interactive process comprised of integrating transactions into relations, structuring and maintaining relational exchanges, and designing and coordinating marketing activities among strategic partners.“**[1]

In der herrschenden Marketinglehre werden Zielsysteme von Unternehmen häufig durch eine Pyramide visualisiert. Dabei stehen Allgemeine Wertvorstellungen, Unternehmenszweck und – mission an der Spitze; taktische Maßnahmen und Instrumentalziele bilden die Basis.[2] Diese Form der Darstellung bietet sich - wenn auch in verkürzter Darstellung - für die Zielebenen der oben angeführten Relationship Marketing Definition. Die nachfolgende Abbildung ordnet den einzelnen Ebenen die unterschiedlichen Gruppen des RM zu, und zeigt deutlich den integrativen Charakter der gewählten Definition.

**Abbildung 14: Zielebenen und Konzeptionen des Relationship Marketing**

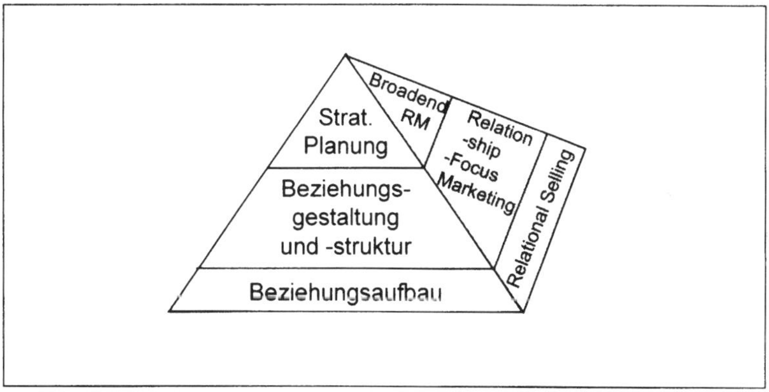


[1] Li/Greenberg/Li (Definition) 242

[2] vgl. bspw. Becker (Marketing Konzeption) 27

### *3.1.2 Anspruchsgruppen des Relationship Marketing*

Unterschiedliche Konzepte wurden als Orientierungsrahmen für die Gestaltung der Beziehungen eines Unternehmens zu seiner Umwelt entwickelt. Dabei geht es stets um die Frage, wer eine Anspruchsgruppe des Relationship Marketings darstellt. Die unterschiedlichen Gruppierungsversuche reichen von einigen wenigen Anspruchgruppen bis zu sehr detaillierten Beschreibungen einer Vielzahl von Relationen. Einen Überblick der unterschiedlichen Konzeptionen bietet die nachfolgende Tabelle.

**Tabelle 26: Anspruchsgruppen des Relationship Marketing**

| Sources | Categories | Subcategories | Individual Relationship |
|---|---|---|---|
| Payne/Rapp<br>(Relationship) | 6 markets | Customer Markets<br>Referral Markets<br>Influence Markets<br>Recruitment Markets<br>Supplier Markets<br>Internal Markets | - |
| Kotler<br>(Total Marketing) | 10 players | Immediate Environment (4) | Suppliers<br>Distributors<br>End users<br>Employees |
| | | Macro environment (6) | Financial Firms<br>Governments<br>Media<br>Allies<br>Competitors<br>General public |
| Gummesson<br>(Paradigm Shift) | 30 relationships | Market Relationships | Classic (3)<br>Special (14) |
| | | Non-market Relationships | Mega relationships (6)<br>Nano relationships (7) |

**Fortsetzung Tabelle 26: Anspruchsgruppen des Relationship Marketing**

| Sources | Categories | Subcategories | Individual Relationship |
|---|---|---|---|
| Morgan/Hunt (Commitment-Trust) | 10 partnerships | Buyer Partnerships (2) | Ultimate Customers<br>Intermediate customers |
| | | Lateral Partnerships (3) | Competitors<br>Nonprofit Organizations |
| | | Supplier Partnerships (2) | Government<br>Goods suppliers |
| | | Internal Partnerships (3) | Service providers<br>Functional departments<br>Employees<br>Business units |

Quelle: übernommen und ergänzt aus: Gummesson (Theoretical Framework) 12

Aus der oben angeführten Tabelle wird klar ersichtlich, dass sich Relationship Marketing keineswegs auf eine Verkäufer-Käufer Dyade reduzieren lässt. Alle Konzepte weisen beispielsweise die eigenen Mitarbeiter, potentielle Mitarbeiter oder politische Kräfte als Anspruchsgruppe des Relationship Marketing aus. Damit rückt das Konzept des Relationship Marketing in die Nähe der „Stakeholder" Ansätze.[1]

Selbstverständlich bleiben **Kundenmärkte** weiterhin die Hauptzielgruppe von Marketingaktivitäten, jedoch unter den oben geschilderten, veränderten Bedingungen. Der Kundenmarkt wird aus bestehenden sowie potentiellen Kunden und aus Zwischenhändlern gebildet. Das Zusammenspiel der unterschiedlichen Bezugsmärkte des RM Ansatzes aus der Perspektive der Cranfield School of Management zeigt die nachfolgende Abbildung.

Der Einbezug von **Referenzmärkten** nimmt Bedacht auf die Bedeutung der Weiterempfehlung durch bereits existierende Kunden. Ziel der Marketingbemühungen ist es, Kundengruppen zu erreichen, die als Referenz gelten und weitere Geschäfte vermitteln oder verhindern können.

[1] siehe dazu bspw. den Ansatz von Janisch (Anspruchsgruppenmanagement)

**Abbildung 15: Das RM Sechs-Märkte-Modell**

Quelle: Payne/Rapp (Relationship) 6, Payne (Multiple Markets) 18, Payne (Perspective) 48

Die Berücksichtigung von **Lieferanten- bzw. Allianzmärkten** dient der Optimierung der gesamten Wertschöpfungskette. Unternehmen können durch stabile Lieferantenbeziehungen beispielsweise Qualitätsverbesserungen erzielen und Produktionszeiten verkürzen.

Da in vielen Unternehmen nicht das Kapital oder die Rohstoffe, sondern ausgebildetes Personal einen Engpass darstellt, ist auch dem **Personalbeschaffungsmarkt** große Aufmerksamkeit zu widmen.

**Einflussmärkte** umfassen all jene Marketingbeziehungen, die für eine Kundenbeziehung relevant sein können; hierzu zählen insbesondere Politiker, Kapitalgeber, Lobbyisten und Meinungsbildner.

Das **interne Marketing** zielt auf die eigenen Mitarbeiter ab. Ziel ist hierbei die Optimierung der Organisationsabläufe durch Minimierung von internen Reibungsverlusten. Dies soll durch „internes Kundendenken" erreicht werden; dabei leistet und erhält jeder Mitarbeiter ein exzellentes Maß an Service. Zweites Ziel der Marketingbemühungen in diesem Bereich liegt in der Harmonisierung aller Mitarbeiter auf die eigene Mission, Strategie und Ziele.

### 3.1.3 Formen von Beziehungen

Kernelement des Relationship Marketing ist - wie bereits dargelegt - die Beziehung zu Anspruchsgruppen. Wann jedoch von einer Beziehung zu sprechen ist und welche Arten von Beziehungen unterschieden werden müssen, stellt noch einen wissenschaftlichen Diskussionsgegenstand dar. Dabei scheint die Auseinandersetzung mit diesem zentralen Wert des neuen „Paradigmas" erst an ihrem Anfang zu stehen.

Einen umfassenden, systemtheoretischen Bezugsrahmen zur Analyse von internationalen Beziehungen bieten JOHNSTON/LEWIN/SPEKMAN.[1] Ausgangspunkt ihrer Überlegungen ist der Versuch, die steigende Komplexität (staats-)grenzenüberschreitender Aktivitäten aufzuzeigen, wobei sie insbesondere die politischen Implikationen berücksichtigen. Ihre Analyse erhebt dabei keinen Anspruch auf Vollständigkeit; die gewählten Branchen haben illustrativen Charakter. Nachfolgende Abbildung zeigt fünf unterschiedliche Beziehungsmuster.

**Abbildung 16: Typologie Internationaler Beziehungen**

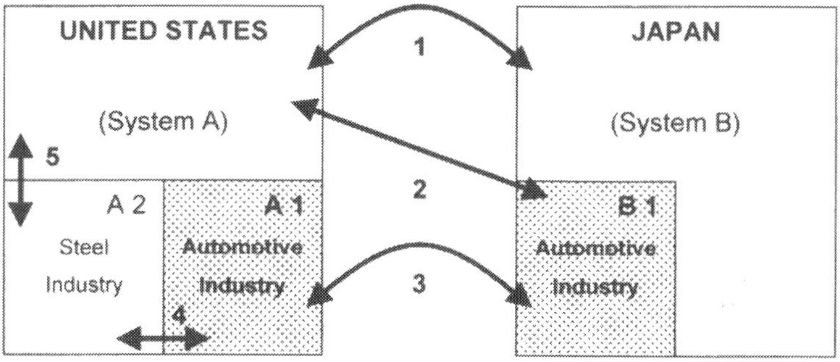


Quelle: Johnston/Lewin/Spekman (International) 262

Nachfolgend werden die Beziehungen im Einzelnen knapp erläutert,[2] wobei in der gegenständlichen Arbeit eine Benennung der nur durch Nummern repräsentierten Typen erfolgt. Dabei erscheint eine Differenzierung in die beiden Dimensionen

---

[1] Johnston/Lewin/Spekman (International)

[2] Johnston/Lewin/Spekman (International) 262f

(„Handelsbeziehung" - mit politischer Beteiligung und „Geschäftsbeziehung" - ausschließlich auf Unternehmensebene) angebracht.

1. **Zwischenstaatliche Handelsbeziehung:** Deckt insbesondere jene Handelsbeziehungen ab, bei denen Regierungen in hohem Ausmaß involviert sind. Dabei zielt diese Beziehung auf das politische Gestaltungspotential des bilateralen Handelsumfeldes ab (bspw. tarifäre und nicht tarifäre Handelshemmnisse). Ergebnis dieser Bemühungen soll eine positive Handelsbilanz, verbunden mit höherer Lebensqualität für die eigene Bevölkerung, sein. Als Beispiel nennen JOHNSTON/LEWIN/SPEKMAN den Versuch der Clinton Administration den Anteil der amerikanischen OEM Teile bei der Fertigung japanischer Automobile zu erhöhen.

2. **Internationale branchenbezogene Handelsbeziehung**: In dieser Beziehung treffen die Regierung eines Landes und eine Branche eines anderen Landes aufeinander. Dabei handelt es sich also um eine Beziehung zwischen einem System als Ganzes (A) und einem Subsystem (B1). Als Beispiel wird die Produktion japanischer Automobilkonzerne in den USA, und die damit verbundene Schaffung von Arbeitsplätzen in den USA durch japanische Konzerne genannt.

3. **Internationale Geschäftsbeziehung**: Zielt auf die Unternehmensebene ab, und deckt das gesamte Spektrum von einfachen dyadischen Beziehungen zwischen zwei Unternehmen bis zu internationalen Netzwerken ab. Letztere stellen in der Realität die Mehrzahl. Die Beziehung basiert auf der Interaktion der Subsysteme A1 (als Teil des Systems A) und B1 (als Teil des Systems B).

4. **Nationale Geschäftsbeziehung**: Beschreibt die Relation zweier Subsysteme (A1 und A2) des gleichen Systems (A). Offensichtlich sinkt dabei die Komplexität der Beziehung aufgrund des gemeinsamen Umfeldes.

5. **Nationale Handelsbeziehung**: Diese zielt auf das Verhältnis des Systems (Regierung A) mit einem seiner Subsysteme (Branche A2) ab.

Abschließend erscheint der nochmalige Hinweis angebracht, dass diese Form der Systematisierung auf die Rahmenbedingungen von internationalen Beziehungen abzielt, nicht jedoch auf den Austauschprozess eingeht. Dementsprechend fehlt bspw. das Szenario, bei dem Regierungen als Käufer oder Verkäufer auftreten, wie dies bei Waffengeschäften der Fall wäre.

CLARK/MARTIN gliedern unterschiedliche Beziehungen hinsichtlich der Teilnehmer an den Austauschprozessen und entwickeln ein „3-Ebenen Beziehungsmodell“. Dabei nutzen sie zur Strukturierung der Umwelt das klassische Konzept der Wertschöpfungskette sowie den Anspruchsgruppenansatz von MORGAN/HUNT. Letztere unterscheiden vier Beziehungstypen: Lieferantenbeziehungen, Laterale Beziehungen, Interne Beziehungen und Käuferbeziehungen. [1]

Die drei Beziehungsebenen von CLARK/MARTIN im Einzelnen: „First-order“ Beziehungen beinhalten alle möglichen Relationen zwischen Unternehmen und der Umwelt (Unternehmen-Lieferant, Unternehmen-Kunde, Unternehmen-Konkurrent, Unternehmen-Einflussgruppen). „Second-order“ Beziehungen entstehen zwischen den unterschiedlichen Umweltkomponenten (also bspw. Lieferant-Konkurrent) und „Third-order“ Beziehungen treten innerhalb einer Modellkomponente auf, wobei dieser Beziehungstyp nicht nur auf die Beziehungen in einem Unternehmen limitiert ist, sondern auch das Verhältnis zwischen zwei Unternehmen der selben Modellkomponente abdeckt (also bspw. die Beziehung zwischen zwei Konkurrenten des Fokalen Unternehmens). Nachfolgende Abbildung zeigt übersichtlich die unterschiedlichen Konstellationen der drei Beziehungsebenen zwischen den Modellkomponenten.

[1] vgl.: in dieser Arbeit Tabelle 25, S 121

**Abbildung 17: 3-Ebenen Beziehungsmodell**

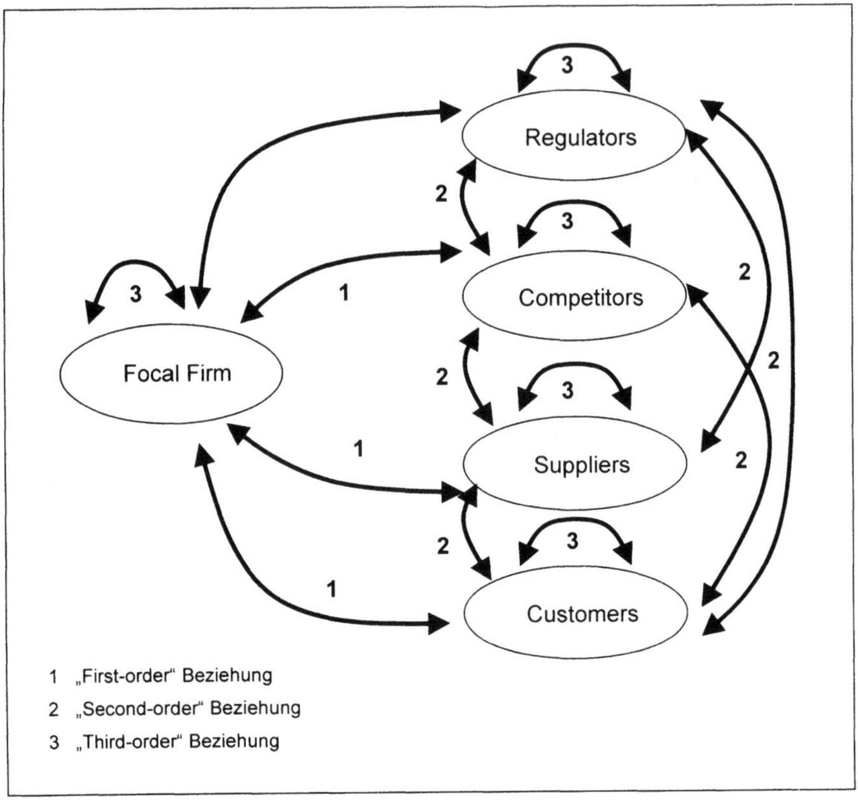


Quelle: Clark/Martin (Forgotten Relationship) Appendix

Versucht man einen Bezug zu dem gewählten Begriffsverständnis von Relationship Marketing herzustellen, so geht es auf der Ebene des Beziehungsaufbaus um die Integration von Transaktionen in Beziehungen. Somit können auf Basis der Intensität der Beziehung unterschiedliche Ausprägungsformen differenziert werden. In der Literatur trifft man häufig auf das Modell von WEBSTER, dessen Darstellung in dieser Arbeit, in Anlehnung an die, allerdings im Zusammenhang der Kundenstatus Differenzierung entwickelten, Leiter[1] (zum Erfolg?) umgewandelt wurde. WEBSTER´s Kontinuum endet jedoch nicht bei der Form der langfristigen Geschäfts-

[1] vgl. Abbildung 19 von Payne/Rapp (Relationship) 9

beziehung. Vielmehr stellt die vertikale Integration den Gegenpol zur isolierten Transaktion dar.

**Abbildung 18: Von der Transaktion zur vertikalen Integration**

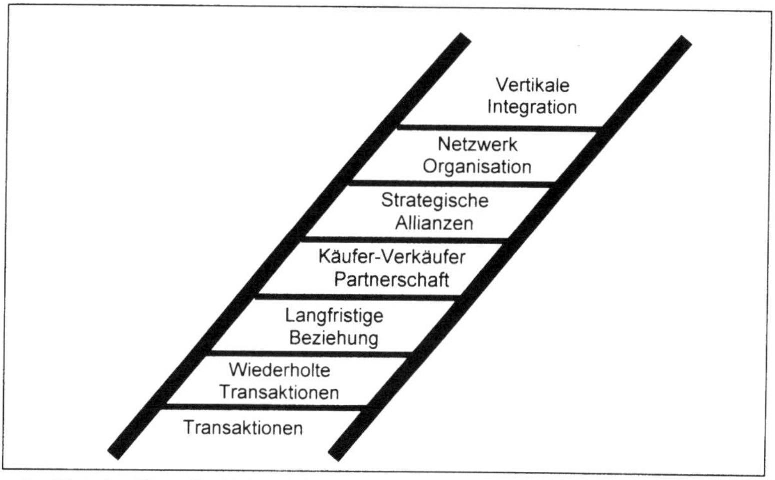


Quelle: Webster (Changing Role) 12 [übersetzt aus dem Englischen]

Bei der oben angeführten Darstellung darf nicht übersehen werden, dass WEBSTER´s Beziehungskontinuum auf der Grundlage des Austausches im Business to Business Bereich basiert und das Unternehmen als Ganzes Träger der Beziehung ist. Interne Märkte werden bei dieser Darstellung eben so wenig berücksichtigt wie Regulatoren/Einflussgruppen.

Verlässt man bei der Betrachtung von Beziehungen die Ebene, bei der Unternehmen als Ganzes den Untersuchungsgegenstand darstellen zugunsten einer detaillierteren Analyse individueller (sozialer) Beziehungen, so bietet sich als erste Orientierung der Ansatz von KOTLER/BLIEMEL, welche fünf Intensitätsstufen der Beziehungsgestaltung zum Kunden unterscheiden:[1]

[1] Kotler/Bliemel (Marketing-Management) 76f

- **Einfache Beziehung**: Ausschließlich Verkauf von Produkten, kein weiterer Kundenkontakt.[1]
- **Reaktive Beziehung**: Verkauf des Produktes und Anregung des Kunden, sich bei Fragen oder im Falle einer Schlechterfüllung der Bedürfnisse zu beschweren.
- **Verantwortungszeigende Beziehung**: Limitierter Einsatz von After Sales Marketing Instrumenten (telefonischer Kontakt) um Verbesserungspotential für das Unternehmen zu identifizieren.
- **Proaktive Beziehung**: Kontinuierlicher Kontakt mit dem Kunden, um diesen über Neuerungen zu unterrichten.
- **Partnerschaftliche Beziehung**: Integration des Kunden in den Wertschöpfungsprozess, um Einsparungsziele oder überlegene Leistungen zu erreichen.

Erneut muss festgestellt werden, dass sich diese Form der Beziehungsanalyse nur auf Absatzbeziehungen anwenden lässt. Auch erscheint die Gruppenbildung aufgrund des isolierten Merkmals „telefonischer Kontakt“ (KOTLER/BLIEMEL sprechen an keiner Stelle von Interaktion) reichlich unpassend und die Verwendung des Begriffes „Beziehung“ im ersten Falle keineswegs angebracht.

Schließlich ordnen KOTLER/BLIEMEL auf Basis der Dimensionen „Erzielbarer Deckungsbeitrag“ sowie „Anzahl der Kunden“ die fünf Intensitätsstufen in eine neun Felder Matrix und geben so Hinweise für die Ausgestaltung eines Beziehungsmanagements. Zurecht kritisiert auch GRIMSCHITZ[2] diese Form der Darstellung mit dem Hinweis darauf, dass der Deckungsbeitrag alleine nicht geeignet scheint, die wirtschaftliche Bedeutung eines Kunden zu erfassen. So wurde beispielsweise bereits in Kapitel 3.1.2 auf die Bedeutung von Referenzmärkten hingewiesen.

---

[1] Damit stehen Kotler/Bliemel in deutlichem Widerspruch mit dem bisher dargelegten; in dieser Situation ist keinesfalls von eine Beziehung zu sprechen, vielmehr liegt hier eine isolierte Transaktion vor.

[2] Grimschitz (Relationship Marketing) 34

**Tabelle 27: Intensitätsstufen des Beziehungsmarketings**

| | | Erzielbarer Deckungsbeitrag | | |
|---|---|---|---|---|
| | | **Hoch** | **Mittel** | **Gering** |
| **Anzahl der Kunden bzw. Absatzpartner** | **Groß** | Verantwortungs-zeigende Beziehung | Reaktive Beziehung | Einfache oder reaktive Beziehung |
| | **Mittel** | Proaktive Beziehung | Verantwortungs-zeigende Beziehung | Reaktive Beziehung |
| | **Klein** | Partner-schaftliche Beziehung | Proaktive Beziehung | Verantwortungs-zeigende Beziehung |

Quelle: Kotler/Bliemel (Marketing Management) 77

PAYNE und RAPP bieten eine Systematisierung der Beziehungsqualität in deren Zentrum der Kunde steht. Dabei werden auf Basis der (kundenseitigen) Loyalität unterschiedliche Stufen auf dem Weg vom potentiellen Kunden zum Partner unterschieden. Die Autoren nutzen die Kundenloyalitätsleiter um Unternehmen dahingehend zu sensibilisieren, dass deren Ressourcen nicht ausschließlich für die unteren Stufen der Leiter eingesetzt werden sollen, wie dies heute noch häufig der Fall ist. Vielmehr geht es um eine Balance zwischen Neukundenakquisition und Investitionen in den Kundenerhalt, mit dem Ziel, aktive Verfechter und treue Partner des Unternehmens zu schaffen. Die nachfolgende Abbildung zeigt den langen Weg vom potentiellen Kunden zum Partner des Unternehmens.

Abbildung 19: Die Relationship - Marketingleiter der Kundenloyalität

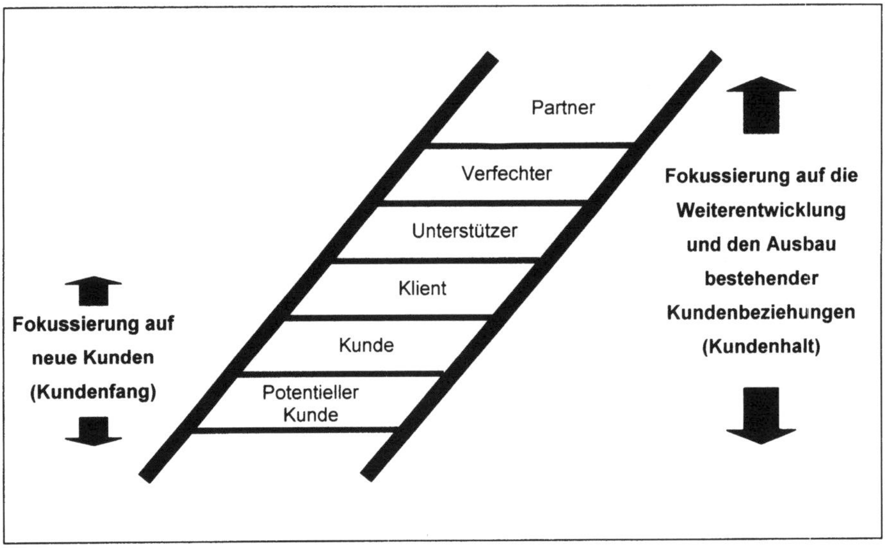


Quelle: Payne/Rapp (Relationship) 9

Auch wenn dieses Modell explizit für die Kundenseite entwickelt wurde, so scheint es doch geeignet, auch Beziehungen zu anderen Anspruchsgruppen zu erklären (bspw. potentieller Mitarbeiter – Mitarbeiter – (..) – Partner). Anderseits muss bemängelt werden, dass es doch eher plakativer Zwecke dient, denn als konkret einsetzbares Werkzeug für Unternehmen. Die einzelnen Stufen der Leiter sind nicht operationalisiert und so bleiben viele Fragen nach der Ausprägung der einzelnen Stufen (bspw. Wodurch unterscheiden sich Kunden von Klienten?) unbeantwortet. Zusätzlich muss argumentiert werden, dass auch der Begriff der Loyalität nicht weiter ausgeführt wird, und als einziges Kriterium zur Erklärung die Bedeutung der Kunden für Unternehmen nicht auszureichen scheint. So ist es aus Unternehmenssicht durchaus denkbar, eine Vielzahl aktiver Verfechter zu haben, die jedoch kaum Deckungsbeiträge leisten.

## 3.2 Geschäftsbeziehungen als zentrale Aufgabe des Investitionsgütermarketing

In der deutschsprachigen Literatur werden die Begriffe Investitions- bzw. Industriegütermarketing meist synonym verwendet. Die angloamerikanische Literatur verwendet hingegen die Begriffe Industrial Marketing oder Business-to-Business Marketing.[1] Investitionsgütermarketing beschäftigt sich mit „(...) Leistungen, die von Organisationen (Nicht-Konsumenten) beschafft werden, um mit ihrem Einsatz (Ge- oder Verbrauch) weitere Güter für die Fremdbedarfsdeckung zu erstellen oder um sie unverändert an andere Organisationen weiterzuveräußern, die diese Leistungserstellung vornehmen."[2] Kennzeichen der Abgrenzung ist, dass sie auf die Verwendung der betreffenden Güter abstellt. Die Verwendung erfolgt nicht konsumtiv, sondern investiv bzw. produktiv.[3] Leistungserstellungsprozesse von Investitionsgütern sind dadurch gekennzeichnet, dass in ihrem Verlauf (in mehr oder weniger großem Umfang) externe Faktoren mit Leistung des Anbieters verbunden werden. Ein externer Faktor ist ein „(...) Produktionsfaktor, der sich nicht in der Verfügungsgewalt des betreffenden Anbieters bzw. Herstellers einer Leistung befindet und sich somit der autonomen Disponierbarkeit durch den Produzenten einer Leistung entzieht."[4] Externe Faktoren treten meist als mehrdimensionale Verbunde auf und entziehen sich der Möglichkeit im Rahmen diskreter Transaktionen bezogen zu werden. Geschäftsbeziehungen müssen aufgebaut werden, bzw. resultieren aus den komplexen Austauschvorgängen.

Lange Zeit stand das Investitionsgütermarketing im Schatten des Konsumgütermarketings. So verwundert es nicht, dass der Objektbereich „Industriegut" zunächst mit den tradierten Methoden untersucht wurde; mit bescheidenem Erfolg. Stellvertretend für viele meinen etwa TURNBULL und VALLA „(...) we are increasingly sceptical of many of the previous approaches to industrial marketing which <borrow> from consumer marketing concepts such as marketing mix and apply them

[1] Pepels (Einordnung) 4ff

[2] Engelhardt/Günter (Investitionsgüter) 24

[3] Kleinaltenkamp (Beschaffung) 105

[4] Kleinaltenkamp (Beschaffung) 105

simplistically to industrial markets."[1] Dementsprechend erhebt auch BACKHAUS die Forderung einen eigenständigen Ansatz für den Investitionsgüterbereich zu entwickeln, welcher auf die Besonderheiten der Vermarktung von Industriegütern bedacht nimmt.[2] Besonderheiten bestehen vor allem in folgenden Bereichen:

- **Charakteristika des Marktes**
  Im Gegensatz zu Konsumgütermärkten sind Industriegütermärkte durch eine höhere Markttransparenz gekennzeichnet.[3] Dies erklärt sich vor allem aus der geringeren Anzahl von Marktteilnehmern, sowohl auf Nachfrager- als auch auf Anbieterseite.[4] Die Nachfrage nach Industriegütern ist abgeleitet von der Nachfrage der nachgelagerten Marktstufen. Es handelt sich somit um derivativen Bedarf.[5]

- **Charakteristika der Leistungen**
  Die höhere Komplexität der Industriegüter verlangt sowohl bei der Anschaffung, als auch beim Ge- bzw. Verbrauch der Güter, meist weitere Leistungen des Anbieters, die über die reine Bereitstellung eines Produktes weit hinausgehen. Es handelt sich somit nicht um Einzelleistungen, sondern um Leistungsbündel, bei denen Dienstleistungen (bspw. Engineering, Software-Engineering, Beratung, Finanzierung oder Risikoübernahme)[6] eine immer größere Bedeutung zukommt.[7]

Bei Industriegütern handelt es sich um eine Vielzahl heterogener Leistungen.[8] Zahlreiche Typologisierungen[9] versuchen die unterschiedlichen Ansätze zu

---

[1] Turnbull/Valla (Strategies) 2

[2] Backhaus (Industriegütermarketing) 1

[3] Plinke (Investitionsgütermarketing) 174

[4] Rudolph (Industrie) 66

[5] Plinke (Investitionsgütermarketing) 173

[6] Plinke (Investitionsgütermarketing) 173

[7] Engelhardt/Kleinaltenkamp/Reckenfelderbäumer (Leistungsbündel) 407

[8] Pepels (Einordnung) 8f

[9] Plinke (Investitionsgütermarketing) 174f, Backhaus (Industriegütermarketing) 281ff, Pepels (Einordnung) 8ff

kategorisieren. Der Geschäftstypenansatz von BACKHAUS verwendet das Kriterium der Komplexität zur Typenbildung.[1]

- Unter den Begriff des *Produktgeschäfts* fallen vorgefertigte und in Mehrfachfertigung erstellte Leistungen, die zum isolierten Einsatz nachgefragt werden.
- Das *Anlagengeschäft* ist charakterisiert durch die projektspezifische Kaufentscheidung zu einem bestimmten Zeitpunkt. Mit der Fertigstellung des Projektes endet meist die Geschäftsbeziehung und es folgen keine Erweiterungs- oder Ergänzungskäufe.
- Gegenstand des *Systemgeschäfts* sind Leistungen, die in einer sukzessiven Abfolge von Kaufprozessen beschafft werden. Der Kunde trifft dabei meist eine Entscheidung zwischen Systemtechnologien, die ihn längerfristig bindet.

- **Charakteristika des Kaufprozesses**

  Aufgrund der bereits geschilderten Besonderheiten des Industriegütermarketings ist das organisationale Beschaffungsverhalten ein überaus komplexer Problemlösungs- und Entscheidungsprozess. Zahlreiche Partial- bzw. Totalmodelle analysieren mehr oder minder detailliert die Besonderheiten des Kaufprozesses.[2]

- **Charakteristika der Kunden**

  Kaufentscheidungen im Industriegütermarketing sind organisationale Entscheidungen, die meist von einer Gruppe von Personen, dem Buying Center[3] oder Decision Making Unit (DMU)[4], getroffen werden. Dem Buying Center auf Nachfragerseite steht das Selling Center auf Anbieterseite gegenüber, welche gemeinsam das Transaction Center bilden.[5]

---

[1] Backhaus (Industriegütermarketing) 233ff

[2] Einen Überblick über die verschiedenen Phasenablaufkonzepte bietet beispielsweise Backhaus (Industriegütermarketing) 56

[3] Dichtl/Engelhardt (Investitionsgütermarketing) 147

[4] Backhaus (Industriegütermarketing) 65

[5] Backhaus (Industriegütermarketing) 108ff

Diese Besonderheiten führten zur Entwicklung eigenständiger, von Konzepten des Konsumgütermarketings weitgehend losgelösten Ansätzen und Forschungsschwerpunkten im Investitionsgütermarketing. KIRSCH/KUTSCHKER/LUTSCHEWITZ unter nehmen den Versuch einen Entwicklungspfad einer Theorie des Investitionsgütermarketing aufzuzeigen. Basierend auf einer Literaturrecherche identifizieren sie einige Grundtypen theoretischer Ansätze, welche die Ableitung von Entwicklungslinien und Trends erlauben sollen. Zur Typologisierung werden die Kriterien der Zwecksetzung bzw. Pragmatik, welche die Theorieansätze verfolgen, als auch der Untersuchungsbereich der Ansätze herangezogen. Nachfolgende Abbildung zeigt die Systematisierung der Ansätze.

**Abbildung 20: Typen theoretischer Ansätze des Investitionsgütermarketing**

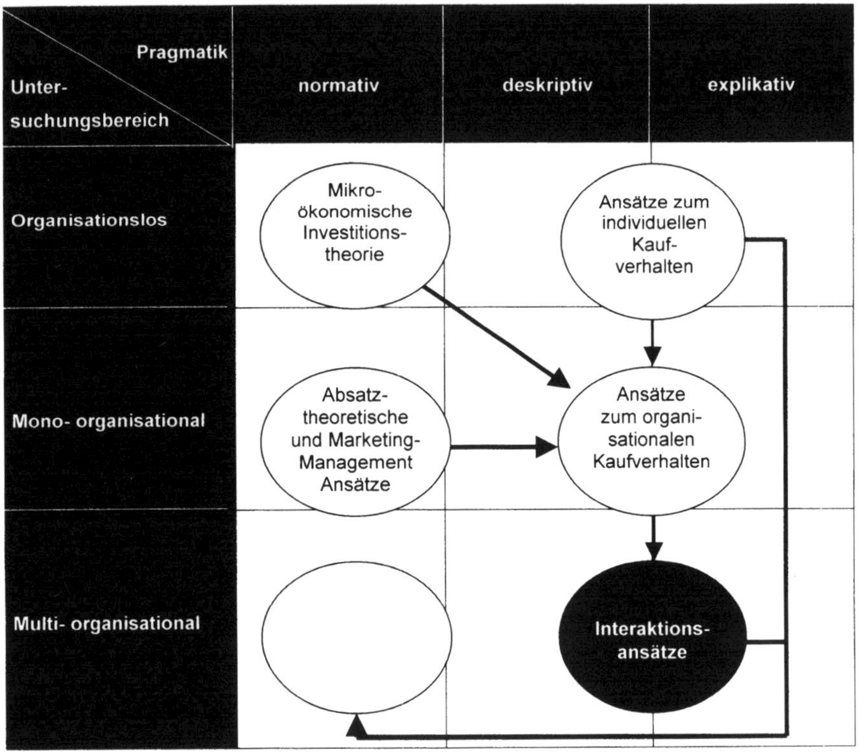


Quelle: Kirsch / Kutschker / Lutschewitz (Ansätze) 94

Die Spalte des Kriteriums „Untersuchungsobjekt" zeigt ein Ansteigen der Komplexität. Während organisationslose Ansätze die multipersonelle Umwelt des Individuums völlig abstrahieren oder gar von einer fiktiven Person ausgehen, differenzieren mono- von multiorganisationalen Ansätzen dahingehend, als sie nur einzelne Elemente des Marketingsystems analysieren.[1] Multiorganisationale Ansätze beziehen zwei oder mehrere an der Transaktion von Investitionsgütern beteiligte Elemente eines Marketingsystems mit ein.

Aus der Kombination der zwei Unterscheidungskriterien ergeben sich neun idealtypische Felder die zur Entwicklung von Theorien geeignet scheinen. Dabei ist die zu treffende Einordnung keineswegs unproblematisch, da eine Abgrenzung der theoretischen Ansätze nicht trennscharf erfolgen kann, wie auch die Überlappungen in der oben angeführten Abbildung zeigen sollen. Die in der Abbildung enthaltenen Pfeile kennzeichnen den vergangenen und erwarteten Entwicklungspfad einer Theorie zum Investitionsgütermarketing.

Demnach sollten aktuelle Bestrebungen zur Entwicklung einer umfassenden Theorie des Investitionsgütermarketings über explikativ/deskriptive Arbeiten multiorganisationaler Problemstellungen zu normativen Empfehlungen führen. Diese Sichtweise verspricht am ehesten den oben angeführten Besonderheiten gerecht zu werden. Im Mittelpunkt aktueller Bemühungen steht das Element der Interaktion, verstanden als zielgerichtete, wechselseitige Handlung zwischen mindestens zwei agierenden Personen.[2] Die Handlungen können dabei verbalen als auch non verbalen Charakter besitzen. Die unmittelbare physische Gegenwart der Akteure ist demnach nicht erforderlich,[3] jedoch müssen die Handlungen sinngemäß aufeinander bezogen und aneinander orientiert erfolgen.[4]

---

[1] Kirsch/Kutschker/Lutschewitz (Ansätze) 93

[2] Tröndle (Kooperationsmanagement) 8

[3] Kern (Interaktionsansatz) 8

[4] Schoch (Interaktionsprozess) 94

Die Bildung einer Typologie von Interaktionsansätzen basiert im allgemeinen auf drei Kriterien:[1]

- der Art der Beteiligten,
- der Zahl der Beteiligten sowie
- der zeitlichen Analyseperspektive der Ansätze.

Stehen Individuen als handelnde Akteure im Mittelpunkt der Betrachtung so spricht man von personalen Interaktionsbeziehungen, handeln hingegen Organisationen, so spricht man von organisationalen Interaktionsbeziehungen. Zusätzlich ist es von Bedeutung, ob sich der Untersuchungsansatz auf die Analyse von zwei Akteuren beschränkt oder hingegen für die Analyse darüber hinausgehender Beteiligter offen steht. Auf Basis dieser zwei Unterscheidungskriterien werden vier Grundtypen unterschieden; dyadisch-personale- bzw. dyadisch-organisationale-, sowie multipersonale- bzw. multi-organisationale Interaktionsansätze.

Zusätzlich kann noch die zeitliche Perspektive der Ansätze zur Typenbildung herangezogen werden. Handelt es sich bei den Ansätzen um Längsschnittuntersuchungen, so werden in einer Prozessperspektive die relevanten Variablen mehrfach gemessen und deren Veränderung dokumentiert. Wird hingegen nur eine „Momentaufnahme" getätigt, so spricht man von einem Strukturansatz. Einen Überblick der Typologisierung bietet die nachfolgende Abbildung.

[1] Backhaus (Industriegütermarketing) 116f, Gemünden (Innovationsmarketing) 12

**Abbildung 21: Typologie von Interaktionsansätzen**

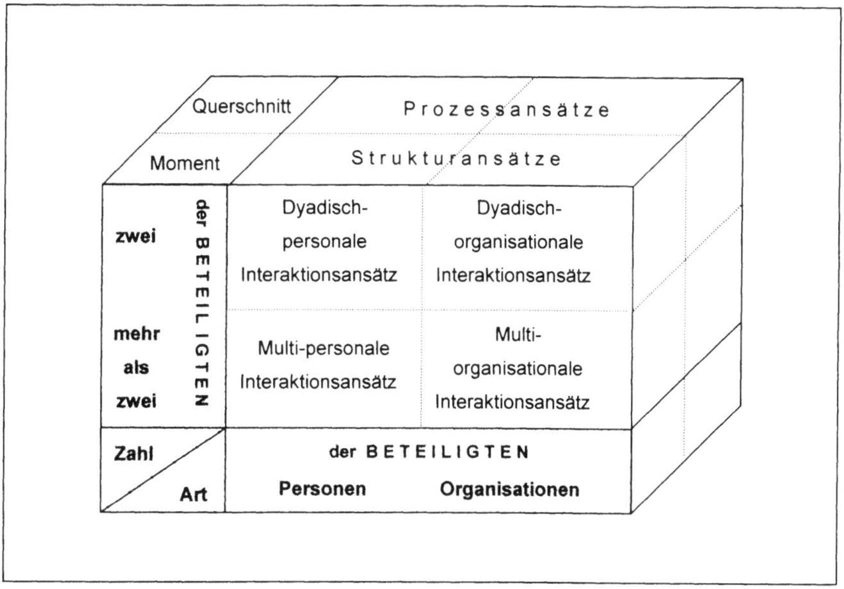


Quelle: Werp (Geschäftsbeziehungen) 74

**Dyadisch-personale Interaktionsansätze** analysieren zumeist die Ähnlichkeiten zwischen Käufern und Verkäufern im Rahmen des „Personal Selling". „Dabei gehen sie davon aus, dass eine einseitige Betrachtung der relevanten Merkmale eines Akteurs zur Erklärung der Interaktionsbeziehung nicht ausreicht, vielmehr nur über eine Analyse der inter-personalen Interaktion, d.h. der Berücksichtigung relevanter Merkmale beider beteiligter Akteure, ein besseres Verständnis erzielt werden kann."[1] Es wurde wiederholt gezeigt, dass die perzepierte Ähnlichkeit demographischer und kognitiver Merkmale als auch der Persönlichkeit der Akteure positiv auf den Verkaufsabschluss wirkt. So stellen bspw. DION/EASTERLING und MILLER fest, dass „There was a direct relationship between perceived similarity and the buyer's perception of a positive sales relationship between the members of the dyad."[2] Häufig wird der Myers-Briggs Type Indikator herangezogen um die Ähnlichkeiten von

[1] Werp (Geschäftsbeziehungen) 74

[2] Dion/Easterling/Miller (Buyer/Seller Relationships) 7

Verkäufer und Käufer zu messen. Der Indikator basiert auf vier dichotomen Kategorien:[1]

- Extrovertiertheit – Introvertiertheit, als Indikator für den Außen- oder Innenbezug der Akteure,
- Sinnlich – Intuitiv, als Indikator für die Informationssuche,
- Verstand – Emotion, als Indikator für die Basis der Entscheidungen der Akteure,
- Wertung – Wahrnehmung, als Indikator für das Streben nach Werten und Ordnung im Leben, im Gegensatz zu offener Wahrnehmung neuer Informationen, ohne konkrete Nutzenabsicht.

Auf Basis der vier Kategorien können sechzehn unterschiedliche Persönlichkeitstypen beschrieben werden. Aus den Studien lässt sich schließen, dass der Erfolg der Außendienstmitarbeiter jeweils von der speziellen Interaktionssituation mit dem Kunden abhängt; oder anders formuliert, zu den unterschiedlichen Kunden sollen jeweils „passende“ Verkäufer gesandt werden.[2]

**Multi-personale Interaktionsansätze** beschäftigen sich insbesondere mit Fragen des Status bzw. der Machtverteilung in Transaktionsprozessen mit mehreren Beteiligten. Sie reagieren damit auf die Beobachtung, dass die Vermarktung komplexer Investitionsgüter selten auf die Interaktion von zwei Personen beschränkt bleibt. Interagieren viele Personen, so rücken verdeckte Einflussbeziehungen von Promotoren oder Opponenten, die über den Erfolg oder Misserfolg des Prozesses mitentscheiden, in das Blickfeld der Analyse. Damit steigt die Komplexität des Untersuchungsdesigns, da nunmehr eine Vielzahl inter-personaler Dyaden, mit unterschiedlichen Hierarchiestrukturen als auch Zielsystemen, analysiert werden müssen. Jedoch bleiben multi-personale Ansätze auf die Betrachtung von Individuen beschränkt. Die Bedeutung unterschiedlicher Abteilungen oder hierarchischer Ebenen eines Unternehmens für den Transaktionsprozess werden ausgeklammert.

---

[1] Dion/Easterling/Miller (Buyer/Seller Relationships) 5

[2] Backhaus (Industriegütermarketing) 117ff, sowie die dort zitierte Literatur

**Dyadisch-organisationale Interaktionsansätze** berücksichtigen die Abhängigkeit der handelnden Akteure von der Organisation. Dies bedeutet jedoch keineswegs, dass der Einfluss der einzelnen Personen für den Interaktionsprozess negiert und somit aus der Untersuchung ausgeschlossen wird. So halten TURNBULL und VALLA fest, dass „(...) transactions in industrial product marketing and purchasing occur through an interactive process between individuals within functional departments and hierarchical levels in both supplier and customer firms."[1] Somit werden die einzelnen Akteure nicht isoliert betrachtet, sondern in dem Verhältnis zu ihrer übergeordneten Organisation. Letztere beschränkt über Normen und Regeln den Handlungsspielraum der Akteure.[2] Aus diesen Überlegungen resultierend werden intra-organisationale Beziehungen, welche sich mit den Interdependenzen zwischen den Akteuren innerhalb einer Organisation beschäftigen, von inter-organisationalen Beziehungen, welche zwischen anbietender und nachfragender Organisation entstehen, unterschieden.

**Multi-organisationale Interaktionsansätze** berücksichtigen noch stärker das Umfeld der Interaktion und beziehen weitere einflussnehmende Organisationen in die Betrachtung ein. Diese zusätzlichen Unternehmen können direkt in dem zentralen Austauschvorgang involviert sein; sie müssen aber nicht. Häufig üben außerhalb des eigentlichen Austauschprozesses stehende Organisationen wesentlichen Einfluss auf die Tauschpartner aus. Erst durch Integration dieser zusätzlichen Beziehungen erschließt sich ein möglichst umfangreiches Bild des Interaktionsprozesses.

Wie in der nachfolgenden Abbildung ersichtlich, erfassen multi-organisationale Modelle folgende Komponenten:

- Interdependenzen des buying bzw. selling centers
- Geschäftstyp / Inhalt des Austauschprozesses
- Interdependenzen der inter- organisationalen Dyade
- Interaktion zwischen den Organisationen und Akteuren / Vector of Interaction
- Umfeld in dem der Austausch stattfindet.

[1] Turnbull/Valla (International) 71

[2] Werp (Geschäftsbeziehungen) 76

**Abbildung 22: Interaktions-Austausch Modell im Industriegüterbereich**

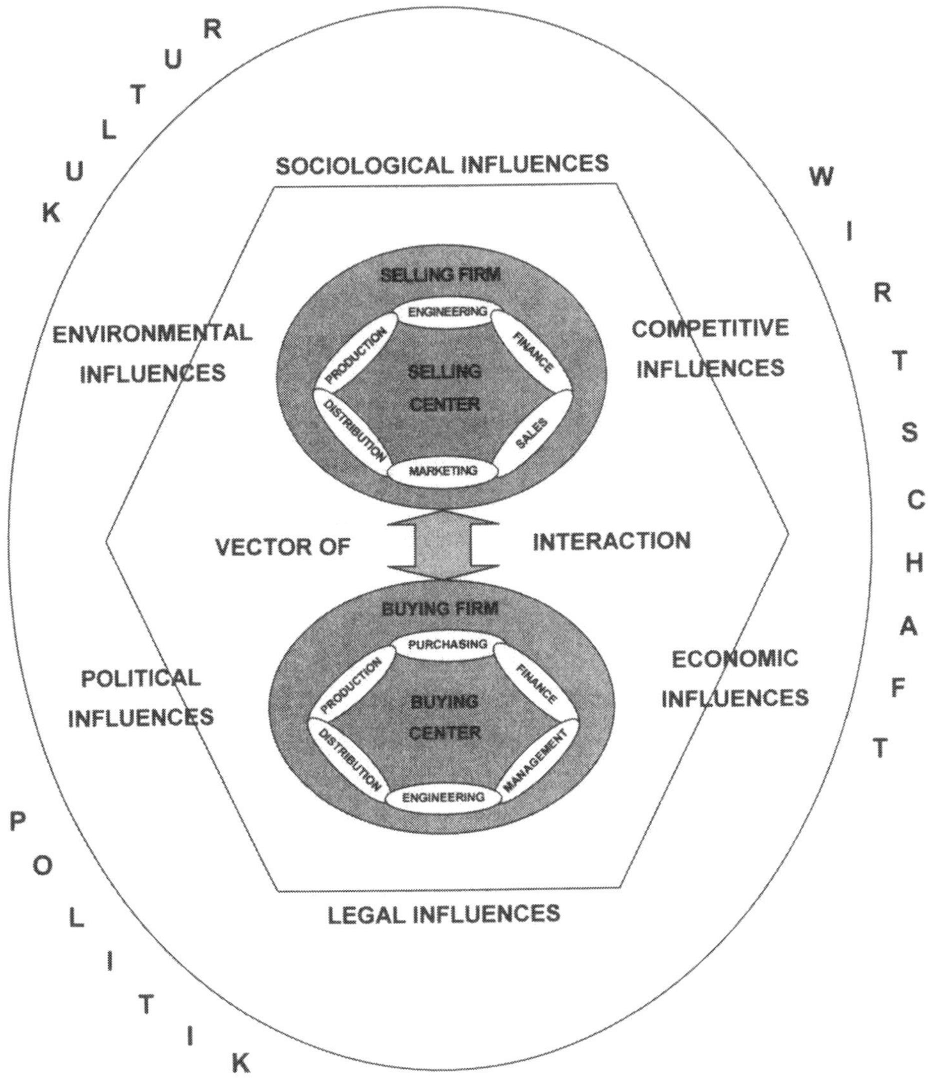


Quelle: eigene Darstellung, nach: Johnston/Lewin/Spekman (International) 264

Wie in der Abbildung ersichtlich, wird der Austauschprozess der beteiligten Unternehmen in das intervenierende Umfeld eingebettet. Dabei folgt die Abbildung der

Argumentation PERLAS, der Gesellschaft in die drei Teilbereiche Wirtschaft, Kultur und Politik gliedert.[1] Auf Seite des anbietenden Unternehmens agiert das Selling Center als Transaktionspartner des Buying Centers auf Seite des Käufers. Selling- und Buying Center sind Koalitionen interdependenter Unternehmensabteilungen (Marketing, Finanzierung, Produktion...), die sowohl als Inputlieferanten als auch Inputempfänger der Interaktionsbeziehung gesehen werden müssen. Die konkrete Ausgestaltung des Buying- bzw. Selling Centers ist von der jeweiligen Organisation abhängig.

### *3.2.1 Multi-organisationaler Interaktionsansatz von Kutschker und Kirsch*

Ausgangspunkt des Interaktionsansatzes von KUTSCHKER und KIRSCH[2] ist die Beobachtung, dass Unternehmen versuchen „(...) kontinuierliche Geschäftsbeziehungen aufzubauen, um Umweltkomplexität und Unsicherheit zu reduzieren und die Zukunft einzelner Geschäftsbeziehungen erwartungssicher und enttäuschungsfest zu machen."[3] Transaktionen in Beziehungen weisen somit eine Vergangenheit und eine antizipierte Zukunft auf. Die Analyse einer einzigen (isolierten) Transaktion muss daher zu Fehlinterpretationen führen. Vielmehr gilt es „(...) aus dem nie endenden Kontinuum von Aktivitäten und Interaktionen der Mitglieder verschiedener Organisationen einen Ausschnitt (...)" zu wählen, der, beinhaltet er den Austausch von Gütern oder Dienstleistungen, als Transaktions- episode bezeichnet wird. Solch eine Transaktionsepisode umfasst „(...) alle Aktivitäten und Interaktionen, die mit der Anbahnung, Vereinbarung und Realisation der interessierenden Transaktionen verbunden sind, wobei die einzelne Episode nicht in jedem Fall mit einer Transaktion enden muss, sondern in unterschiedlichen Stadien abgebrochen werden kann."[4]

---

[1] siehe Argumentation Kapitel: 4

[2] im folgenden: Kirsch/Kutschker (Marketing) sowie Kirsch/Kutschker/Lutschewitz (Ansätze)

[3] Kirsch/Kutschker/Lutschewitz (Ansätze) 5

[4] Kirsch/Kutschker/Lutschewitz (Ansätze) 6

Ziel dieses umfassenden multi-organisationalen Ansatzes ist die Analyse aller, an einer bestimmten Investitionsgüter-Transaktion beteiligten Organisationen im Rahmen eines gemeinsamen Entscheidungsprozesses.[1] Dabei stützt sich das Konzept, wie oben bereits angedeutet, auf drei zentrale Bausteine:

- Transaktionsepisode,
- Transaktionspotential und
- Transaktionsumfeld.

#### *3.2.1.1 Transaktionsumfeld*

Das **Transaktionsumfeld** bedarf an dieser Stelle keiner ausführlichen Behandlung; die Autoren bezeichnen es als sozio-ökonomisches Umfeld und verstehen darunter ein Kräftefeld welches die Unternehmen umgibt. Dabei betont der Feldbegriff „(...) die Tatsache, dass zu einem gegebenen Zeitpunkt immer gleichzeitig viele verschiedene Aktivitäten und Prozesse ablaufen, die sich wechselseitig beeinflussen."[2] Sowohl die Aktivitäten des Feldes (bspw. das Verhalten der Konkurrenten), in welches die Unternehmen eingebettet sind, als auch die Struktur des Feldes (bspw. die Anzahl und Umsatzstärke der Konkurrenten) haben Einfluss auf den Verlauf der Interaktionsbeziehung. Das Feld konstruiert sich aus Akteuren und deren Beziehungen untereinander.

#### *3.2.1.2 Transaktionsepisode*

Die **Transaktionsepisode** umfasst die kollektiven Planungs-, Entscheidungs- und Verhandlungsprozesse zwischen und innerhalb der beteiligten Organisationen, wobei jeweils die Transaktionsphasen Anbahnung, Abschluss und Realisation auftreten.[3] Die Episode entspricht somit dem Lebenszyklus eines Projektes von der ersten Anfrage bis zur endgültigen Abwicklung. Alle Aktivitäten und Interaktionen, die nicht zu der abgegrenzten Episode zählen, bilden das Umfeld der Episode.[4] Problematisch

[1] Backhaus (Industriegütermarketing) 125

[2] Bäurle (Internationalisierung) 147

[3] Kirsch/Kutschker (Marketing) 3f

[4] Bäurle (Internationalisierung) 141

erscheint bei diesem Ansatz die Abgrenzung zwischen den einzelnen Episoden, da ja gerade die vergangenen Erfahrungen mit dem Tauschpartner bzw. zukünftige Erwartungen den (Gesamt-)Prozess mit beeinflussen. Konkret: Die Abwicklungsphase eines Projektes stellt häufig bereits die Anbahnungsphase eines nachfolgenden dar.

#### *3.2.1.3 Transaktionspotential*

Als **Transaktionspotential** werden die bereits früher geschaffenen Grundlagen und Voraussetzungen zur Beeinflussung des Transaktionsprozesses bezeichnet. Das Potential deckt damit alle Aktivitäten ab, welche nicht direkt im Rahmen der Transaktionsepisode gesetzt werden, jedoch in weitere Transaktionsepisoden eingebracht werden können. Das Potential besitzt generellen Charakter. Um Wirkung zu entfalten, muss es erst aktiviert werden. Im Prinzip können alle Marketingmaßnahmen als Potentialaufbau und -pflege interpretiert werden. Der Begriff des Potentials kann auch den in dieser Arbeit verwendeten Begriff der Geschäftsbeziehung abdecken.[1] Da jedoch auch bspw. spezielle Informationen über den Markt, Fähigkeiten des Managements oder die Wettbewerbsstellung des Unternehmens (man denke an Marktführerschaft und das Konzept der Lernkurve) als Potential gesehen werden können, ist eine Gleichsetzung nicht zulässig! Die einzelne Transaktionsepisode ist in das Beziehungsgeflecht struktureller Gegebenheiten des Potentials eingebunden. Anders formuliert: Das Potential beeinflusst den Verlauf einer konkreten Episode. Es dient als Bindeglied zwischen strukturellen Merkmalen und den jeweiligen Prozessabläufen.

Der Faktor Zeit dient als abgrenzendes Kriterium innerhalb eines nie endenden „ongoing process"[2] von Aktivitäten und Interaktionen. Die kürzere Dauer grenzt letztlich Episode und Potential voneinander ab. Ein konkretes Projekt (eine Episode) ist ein besonderes Ereignis innerhalb der langfristigen Geschäftsbeziehung (dem Potential). Episoden werden einerseits durch ihr Umfeld geprägt, besitzen jedoch anderseits einen Ausstrahlungseffekt auf den Ongoing Process sowie auf andere,

---

[1] Backhaus (Industriegütermarketing) 126

[2] Kirsch/Kutschker (Marketing) 34

parallel ablaufende oder nachfolgende Episoden. Die einzelnen Episoden prägen somit den Verlauf der Geschäftsbeziehung. Potential und Episode stehen in einem permanenten Wechselverhältnis. Die nachfolgende Abbildung veranschaulicht das Zusammenspiel der einzelnen Elemente des Interaktionsansatzes.

**Abbildung 23: Grundstruktur des Interaktionsansatzes von Kirsch/Kutschker**

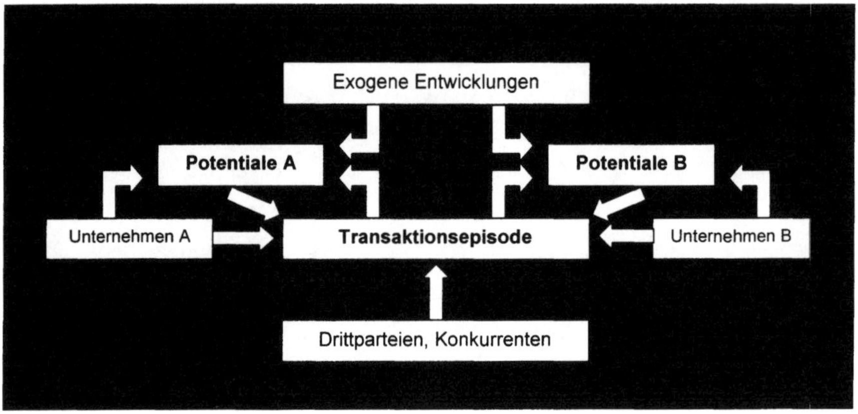


Quelle: Kirsch/Kutschker (Marketing) 40

Im Mittelpunkt des Interaktionsansatzes von KIRSCH/KUTSCHKER steht die Transaktionsepisode an der die Unternehmen A und B, sowie etwaige Drittparteien, bspw. externe Berater, oder Konkurrenten beteiligt sind. Auf den Verlauf des Verhandlungsprozesses (im Rahmen der Transaktionsepisode) wirken die, im Vorfeld geschaffenen, Potentiale der beteiligten Unternehmen. So können bspw. gemeinsam gewonnene positive Erfahrungen der Geschäftspartner oder ein makelloser Ruf des Anbieters wesentlichen Einfluss auf die Preisgestaltung haben. Doch auch die Transaktionsepisode wirkt auf die Potentiale. So senkt bspw. die mangelhafte Erfüllung des Leistungsversprechens das künftige Potential des Anbieters. Doch auch exogene Umfeldfaktoren wirken auf das Potential, bspw. in Form neuer Rechtsvorschriften, oder technologischer Entwicklungen. Potentiale sind daher als eine dynamische Größe zu betrachten, deren Bedeutung von Transaktionsepisode zu Transaktionsepisode unterschiedlich zu bewerten ist. Wie so häufig wenn es um Bewertungen geht, sind objektiv vorhandene von subjektiv perzepierten Potentialen zu unterscheiden.

Die nachfolgende Abbildung zeigt den beispielhaften Verlauf einer stabilen Interaktionsbeziehung im Vergleich zu einer instabilen Beziehung, wobei die Ellipsen einzelne Transaktionsepisoden darstellen. Handelt es sich um eine stabile Interaktionsbeziehung, im Sinne von täglich ablaufenden Routinen, so schlagen die Autoren eine makroskopische Analyse vor, die auf einer relative hohen abstrahierenden Ebene ansetzt und individuelle Entscheidungen weitgehend unberücksichtigt lässt. In der instabilen Beziehung verläuft die Umsatzkurve nicht stetig, sondern ist durch Transaktionsepisoden charakterisiert, welche zu Richtungsänderungen führen. Diese Diskontinuitäten bedürfen einer mikroskopischen Analyse. Auf die besonderen Ereignisse, die sich aus dem alltäglichen Geschäft abheben, soll sich das Hauptaugenmerk der Forscher richten. Letztlich enthalten die Episoden den Schlüssel für die Aufdeckung fehlgeschlagener oder erfolgreicher Unternehmensentwicklungen.

**Abbildung 24: Beispielhafter Verlauf einer stabilen sowie einer instabilen Interaktionsbeziehung**

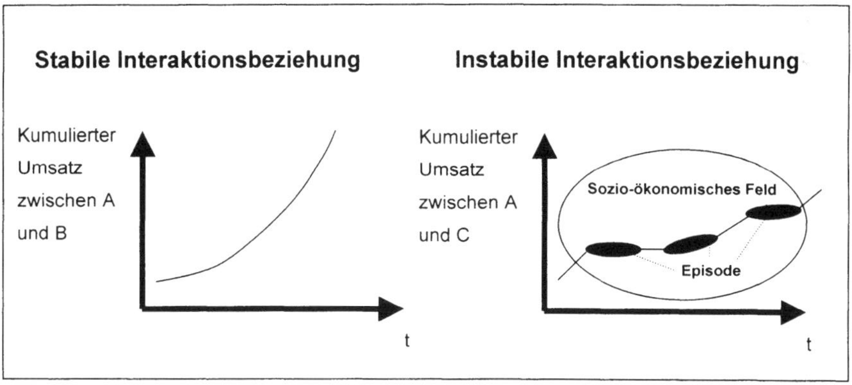


Quelle: veränderte Darstellung nach: Kirsch/Kutschker/Lutschewitz (Ansätze) 6

Nicht zu Unrecht kritisiert jedoch SCHÜTZE diese Form der Darstellung von stabilen respektive instabilen Beziehungen einerseits mit dem Hinweis auf das unzureichende Beschreibungsmerkmal „Umsatz“ für die Stabilität einer Beziehung. „Zum anderen impliziert die Art der Darstellung eher einen Unterschied hinsichtlich der Komplexität des Produkts, der Häufigkeit des Bedarfs und des Standardisierungsgrads."[1] Die stabile Beziehung wäre somit typischerweise durch Routinetransaktionen charakterisiert, wohingegen die instabile Beziehung alleine aufgrund höherer Komplexität und seltener wiederkehrendem Bedarf, verbunden mit umfangreichen Verhandlungen vor der erneuten Kaufentscheidung, gekennzeichnet wäre. Zusätzlich ergeben sich in einer Beziehung uU. Situationen, in denen gerade der Verzicht auf Umsatz die Stabilität der Beziehung festigt. Der Argumentation der vorliegenden Arbeit entspräche wohl eher die Bezeichnung der Ordinate mit dem Begriff des Potentials.

In späteren Arbeiten greift KUTSCHKER[2] den Gedanken der Episoden und Potentiale im Zusammenhang mit der Erklärung der Internationalisierung von Unternehmen erneut auf und verfeinert diesen Ansatz. Die von ihm gewählte Beschreibung des Internationalisierungsprozesses scheint wiederum geeignet um auf internationale Geschäftsbeziehungen „zurücktransferiert" zu werden. KUTSCHKER unterscheidet drei Ebenen unternehmerischer Internationalisierung:[3]

- einen langfristigen Internationalisierungsprozess (internationale Evolution),
- Internationalisierungsepisoden und
- internationale Geschäftsprozesse.

Als Abgrenzungskriterium dient die langfristigere Ausrichtung der internationalen Evolution im Vergleich zur Episoden. Somit kann der Begriff der Evolution mit dem weiter oben angeführten Begriff des Potentials verglichen werden.

Neu hingegen ist der Begriff der internationalen Geschäftsprozesse. Diese stellen eine prozessorientierte Möglichkeit der Zerlegung von Unternehmensaufgaben in einem internationalen Konzern dar. Nicht klassische Funktionsbereiche wie bspw. F&E, Marketing oder Logistik, sondern Prozessschritte wie bspw. Auftragsakquisition oder Auftragsabwicklung werden dabei als Einheit betrachtet.

[1] Schütze (Kundenzufriedenheit) 41

[2] Kutschker (Internationalisierungsstrategie), Kutschker (Evolution)

[3] Kutschker (Internationalisierungsstrategie) 235f

Auf die Analyse von Interaktionsbeziehungen umgelegt, könnte dies folgendermaßen interpretiert werden: Langfristige Geschäftsbeziehungen resultieren aus wiederholten Transaktionsepisoden und beeinflussen deren Verlauf, wobei letztere wiederum solange in Teilprozesse zerlegt werden können, bis eine Transaktionsepisode als Sequenz von unzähligen Kontaktpunkten konzeptionalisiert ist. Ein weiteres Vorantreiben der Zerlegung des Untersuchungsobjektes in stets kleinere Teilausschnitte gipfelt letztlich in einer (im Dienstleistungsmarketing bereits seit längerem eingesetzten) Analyse unendlicher „moments of truth“[1] für die Geschäftsbeziehung. In diesen „Augenblicken der Wahrheit“ tritt der Kunde in Interaktion mit dem anbietenden Unternehmen (oder dessen physischen Umfeld) und bildet sich ein Urteil über die Leistungsfähigkeit des Anbieters. Jeder Kontaktpunkt führt unweigerlich zu positiver oder negativer Perzeption des Potentials des jeweils anderen Akteurs. Diesen Ansatz verfolgt die Nordische Schule des Relationship Marketing. Stellvertretend für diesen Ansatz meint GRÖNROOS „In order to understand – and, in practical marketing situations, to analyze and plan – the interaction process, one must divide it into logical parts. (...), the interaction process has been studied in terms of act, episodes, and relationships.“[2] Die unterschiedlichen Interaktionsniveaus in einer Beziehung (Aktion, Episode, Sequenz (!) und Beziehung) zeigt die nachfolgende Abbildung.

**Abbildung 25: Unterschiedliche Interaktionsniveaus in einer Beziehung**

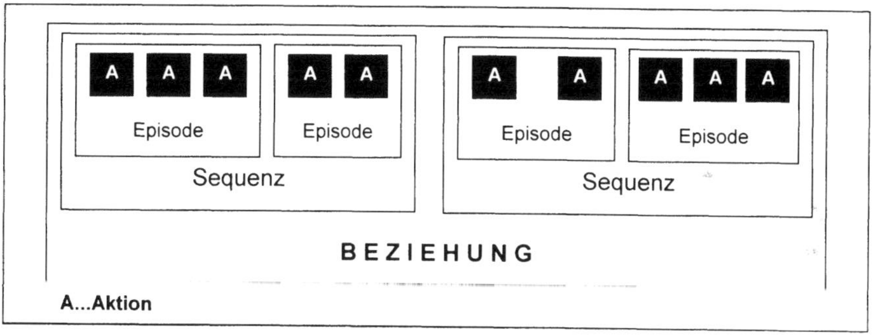


Quelle: Holmlund (Framework) 49

[1] Albrecht (Service) 26

[2] Grönroos (School) 103

Aktion stellt die kleinste Analyseeinheit dar und umfasst bspw. Telefonate, Versand von Briefen etc.; somit jene Tätigkeiten die oben als „moment of truth“ bezeichnet wurden. Mehrere Aktionen fügen sich zu Episoden. So stellt bspw. die Verschiffung von Waren eine Episode dar, welche Aktionen wie Telefonate, Verpackung, Erstellung der Dokumente etc. umfasst. Mehrere inhaltlich verbundene Episoden wiederum bilden eine Sequenz. So können mehrere Teillieferungen zu einem großen Projekt, in dem Fall als Sequenz bezeichnet, zählen. Sequenzen können einander überschneiden, strikt aufeinander folgen oder ganz unrhythmisch anfallen. Stehen sie in einer inneren Verbindung zueinander, bilden sie den Inhalt einer Beziehung.

Wiewohl die Betrachtung einzelner Kontaktpunkte für die industrielle Geschäftsbeziehung wertvolle Erkenntnisse liefert, muss deren Bedeutung im Vergleich zum Dienstleistungsmarketing aufgrund der Besonderheiten des Industriegütermarketings doch reduziert werden. Entscheidungen des Buying Centers erfolgen in der Regel auf Basis anderer Kriterien als bspw. der Kauf eines Hamburgers in einem Fast Food Lokal. Führt eine unfreundliche Begrüßung u.U. zu einem sofortigen Wechsel des Hamburgerlokals, so wirkt sich eine ebensolche Begrüßung bei einer Besprechung des Transaction Centers zweifelsfrei nicht besonders förderlich auf den weiteren Verlauf aus, führt jedoch selten zum sofortigen Abbruch der Aktion.

Unternehmen pflegen jedoch nicht nur eine Beziehung, sondern ein gesamtes Netzwerk an Beziehungen. Diesen Zusammenhang deutet die nachfolgende Abbildung an, welche Einzeltransaktionen im Zeitablauf und die Anzahl von Geschäftsbeziehungen eines Unternehmens zeigt.

**Abbildung 26: Der Zusammenhang von Einzeltransaktionen und Geschäftsbeziehungen im Zeitablauf**

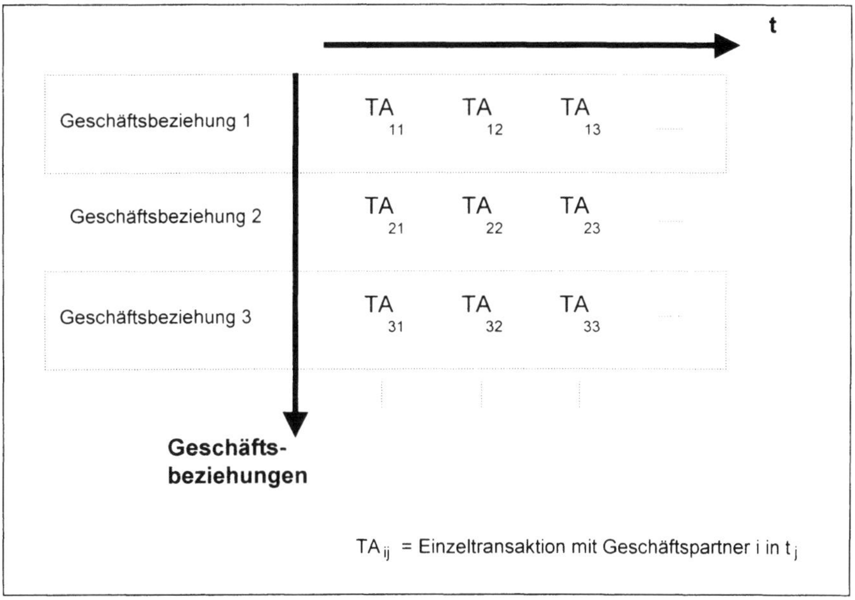


Quelle: verändert entnommen aus: Kleinaltenkamp/Ehret (Prozessmanagement) 17

Dabei ist zu beachten, dass die einzelne Transaktion in die Geschäftsbeziehung eingebettet ist und zwischen den einzelnen Transaktionen eine innere Verbindung besteht.

### *3.2.2 Multi-organisationaler Interaktionsansatz der IMP Gruppe*

Die IMP-Gruppe[1] (International Marketing and Purchasing Group) entwickelte ein Analyseschema für Anbieter-Nachfrager Relationen im Investitionsgüterbereich. Obgleich sich der Interaktionsansatz zunächst um die Erklärung dyadischer Be-

[1] Die IMP-Gruppe ist ein informelles Netzwerk internationaler Forscher. [siehe die grundlegenden Arbeiten von: Hakansson (International Marketing), Hakansson/Snehota (Perspective) sowie Turnbull/Valla (Strategies)]

ziehungen bemühte,[1] wurde er rasch zur Analyse multi-organisationaler Beziehungen herangezogen.[2]

Auf der Suche nach Erklärungen für isolierte Transaktionen entdeckten die Forscher der IMP Gruppe, dass diese nur äußerst selten stattfinden und wenn isolierte Transaktionen auftreten, dann nur in unbedeutendem Ausmaß. Viel öfter erkannten sie, dass einzelne Transaktionen Teil eines übergeordneten Ganzen waren. Sehr prägnant formuliert diese Beobachtung FORD wenn er festhält: „This means that the process of selling and buying in business markets is not one of action and reaction; it is one of *interaction*."[3] Dazu tragen mehrer Faktoren bei, die zugleich als Grundannahmen des Interaktionsmodells der IMP-Gruppe dienen:[4]

- Erstens ist die Anzahl der Marktteilnehmer auf Investitionsgütermärkten verhältnismäßig klein, die Marktteilnehmer häufig bekannt.
- Zweitens geht die Initiative zum Vertragsabschluss häufig vom Käufer und nicht vom Verkäufer aus. Das (Konsumgütermarketing-)Modell des aktiven Verkäufers und passiven Käufers trifft auf Investitionsgütermärkten nicht zu, vielmehr sind alle Marktteilnehmer aktiv.
- Drittens ist die Beziehung zwischen Käufer und Verkäufer meist langfristig orientiert, eng und mit komplexen Interaktionsstrukturen sowohl innerhalb als auch zwischen den beteiligten Unternehmen. Dies bedeutet, dass die beteiligten Akteure ihren Fokus nicht auf einen kurzfristigen Geschäftserfolg richten, sondern versuchen die gemeinsame Beziehung langfristig zu pflegen.
- Viertens werden häufig nicht standardisierte Produkt- und/oder Dienstleistungen ausgetauscht, sondern kundenindividuelle Transaktionen abgeschlossen. So müssen bspw. Zahlungs- und Lieferbedingungen detailliert ausgehandelt, und unterschiedliche Akteure in die Verhandlungen einbezogen werden.

---

[1] siehe bspw. die Studien von Turnbull/Cunningham (Marketing), Ford/Hakansson/Johanson (Interact), Turnbull/Valla (Strategies)

[2] Eine Übersicht der Entwicklung der Forschungsbestrebungen der IMP-Gruppe bietet: Gemünden (Developement)

[3] Ford (Decades) 5 [Hervorhebung im Original]

[4] Ford (Decades) 5, IMP Group (Interaction) 11

- Fünftens resultiert aus der langfristigen Zusammenarbeit eine Institutionalisierung der Beziehungsstruktur zwischen den Akteuren. Die Geschäftspartner entwickeln konkrete Erwartungen über den Ablauf künftiger Transaktionen und den damit verbundenen Verhandlungsprozessen. Dies kann zu Anpassungen in der Organisation bzw. zu Investments im Interesse der Beziehung führen.
- Sechstens ist der oben beschriebene Typus langfristiger, enger Geschäftsbeziehungen häufig im Bereich des Rohstoffhandels bzw. der geringfügigen Verbrauchsgüter anzutreffen, aber keineswegs auf diese Bereiche limitiert. Auch bei unregelmäßigen Transaktionen können sich stabile Geschäftsbeziehungen entwickeln. Dies gilt im Extremfall sogar für den einmaligen Austausch, dem intensive Verhandlungen vorangehen.

Das in der nachfolgenden Abbildung dargestellte Interaktionsmodell der IMP-Gruppe basiert auf drei maßgeblichen Forschungsrichtungen: den Forschungsarbeiten zum organisationalen Kaufverhalten von WEBSTER/WIND,[1] den neuen Institutionenökonomischen Theorien[2] und den Interorganisationstheorien.[3]

[1] Webster/Wind (Behavior)

[2] siehe Kapitel 2.1

[3] siehe Kapitel 2.2

**Abbildung 27: Interaktionsmodell der IMP Gruppe**

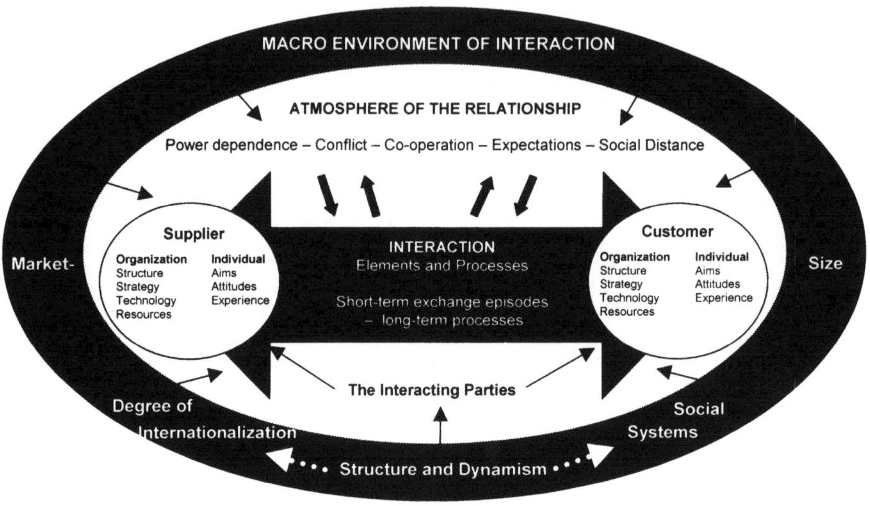


Quelle: Grundmodell der IMP Group (Interaction) 11, erweitert nach: Turnbull/Valla (Strategies) sowie Wilson/Möller (Relationships) 89

Das empirisch-induktiv entwickelte Interaktionsmodell[1] zur Analyse von Geschäftsbeziehungen setzt sich aus vier Dimensionen, welche die Interaktion zwischen dem Anbieter und dem Käufer beschreiben und beeinflussen, zusammen:[2]

- dem Interaktionsprozess,
- den Parteien des Interaktionsprozesses,
- der Atmosphäre des Interaktionsprozesses und
- der Umwelt des Interaktionsprozesses.

Nachfolgend werden die einzelnen Bestandteile des Modells gesondert diskutiert.

[1] Die Fallstudie dient der IMP-Gruppe als zentrale Forschungsmethode.

[2] Wilson/Möller (Relationships) 88

#### *3.2.2.1 Interaktionsprozess*

Im Mittelpunkt des Interaktionsmodells steht nicht eine isolierte Transaktion, sondern der Interaktionsprozess. Grundeinheit des Interaktionsprozesses ist, ähnlich dem Interaktionsansatz von KUTSCHKER/KIRSCH[1], die Episode, verstanden als ein Austauschereignis zwischen zwei Partnern. Werden unterschiedliche Austauschereignisse nicht isoliert betrachtet, sondern innerhalb einer Zeitspanne miteinander verkettet, so entsteht daraus eine Geschäftsbeziehung. Der Interaktionsprozess entsteht somit aus der Verkettung wiederholter Transaktionen und der damit verbundenen Interaktionen.

Der Interaktionsprozess ist naturgemäß keineswegs statisch zu interpretieren, sondern kann im Verlauf einer langfristigen Geschäftsbeziehung an Intensität variieren. Bevor nun die Bausteine des Interaktionsprozesses getrennt dargestellt werden lässt sich mit HAKANSSON/SNEHOTA zusammenfassend feststellen: „*Between buyers and sellers exist relationships.* These are built from interaction processes in which technical, social and economic issues are dealt with.“[2]

***Episoden***

Von einer Episode wird in dem Ansatz der IMP-Gruppe dann gesprochen, wenn ein Austausch zwischen zwei Parteien stattfindet. Dabei können vier grundlegende Elemente ausgetauscht werden:[3]

- Produkt- oder Dienstleistungsaustausch,
- Finanzieller Austausch,
- Informationsaustausch oder
- Sozialer Austausch.[4]

Der *Produkt- oder Dienstleistungsaustausch* stellt häufig das Zentrum des Austausches dar und prägt den Verlauf einer Episode maßgeblich. Je nach

[1] siehe Kap. 3.2.1

[2] Hakansson/Snehota (Perspective) 75 [Hervorhebungen im Original]

[3] IMP Group (Interaction) 12

[4] Brennan / Turnbull (Adaptations) 27

Eignung der Produkt- oder Dienstleistungseigenschaften zur Befriedigung der Kundenbedürfnisse wird der Austauschprozess unterschiedlich verlaufen. Dabei spielt nicht nur die objektive Eignung der Produkte oder Dienstleistungen eine Rolle, sondern auch das Vertrauen in die Leistungsfähigkeit des Geschäftspartners.

Der *Finanzielle Austausch* deckt die Zahlungsströme zwischen den Geschäftspartnern ab und dient zugleich als Indikator für die ökonomische Bedeutung einer Episode bzw. in weiterer Folge der gesamten Geschäftsbeziehung.

Der *Informationsaustausch* umfasst den Austausch technischer, ökonomischer und organisatorischer Inhalte. Ergänzend kann eine Unterteilung hinsichtlich der Weite und Tiefe der ausgetauschten Information, sowie der Form - persönlich bzw. unpersönlich - getroffen werden.

Der *Soziale Austausch* spielt eine wichtige Rolle bei der Reduktion der Unsicherheit zwischen den Geschäftspartnern. Dies gilt im besonderen bei internationalen Geschäftsbeziehungen wo kulturelle Differenzen zu Missinterpretationen führen können, sowie bei Beziehungen in denen noch keine Erfahrungswerte mit dem Partner bestehen. Enge Kontakte auf der persönlichen Ebene sind auch wirkungsvolle Knoten auf der Unternehmensebene, da häufig exakt spezifizierte Kontrakte fehlen und an deren Stelle Vertrauen eingesetzt wird.

Episoden können nacheinander oder jedoch parallel verlaufen und sich gegenseitig bedingen. Dies bedeutet jedoch auch, dass sich der Sinn einer einzelnen Transaktion stets nur aus dem Gesamtkontext der Beziehung erschließen kann. Geschäfts beziehungen bleiben auch dann intakt, wenn innerhalb eines gewissen Zeitraumes zwar keine Episode identifiziert werden kann, die Beziehung jedoch nicht aktiv abgebrochen wurde. Die IMP Gruppe spricht in solchen Fällen von einem inaktiven Zustand.[1]

---

[1] Hakansson (International Marketing) 17

***Beziehung***

Die Analyse einzelner Episoden dient letztlich der Erklärung von Beziehungen zwischen Akteuren. Die Beziehung steht im Mittelpunkt des Interesses der IMP Gruppe, die der Überzeugung folgen, „(...) that the critical task for the business marketer and the business purchaser is the development and management of its relationships with its customers."[1]

Beziehungen entstehen aus zu Routine gewordenen Austauschepisoden innerhalb einer Zeitspanne. Routine bedeutet hierbei, dass beide Austauschpartner ganz konkrete Erwartungen über die Rollenverteilung als auch über die eingegangene Verantwortung haben.[2] Gelegentlich können sich derartige Erwartungen institutionalisieren und zu Branchenstandards werden. Dies gilt insbesondere für die Kommunikation und den Informationsaustausch zwischen den Geschäftspartnern. In einer Beziehung entstehen Kommunikationsmuster die wiederum eine mehr oder minder enge Bindung zwischen den involvierten Akteuren der Beziehung darstellen. Kommunikation und Informationsaustausch kann auch über eine längere Periode stattfinden, ohne einen Austausch von Produkten- oder Dienstleistungen zu bedingen. Allgemein formuliert lässt sich somit festhalten, dass Beziehungen „(...) organized patterns of interaction and interdependence with their own substance"[3] sind.

Dies bedeutet, dass Entscheidungen stets in Abhängigkeit von Geschäftspartnern bzw. in Abhängigkeit von der Enge der Beziehung getroffen werden. Dabei wird jedoch nicht zwangsweise unterstellt, dass enge Geschäftsbeziehungen stets positiv für die beteiligten Unternehmen sind. Vielmehr liegt der Erfolg von Unternehmen darin, dass sie ganz bewusst Distanz zu jenen Geschäftspartnern halten, mit denen die Beziehung nicht die gewünschten Ergebnisse erbringt. Geschäftsbeziehungen sind für Unternehmen nicht nur eine wertvolle Ressource, sondern sie bedeuten gleichzeitig auch Limitierungen der eigenen Handlungsfreiheit. So können enge Geschäftsbeziehungen „(...) easily turn into a burden for one or both of the involved

---

[1] Ford (Decades) 7

[2] IMP Group (Interaction) 14

[3] Hakansson/Snehota (Perspective) 75 [Hervorhebungen im Original]

partners."[1] Aus diesen Gründen sollte im Zentrum von Entscheidungen über den Austausch von Gütern oder Dienstleistungen nicht eine einzelne Transaktion, sondern stets die gesamte Beziehung zu den Partnern stehen.[2]

Untrennbar mit dem Konstrukt der Beziehung sind Adaptionen verbunden. „If two <partners> were merely to transact business between each other under standard terms and conditions, at standard prices, buying and selling standard products using standard commercial procedures, then it would hardly be a <partnership>. The defining characteristic of a <relationship> or<partnership> must, surely, be that at least one of the partners *adapts* to the needs of the other."[3] Adaption bedeutet stets ein Abgehen von der Norm und somit das Setzen individueller Maßnahmen. Letztere können im Verhalten oder der Struktur, auf individueller-, Gruppen- oder Unternehmensebene ansetzen und das Ziel verfolgen den spezifischen Bedürfnissen des Partners zu entsprechen.[4] Adaptionen können auf allen Ebenen der Beziehung stattfinden. Entsprechend der Inhalte der Austauschepisoden basieren Beziehungen auf drei Ebenen:[5]

- der technischen Ebene
- der sozialen Ebene und
- der wirtschaftlichen Ebene.

*Technische Ebene*

In vielen Fällen basieren die Beziehungen auf technischen Komponenten. „The relationship is a way of building together the technical resources of one company with the technical resources of the counterpart. Again and again, the relationship between customer and supplier turns out to be one of the most important ways a company can develop its products and production processes."[6]

---

[1] Hakansson / Snehota (Burden) 16

[2] Ford (Decades) 7f

[3] Brennan/Turnbull (Adaptions) 28f [Hervorhebung im Original]

[4] Brennan/Turnbull (Adaptions) 31

[5] Hakansson/Snehota (Perspective) 75

[6] Hakansson/Snehota (Perspective) 75f

Naturgemäß sind derartige Beziehungen auch häufig mit technologischen Problemen konfrontiert. Dies führt einerseits zu einer sehr großen Bedeutung der in die Beziehung involvierten Techniker im Vergleich zu anderen Trägern der Beziehung, anderseits zu einem komplizierten Abgleich der unterschiedlichen technischen Prozesse. Die technischen Prozesse müssen den Anforderungen der beiden Unternehmen, als auch jenen des Endverbrauchers entsprechen. Nur selten ergeben sich auf Anhieb passende Schnittstellen, meist ist die Beziehung durch einen permanenten Lernprozess charakterisiert, der sich schon daraus ergibt, dass sich die technischen Prozesse in den Partnerunternehmen selbst verändern. Ein drittes Kennzeichen technischer Beziehungen wird durch spezielle Projekte die einer der beiden Partner unternimmt offensichtlich. Solcherart wird die Geschäftsbeziehung Teil eines großen Projektes.

*Soziale Ebene*

Da Geschäftsbeziehungen fast ausschließlich von natürlichen Personen gelebt werden, sind soziale Beziehungen unausweichlich. „The interaction between customer and supplier almost always has a social content."[1] Wichtige Aspekte der Sozialen Beziehung sind Commitment, Trust und Influence/Power.

*Wirtschaftliche Ebene*

Die Interaktionen innerhalb der Geschäftsbeziehung haben wirtschaftliche Konsequenzen für die Beteiligten und unterliegen daher einer wirtschaftlichen Logik. Der Beziehungsaufbau und die Entwicklung einer Beziehung sind mit Kosten verbunden und verlangen eine Vielzahl von Aktivitäten bzw. Ressourcen. Meist sind es sehr wenige Geschäftsbeziehungen, die einen Großteil des Gesamtumsatzes ausmachen. Der Abbruch oder die Störung einer dieser Beziehungen hat meist ganz maßgeblichen Einfluss auf beide Geschäftspartner, sowie die anderen Beziehungen. Somit können Geschäftsbeziehungen auch als Vermögensbestandteil bzw. als Investition gesehen werden.

[1] Hakansson/Snehota (Perspective) 77

### 3.2.2.2 Parteien des Interaktionsprozesses

Der Interaktionsprozess und die Geschäftsbeziehung hängen neben den Elementen der Interaktion vor allem von den beteiligten Parteien ab. Geschäftsbeziehungen bestehen zwischen zwei mehr oder minder aktiven Akteuren (Individuen als auch Organisationen) mit unterschiedlichen Zielen, Ressourcen und Annahmen über den jeweiligen Partner. Um den Geschäftspartner zufrieden zu stellen, müssen diese unterschiedlichen Voraussetzungen aufeinander abgestimmt werden. Folgende Einflussgrößen sind zu beachten:[1]

***Organisationsebene:***

- *Struktur, Strategie*: Zweifelsfrei spielt bei Austauschbeziehungen die Organisationsgröße und Reputation der beteiligten Unternehmen eine bedeutende Rolle. Aber auch die Struktur und Strategie der Unternehmen beeinflussen den Interaktionsprozess in vielfacher Hinsicht; so bestimmen sie bspw. darüber welche Personen oder Abteilungen in den Austauschprozess involviert sind, welche Bedeutung der Beziehung zukommt, welche Kommunikationsmedien genutzt werden usw.
- *Technologie*: Die kritische Bedeutung der Technologie für die Interaktionsbeziehung wurde bereits zuvor skizziert; Die Charakteristika der Technologien des Anbieters und Nachfragers, bzw. deren Unterschiede führen zumeist zu einem Interaktionsprozess mit dem Ziel der Harmonisierung.
- *Ressourcen, Erfahrungen*: Die bereits vorhandenen Unternehmensressourcen als auch Erfahrungen mit Geschäftspartnern (innerhalb als auch außerhalb der zentralen Beziehung) beeinflussen das Ausmaß der Bedeutung das der Beziehung zukommt.

***Individuum:***

- *Ziele*: Entsprechend den Strategien auf der Organisationsebene nehmen auch die Ziele der beteiligten Individuen Einfluss auf den Verlauf der Interaktionsepisoden; so kann bspw. mangelnde Identifikation mit den eigenen

[1] IMP Group (Interaction) 14ff

Unternehmenszielen zu mangelnder Motivation eines Akteurs führen und einem Geschäftsabschluss im Wege stehen.

- *Einstellungen*: Die Einstellungen und Persönlichkeit der Akteure beeinflusst den Verlauf jeder Episode des Interaktionsprozesses; so können bspw. Missverständnisse und Fehlinterpretationen sowie mangelnde Bereitschaft sich aktiv mit den Argumenten des Partners zu beschäftigen zum Abbruch der Beziehung führen.
- *Erfahrungen*: Entsprechend den Ressourcen und Erfahrungen auf der Organisationsebene sind auch die Erfahrungen und Fähigkeiten auf der individuellen Ebene maßgeblich für die Bereitschaft internationale Geschäftsbeziehungen einzugehen, so können bspw. Vorurteile gegenüber anderen Kulturen oder Nationalitäten hinderlich für den Aufbau von Geschäftsbeziehungen sein.

#### *3.2.2.3 Atmosphäre des Interaktionsprozesses*

Zwischen der Atmosphäre des Interaktionsprozesses und den einzelnen Episoden der Geschäftsbeziehungen bestehen Wechselwirkungen; die Atmosphäre beeinflusst den Verlauf der einzelnen Episode und die Episode beeinflusst wiederum die Atmosphäre. Atmosphäre kann beschrieben werden als „(...) terms of the power-dependence relationship which exists between the companies, the state of conflict or co-operation and overall closeness or distance of the relationship as well as by the companies´ mutual expectations.“[1] Eine operationale Messung des Konstruktes Atmosphäre erscheint schwierig. Diese Gruppe von intervenierenden Variablen ermöglicht unzählige Kombinationen mit den drei anderen Dimensionen des Modells (Umwelt, Interaktionsprozess, Interaktionspartner) mit denen wiederum eine Wechsel beziehung besteht. Auch können keine allgemein gültigen Empfehlungen für eine „optimale“ Atmosphäre abgeleitet werden. Es gibt gute Gründe für Konflikt oder Kooperation mit Geschäftspartner, ebenso wie gute Gründe für enge oder lose Geschäftsbeziehungen. Es können jedoch zwei Dimensionen getrennt betrachtet werden:

---

[1] Hakansson (International Marketing) 21

- ***Wirtschaftliche Dimension***: Für die Analyse der wirtschaftlichen Dimension von Geschäftsbeziehungen lehnen sich die Forscher der IMP Gruppe an Überlegungen der Transaktionskostenökonomie an. Enge Beziehungen helfen demnach Kosten der Vertragsanbahnung und -einlösung ebenso zu senken wie Kosten der Produktion. Weitere Vorteile lassen sich in der Produkt- und Prozessoptimierung finden. In der Diskussion, ob Geschäftsbeziehung zwischen den beiden Polen „Hierarchie" und „Markt" einzuordnen wären oder nicht, vertreten die IMP Forscher die Meinung, dass es sich weniger um eine Mittelposition als vielmehr um eine eigenständige Form des Austausches von Gütern handle. *„A relationship is a combination.* It affects productivity and efficiency in firms and can therefore be used to exploit complementaries between activities performed by different companies and their resources."[1] Wichtig hierbei ist der Hinweis, dass Beziehungen zu einer Verbesserung der Effizienz von Transaktionen beitragen können, nicht aber notwendigerweise müssen.

- ***Kontrolldimension***: Die Kontrolldimension zielt auf Argumentationsbausteine der Resource Dependence Theorie ab. Unternehmen gehen Geschäftsbeziehungen ein, um Unsicherheit zu vermeiden und Kontrolle sowie Macht über den Geschäftspartner zu erlangen. Darüber hinausgehend beschäftigt sich die IMP Gruppe auch mit der Aktivierung, Entwicklung und Lenkung von Ressourcen innerhalb der Geschäftsbeziehungen und dem damit verbundenen Prozess der Nutzenstiftung bzw. der Wissensgenerierung. *„Relationships are confrontation.* They are a way to create a confrontation between the two parties´ knowledge, which affects resources development and thus innovativeness."[2] Durch gemeinsame Problembetrachtung und gegenseitiges Lernen können sich neue Sichtweisen erschließen und so Innovationen entwickelt werden.

---

[1] Hakansson/Snehota (Perspective) 80 [Hervorhebungen im Original]

[2] Hakansson/Snethota (Perspective) 82 [Hervorhebungen im Original]

#### *3.2.2.4 Umwelt des Interaktionsprozesses*

In den Bereich der Umwelt des Interaktionsprozesses fallen alle jene Faktoren, die Einfluss auf die Geschäftsbeziehung nehmen können, ohne jedoch von den Akteuren selbst gesteuert zu werden. Dazu zählen insbesondere die Marktstruktur und die Dynamik der Umweltveränderung.

- ***Marktstruktur***: Meist fällt es schwer eine Geschäftsbeziehung isoliert zu betrachten. Wenn beide Geschäftspartner ein Portfolio von Beziehungen zu unterschiedlichen Unternehmen pflegen, erklärt sich der Sinn einer isoliert betrachteten Geschäftsbeziehung nur im Verbund mit den weiteren Beziehungen der Unternehmen zu den anderen Partnern. „*Business relationships are connected*. That makes them elements of a wider economic organization that takes a network form."[1] Die einzelne Geschäftsbeziehung ist daher stets Teil eines übergeordneten Ganzen und so erschließt sich der Sinn der einzelnen Beziehung stets nur in Relation zu dem gesamten Netzwerk. Die einzelne Geschäftsbeziehung ist somit Anknüpfungspunkt für weitere Beziehungen.

  Erstens ergibt sich daraus als Konsequenz, dass sich der Wert und die Qualität der Beziehung ändern können, ohne dass innerhalb der Beziehung etwas geschehen muss und anderseits ergeben sich immer Veränderungen im gesamten Netzwerk, wenn innerhalb einer Beziehung Veränderungen auftreten. Dieser Zusammenhang gilt für die bereits oben angeführten Ebenen (Technologie, Sozial und Wirtschaft) gleichermaßen.

  Zweitens ist die Anzahl und Stabilität gleicher oder ähnlicher Geschäftsbeziehungen innerhalb des Marktes ein Indikator für den Konzentrationsgrad der Branche.

  Drittens kann diese Beobachtung auch zur Beschreibung des Internationalisierungsgrades der Branche herangezogen werden.

[1] Hakansson/Snehota (Perspective) 79 [Hervorhebungen im Original]

Viertens hängen die Alternativen neue Beziehungen aufzubauen von der Netzwerkgröße ab.

- ***Dynamik der Umweltveränderung***: Die Dynamik der Umweltveränderung wirkt in zweierlei Richtungen; einerseits erhöht sie die Bereitschaft von Unternehmen möglichst enge Beziehungen einzugehen um durch verbesserte Kenntnis des Partners die Zukunft erwartungssicher zu machen, anderseits fördert ein dynamische Umfeld eine möglichst breit Orientierung in Richtung aller Marktteilnehmer um nicht wichtige Innovationen zu versäumen.

- ***Soziales Umfeld***: Mit der Bezeichnung des sozialen Umfeldes erfasst der Ansatz der IMP Gruppe vor allem kulturelle Differenzen in grenzüberschreitenden Geschäftsbeziehungen als auch kulturelle Differenzen in unterschiedlichen Branchen, wie das nachfolgende Zitat belegt. „For example, a supplier who has not previously delivered to a certain type of customer, e.g. in the automobile industry, has to learn both the <language> and the rules before it will be accepted in that industry."[1] Das soziale Umfeld wirkt sowohl auf die Einstellungen und Erwartungen der Geschäftspartner, als auch auf die Handelsbräuche, Gesetze und Regeln.

[1] IMP Group (Interaction) 17

### 3.3 Zwischenergebnis

Das vorliegende Kapitel beschäftigt sich mit Geschäftsbeziehungen aus der Sichtweise des Marketing. Zunächst wird ein Orientierungswechsel in der Marketingliteratur festgestellt. Basierten wesentliche Aspekte des Marketing bislang auf der Annahme anonymer Massenmärkte und diskreter Transaktionen, ohne Vergangenheit und Zukunft, so zielen die neuen Aufgabenfelder stärker auf den Aspekt der Kundenbeziehung ab. In der Relationship Marketingkonzeption soll der Kunde nicht mittels geschickten Einsatzes des Marketing-Mix Instrumentariums zum einmaligen Kauf mehr oder minder brauchbarer Waren oder Dienstleistungen angeregt, sondern in eine intensive Beziehung zu dem Unternehmen gebunden werden. Die Kundentransaktion ist nicht mehr Ziel des Marketing, sondern der Beginn einer langfristigen Beziehung.

Trotzdem darf nicht übersehen werden, dass die Grundgedanken des Relationship Marketing im Bereich des Investitionsgütermarketing schon lange umgesetzt werden. Industriegütermärkte sind durch eine höhere Markttransparenz, einen hohen Dienstleistungsanteil, organisationales Beschaffungsverhalten und abgeleiteten Bedarf gekennzeichnet. All diese Faktoren verlangen nach individueller Kundenbetreuung und aktiver Beziehungsgestaltung, und damit nach Maßnahmen, die das Relationship Marketing empfiehlt. Dementsprechend wird in gegenständlichem Kapitel zunächst das Relationship Marketing (bzw. Management) Konzept dargestellt und herausgearbeitet, dass das Geschäftsbeziehungsmarketing (bzw. Management) in einem hierarchisch untergeordneten Verhältnis zu erstgenanntem steht. Hinsichtlich der Inhalte beider Konzepte besteht Wesensgleichheit (grob formuliert verfolgen beide die Schaffung von Kundenutzen im Rahmen gemeinsamer Beziehungen), lediglich bezüglich der Anspruchsgruppen ist der Geschäftsbeziehungsbegriff enger gefasst, indem er ausschließlich auf den Industriegüterbereich abzielt

**Relationship Marketing** beschäftigt sich mit der Gestaltung der Beziehung mit dem Kunden. Grundlage wirtschaftlicher Beziehungen ist der Austausch von Gütern oder Dienstleistungen im Rahmen von Transaktionen. Transaktion umfasst die Übereinkunft zweier Parteien, welche Verfügungsrechte zu welchen Bedingungen transferiert werden. Diese Form des „Geschäftes" ist die grundlegende Maßeinheit zwischen zwei Parteien. Ein Geschäft kann vollkommen diskret, ohne Kommunikation, Vergangenheit und Zukunft, oder im Rahmen einer engen Beziehung abgeschlossen werden. Der Austausch in Beziehungen ist unter anderem durch Interaktion, Zukunfts orientierung, hohe gegenseitige Abhängigkeit und kontinuierlichen Kundenkontakt gekennzeichnet.

Das Relationship Marketing Konzept hat viele Interpretationen erfahren. In der vorliegenden Arbeit wird unter Relationship Marketing ein interaktiver Prozess verstanden, welcher Transaktionen in Beziehungen integriert, Austauschbeziehungen strukturiert, erhält und ausbaut, sowie Marketingaktivitäten zwischen strategischen Partnern entwirft und koordiniert. Mit Beziehungen untrennbar verbunden ist das Konzept des gegenseitigen Vertrauens, des Einhaltens von Versprechen, der Stabilität der Beziehung und der langfristigen Orientierung, der Wertgenerierung und des Teilens von Vorteilen sowie des Strebens nach Kostenersparnis.

Unterschiedliche Anspruchsgruppen des Relationship Marketing werden identifiziert. Es bietet sich eine Unterscheidung in interne (v.a. Arbeitnehmer) und externe Beziehungspartner, wobei letztere Gruppe in ein unmittelbares (v.a. Lieferanten, Kunden) und ein mittelbares Umfeld (v.a. Konkurrenten, Regierung, Medien) geteilt werden kann.

Das vorliegende Kapitel hat deutlich gezeigt, dass allgemein gültige Aussagen über unterschiedliche Beziehungstypologien vorrangig auf der Ebene, bei der Unternehmen als Ganzes das Untersuchungsobjekt darstellen, möglich sind. Der Ansatz von CLARK und MARTIN unterscheidet, unter Bezugnahme auf die Teilnehmer des Austauschprozesses, drei Ebenen von Beziehungen: „First Order" Beziehungen umfassen alle möglichen Relationen zwischen Unternehmen und der Umfeld, „Second Order" Beziehungen entstehen zwischen den unterschiedlichen Umfeldkomponenten und „Third Order" Beziehungen treten innerhalb einer Modellkomponente auf. Häufiger wird jedoch das Modell von WEBSTER zur Beschreibung des Kundenstatus herangezogen. WEBSTER´s Kontinuum der Kundenbeziehungen reicht von der einfachen Transaktion über zahlreiche Zwischenstufen zur vertikalen Integration. KOTLER und BLIEMEL ziehen den erzielbaren Deckungsbeitrag und die Anzahl der Kunden bzw. Absatzpartner heran um fünf unterschiedliche Intensitätsstufen der Beziehung zum Kunden zu unterscheiden. Ihr Konzept differenziert zwischen einfachen, reaktiven, verantwortungszeigenden, proaktiven und partnerschaftlichen Beziehungen. Der Einsatz dieses Beziehungskonzeptes ist auf Austauschbeziehungen (wo die Erzielung eines Deckungsbeitrages möglich ist) limitiert. Auf Basis der Kundenloyalität unterscheiden PAYNE und RAPP unterschiedliche Stufen auf dem Weg vom potentiellen Kunden zum Partner des Unter- nehmens.

Betrachtet man hingegen interorganisationale Beziehungen primär als soziale Konstrukte, so trifft man häufig auf Analogien aus dem Ehe- bzw. Familienleben. „Gute" Beziehungen, solche bei denen eine starke Verbundenheit auftritt, werden mit der Ehe verglichen, schlechte und labile Beziehungen mit kurzfristigen Affären oder „One night stands". Werden Unternehmen vor dem Hintergrund ganzer Netzwerke analysiert, trifft man auf den Vergleich mit einer großen Familie.[1] So plakativ die einzelnen Bilder auch sein mögen, ihre allgemeine Verwendung ist, nicht nur vor dem Hintergrund selten zu beobachtender 100%iger Firmen- oder Markenloyalität, bedenklich und ersetzt keinesfalls eine intensive Auseinandersetzung aus betriebswirtschaftlicher und soziologischer Perspektive.

---

[1] Iacobucci (Defining) 1f

**Tabelle 28: Kernaussagen der Beziehung als Aufgabe des Relationship Marketing**

| BEZIEHUNG ALS ZENTRALE AUFGABE DES RELATIONSHIP MARKETING | |
|---|---|
| **Aussagenfeld** | **Kernaussagen** |
| Umfeld | • Geprägt von Organisationen, mit denen Wettbewerb besteht<br>• Austausch ist Grundlage menschlicher Existenz<br>• Nicht anonymer Massenmarkt, sondern individuelle Kunden<br>• Kunden an langfristiger Beziehung zu Unternehmen interessiert<br>• Kunden an gemeinsamer Wertschaffung interessiert<br>• Diskrete Transaktion hypothetisches Konstrukt<br>• Unterschiedliche Anspruchsgruppen: Interne – Externe (unmittelbares, mittelbares Umfeld)<br>• First Order, Second Order, Third Order Beziehungen |
| Erwartung | • Wertgenerierung durch Beziehung<br>• Langfristige Beziehung<br>• Gegenseitiges Vertrauen<br>• Einhalten von Versprechen<br>• Teilen von Vorteilen<br>• Regelmäßige Interaktionen<br>• Kostenersparnisse |
| Qualität | • Unterschiedliche Stufen des Deckungsbeitrags die durch Beziehungspartner erzielt werden können: Einfache, reaktive, verantwortungszeigende, proaktive und partnerschaftliche Beziehung |
| Zeitliche Aspekte | • Unterschiedliche Stufen der Beziehung werden durchlaufen: Von der Transaktion zur vertikalen Integration<br>• Unterschiedliches Ausmaß der Kundenloyalität: Vom potentiellen Kunden zum loyalen Partner |

**Geschäftsbeziehungsmarketing** stellt eine Teilaufgabe des Relationship Marketing dar und zielt auf die Gestaltung von Austauschbeziehungen im Investitionsgüterbereich ab. Der Interaktionsansatz entspringt der Forderung einer eigenständigen Theorieentwicklung, welche auf die Besonderheiten des Investitionsgütergeschäftes bedacht nimmt. Insbesondere die verhältnismäßig kleine Anzahl an Marktteilnehmern, welche häufig bekannt sind, die Initiative zum Geschäftsabschluss, welche häufig vom Käufer ausgeht, die engen, langfristigen und komplexen Strukturen zwischen den beteiligten Unternehmen, die komplexen und nicht standardisierten Produkte und Dienstleistungen, welche ausgetauscht werden sowie die Erwartungen über den Verlauf des Verhandlungsprozesses limitieren die Gültigkeit der, für Konsumgütermärkte entworfenen, klassischen Marketingtheorie.

Nach Art und Zahl der Beteiligten, sowie der zeitlichen Analyseperspektive können dyadisch-personale, dyadisch-organisationale, multi-personale, multi-organisationale, Prozess- oder Struktur-Interaktionsansätze unterschieden werden. Beschränken sich dyadisch-personale Ansätze auf die Analyse der Beziehung zwischen einem Verkäufer und einem Käufer, berücksichtigen multi-organisationale Interaktionsansätze den Einfluss der Umwelt sowie weiterer einflussnehmender Organisationen, die in den Austauschvorgang eingebunden sein können, jedoch nicht eingebunden sein müssen. Internationale Geschäftsbeziehungen werden vom kulturellen, wirtschaftlichen und politischen Umfeld beeinflusst. Insbesondere sozio-ökonomische, wettbewerbliche, politische und ökologische Faktoren beeinflussen den Interaktionsprozess.

Der multi-organisationale **Interaktionsansatz von KUTSCHKER und KIRSCH** umfasst Transaktionsepisoden, Transaktionspotential und das Transaktionsumfeld. **Transaktionsepisoden** sind abgrenzbare Ausschnitte (bspw. Projekte) der Geschäftsbeziehung. Die Transaktionsepisode umfasst die kollektiven Planungs-, Verhandlungs- und Entscheidungsprozesse zwischen und innerhalb der beteiligten Organisationen. Alle Aktivitäten und Interaktionen, die nicht zu der abgegrenzten Episode zählen, bilden das Umfeld der Episode. Das **Transaktionspotential** sind die früher geschaffenen Grundlagen und Voraussetzungen zur Beeinflussung des Transaktionsprozesses. Das Potential deckt alle Aktivitäten ab, welche nicht direkt im Rahmen der Episode gesetzt werden. Der Begriff des Potentials kann auch den in dieser Arbeit verwendeten Begriff des Geschäftsbeziehung abdecken. Das Potential beeinflusst den Verlauf einer konkreten, kurzen Episode. Potential ist das Bindeglied zwischen den Episoden.

Das **Interaktionsmodell der IMP Gruppe** basiert auf Forschungsarbeiten zum organisationalen Kaufverhalten, Institutionenökonomischen Theorien und den Interorganisationstheorien. Das Modell unterscheidet vier Dimensionen, welche die Interaktion zwischen Verkäufer und Käufer beschreiben und beeinflussen; Den Interaktionsprozess, die Parteien des Interaktionsprozesses, die Atmosphäre des Interaktionsprozesses und das Umfeld des Interaktionsprozesses.

Der **Interaktionsprozess** basiert auf Episoden in denen Produkte- oder Dienstleistungen, finanzielle Größen, Informationen oder soziale Kontakte getauscht werden können. Mehrere Episoden bilden eine Beziehung. Beziehungen sind gekennzeichnet von Macht und Abhängigkeit, Konflikten, Kooperation, Erwartungen und sozialer Distanz. Beziehungen basieren auf Erwartungen bezüglich der Verhaltenweisen des Partners. Damit werden Beziehungen einerseits zu einer wertvollen Ressource für die beteiligten Unternehmen, anderseits jedoch auch zu einer Belastung, indem sie den eigenen Handlungsspielraum begrenzen. Beziehungen weisen Kommunikationsmuster auf und verlangen nach, den Wünschen und Bedürfnissen des Geschäftspartners entsprechenden, Adaptionen. Adaption ist das Abgehen von der Norm und das Setzen individueller Maßnahmen. Beziehungen beinhalten eine technische, soziale und wirtschaftliche Ebene. Auf technischer Ebene fördern Beziehungen das gegenseitige Lernen und die Entwicklung von Innovationen, indem gemeinsam technische Lösungen gesucht werden. Auf sozialer Ebene sind insbesondere die Aspekte der Selbstverpflichtung, des Vertrauens sowie der Macht und Einflussnahmen von Bedeutung. Wirtschaftlich betrachtet stellen Beziehungen, indem sie eine Vielzahl von Ressourcen binden, und Kapital verbrauchen einen Vermögensbestandteil bzw. eine große Investition dar.

Der Verlauf der Geschäftsbeziehung hängt maßgeblich von den **Parteien des Interaktionsprozesses**, also den involvierten Personen und Organisationen, ab. Auf Organisationsebene sind Struktur und Strategie, sowie Reputation, ebenso wie Technologie, Ressourcen und Erfahrungen von Bedeutung. Auf individueller Ebene müssen Ziele, Motive, Erfahrungen und Einstellungen berücksichtigt werden.

Zwischen der **Atmosphäre des Interaktionsprozesses** und der Geschäftsbeziehung besteht eine Wechselbeziehung. Die Atmosphäre beeinflusst den Verlauf der Episoden, umgekehrt beeinflussen die einzelnen Episoden die Atmosphäre. Das Ausmaß des Strebens nach Kosteneinsparungen (wirtschaftliche Dimension) als auch nach Unsicherheitsvermeidung (Kontrolldimension) prägt die Atmosphäre, indem es direkt auf die Entstehung von Konflikten, Kooperationen, Abhängigkeiten, Erwartungen und auf die soziale Distanz einwirkt. Verfolgt ein Partner bspw. rücksichtslos wirtschaftliche Eigeninteressen, so werden unausweichlich Konflikte und eine größere soziale Distanz entstehen.

Die **Umwelt des Interaktionsprozesses** wird von jenen Faktoren gebildet, die zwar Einfluss auf die Geschäftsbeziehung nehmen können, ohne jedoch von den Akteuren selbst gesteuert zu werden. Dazu zählen insbesondere die Marktstruktur (bspw. Größe des Marktes, Konzentrationsgrad, internationale Netzwerke etc.), die Dynamik der Umweltveränderung und das soziale Umfeld.

**Tabelle 29: Kernaussagen der Geschäftsbeziehungen als Aufgabe des Investitionsgüter Marketing**

| GESCHÄFTSBEZIEHUNG ALS ZENTRALE AUFGABE DES INVESTITIONSGÜTER MARKETING | |
|---|---|
| **Aussagenfeld** | **Kernaussagen** |
| Umfeld | • Kleine Anzahl an Marktteilnehmern, die meist bekannt sind<br>• Initiative geht häufig vom Käufer aus<br>• Austausch von komplexen Gütern oder Dienstleistungen<br>• Andere Organisationen beeinflussen die Austauschbeziehung<br>• Marktstruktur, Konzentrationsgrad und internationale Netzwerke |
| Erwartung | • Wertgenerierung durch Beziehung<br>• Innovationen und Lernen vom Partner<br>• Langfristige Beziehung<br>• Einhalten von Versprechen<br>• Teilen von Vorteilen<br>• Regelmäßige Interaktionen<br>• Kostenersparnisse<br>• Beziehung wird wertvolle Ressource engt jedoch Handlungsspielraum ein<br>• Reputation des Partners |
| Qualität | • Macht und Abhängigkeit<br>• Einflussnahme<br>• Konflikt und Kooperation<br>• Soziale Distanz<br>• Kommunikation<br>• Adaption<br>• Vertrauen<br>• Selbstverpflichtung<br>• Ziele, Motive, Erfahrungen, Ressourcen und Technologie |
| Zeitliche Aspekte | • Transaktionsepisode und Transaktionspotential<br>• „Moments of Truth", Aktionen und Sequenzen<br>• Episode und Beziehung |

# 4 Geschäftsbeziehungen als interkulturelles Problem

Mit zunehmender Verflechtung der Volkswirtschaften auf ökonomischer, gesellschaftlicher und politischer Ebene rücken auch deren Kulturräume näher zusammen. In der Folge müssen sich auch Unternehmen der Kulturproblematik stellen, um die Wettbewerbsfähigkeit zu erhalten. Der Versuch, Probleme und Konflikte mit althergebrachten (national bewährten) Instrumenten und Sichtweisen zu lösen, scheitert häufig in einem globalen Umfeld. Zusätzlich verursacht dieses Scheitern Verunsicherung in der Organisation, da liebgewonnene Symbole und Riten an Glaubwürdigkeit verlieren, alte und neue Wertsstrukturen aufeinanderprallen und Schattenkulturen entstehen können.[1]

Die Betrachtung von Geschäftsbeziehungen als interkulturelles Problem unterstellt bereits einen gewissen Zusammenhang zwischen dem, was unter „Kultur" verstanden wird und der „Wirtschaft" allgemein. Um dieses Bewusstsein zu schaffen, wird zunächst diese Grundannahme ausgeführt. Die Zulässigkeit der Zusammenhangshypothese ist Voraussetzung für die Relevanz der Betrachtung von Geschäftsbeziehungen als interkulturelles Problem. Erst danach wird der Frage nachgegangen, in welcher Form Kultur auf Beziehungen wirkt. Dabei wird der Fokus von der Ebene der Wirtschaft enger auf das Untersuchungsobjekt <internationale Geschäftsbeziehung> gelegt.

Eine Auseinandersetzung mit den Begriffen „Kultur" und „Wirtschaft" verlangt eine klare Trennung der beiden Termini. Dies erscheint auf den ersten Blick als leichte Übung, zumal sich zahlreiche Autoren finden, die bei ihren Betrachtungen entweder zu dem Ergebnis kommen, dass kulturelle und wirtschaftliche Bereiche „(...) essentially opposed and incompatible"[2] wären, oder hingegen fürchten, dass eine „Kannibalisierung" des kulturellen Bereiches durch die Wirtschaft stattfindet.[3]

[1] Klimecki/Probst (Interkulturelles) 6

[2] Sayer (Cultural Studies) 635

[3] vgl. Harvey (Postmodernity) oder Jameson (Postmodernism)

Eine erste Begriffsdefinition von Kultur[1] scheint eine grundsätzliche Differenzierbarkeit relativ einfach zu bestätigen. So meinen etwa INGLEHART, GRANATO und LEBLANG: „Mit dem Wort Kultur beziehen wir uns auf ein System allgemeiner Grundwerte, die helfen, menschliches Verhalten in einer bestimmten Gesellschaft auszuprägen."[2] Noch prägnanter formuliert KOSLOWSKI: „Kultur ist Lebensordnung und Daseinsdeutung."[3] Wirtschaft hingegen wird häufig mit den Schlagwörtern der Produktion und dem Austausch von begrenzten Gütern oder Dienstleistungen umschrieben.[4] Wenn also nun von einem Zusammenhang von „Wirtschaft und Kultur" gesprochen wird, so drängt sich unweigerlich die Frage auf in welche Richtung der Zusammenhang weist. Bewirken kulturelle Faktoren Wirtschaftswachstum, oder führt Wirtschaftswachstum zu kulturellem Wandel?

Weithin verbreitet ist die Sichtweise, dass Wirtschaft einen Einfluss auf die Kultur nimmt. Stellvertretend für viele meint etwa DiMAGGIO, „Most of us are accustomed to the view, assimilated by social research and theory, that economic relations influence ideas, worldviews, and symbols. That the reverse is true, that aspects of culture shape economic institutions and affairs, is less well understood (...)."[5]

Die Vorstellung, dass Wirtschaftswachstum teilweise von kulturellen Faktoren geprägt wird, ist auf enormen Widerstand gestoßen. „Ein Grund für diese Ablehnung ist, dass Kultur oftmals als diffuses und beständiges Merkmal bestimmter Gesellschaften angesehen wurde: Wenn Kultur das Wirtschaftswachstum prägt, dann scheinen die Aussichten für eine ökonomische Entwicklung hoffnungslos zu sein, weil Kultur nicht geändert werden kann."[6]

INGLEHART, GRANATO und LEBLANG formulieren die Hypothese, dass kulturelle und ökonomische Faktoren eine komplementäre Rolle für das Wirtschaftswachstum

---

[1] ausführlich dazu nachfolgendes Unterkapitel

[2] Inglehart/Granato/Leblang (Einfluss) 304

[3] Koslowski (Kultur) 79

[4] bspw. DiMaggio (Culture) 28: „By the economy, I refer to institutions and relations of production, exchange, and consumption (...)."

[5] DiMaggio (Culture) 27

[6] Inglehart/Granato/Leblang (Einfluss) 327

spielen.[1] Konsequenterweise beantworten die Autoren die oben gestellt Frage nach der Richtung des Zusammenhangs mit einem klaren „Sowohl als Auch!". Der kausale Strom führt also in beide Richtungen, wobei der vorherrschende Einfluss von Fall zu Fall unterschiedlich ist. Dabei ist jedoch offensichtlich, dass, solange kulturelle Faktoren nicht in einer quantitativen Analyse eingesetzt werden können, der Nachweis des Einflusses – zumindest aus diesem Forschungsparadigma kommend – problematisch ist. Dies erklärt auch, warum das Kulturkonzept bis in die Gegenwart limitierte Bedeutung in der ökonomischen Forschung erfahren hat. „Faced with anomalies in human decision-making, economists prefer cognitive psychology to cultural anthropology: how much easier to incorporate into one´s models decisions heuristics that are invariant and hardwired than to deal with perturbations caused by culturally varying schemes of perception and value."[2]

Das weiter oben angeführte „Sowohl als Auch" - Prinzip ist ebenfalls aus den Aussagen KOSLOWSKI´s abzuleiten, nur mit einer stärkeren Betonung in die entgegen gesetzte Richtung: Kultur nicht als Einflussfaktor des Wirtschaftswachstums, sondern Wirtschaft als Kulturschöpfer. „Die Moderne sah die Wirtschaft als einen autonomen, von der Kultur und Ethik unabhängigen und aus der Gesellschaft ausdifferenzierten Teilbereich an. In der Postmoderne wird dagegen erkennbar, dass die Wirtschaft einen zentralen Bereich der spontanen Kulturbildung darstellt und zusammen mit der Wissenschaft und der Kunst einen der drei Hauptbereiche der Kultur bildet. Wirtschaften heißt kulturschöpferisch tätig zu sein."[3]

Jedoch nicht alle Autoren stimmen einem Schichtmodell, welches Kultur und Wirtschaft als Teilbereiche der Gesellschaft skizziert, zu. Ohne an dieser Stelle eine detaillierte Diskussion zu führen – die auch nicht dem Erkenntnisziel dieser Arbeit dient – sei auf die Position TURNER´s verwiesen, der meint: „As long as we talk of relationship between culture <and> politics, culture <and> economics, between a realm of culture which pertains to human inwardness and a social realm which does not, we will miss the point completely. <Culture> is not a sphere at all."[4]

---

[1] Inglehart/Granato/Leblang (Einfluss) 304

[2] DiMaggio (Culture) 29

[3] Koslowski (Kultur) 13

[4] Turner (Modernity) 43

Dieser Aussage liegt das Kulturverständnis Max WEBER´s zugrunde, der Kultur nicht als isolierten Bereich oder Sphäre sieht, sondern als Inhalt oder Wesen einer Gesellschaft. TOURAINE zeigt jedoch, dass der Kulturbegriff, definiert als freiwillige Konstruktion eines Satzes von Normen und Praktiken, einer Wandlung unterliegt. „That, in turn, would explain why it has been impossible in the past to separate the idea of culture from the idea of society, since the definition of culture is precisely what makes possible the construction of a unified society (...).“[1] Dies wird besonders offensichtlich wenn wir wie selbstverständlich von Kultur sprechen (bspw. eines Eingeborenenstammes in Afrika), wo wir eigentlich Gesellschaft meinen, also in jenen Fällen, wo sehr starke Regulierungsmechanismen eine Gesellschaft genau abgrenzen. Nach TOURAINE hat sich in der modernen Gesellschaft der Kulturbegriff aufgeweicht. Er wurde, über die Zwischenstation einer Klassenkultur (bspw. Proletariat), in der heutigen Zeit durch moralischen Individualismus und immer kleiner werdende Kulturkreise abgelöst. „This explains that in our strongly differentiated and ever changing societies the significance that we give to the idea of culture is constantly weakening, and has easily come to be replaced by the idea of <life styles> or even <patterns of consumption>.“[2]

Doch bevor solchen Aussagen zugestimmt werden kann, sollte zunächst das, von einer Vielzahl von Sozialwissenschaftern propagierte, Gesellschaftssystem dargestellt werden. Dabei bezeichnet der Begriff der Gesellschaft „(...) eine Gruppe von Menschen, die einen gemeinsamen Lebensraum bewohnen und in ihrer Existenz wie in ihrem Wohlergehen aufeinander angewiesen sind.“[3] Das gesellschaftliche Leben kann als System bestehend aus drei „Sphären“ oder „Subsystemen“ beschrieben werden.[4] Wie die nachfolgende Abbildung zeigt, sind diese drei Bereiche der Gesellschaft die Wirtschaft, die Politik und die Kultur.

---

[1] Touraine (Culture) 140f

[2] Touraine (Culture) 142

[3] Harris (Kulturanthropologie) 21

[4] Perlas (Globalisierung) 76

**Abbildung 28: Die dreigliedrige Natur der Gesellschaft**

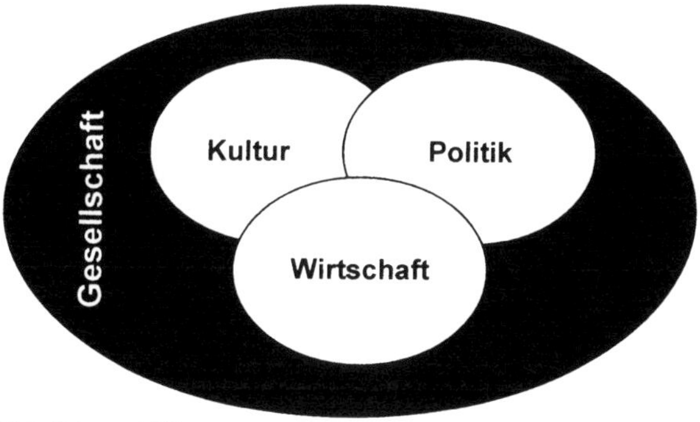


Quelle: Perlas (Globalisierung) 76

**Wirtschaft** ist jener Teilbereich bei dem die Befriedigung der menschlichen Bedürfnisse im Mittelpunkt steht. In diesem Aufgabenbereich geht es um die Aufteilung knapper Mittel auf konkurrierende Ziele, bzw. etwas präziser, um Fragen der Produktion, Verteilung und Konsumtion von Waren und Dienstleistungen. Wirtschaft, als Teilbereich der Gesellschaft, umfasst die „(...) Summe aller Handlungen, die für die Versorgung einer Gesellschaft mit Gütern und Dienstleistungen verantwortlich sind."[1]

**Politik** umfasst die Wirkungsbereiche der Gerechtigkeit und Sicherheit in allen Aspekten menschlicher Beziehungen.

**Kultur** führt schließlich die orientierenden, umfassenden Ideen in die Gesellschaft ein. „Die Kultur beschäftigt sich mit dem Bereich der Ideen in ihren verschiedenen Formen, einschließlich Weltanschauungen, Wissen, Bedeutungen, Symbolen, Identität, Ethik, Kunst, Spiritualität und anderem mehr."[2]

Was in oben stehender Abbildung harmonisch anmutet, birgt jedoch immenses gesellschaftliches Konfliktpotential in sich, welches immer dann offensichtlich wird, wenn eine Sphäre den Versuch unternimmt, sich auf Kosten anderer auszudehnen.

---

[1] Harris (Kulturanthropologie) 122

[2] Perlas (Globalisierung) 76

PERLAS verweist auf Adam SMITH, wenn er behauptet, „(...) dass die Wirtschaft nicht produktiv, effizient und wirklich ausreichend für menschliche Bedürfnisse sein kann, wenn ihre Aktivitäten die Kultur beherrschen.“[1] Somit könne die Wirtschaft nicht die Lebendigkeit der Kultur verletzen, ohne drastische Folgen für sich selbst hervorzurufen, und vice versa. Der Idealzustand ist dann erreicht, wenn die einzelnen Bereiche der Gesellschaft im gegenseitigen Verständnis und Respekt ausbalanciert sind.

Nach Meinung einiger Autoren wie bspw. TOURAINE ist dieser „Balance Zustand“ heute, resultierend aus einer Veränderung der Bedeutung von Kultur, gefährdet. Sie sehen im Prozess der Globalisierung eine viel bedeutendere Kraft als in jener der industriellen Revolution. Die Globalisierung trennt Kultur und Gesellschaft, bzw. präziser formuliert, bringt diese in Opposition. Der schnell anwachsende und stets veränderliche Komplex technologischer und wirtschaftlicher Entwicklungen lässt sich nicht mehr in Verhaltensmuster transformieren. Dadurch bricht das Gerüst der klassischen Soziologie zusammen. „Today, there no longer exists a unifying principle of social life. Social life seems constantly transformed by technological and economic change which have become independent from social institutions and value orientations.“[2] Kulturelle Prinzipien, so TOURAINE weiter, würden noch stärker verschwinden als die dazugehörigen Institutionen und deren Platz von technischen und wirtschaftlichen Entwicklungen eingenommen.

Doch in vorliegender Arbeit ist nicht die Gesellschaft das fokale Untersuchungsobjekt, sondern menschliches Handeln. Verlässt man somit die gesellschaftliche Ebene und betrachtet die Auswirkungen der obigen Abbildung für das Agieren einzelner Unternehmen, so wird offensichtlich, dass unternehmerische Entscheidungen stets in einem kulturellen Kontext eingebettet sind. Wirtschaftliches Handeln findet im Umfeld einer bestimmten Wirtschaftskultur statt. Diese „(...) umfasst die Wechselbeziehung zwischen den kulturellen Lebensordnungen und Daseinsdeutungen einer Gesellschaft einerseits und ihrer Wirtschaftsordnung, ihrem Wirtschaftsstil und ihren wirtschaftlichen Praxisnormen andererseits.“[3] Der Mensch

---

[1] Perlas (Globalisierung) 79

[2] Touraine (Culture) 143

[3] Koslowski (Wirtschaftsethik) 15

ist somit nicht „(...) das leicht durchschaubare Modell des homo oeconomicus, der rational in einem genau abgegrenzten Handlungsrahmen seinen persönlichen Nutzen maximiert."[1] Damit können jedoch auch Handlungen fernab des formal-ökonomischen Sinnes von Rationalität gerechtfertigt bzw. richtig sein.

### 4.1 Der Begriff <Kultur>

Obwohl, oder vielleicht gerade weil die Diskussion über die Bedeutung von Kultur bereits seit mehr als hundert Jahren anhält, ist eine einheitliche Sicht über das Wesen der Kultur so fern wie zu Beginn des Diskurses. Einen ersten Einblick in die Komplexität der „Normungs-Diskussion" bzw. der Problematik, den Begriff der Kultur eindeutig zu definieren, vermittelt bereits der vorangegangene Teil der vorliegenden Arbeit. Trotz der bestehenden Uneindeutigkeit des Kulturbegriffes wäre es jedoch falsch daraus abzuleiten, „(...) dass die Beschäftigung mit Kultur in einen <Sumpf> führt, in dem der Betrachter unweigerlich untergeht und deshalb besser gleich die <Hände davon lassen sollte>"[2] Vielmehr stellt der Facettenreichtum der Konzeptionen des Kulturbegriffes eine ausgezeichnete Basis für die Auswahl eines, der jeweiligen Forschungsfrage entsprechenden, Ansatzes dar. Nachfolgend wird besagter Facettenreichtum des Begriffes der Kultur dargestellt.

Der Ursprung der Kulturdiskussion geht bereits auf das ausklingende 18.Jahrhundert zurück, in die Gedankenwelt der Aufklärung, wo sich insbesondere TYLOR[3] und KLEMM[4] mit Entwicklungsstufen der Gesellschaft beschäftigten. Die Aufklärung war geprägt von der Idee des Fortschritts, welche auch auf die Entwicklung von Gesellschaften umgelegt wurde. Damals wurde Kultur als Ganzheit von Wissen, Annahmen, Kunst, Moral, Gesetzen, Bräuchen und anderen Fähigkeiten und Verhaltensweisen von Individuen als Teilen einer sozialen Gesamtheit gesehen,[5] häufig jedoch mit dem bitteren Beigeschmack der Dichotomisierung von Gesell-

[1] Wolff (Koordination) 82

[2] Mauritz (Geschäftsbeziehungen) 9

[3] Tylor (Primitive) Tyler geht von einer dreistufigen Entwicklung der Gesellschaft aus: von der Wildheit über die Barbarei hin zur Zivilisation.

[4] Klemm (Culturgeschichte)

[5] Tylor (Primitive) 1

schaftssystemen in „wilde Naturvölker“ und weitentwickelte, überlegene „Kulturvölker“. Erst Mitte der fünfziger Jahre setzte erneut eine intensive Diskussion darüber ein, was unter dem „komplexen Ganzen“ zu verstehen sei. Einige der, aus der Diskussion hervorgegangenen, Kulturkonzepte stellt die nachfolgende Tabelle gegen über.

**Tabelle 30: Gegenüberstellung unterschiedlicher Kulturkonzepte**

| Kultur... | | |
|---|---|---|
| ist menschengeschaffen. Sie ist ein Produkt kollektiven gesellschaftlichen Handelns und Denkens einzelner Menschen. | is not specific to single individuals. It is shared by members of a group organization or society. | derives from the biological, environmental, psychological and historical components of human existence. |
| ist überindividuell und ein soziales Phänomen, das den einzelnen überdauert. | is transgenerational, passed down from one generation to the next. | is structured. |
| wird erlernt und durch Symbole übermittelt. | is acquired by learning and experience. | is learned. |
| ist durch Normen, Regeln und Verhaltenskodizes verhaltenssteuernd. | is symbolic and thus based on the human capacity to symbolize or use one thing to represent another. | is divided into aspects. |
| strebt nach innerer Konsistenz und Integration. | is adaptive; it is based on the human capacity to change or adapt. | exhibits regularities that permits its analysis by the methods of science. |
| ist ein Instrument zur Anpassung an die Umwelt. | is patterned; it has a structure and is integrated – a change in one part will bring changes in another. | is the instrument, whereby the individual adjusts to his total setting. |
| ist langfristig adaptiv und wandlungsfähig | | is dynamic and variable. |
| Quelle: Keller[1] | Quelle: Luthans[2] | Quelle: Kluckhohn[3] |

Quelle: eigene Darstellung, nach Rothlauf (Interkulturelles Management) 15f

Um den Einfluss von Kultur auf das Verhalten von Akteuren (internationale Geschäftspartner) aufzuzeigen, bietet sich jedenfalls eine verhaltensorientierte Sichtweise des

---

[1] Keller (Management) 114ff

[2] Luthans (Differences) 96

[3] Kluckhohn (Study) 87

Kulturbegriffes; etwa jene von HERRMANN-PILLATH, wonach Kultur verstanden werden soll als „(...) eine Menge verhaltenssteuernder Regeln, die anpassungsrelevante Informationen intergenerationell übertragen.“[1] Diese Betrachtungsweise ist jedoch bei weitem nicht ausreichend, da sie weder in der Lage scheint, Bedeutungen, die aus sozialer Interaktion entstehen, noch das Verständnis der Akteure innerhalb der Situation, zu erfassen. Kultur ist auch lokal, spontan, konstitutiv und konstruktiv![2] Dies bedeutet nichts anderes, als dass aus sozialer Interaktion spontan und lokal Sinn und Bedeutung, sowie Ordnung wirtschaftlicher Prozesse geschaffen werden kann.

Eine ausgezeichnete Übersicht unterschiedlicher Ansätze kulturanthropologischer Theoriebildung bietet MAURITZ. Seiner Gliederung wird an dieser Stelle gefolgt.[3] MAURITZ unterscheidet in einem ersten Schritt materialistische- von idealistischen Kulturauffassungen:[4]

- Materialismus basiert auf der Annahme, dass das Stoffliche das einzig Wirkliche in der Welt und alles Geistige nur eine Funktion oder Folge von Materie darstellt.
- Idealismus basiert auf der Annahme, dass Wirklichkeit nur als rein geistiges Sein existiert und Materie dessen Erscheinungsform ist.

In einem zweiten Schritt bezieht er sich auf die postulierte Eigenständigkeit von Kultur und ihre Unabhängigkeit von anderen Phänomenen, also auch dem Menschen:

- Organische (persönliche) Konzeptionen basieren auf der Annahme der Untrennbarkeit von Kultur und den Bedingungen des Lebens von Menschen.
- Superorganische (unpersönliche) Konzeptionen basieren auf der Annahme, Kultur sei ein Phänomen „sui generis“.

---

[1] Herrmann-Pillath (Kultur) 11

[2] Mikl-Horke (Arbeitspapier)

[3] Eine andere Form der Gliederung wählt bspw. Harris (Kulturanthropologie), der die historische Entwicklung aufzeigt, bzw. Allaire (Theories) 196, welche acht unterschiedliche Kulturkonzepte unterscheidet.

[4] Mauritz (Geschäftsbeziehungen) 12

Die nachfolgende Tabelle zeigt eine, aus den obenstehenden Dimensionen gebildete, Vierfeldermatrix und ordnet ausgewählte Ansätze kulturanthropologischer Theoriebildung[1] den einzelnen Feldern zu.

**Tabelle 31: Dimensionen und ausgewählte Ansätze kulturanthropologischer Theoriebildung**

| Dimension | materialistisch | idealistisch (ideational) |
|---|---|---|
| Organisch (persönlich) | • Realismus<br>• Kulturmaterialismus | • Kognitive Anthropologie<br>• Symbolische Anthropologie |
| Superorganisch (unpersönlich) | • Historischer Materialismus | • Objektiver Idealismus<br>• Strukturalismus |

Quelle: Mauritz (Geschäftsbeziehungen) 13

Die einzelnen Ansätze werden an dieser Stelle nicht weiter erklärt; der interessierte Leser sei auf MAURITZ und die dort zitierte Literatur verwiesen.[2] Wichtig erscheint vielmehr die Festlegung und Begründung der Auswahl der für diese Arbeit relevanten Sichtweise. Aus der bereits erfolgten Einordnung der vorliegenden Arbeit bedürfen lediglich idealistische Konzeptionen einer weiteren Prüfung. Idealisten sehen Kultur als ein System von Gedanken, das nicht konkret oder direkt beobachtbar ist. Beobachtbare Artefakte sind lediglich Ausdruck von konzeptionellen Ideen, nicht umgekehrt. Ideen und Sichtweisen sind die kulturellen Bausteine.

Innerhalb der idealistischen Konzeptionen hat sich die superorganische Interpretation von Kultur kaum „Gehör" verschaffen können. Selbst prominente Verfechter des **objektiven Idealismus** räumen ein, dass Kultur nicht völlig unabhängig vom Menschen (in einer eigenen transzendentalen Wirklichkeit[3]) entstehen kann.[4] Auch der **Strukturalismus** blieb nicht von massiver Kritik verschont. Der Strukturalismus sucht nach universellen Prinzipien menschlichen Geistes, welche die Art und Weise des Denkens und Verhaltens ordnen. Strukturalisten beschäftigen sich mit „(...) den

---

[1] Anthropologie ist die Wissenschaft von Menschen und deren Lebensweisen. Zur Unterscheidung von <Kultur-> und <Sozial->Anthropologie siehe bspw. Harris (Kulturanthropologie) 20f

[2] Mauritz (Geschäftsbeziehungen) 13ff

[3] Sichtweise des objektiven Idealismus; siehe bspw. Bidney (Anthropology) 25f

[4] Kroeber (Anthropology) 253f

psychologischen Gleichförmigkeiten, die scheinbar unterschiedliche Denk- und Verhaltensweisen zugrunde liegen."[1] Eine Grundannahme lautet nun, dass diese Gleichförmigkeiten durch die Struktur des menschlichen Gehirns und der unbewussten Denkprozesse bedingt sei. Ein Strukturmerkmal des Geistes, so vermuten Vertreter des Strukturalismus, läge in der Tendenz zur Dichotomisierung, also zum Denken in binären Gegensätzen. Insbesondere die weitgehende Nichtüberprüfbarkeit dieser Aussagen, bzw. das Unvermögen, kulturelle Variationen zwischen Gesellschaften zu erklären, werden von Kritikern bemängelt.[2]

Innerhalb der **organisch-ideationalen Kulturforschung** stellt die *kognitive Anthropologie* einen wichtigen Ansatz dar. Kultur wird dabei als ein System von Wissen über die Regeln zur Kategorisierung von Erfahrungen gesehen. Das Ziel von Kulturbeschreibungen liegt im Aufdecken von Standards für das Denken und Handeln von Menschen. Das Denken und Handeln soll in Einklang mit den Erwartungen der Gesellschaft stehen und somit den Akteuren verständlich und akzeptabel sein.[3] Bei der Beschreibung der Kultur bemühen sich Vertreter der kognitiven Anthropologie um eine möglichst authentische Wiedergabe der subjektiven Realität der Mitglieder der zu beschreibenden Kultur. Es geht also darum, wie die handelnden Akteure ihre Umwelt selbst wahrnehmen und sie mittels Sprachkategorien strukturieren, wie sie sich nach eigenen Entscheidungsregeln und –prinzipien richten.[4] An diesem Punkt zweifeln Kritiker an der Nützlichkeit derartiger Bemühungen. Solcherart produzierte Forschungsergebnisse seien zu stark linguistisch dominiert und Kultur könne nicht auf Sprache und psychologische Daten reduziert werden.[5]

Vertreter *der Symbolischen Anthropologie* sehen Kultur nicht als ausschließlich kognitives System, sondern als ein von Menschen geteiltes System von Symbolen und Bedeutungen. Kultur liefert den Kontext für die Beschreibung von sozialen Ereignissen, Verhaltensweisen, Institutionen oder Prozessen, „(...) ohne jedoch in

[1] Harris (Kulturanthropologie) 445

[2] Howard (Anthropology) 38

[3] Winthrop (Concepts) 104

[4] Howard (Anthropology) 38f

[5] Winthrop (Concepts) 105f

monokausalem Zusammenhang mit diesen zu stehen."[1] Darüber hinaus steuert Kultur das menschliche Verhalten und bringt Ordnung in gesellschaftliche Systeme. Somit kann Kultur als ein Gebäude von Bedeutungen gesehen werden, welches den Akteuren hilft ihre Erfahrungen zu interpretieren. Kultur leitet somit die Handlungen der Menschen.[2]

Die vorliegende Arbeit folgt der Argumentation von MAURITZ, dessen Darstellung interkultureller Geschäftsbeziehungen auf der ideational-organischen Sichtweise (insbesondere der symbolisch-interpretativen Sichtweise) basiert.[3] MAURITZ verweist auf die allgemeine Akzeptanz der ideationalen Perspektive sowie auf die Tradition des interdisziplinären Arbeitens in der Marketingwissenschaft. Die ideationale Kulturperspektive bietet gute Anknüpfungsmöglichkeiten zu Forschungsansätzen der Soziologie, der Organisationstheorie und der Kommunikationswissenschaft.[4]

## 4.2 Schichtmodell der kulturellen Einflussfaktoren auf internationale Geschäftsbeziehungen

Unternehmerisches Handeln muss stets in Relation zu dem, das Unternehmen umgebende, Umfeld gesehen werden. Grenzüberschreitende Geschäftstätigkeit muss sich dementsprechend mit unterschiedlichen Umfeldbedingungen auseinandersetzen. Trotzdem wird diesem Thema in der Fachliteratur nach wie vor nicht jene Bedeutung zuerkannt, wie die Berichte von kulturbedingten Fehlschlägen unternehmerischen Handelns im Ausland in der Trivialliteratur vermuten ließen. SCHMID stellt fest: „Wenn dennoch der Eindruck entsteht, dass Betriebs- wirtschaftslehre und Management weiterhin häufig national und nicht international orientiert sind, so hängt dies unter Umständen damit zusammen, dass die betriebswirtschaftliche Forschung und Lehre in einem scheinbar kulturfreien Raum operieren."[5] Er bemängelt, dass abgesehen von der Diskussion über Unternehmens- kulturen, sowohl National-

[1] Mauritz (Geschäftsbeziehungen) 16

[2] Geertz (Interpretation) 144

[3] Mauritz (Geschäftsbeziehungen) 17

[4] Mauritz (Geschäftsbeziehungen) 17

[5] Schmid (Multikulturalität) 59

kulturen als auch Subkulturen weitestgehend unberücksichtigt bleiben. Mit teils drastischen Konsequenzen: „However, many attempts towards international co-operation have not been successful so far. Quite often, a misfit of cultures is mentioned as a cause of failure."[1] OUDENHOVEN stellt fest, dass Akteure einer Beziehung eine starke Präferenz hinsichtlich kulturell ähnlich geprägter Geschäftspartner hegen.[2]

Eine Ausnahme diesbezüglich stellen die Arbeiten DÜLFER´s dar,[3] der sich intensiv mit der Bedeutung der Kultur für internationale Geschäftstätigkeit auseinandergesetzt und ein Schichtmodell zur Analyse der Umweltbeziehungen eines Unternehmens entwickelt hat. Der Ansatz sieht eine zweidimensionale Analyse vor:[4]

- **Strukturanalyse der Aufgabenumwelt:** Zuerst werden (bezugnehmend auf Überlegungen des Interaktionsansatzes) jene soziotechnischen Systeme identifiziert, mit denen das Unternehmen aufgrund ihres Zielsystems in *horizontaler* Interaktion steht oder stehen wird. Dabei sind sämtliche Partner – und nicht nur solche, mit denen das Unternehmen in Marktbeziehung steht – zu berücksichtigen. Zusätzlich werden unternehmensinterne- und unternehmensexterne Interaktionsbeziehungen unterschieden.

- **Analyse der verhaltensbeeinflussenden globalen Umwelt:** Im zweiten Schritt werden die natürlichen und kulturellen Umwelteinflüsse identifiziert, die auf die Interaktionspartner *vertikal* einwirken und somit deren Verhalten beeinflussen. Für DÜLFER sind alle Einflüsse, die nicht auf natürliche Gegebenheiten zurückzuführen sind, „man made"[5] und damit kulturelle Einflussfaktoren.

Die nachfolgende Abbildung zeigt das Schichtenmodell der Umweltberücksichtigung. Dabei werden die natürlichen und kulturellen Umfeldfaktoren als übereinander-

---

[1] Oudenhoven (National Cultures) 89

[2] Oudenhoven/DeBoer (International Mergers)

[3] Dülfer (Umweltberücksichtigung), Dülfer (Internationales Management), Dülfer (Kulturbereich)

[4] Dülfer (Internationales Management) 198f

[5] Dülfer (Internationales Management) 207

liegende Schichten dargestellt, welche sich gegenseitig beeinflussen können. Alle Schichten wirken auf die Unternehmen, das Verhalten der Aktionsträger der Unternehmen (in der Abbildung als Manager bezeichnet), sowie auf deren Interaktionspartner ein.

**Abbildung 29: Schichtenmodell der Umweltberücksichtigung**

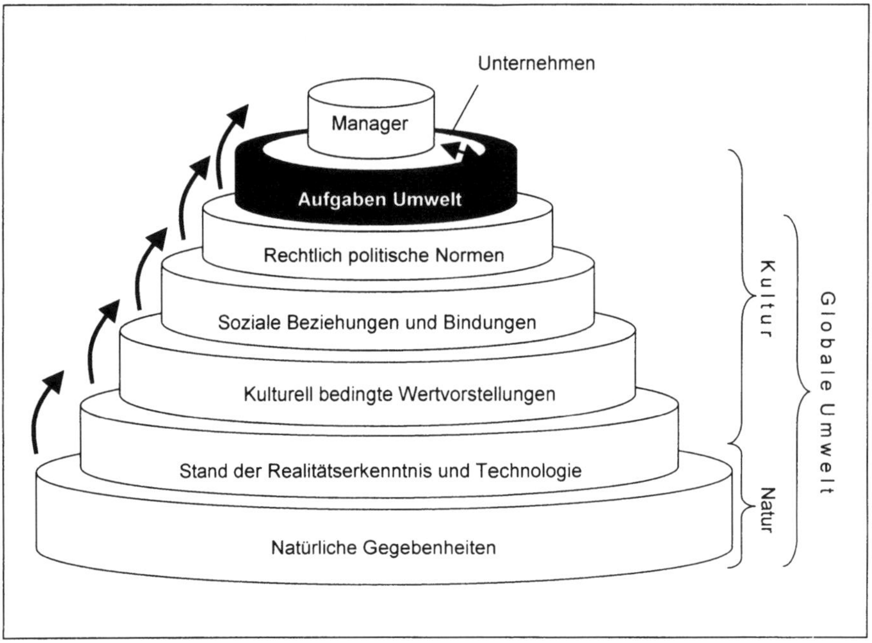


Quelle: verändert entnommen aus: Dülfer (Internationales Management) 207

Wie die Abbildung zeigt, unterscheidet DÜLFER innerhalb der globalen Umwelt nochmals zwischen natürlichen Gegebenheiten (oder der ökologischen Umwelt), der Fähigkeit zur Realitätserkenntnis (bzw. dem technologischen Entwicklungsstand i.w.S.), kulturell bedingten Wertvorstellungen (Glaube, Einstellungen, Prinzipien und persönliche Ziele des Individuums), sozialen Beziehungen und Bindungen (organisierte Mitgliedschaften, oder informelle Gruppierungen), sowie rechtlichpolitischen Normen (Rechtsvorschriften und ideologisch begründete Ge- und Verbote).[1]

Mit diesem Modell distanziert sich DÜLFER klar von länderkundlich-pragmatischen Ansätzen der Umweltberücksichtigung, in denen Umwelt als Restriktion gesehen wird. Umwelt bildet nicht nur die Rahmenbedingungen für Unternehmen, sondern bietet Chancen der Interaktion und Gestaltung von Beziehungen mit anderen Akteuren. Zusätzlich sieht DÜLFER die Interaktionsbeziehungen mit der Umwelt nicht als objektiv gegeben, sondern geht von subjektiver Wahrnehmung und Beeinflussbarkeit vor dem Hintergrund von Machtbeziehungen aus.[2] Damit können natürlich auch Konflikte aus den Beziehungen resultieren. Informationsbeschaffung und Klärung der Koordinationsregeln werden zu zentralen Aufgaben der handelnden Akteure.

Nachfolgend wird ein eigenständiges Schichtmodell internationaler Geschäftsbeziehungen entwickelt, wobei verstärkt der Aspekt der Einflussfaktoren auf die Beziehung berücksichtigt wird. Als relevante Einflussgrößen werden Nationalkultur, Branchenkultur und Unternehmenskultur inklusive Subkulturen identifiziert. Das zu entwickelnde Modell orientiert sich somit an sozialen Organisationsformen als Bezugsebene für Kultur.

### *4.2.1 Nationalkultur*

Die Versuchung, Kultur und Nationalstaat gleichzusetzen, ist groß. Nationalkultur definiert sich aus der Abgrenzung gegenüber anderen Nationalkulturen und kann als grobe Klammer, als übergeordnetes System „(...) im Sinne eines kulturellen Rahmens, der die grundlegenden Werte und Normen festlegt und damit die Basis der differenzierten Kulturelemente bildet (...)“[3] gesehen werden. Prägnanter formulieren dies USUNIER und WALLISER, wenn sie meinen „Die Nationalität ist ein bequemes Kriterium, um Kulturen voneinander abzugrenzen.“[4] Doch wie so oft ist

---

[1] Dülfer (Internationales Management) 208f

[2] Dülfer (Internationales Management) 189

[3] Keller (Dilemma) 43

[4] Usunier/Walliser (Interkulturell) 29

der bequeme Weg nicht zugleich der zielführendste. Unbestritten hat die Nationalität Einfluss auf die Kultur und umgekehrt. Historisch betrachtet wurden häufig Grenzen von Nationalstaaten um eine verbindende Kultur gezogen. Es finden sich jedoch auch ebensolche Beispiele, wo die Grenzziehung politisch motiviert war, bzw. wo einzelne Nationalstaaten aus unterschiedlichen Kulturen gebildet wurden. Letztlich wurde vielen Kulturen kein Nationalstaat zugestanden. Die Verwendung des Begriffes der Nation ist somit eng verbunden mit jener des Staates, wobei der Nationenbegriff häufig auf staatlich organisierte Gesellschaften bezogen wird. Die Eckpfeiler eines Staates sind „(...) ein Gebiet, ein Volk (im Sinne von Bevölkerung) und das Vorliegen von Staatsgewalt.“[1] Unterschiedliche Organisationsformen gesellschaftlichen Lebens stellt die nachfolgende Tabelle anhand der Kriterien „sozio-kulturelle Einheit“ und „Politische Einheit“ dar.

**Tabelle 32: Bezugskonzepte für „nationale“ Kultur in Abhängigkeit von Staatlichkeit**

| | | Politische Einheit („Staat“) | |
|---|---|---|---|
| | | **Ja** | **Nein** |
| Sozio-kulturelle Einheit | **Ja** | Nationalstaat | Staatenlose Nation, Nationalität |
| | **Nein** | Polynationaler Staat, Nationalitätenstaat | --- |

Quelle: Mauritz (Geschäftsbeziehung) 31

Wie aus obiger Tabelle ersichtlich, könnten, selbst wenn man Kultur nicht als Unternehmenskultur versteht, interkulturelle Geschäftsbeziehungen auch innerstaatliche Beziehungen sein. Internationale Geschäftsbeziehungen liegen vor, wenn die Träger der Beziehung aus zumindest zwei Nationen, und somit aus zwei unterschiedlichen politischen Einheiten, entstammen. Der Einfluss der Kultur auf diese Art der Beziehung lässt sich nur dann analysieren, wenn von kulturellen Differenzen zwischen den Geschäftspartnern ausgegangen werden kann, welche sich – wie in obenstehender Tabelle dargestellt – nicht zwangsweise aus der Internationalität der

[1] Mauritz (Geschäftsbeziehung) 30

Partner ergeben müssen, jedoch häufig auftreten werden. Trotzdem wird in weiterer Folge am Untersuchungsobjekt „internationale Geschäftsbeziehung" festgehalten, da vermutet werden kann, dass sich aufgrund der grenzüberschreitenden Geschäftstätigkeit Einflussfaktoren der Zufriedenheit verändern (bspw. aufgrund größerer physischer Distanz), die wiederum nicht zwangsweise beim Kriterium der Interkulturellen Beziehung auftreten müssen.

Einen der überzeugendsten Ansätze um die Verhaltensmuster, Gefühle und Denkweisen von Akteuren unterschiedlicher Nationen verstehen zu können, bietet HOFSTEDE.[1] Dies bezeugen zahlreiche kritische Auseinandersetzungen mit der Forschungskonzeption.[2] Besonders umfassend setzt sich SONDERGAARD mit dem Werk HOFSTEDE´s auseinander. Er untersucht Akzeptanz und Auswirkung des Konzeptes auf die wissenschaftliche Diskussion des Inter-Kultur Phänomens. Nach Durchführung einer Meta Analyse gelangt er zu dem Schluss: „There are remarkably few non-confirmations"[3] und an anderer Stelle: „The interdisciplinary nature of this application of Hofstede´s dimensions is unique."[4] Abschließend das Resümee von BROCK, BARRY und THOMAS: „While not without its critics this framework has stood the test of time and subsequent work has amplified its utility rather than contradicting it."[5]

HOFSTEDE bietet einen griffigen Vergleich, indem er Kultur als „Mental software" bezeichnet.[6] Mitglieder eines Systems (bspw. einer Nation) unterscheiden sich von Nicht-Mitgliedern in dieser Allegorie durch unterschiedliche kollektive Programmierung. „Collective Programming takes place at the national and at the organizational level. National cultures distinguish members of on nation from another (...)"[7] Kollektive Programmierung misst und visualisiert HOFSTEDE anhand vier grund-

[1] Hofstede (Consequences)

[2] bspw. jene von Schmid (Multikulturalität) 259ff

[3] Sondergaard (Research Note) 452

[4] Sondergaard (Research Note) 454

[5] Brock/Barry/Thomas (Multinational Planning) 691

[6] Hofstede (Cultures)

[7] Oudenhoven (National Cultures) 90

legender, übergreifender Dimensionen, welche Kulturen hinlänglich charakterisieren sollen:

- Machtdistanz (power distance),
- Individualismus versus Kollektivismus (individualism – collectivism),
- Maskulinität versus Femininität (masculinity – feminity),
- Unsicherheitsvermeidung (uncertainty avoidance).

**Machtdistanz** beschreibt das Ausmaß „(...) to which the less powerful members of institutions and organizations within a country expect and accept that power is distributed unequally".[1] Eine hohe Machtdistanz bedeutet eine starke Akzeptanz von Ungleichverteilung von Macht in der Gesellschaft. Machtdistanz hat Auswirkungen auf „(...) the degree of freedom in decision making a superior leaves to his or her subordinate."[2] Vor allem mittel- und südamerikanische Länder weisen eine hohe Machtdistanz auf. Skandinavische Länder zeichnen sich hingegen durch eine geringe Machtdistanz aus.

**Individualismus** beschreibt Gesellschaften, in denen die Bindungen zwischen den Individuen schwach ausgeprägt sind. Mitglieder individualistischer Gesellschaften kümmern sich vorrangig um sich selbst und die unmittelbare Familie. **Kollektivistische** Gesellschaften sind durch geschlossene Wir-Gruppen charakterisiert, in denen der Mensch von Geburt an integriert ist und von denen er ein Leben lang geschützt wird. Dafür wird bedingungslose Loyalität der Gruppe gegenüber verlangt. Die Dimension des Individualismus versus Kollektivismus misst somit, inwieweit sich die Menschen einer Gesellschaft eher als einzelne unabhängige Individuen oder als Mitglieder einer Gruppe definieren. Ein hoher Grad an Individualismus korreliert positiv mit niedriger Machtdistanz, während ein niedriger Individualismusgrad mit hoher Machtdistanz positiv korreliert. Hohe Ausprägungen des Individualismus finden sich speziell in den USA sowie den angelsächsisch geprägten Länder wie bspw. Australien und Kanada. Kollektivistische Gesellschaften identifiziert HOFSTEDE vor allem in den Ländern Mittel- und Südamerikas, sowie Asiens (wobei – etwas überraschend - Japan nur im Mittelfeld positioniert wird).

---

[1] Hofstede (Cultures) 28

[2] Oudenhoven (National Cultures) 91

**Maskulinität** bezeichnet Gesellschaften, in denen die Rollen der Geschlechter klar voneinander abgegrenzt sind. Männer haben hart und materiell orientiert zu sein, Frauen hingegen bescheiden, feinfühlig und eher immateriell. In **femininen** Gesellschaften dominiert das Streben nach Lebensqualität und Harmonie; die Rollen der Geschlechter überschneiden einander. Maskuline Gesellschaften sind neben Japan vor allem Österreich und die Schweiz, feminine Gesellschaften vor allem die skandinavischen Länder.

**Unsicherheitsvermeidung** lässt sich definieren als „(...) der Grad, in dem die Mitglieder einer Kultur sich durch ungewisse oder unbekannte Situationen bedroht fühlen."[1] Unterschiedliche Nationen haben unterschiedliche Methoden entwickelt, um mit ungewissen Situationen zurechtzukommen. Mitglieder einer Nation mit schwacher Unsicherheitsvermeidung leben „in den Tag hinein" und gehen Risiken sehr einfach ein. In derartigen Ländern wird nicht besonders hart gearbeitet und die Meinung der anderen – auch wenn sie anderslautend ist – akzeptiert. Jamaica, Singapur und Dänemark weisen eine niedrige Unsicherheitsvermeidung auf; konträr dazu Griechenland und Portugal, welche durch eine hohe Unsicherheitsvermeidung charakterisiert sind.

In seinen Veröffentlichungen weist HOFSTEDE stets auf die Implikationen der von ihm beobachteten Nationalkultur auf das Management hin. So wird sich eine hohe Unsicherheitsvermeidung etwa darin äußern, dass Unternehmen dieser Gesellschaften bestrebt sind, Prozesse und Strukturen zu normen und umfangreiche Vorschriftenkataloge zu entwickeln. „Entscheidungen in Unternehmungen mit hoher Unsicherheitsvermeidung haben eindeutig und präzise zu sein."[2] Abweichende Verhaltensweisen und Auffassungen werden nicht toleriert, Konflikte vermieden. Dies kann zu einem innovationsfeindlichen Klima führen.[3] Auch OLIE vermutet derartige Zusammenhänge: „For example, large national culture differences between the countries of origin will diminish the likelihood that managers from both organizations

[1] Hofstede (Interkulturelle Zusammenarbeit) 133

[2] Schmid (Multikulturalität) 259

[3] Hofstede (Interkulturelle Zusammenarbeit) 141ff

will share similar orientations about organizational life and risk-taking which will hamper the development of a unified policy."[1]

Eine ausführliche Tabelle möglicher Implikationen der Nationalkultur auf internationale Geschäftsbeziehungen entwickeln HARRIS und DIBBEN.[2] Nachfolgend wiedergegebene Tabelle basiert auf den Arbeiten von HOFSTEDE,[3] HALL[4] und TROMPENAARS.[5] In der ersten Spalte werden unterschiedliche Konzepte der Messung von Nationalkultur angeführt, in der zweiten Spalte die geschäftsbeziehungsrelevanten Implikationen sowie Beispiele europäischer Länder.

**Tabelle 33: Nationalkultur und internationale Geschäftsbeziehungen**

| Konzept der Nationalkultur | Implikationen für internationale Geschäftsbeziehungen |
|---|---|
| **Power Distance High** | Difficult to develop close relationships with individuals in different power positions, but may be easier to form them with those in similar power positions within a hierarchy. (Belgium, France, Greece) |
| **Power Distance Low** | Close relationships will be equally possible with individuals no matter their relative social positions. (Germany, Netherlands, Sweden, U.K.) |
| **Status given for Achievement** | Status, projected onto self and others, is earned by what is done. (Belgium, Germany, Netherlands, Sweden, U.K.) |
| **Status given for Ascription** | Status, projected onto self and other, is ascribed by virtue of social status or position, influencing the types of relationship sought. (France, Spain) |
| **Masculine** | Business relationships based on performance. (Germany, Italy, UK) |
| **Feminine** | Business relationships based on personal relationships. (Netherlands, Scandinavia) |
| **Specific** | Relationships specifically determined by their purposes. (U.K.) |
| **Diffuse** | Relationships broadly based and not context linked. (Germany, Netherlands) |
| **High Societal role** | Personal societal benefits are sought as an outcome of business relationships. (France, Italy) |
| **Low Societal role** | Personal societal benefits are not sought as an outcome of business relationships. (Denmark, Netherlands, U.K.) |

[1] Olie (International Mergers) 383

[2] Harris/Dibben (National Values)

[3] Hofstede (Interkulturelle Zusammenarbeit), Hofstede (Cultures)

[4] Hall (Representation), Hall (Cultural Differences)

[5] Trompenaars (Waves), Trompenaars (Globales Managen)

**Fortsetzung Tabelle 33: Nationalkultur und internationale Geschäftsbeziehungen**

| Konzept der Nationalkultur | Implikationen für internationale Geschäftsbeziehungen |
|---|---|
| **High Uncertainty Avoidance** | Perceptions of risk will be a major deterrent to the formation of new business relationships. (France, Germany, Spain) |
| **Low Uncertainty Avoidance** | The intrinsic novelty of new business relationships will be an attraction to their formation. (Denmark, U.K.) |
| **Long Term** | Long term learning and personal change, adaptation and growth are sought in the formation of business relationships. (Netherlands) |
| **Short Term** | Short term financial outcomes are sought from business relationships, which should not affect the underlying nature of the business. (U.K.) |
| **Long Future Horizon** | The term of business relationships sought will be long. (France, Sweden) |
| **Short Future Horizon** | The term of business relationships sought need not to be long and could be very short and deal-related. (Italy, Netherlands, U.K.) |
| **Universalism** | General <rules> will be applied in the formation of new and the management of existing business relationships. (Germany, Netherlands, Sweden, U.K.) |
| **Particularism** | The management of business relationships will depend entirely on the individuals involved and their circumstances. (Belgium, France, Italy, Spain) |
| **High Context** | Long-term business relationships based on shared understandings are needed. (Italy, Spain) |
| **Low Context** | Short term business relationships based on written contracts are possible. (Germany, Scandinavia, U.K.) |
| **Analytical approach to issues** | Business relationship formation involves <rational> analysis, with financial calculations of the advantages and disadvantages. (Netherlands, Sweden, U.K.) |
| **Integrational Approach to issues** | Business relationship formation involves a holistic and wide consideration of future possibilities. (France, Germany) |

Quelle: Harris/Dibben (National Values) 470f

### 4.2.2 *Branchenkultur*

Die Beschäftigung mit dem Konstrukt der Branchenkultur stellt ein völlig neues Forschungsgebiet dar. Die Grundlage der Forschungsbemühungen liegt in der Beobachtung, dass die zunehmende Vernetzung betriebswirtschaftlicher Einheiten auch zu einer Verlagerung der Entscheidungskompetenz führen muss. Nicht das isolierte Unternehmen trifft völlig autark die Entscheidungen, sondern auf einer höheren Aggregationsebene ist das eigentliche Aktionszentrum zu suchen. „Die einzelne Organisation tritt in ihrer Bedeutung zurück, sie interessiert nunmehr als Teil oder Mitglied eines oder mehrerer Organisationskollektive."[1] Dabei bezeichnen Organisationskollektive wenig formalisierte, horizontal vernetzte, aber dennoch stabile Systeme, die das Verhalten ihrer Mitglieder beträchtlich beeinflussen. Als Beispiele derartiger organisationsübergreifender Systeme sind Netzwerke, Allianzen, Franchiseketten, Einkaufsringe, Wertschöpfungspartnerschaften oder eben ganze Branchen zu nennen.

Mitgliedsunternehmen einer Branche weisen eine ähnliche Grundstruktur auf und stehen zueinander in einem mehr konkurrierenden denn kooperierenden Verhältnis. PORTER versteht unter Branche eine „(...) Gruppe von Unternehmen, die Produkte herstellen, die sich gegenseitig nahezu ersetzen können."[2] Die Spitzfindigkeiten und semantischen Auseinandersetzungen über die „richtige" Abgrenzung des Branchenbegriffs, die der voranstehenden Definition folgten, sollen an dieser Stelle nicht dokumentiert werden.[3] Weitere Kriterien, die neben der Produktgruppe und der Substitutionsbeziehung zur Branchenbildung geeignet erscheinen, sind Kundengruppen und Fertigungstechnologien.[4]

---

[1] Schreyögg/Grieb (Branchenkultur) 360

[2] Porter (Wettbewerbsstrategie) 27

[3] Einen Überblick über weitere Kriterien der Marktabgrenzung, insbesondere in der Volkswirtschaftstheorie und im Wettbewerbsrecht bietet bspw. Bauer (Marktabgrenzung)

[4] Schreyögg/Grieb (Branchenkultur) 363

SCHREYÖGG und GRIEB beschäftigen sich in ihrer Literaturauswertung mit der Frage der Bedeutung der Branchenkultur im Verhältnis zur Unternehmenskultur. Sie ordnen die Ergebnisse der teils widersprüchlichen Forschungsansätze in drei Gruppen:[1]

- ***Branchentypische Unternehmenskultur:*** Studien, die in kontingenztheoretischer Tradition gehalten sind und Unternehmenskultur als Resultante aus Umweltkräften, die hier als branchentypische Merkmale thematisiert werden, sehen. Vertreter dieses Ansatzes versuchen Branchenkultur über Unternehmenskultur zu erfassen.
- ***Branchenkultur als Mikrokosmos:*** Studien, die Branche als kulturellen Mikrokosmos sehen. Dementsprechend interessieren Vertreter dieses Ansatzes weniger die einzelnen Unternehmenskulturen der Mitglieder einer Branche, als die Inhalte der emergenten Orientierungsmuster innerhalb der Branche. Die Branche wird als eigenständiges kulturelles System betrachtet.
- ***Branchenkultur als Makrokosmos:*** Studien, die Branchenkultur als Makrokultur verstehen und die Differenz zu den Unternehmenskulturen suchen. Solcherart ist die interorganisationale Beziehung eine weitere vorgeordnete kulturelle Schicht mit eigenen kollektiven Elementen, wie bspw. Unternehmensverbänden, Gewerkschaften, Messen, informellen und formellen Treffen und Absprachen.

Während Vertreter der ersten Gruppe einer Außen-Innen-Sichtweise folgen, weist die Perspektive für die dritte Gruppe in die entgegengesetzte Innen-Außen Richtung. „Die zweite Gruppe baut kein kausales Innen-(Unternehmenskultur)/Außen-(Branchenkultur)-Verhältnis auf, sondern fokussiert völlig auf branchenkulturelle Muster."[2] Nachfolgend werden einzelne Studien und deren Ergebnisse in knapper Form dargestellt.

---

[1] Schreyögg/Grieb (Branchenkultur) 364f

[2] Schreyögg/Grieb (Branchenkultur) 365

#### 4.2.2.1 *Branchentypische Unternehmenskulturen*

Vertreter des Ansatzes branchentypischer Unternehmenskulturen versuchen Branchenkultur über Unternehmenskultur zu erfassen. So gehen bspw. DEAL und KENNEDY in ihrer Studie davon aus, dass die konkrete Ausprägung der Unternehmenskultur als Reaktion auf das spezifische Branchenumfeld zu sehen ist. In ihrer Untersuchung reduzieren die beiden Autoren das Umfeld auf die zwei Faktoren „Höhe des Risikos", welches typischerweise mit Geschäften innerhalb der Branche verbunden ist, sowie „Schnelligkeit des Feedbacks", gemessen als Zeitspanne die vergeht, bis ein Feedback aus der Umwelt über den Aufgabenerfolg vorliegt. Aus diesen beiden Dimensionen leiten die Autoren eine Vierfeldertafel ab, der wiederum vier typische Branchensituationen zugeordnet werden. Jeder Branchensituation wird eine entsprechende Unternehmenskultur zugeordnet. Die nachfolgende Abbildung zeigt die Branchenkulturtypologie sowie Beispiele von Branchen als Vertreter der jeweiligen Kulturtypologie.

**Abbildung 30: Branchenkultur Typologie**

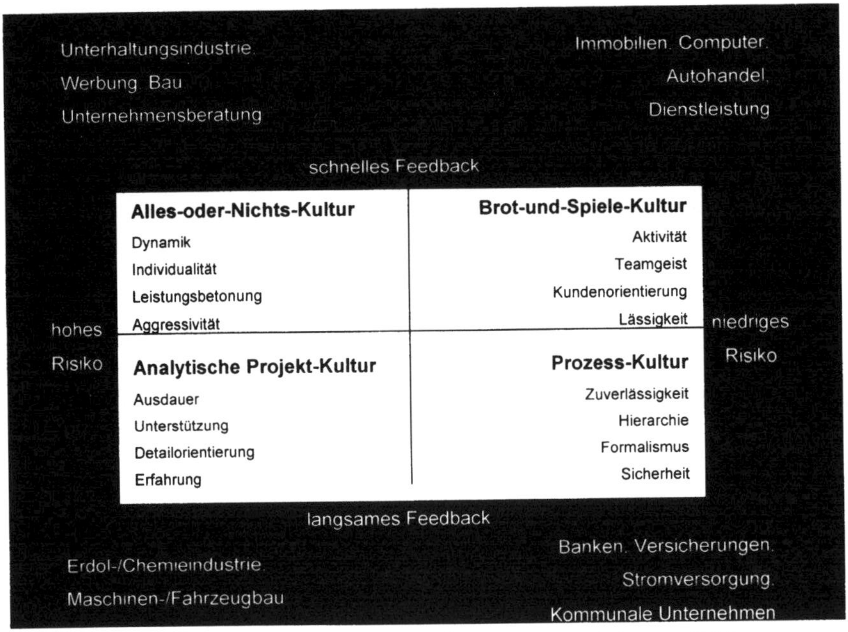


Quelle: Deal/Kennedy (Cultures) 107f [es wurde der Übersetzung von Schreyögg/Grieb (Branchenkultur) gefolgt]

Die ***Alles-oder-Nichts-Kultur*** (Tough Guy/Macho Culture) ist in einem Umfeld angesiedelt, welches durch hohes Risiko und schnelles Feedback gekennzeichnet ist. Unternehmen derartiger Branchen stützen sich auf „(...) individualists who regularly take high risks and get quick feedback on whether their actions were right or wrong."[1] Als typische Branchen führen DEAL und KENNEDY die Unterhaltungsindustrie (Fernsehen, Printmedien, Sport...), die Werbebranche, sowie die Unternehmensberatung an.

Die ***Brot-und-Spiele-Kultur*** (Work hard/Play hard Culture) ist in einem Umfeld angesiedelt, welches durch niedriges Risiko und schnelles Feedback gekennzeichnet ist. In diesen Unternehmen herrscht Spaß und Aktivität sowie Teamgeist und Kommunikationsfreude vor. Die Mitarbeiter übernehmen wenig persönliches Risiko und erhalten rasches Feedback über ihre Erfolge oder Misserfolge. In diesen Unternehmen spielt die Kundenorientierung eine wesentliche Rolle. Typische Beispiele einer solchen Kultur finden sich in der Dienstleistungsbranche, insbesondere der Immobilienbranche und dem Bereich des Autohandels.

Die ***Analytische Projekt-Kultur*** (Bet-Your-Company Culture) ist in einem Umfeld angesiedelt, welches durch hohes Risiko und langsames Feedback gekennzeichnet ist. In derartigen Branchen müssen langfristige Entscheidungen über strategisch bedeutsame Projekte getroffen werden. Derartige Kulturen empfinden Faktoren wie Sorgfalt, Analysevermögen, Abwägen von Meinungen und Ausdauer als Erfolgsfaktoren der Geschäftstätigkeit. Als typische Beispiele sind der Maschinen- und Fahrzeugbau, sowie die Erdöl- und Chemieindustrie zu nennen.

Die ***Prozess-Kultur*** (Process Culture) ist in einem Umfeld angesiedelt, welches durch niedriges Risiko und langsames Feedback gekennzeichnet ist. Da Mitarbeiter derartiger Unternehmen kaum Feedback über die eigenen Leistungen erhalten, konzentrieren sie sich auf den Prozessablauf und versuchen diesen zu optimieren. Dementsprechend hoch werden Kriterien wie Sicherheitsdrang und Perfektionsgeist gewertet. Als typische Beispiele sind staatlich regulierte Versorgungsunternehmen, Versicherungen und Banken zu nennen.

---

[1] Deal/Kennedy (Cultures) 107

Bedauerlicherweise ist dieser Ansatz vor allem im Bereich der theoretischen Fundierung der zwei Branchendimensionen nur fragmentarisch ausgearbeitet. Auch wenn sich die beschriebenen Branchenkulturen plausibel annehmen, fehlt doch der Nachweis der Richtigkeit der getroffenen Aussagen.[1]

Einen ähnlichen Ansatz wie DEAL und KENNEDY wählt GORDON,[2] der von der Grundannahme geleitet ist, dass es keine allgemein gültige „optimale" Kultur gibt. Vielmehr ist der Erfolg einer Kultur stets von den Anforderungen der Branche abhängig. „Thus, companies within an industry share certain elements that are required for survival."[3] Ändern sich die Rahmenbedingungen für Unternehmen, so reagieren diese durch eine Änderung der Unternehmenskultur. Als Konsequenz aus diesen Überlegungen leitet GORDON die Hypothese ab, dass in stabilen Branchen Unternehmen dominieren, die großen Wert auf Integration, Anweisungserteilung und Klarheit in der Führung legen, hingegen in dynamischen Branchen, Eigeninitiative, klare Zielvorgaben und Handlungsorientierung betont werden. Unternehmen in einer stabilen Umwelt betonen Zuverlässigkeit, solche, die in einer dynamischen Umwelt agieren, Innovation.

Um diese Aussagen besser belegen zu können entwirft GORDON in einer späteren Publikation[4] ein Modell, welches die Dynamik der Umwelt in den Kategorien <Wettbewerbsumfeld>, <Kundenanforderungen> und <Gesellschaftliche Erwartungen> erfasst. Da diese drei Umweltfaktoren für alle Teilnehmer einer Branche gleich sind, und die Faktoren direkt die Grundannahmen der Unternehmenskultur beeinflussen, welche wiederum direkt auf das Management wirken, können branchentypische Strategien, Strukturen und Prozesse identifiziert werden. Die nachfolgende Abbildung zeigt den von GORDON postulierten Zusammenhang zwischen Branchenumwelt, Kultur, Management, Organisationsform und Erfolg.

---

[1] Schreyögg/Grieb (Branchenkultur) 366

[2] Gordon (Culture)

[3] Gordon (Determinants) 396

[4] Gordon (Determinants)

Abbildung 31: Modell der branchenbestimmten Kulturentwicklung

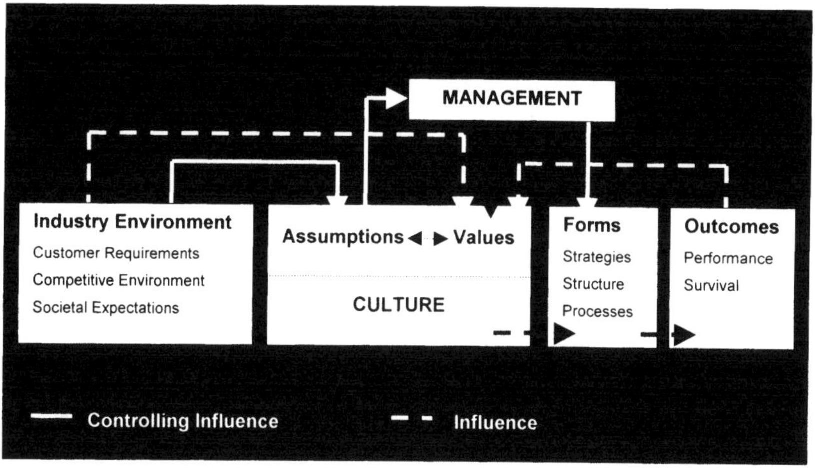


Quelle: Gordon (Determinants) 400

Mit diesem Modell engt der Autor den Entwicklungsspielraum einer eigenständigen Unternehmenskultur deutlich ein. Unternehmen bleibt lediglich die Möglichkeit, innerhalb der extern determinierten Parameter eine eigene Kultur zu schaffen, die konsistent mit den Branchenerfordernissen bleibt. „Thus, within industries, certain cultural characteristics will be widespread among organizations, and these most likely will be quite different from the characteristics found in other industries.“[1] Zu ähnlichen Ergebnissen gelangt auch REYNOLDS,[2] der Kultur als Teil eines übergreifenden soziostrukturellen Systems betrachtet, welches spezielle Werte und Glaubenssätze prägt. Welche kulturellen Merkmale jedoch durch die Branche determiniert und welche variabel sind, bleibt unbeantwortet.[3]

In den Studien zur branchentypischen Unternehmenskultur wird die Unternehmenskultur als Resultante der dominierenden Branchenkräfte gesehen. So plausibel die geschilderten Studien auch argumentieren, versagen sie dort, wo konkrete Hypo-

---

[1] Gordon (Determinants) 396

[2] Reynolds (Culture)

[3] Schreyögg/Grieb (Branchenkultur) 369

thesen in messbare Größen transferiert werden sollen. Dadurch geraten diese Ansätze zur Sackgasse.[1]

### *4.2.2.2 Branchenkultur als Mikrokosmos*

Vertreter dieses Ansatzes untersuchen die Inhalte der emergenten Orientierungsmuster innerhalb der Branche. Die Branche wird als eigenständiges kulturelles System, als „Industrierezept“[2], betrachtet. Industrierezepte bezeichnen kollektive Branchenschemata, die als zentrale Komponente des strategischen Managements zur Bewältigung von Umweltkomplexität und zur Problemlösung unter Unsicherheit dienen.[3] Dazu zählen Ideen, Erfahrungen und Einschätzungen. Die Grundannahme lautet, dass angesichts unvollständiger Information und mangelnder Vorhersehbarkeit von Umweltereignissen, Organisationskollektive ähnliche kognitive Muster und Überzeugungen als Grundlage ihrer Entscheidungsfindung entwickeln. Dabei spielt das subjektive Zugehörigkeitsgefühl der Teilnehmer einer Branche eine größere Rolle, als etwaige Zuordnungen auf Basis von Marktkriterien. Auch die Studie von PORAC, THOMAS, WILSON, PATON und KANFER streicht die Bedeutung der einzelnen Mitglieder einer Branche, bzw. noch spezifischer, individueller sozialer Akteure, für die Branchenkultur hervor. „If a Darwinian struggle for resources occurs among organizations, it is a struggle that is shaped by social actors who endow these resources with their value, establish the rules of the game, and define what is meant by an organizational form.“[4] Branchengrenzen werden sozial, auf Basis gemeinsamer kognitiver Modelle und typischer Organisationsformen, konstruiert. Dies bedeutet, dass Unternehmen einander beobachten und ihre Wettbewerbsposition in Relation zu den anderen Teilnehmern der Branche beziehen. Interorganisationale Beziehungen basieren auf gemeinsamen Glaubenssätzen. „A good case has been made that shared cultural and macroeconomic ideologies provide the base logics for industrial systems.“[5]

---

[1] Schreyögg/Grieb (Branchenkultur) 380

[2] Spender (Recipes)

[3] Schreyögg/Grieb (Branchenkultur) 372

[4] Porac et al (Model) 215

[5] Porac et al (Model) 204

Das Konzept der Industrierezepte sieht einen gewissen Spielraum für abweichende Interpretationen in Form von „Spezialrezepten“ vor. Diese können bspw. in einem besonders starken Glauben an die Bedeutung technischer Innovationen, oder in einer etwas stärkeren Akzentuierung traditioneller Regeln liegen. Ursache dieser partiellen Heterogenität innerhalb der Branchenkultur liegt in dem Umstand, dass Branchenrezepte permanenten Wandel unterliegen. Wandel resultiert einerseits aus dem Austausch der Branchenmitglieder mit der Umwelt und entsprechender Reaktion auf geänderte Rahmenbedingungen, anderseits durch mitgliederinduzierte Veränderungen. Ebenso argumentieren PORAC et al, die ihr Branchenmodell nicht als „(...) <iron cage>, enforcing complete uniformity in market definitions“ sehen. Vielmehr wären die sozialen Akteure „opportunistische Informationsverarbeiter“, welche bei der Anwendung kollektiver Denkmuster durchaus flexibel sind. „This flexibility creates an open-endedness to industry models, as actors combine, reorder, and experiment with accepted market beliefs in an attempt to build competitive advantage.“[1] Insbesondere neu eingesetzte branchenfremde Manager, die den Prozess der Akkulturation noch nicht durchlaufen haben, revolutionieren durch neue Betrachtungsweisen die Branchenkultur.

Insgesamt ergibt sich aus den dargelegten Faktoren doch eine gewisse Nähe zu dem Konzept der Unternehmensstrategie. Die Konturen zwischen Strategieanalyse und Kulturanalyse verschwimmen und die These, „(...) dass die Strategie aus den kulturellen Annahmen der Branche bzw. Gruppe fließt, wird dadurch nicht wirklich ausgearbeitet.“[2]

---

[1] Porac et al (Model) 216

[2] Schreyögg/Grieb (Branchenkultur) 375

*4.2.2.3 Branchenkultur als Makrokosmos*

Vertreter dieses Ansatzes verstehen Branchenkultur als Makrokultur, als einen eigenständigen Ort mit eigenen kollektiven Elementen. Unternehmensverbände, Gewerkschaften, Messen etc. stellen, abseits der Konkurrenzbeziehung zwischen den Teilnehmern einer Branche, eine Möglichkeit für Interaktion, Kooperation und Netzwerkbildung dar. Durch Interaktion entsteht eine Kultur, mit Werten, Normen und Gedankenmustern. ABRAHAMSON und FOMBRUN beschreiben in ihrer Studie wie die Handlungen von Unternehmen zur Ausformung einer Makrokultur führen und wie sich aus Einzelinteressen kollektive Rationalität bildet.[1] Branchengrenzen ergeben sich nicht aus der Suche nach Unternehmen mit ähnlichen Orientierungsmustern, vielmehr werden die Grenzen „(...) von den beteiligten Organisationen durch den Aufbau einer Differenz selbstreferentiell konstruiert und stabilisiert."[2]

ABRAHAMSON und WILSON ziehen die Makrokultur heran, um den Niedergang der Marktdominanz der U.S. Automobilproduzenten in den Jahren von 1970 bis 1985 zu erklären. Neben Fehlern innerhalb der Mikro-(Unternehmens-)kultur ist vor allem die „(...) homogenous and insular interorganizational macroculture" zu nennen, „that encouraged manufacturers to overlook new types of competitors, cling to traditional technologies, and remain mired in similar, yet outdated, strategic postures."[3] Die gemeinsame Sichtweise kann somit überlebensnotwendige Adaptionen verhindern, oder zumindest das Ausmaß und die Geschwindigkeit der Diffusion von Innovationen beeinflussen. Die Autoren stellen fest: „By benchmarking against each other rather than against global rivals, U.S. manufacturers converged in making similarly misguided resource commitments over the years and in disregarding looming threats from seemingly peripheral producers."[4] In diesem Beispiel führten die idiosynkratischen, organisationsbezogenen Glaubenssätze der Topmanager der U.S. Automobilbranche offensichtlich zu Marktanteilsverlusten der beteiligten Unternehmen. Damit stellt sich die Frage nach dem Einfluss der Makrokultur auf einzelne Mitglieder einer Branche.

---

[1] Abrahamson/Fombrun (Networks) 176

[2] Schreyögg/Grieb (Branchenkultur) 379

[3] Abrahamson/Fombrun (Macroculture) 728

[4] Abrahamson/Fombrun (Macroculture) 728

Die Autoren vermuten, dass die Makrokultur eines Netzwerkes einerseits eine stabilisierende Wirkung auf die beteiligten Unternehmen ausübt, anderseits jedoch auch Gefahren in sich birgt. Das Ausmaß der Homogenität der Makrokultur beeinflusst:[1]

- das Ausmaß der strategischen Trägheit der einzelnen Organisationen auf Bedrohungen der Organisationsgrenzen zu reagieren.
- die Innovationskraft und die Muster der Innovationsdiffusion zwischen den Organisationen.
- die Ähnlichkeit der strategischen Profile der in das Netzwerk integrierten Unternehmen.

Zur Beweisführung wird folgender Bezugsrahmen entworfen. Die Autoren identifizieren zunächst drei Glaubenssätze, welche eine wesentliche Basis der Makro kultur darstellen. Diese Glaubenssätze werden von den Akteuren innerhalb einer Branche geteilt und nehmen Einfluss auf deren strategische Entscheidungen. Es handelt sich dabei um:[2]

- Die Überzeugung, an welcher Stelle die Grenzen der Branche zu ziehen sind, bzw. wer Konkurrent und wer Kooperationspartner ist. Dies hat naturgemäß maßgebliche Einfluss auf die Intensität des wahrgenommenen Wettbewerbs.
- Die Überzeugung, welche Organisationen eine guten Ruf genießen und welche nicht. Dabei soll unter der Reputation einer Organisation „(...) certain salient evaluative characteristics that external observers ascribe to an organization“[3] verstanden werden.
- Die Überzeugung, welche strategischen Kernfragen Relevanz besitzen und welche nicht. Dabei ist vor allem die Identifikation der wichtigsten Branchentrends, sowie möglicher Reaktionsstrategien der Organisationen von Relevanz.

---

[1] Abrahamson/Fombrun (Macroculture) 729f

[2] Abrahamson/Fombrun (Macroculture) 730ff

[3] Fombrun (Reputational) 2

Zusammenfassend kann die Homogenität der Makrokultur „(...) as the degree of similarity in the strategic agendas of top managers across a group of organizations“[1] verstanden werden. Eine weitere Einflussgröße auf die Homogenität der Makrokultur vermuten die Autoren in der generellen Struktur des Wertschöpfungsnetzwerks, welche beschrieben wird durch:[2]

- Vertikale Abhängigkeitsverhältnisse,
- Horizontale Abhängigkeitsverhältnisse und
- Diagonale Abhängigkeitsverhältnisse.

Somit resultiert die Struktur aus den Beziehungen der beteiligten Unternehmen innerhalb der Wertschöpfungskette. Homogenität der Makrokultur entsteht aus dem Zwang der Unternehmen einer Branche, bedingt durch permanente Austauschprozesse bzw. Wettbewerb untereinander, sich mit den gleichen Herausforderungen zu beschäftigen. Daraus resultieren Orientierungsmuster und Verhaltensregeln für Teilnehmer der Branche. Wirtschaftliche Akteure erhalten konkrete Hinweise, welche Handlungen für Wettbewerb bzw. Kooperation zulässig sind und welche nicht akzeptiert werden. Wie die nachfolgende Abbildung zeigt, beeinflussen die soeben beschriebenen gegenwärtigen Wettbewerbs- bzw. Kooperationsverhältnisse die Makrokultur, anderseits stabilisiert die Makrokultur eben diese Beziehungen. Es besteht Interdependenz zwischen Struktur und Kultur.

---

[1] Abrahamson/Fombrun (Macroculture) 732

[2] hier verstanden als Synonym für Branche

Abbildung 32: Gegenwärtige und zukünftige Determinanten der Makrokultur

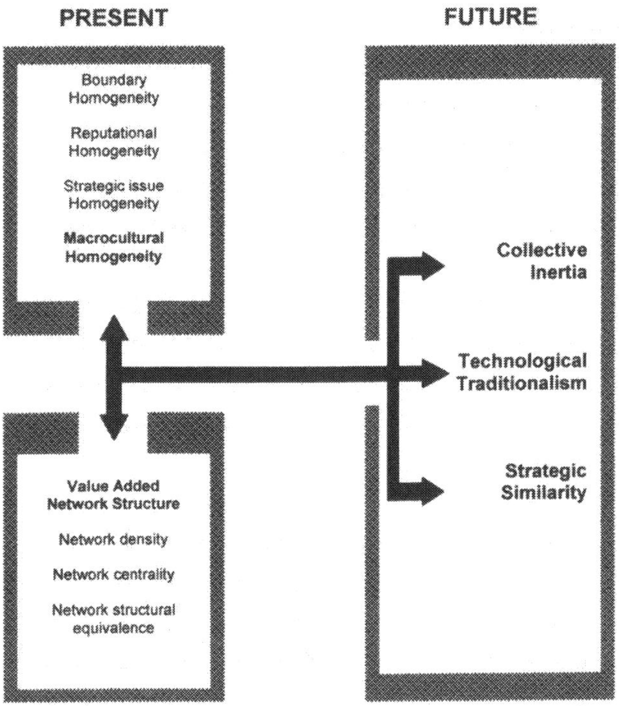


Quelle: Abrahamson/Fombrun (Macroculture) 738

Wie der Abbildung zu entnehmen ist, beeinflusst die gegenwärtige Makrokultur auch die Zukunft, indem sie das Ausmaß der strategischen Trägheit der einzelnen Organisationen auf Bedrohungen der Organisationsgrenzen zu reagieren, reguliert. Makrokultur beeinflusst die Innovationskraft und den Prozess der Innovationsdiffusion zwischen den Organisationen, indem sie die Ähnlichkeit der strategischen Profile der in das Netzwerk integrierten Unternehmen fördert. ABRAHAMSON und FOMBRUN formulieren bspw. die These, dass die Aufnahmebereitschaft von Innovationen, die innerhalb des Kollektivs entwickelt wurden, überdurchschnittlich hoch sei, jedoch auch dazu führe, dass Innovationen außerhalb des Kollektivs kaum berücksichtigt würden. Weiter fördere makrokulturelle Homogenität die vorhandenen Kompetenzen, reduziere jedoch durch starke Filterwirkung den denkbaren Raum strategischer Alternativen, und führe somit zu einer gewissen „Branchenblindheit".

Unter stabilen Umfeldbedingungen verbessere eine homogene Makrokultur die Effizienz und Profitabilität der einzelnen Unternehmen. Die Autoren bleiben jedoch den empirischen Nachweis ihrer Thesen schuldig.

Der Ansatz der Makrokultur von Branchen betont explizit das Spannungsverhältnis zwischen Unternehmenskultur und Branchenkultur. Es geht also nicht darum das Phänomen der Unternehmenskultur zu negieren, vielmehr wird eine weitere Ebene, jene der Branchenkultur, eingezogen. Besonders reizvoll an diesem Ansatz ist auch die Verwendung des Interaktionsgedankens. Die Interaktion über Systemgrenzen hinaus (also zwischen den beteiligten Unternehmen) bildet neue kulturelle Muster (Branchenkultur). Die beiden Kulturebenen stehen nicht nebeneinander, sondern bedingen einander. Mikrokulturelle Varianz schließt nicht makrokulturelle Homogenität aus. Damit lässt sich dieser Ansatz auch auf Netzwerke oder strategische Partnerschaften anwenden.

Auch „(...) erlaubt diese Perspektive mit der Einführung des Homogenitätskonstrukts den besten Brückenschlag zur betriebswirtschaftlichen Diskussion.“[1] Einerseits wird die Konstruktion der Homogenität der Makrokultur aufgezeigt, anderseits werden auch die Konsequenzen des Konstruktes dargelegt. Damit kann der Beitrag unterschiedlicher Unternehmenskulturen zur Entstehung einer Kollektivkultur analysiert werden und auch der Frage nachgegangen werden, ob solch eine Makrokultur überhaupt erstrebenswert ist, bzw. unter welchen Bedingungen.

### *4.2.3 Unternehmenskultur*

Wenn es die Aufgabe einer Kultur ist, eine Mitte zwischen Beliebigkeit und zwanghafter Vereinheitlichung zu finden, so gilt dies auch für jedes einzelne Unternehmen. „Auch das Unternehmen muss eine Symbiose von Einheit und Vielheit finden.“[2] Dies gilt insbesondere für das Verhalten der Mitarbeiter. Um eine Differenzierung von der Umwelt zu erreichen, entwickeln Unternehmen „(...) eigene unverwechselbare Vor-

---

[1] Schreyögg/Grieb (Branchenkultur) 381

[2] Koslowski (Kultur) 79

stellungs- und Orientierungsmuster, die das Verhalten der Mitglieder nach innen und außen auf nachhaltige Weise prägen."[1]

Selbstverständlich findet die „Kulturnormungsdiskussion" auch in den Arbeiten zur Unternehmenskultur ihren Niederschlag. So können zumindest drei plakative Hauptströmungen zur Unternehmenskulturforschung unterschieden werden:[2]

- Der Variablen Ansatz oder „Organisationen **haben** Kultur"
- Der Metaphern Ansatz oder „Organisationen **sind** Kultur" und
- Die Dynamische Perspektive oder „Organisationen **sind** und **haben** eine Kultur".

Vertreter des **Variablen Ansatz** verstehen Kultur als eine von vielen Variablen einer Organisation, die über Erfolg oder Misserfolg der Organisation entscheiden. Dieser Ansatz, der Kultur als Instrument zur Problemlösung sieht, ist insbesondere in der populärwissenschaftlichen Management-Literatur weit verbreitet. So empfehlen bspw. KOBI und WÜTHRICH eine Unternehmenskultur Diagnose, welche die Art und Weise, wie ein Unternehmen „(...) die Dinge an die Hand nimmt und Probleme löst"[3] aufdecken und einer Optimierung zugänglich machen soll. Über die Analyse der „Symptome" einer Unternehmenskultur (mittels Dokumentenanalysen, Firmenrundgänge, Sitzungsbeobachtungen, Fragebögen und Einzelgesprächen) sollen konkrete „Merkmale" der Unternehmenskultur identifiziert und bewertet werden. So erhält der „Manager" eine Beschreibung der IST Kultur in den Bereichen Kunden-, Mitarbeiter-, Resultats- und Leistungs-, Innovations-, Kosten-, Unternehmens- und Technologieorientierung. Darauf aufbauend kann eine SOLL Kultur definiert und Instrumente zur gewünschten Veränderung abgeleitet werden.[4] Vertreter des Variablen Ansatzes sehen Kultur somit als eine Steuerungsvariable; Kultur ist machbar (und damit Aufgabe des Managements).[5]

---

[1] Steinmann/Schreyögg (Management) 585

[2] Nagel (Kultur) 20ff

[3] Kobi/Wüthrich (Schlüsselgröße) 23

[4] Kobi/Wüthrich (Unternehmenskultur)

[5] vgl. insbesondere die Arbeit von Peters/Waterman (Excellence)

Vertreter des **Metaphern Ansatz** verstehen Kultur als „root-metapher“[1], deren Ziel darin liegt, aus den subjektiven Erfahrungen der Mitglieder des Unternehmens jene Muster herauszufiltern, die organisierte Handlungen ermöglichen. Damit kann Kultur nicht in Teile zerlegt werden, sondern es gilt, Unternehmenskultur als eine Art „Miniaturgesellschaft“ zu interpretieren. Nicht eine Variable wird untersucht, sondern das Unternehmen als Ganzes. Unternehmen werden als eine Ausdrucksform menschlichen Handelns gesehen. „Unternehmenskultur ist eine soziale (kollektive) Konstruktion organisatorischer Wirklichkeit.“[2] Nicht eine objektive Existenz oder Wirklichkeit, sondern die Interpretationen von Individuen, die permanenten Bedeutungszuschreibungen, welche in sozialen Interaktionsprozessen gebildet werden, sind für die Ausformung der Unternehmenskultur relevant.

Vertreter der **Dynamischen Perspektive** bemühen sich um eine Synthese der voranstehenden Anätze; Kultur entsteht aus menschlicher Interaktion und ist teilweise spürbar und sichtbar (also dem Variablen Ansatz entsprechend materialisiert), aber auch ein ideelles System (also dem Metaphern Ansatz entsprechend konstruierte Interpretationsschemata) welches gewisse Orientierungs- und Leitfunktionen (wie dies im Variablen Ansatz beschrieben wird) erfüllt. Unternehmenskultur entsteht aus Interpretationen der Mitarbeiter, jedoch können gezielte Interpretationen eingebracht werden. So kann bspw. die Prägung der Unternehmenskultur am Tag der Unternehmensgründung mit den Visionen und Zielen des Gründers beginnen und sich durch vergangene Erfolge weiterentwickeln. Diese Erfolge werden in wertbehaftete Überzeugungen transformiert und bilden die Annahmen darüber, was die Stärken und Schwächen des Unternehmens sind. Unternehmenskultur ist ein „(...) historisch gewachsenes, von den Erlebnissen der Vergangenheit geprägtes, gruppenspezifisches Phänomen, das von gemeinsam geteilten Wertehaltungen bestimmt ist.“[3] Damit rückt das Konstrukt Unternehmenskultur stark in die Nähe von Lerntheoretischen Betrachtungen, wie auch die Definition von KLIMECKI und PROBST belegt. „(Organisations-)Kultur ist ein im Rahmen von Lernprozessen erworbenes Wissens- und Erkenntnissystem, das der Interpretation

[1] Smircich (Concepts) 347

[2] Sackmann (Kulturmanagement) 167

[3] Rothlauf (Interkulturelles Management) 36

von Erlebnissen (Erfahrungswissen) und der Genese von Handlungen (Aktionswissen) dient."[1]

Den Annahmen der Vertreter des Dynamischen Ansatzes folgend, kann zusammenfassend festgehalten werden:[2]

- Unternehmenskultur besteht aus verschiedenen Facetten und entwickelt sich durch menschliche Aktion und Interaktion zu einem multiplen, dynamischen Konstrukt.
- Einzelne Facetten der Unternehmenskultur sind sichtbar, andere können nur über ihren Einfluss auf Wahrnehmung, Denken, Fühlen und Handeln erschlossen werden.
- Jedes Unternehmen hat eine Unternehmenskultur, die sich als nicht für jede Situation gültig mit „gut" oder „schlecht" bewerten lässt.
- Die Bestandteile von Unternehmenskultur sind Kognitionen bzw. kulturelles Wissen, Grundannahmen und Artefakte, bzw. deren Bedeutungszuschreibungen.
- Unternehmenskultur ist und entsteht durch eine Verfestigung personaler und sozialer Lernprozesse.

#### *4.2.3.1 Ebenen der Unternehmenskultur*

SCHEIN, ein häufig zitierter Vertreter des Dynamischen Ansatzes, beschreibt Unternehmenskultur als ein Drei-Ebenen Modell.[3] Er geht davon aus, dass Unternehmen, als soziale, stabile Einheiten, interne Probleme der Integration und externe Probleme des Überlebens in der Umwelt zu lösen haben. Dabei werden von den Mitarbeitern des Unternehmens gemeinsame Erfahrungen gemacht, die zu einer kollektiven Sicht der Welt führen. Bewährt sich diese gemeinsame Sicht der Welt über einen ausreichend langen Zeitraum, so wird er zur Selbstverständlichkeit für die Mitarbeiter und wandert vom Bewusstsein ins Unterbewusste. Dort bildet diese gelernte Sicht ein Bündel von Grundannahmen bspw. über die Beziehung zur Welt, über die

[1] Klimecki/Probst (Interkulturelles) 7

[2] Nagel (Kultur) 30

[3] Schein (Culture)

Wirklichkeit, Zeit und Raum, das Menschenbild sowie die menschlichen Beziehungen. „Entscheidende Voraussetzung für die Entstehung ist, dass eine soziale Einheit dadurch, dass sie lange genug zusammen ist, die Möglichkeit des Lernens durch Problemlösen und der Erprobung dieser Lernerfahrungen hat."[1] Wie nachfolgende Abbildung zeigt, stellen Grundannahmen in dem Modell von SCHEIN die kognitive Essenz der Unternehmenskultur dar.

**Abbildung 33: Ebenen der Kultur und ihre Interaktionen**

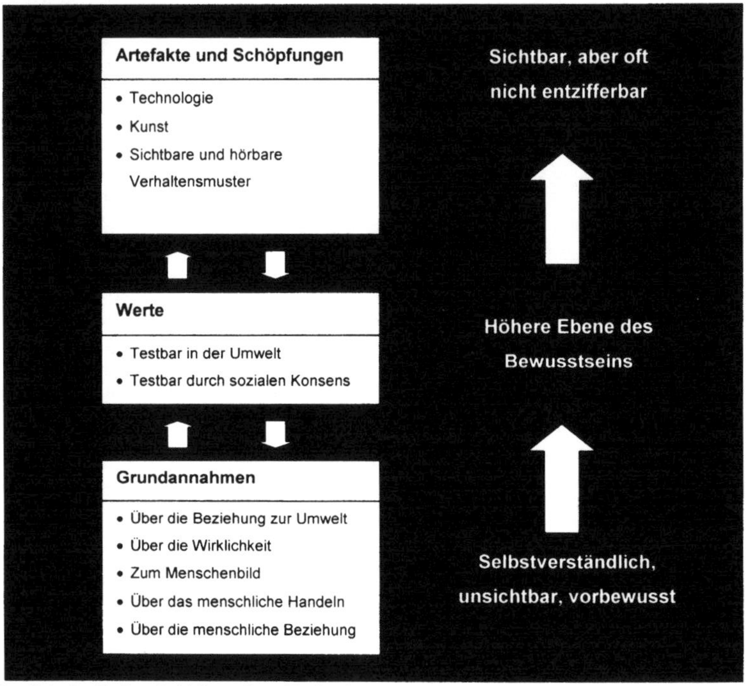


Quelle: Schein (Culture) 14 [aus dem Englischen, nach Nagel (Kultur) 33]

Wie aus dieser Abbildung ersichtlich, stellen Artefakte und Schöpfungen die sichtbarste Ebene von Unternehmenskultur dar. Die physische bzw. soziale Umwelt bspw. in Form der Architektur, der gefertigten Produkte oder der eingesetzten verbalen Kommunikation eines Unternehmens kann einfach beobachtet werden, jedoch bleibt der Bedeutungszusammenhang häufig unklar.

---

[1] Nagel (Kultur) 32

Die zweite, weit weniger sichtbare Ebene der Unternehmenskultur stellen die Werte dar. Etwas abweichend vom deutschen Sprachgebrauch versteht SCHEIN unter Werten Hypothesen über Handlungen wie etwas eigentlich zu sein hat (in Abweichung zu dem wie etwas real ist).[1] Werte sind stets dann von Bedeutung, wenn das Unternehmen mit einer neuen Situation konfrontiert wird und neue Wege zur Problemlösung gesucht werden. Werte bieten dabei zunächst dem Individuum eine Orientierung, wie das Problem gelöst werden kann. Bevor sich die Werte an der Realität behaupten und von allen Mitarbeitern getragen werden (oder scheitern und Ablehnung erfahren) können sie diskutiert werden.

Durch wiederholte Tests und Bewährung der Werte können diese über die Stufe des Glaubens zu Grundannahmen transformieren. Grundannahmen sind unbewusst und nicht hinterfragbar. Sie sind derart selbstverständlich, dass innerhalb eines Unternehmens kaum Unterschiede oder Varianten gefunden werden. „In fact, if a basic assumption is strongly held in a group, members would find behavior based on any other premise inconceivable.“[2] Es können bzw. müssen jedoch nicht alle Werte zu Grundannahmen transformiert werden. So können bspw. Werte explizit als Vorschrift oder Regel formuliert werden und damit stets bewusst bleiben. Wie bereits in obenstehender Abbildung angezeigt, schlägt SCHEIN zur Analyse der Grundannahmen ein Raster mit fünf Dimensionen[3] vor, denen wiederum exemplarisch Fragen zugeordnet werden. Die Grundannahmen einer Unternehmenskultur geben den Mitgliedern der Kultur auf die in der nachfolgenden Tabelle angeführten Fragen klare Antworten.

---

[1] Schein (Culture) 15

[2] Schein (Culture) 18

[3] Schein (Culture) 85ff

**Tabelle 34: Inhalte der Grundannahmen als Basis der Unternehmenskultur**

| | |
|---|---|
| **1.** | **Grundannahmen über die Beziehung zur Umwelt**<br>Wie wird die Beziehung zur Umwelt durch die Führungskräfte des Unternehmens charakterisiert? Durch Dominanz, Harmonie, Unterwerfung oder Finden einer Nische? Wie wichtig sind gesellschaftliche, politische, soziale und wirtschaftliche Beziehungen? |
| **2.** | **Grundannahmen über Wirklichkeit, Zeit und Raum**<br>Dabei handelt es sich um:<br>• Sprach- und Verhaltensregeln, die definieren, was <wirklich> ist und was nicht, wie Wahrheit herausgefunden wird, ob sie <enthüllt> oder <entdeckt> wird. Wie filtern Mitarbeiter relevante Informationen, und wie viel Information wird zur Entscheidungsfindung benötigt?<br>• Grundlegende Zeitkonzeptionen; welche Bedeutung wird der Vergangenheit, Gegenwart oder Zukunft zugestanden? Dominiert eine kurz-, mittel- oder langfristige Orientierung?<br>• Vorstellungen über Verfügbarkeit und Nutzung von Raum und Entfernungen im Raum; Wie groß ist der Intimbereich eines Individuums? Wie groß ist die körperliche Distanz zwischen interagierenden Personen? |
| **3.** | **Grundannahmen zum Menschenbild**<br>Was bedeutet es <Mensch> zu sein, und welche Attribute sind intrinsisch, welche grundlegend? Ist die Natur des Menschen schlecht, gut oder neutral? Sind Menschen entwicklungsfähig? Wie ist das Verhältnis von <Ich>, als Individuum, zur Gesellschaft? |
| **4.** | **Grundannahmen über das menschliche Handeln**<br>Auf Basis der Annahmen über die Realität, die Umwelt und zum Menschenbild, welches ist die <richtige> Art des Handelns des Menschen: aktiv, passiv, sich selbstverwirklichend oder fatalistisch? Was bedeutet Arbeit was Spiel? |
| **5.** | **Grundannahmen über die menschlichen Beziehungen**<br>Wie sieht die <richtige> Form des Umgangs miteinander, sowie die <richtige> Verteilung von Macht und Zuneigung aus? Ist das Zusammenleben grundsätzlich kooperativ oder kompetitiv, individualistisch oder gruppenorientiert? Basiert es auf traditioneller Linienautorität, Gesetz, Charisma oder anderem? |

Quelle: Schein (Culture) 86 [aus dem Englischen, Überschriften wurden entsprechend des Ebenen Modells angepasst.]

Einen ähnlichen Ansatz wie SCHEIN verfolgt auch TROMPENAARS der Unternehmenskultur mit einem Eisberg vergleicht.[1] Nicht alle Aspekt der Unternehmenskultur sind sichtbar, nur ein geringer Teil „ragt aus dem Wasser". Kulturelle

[1] Trompenaars (Waves) 44ff

Artefakte, Kleidung, Sprache, Symbole und Rituale reflektieren nur die tiefer liegenden unsichtbaren Schichten der Unternehmenskultur wie die zugrundeliegenden Wertvorstellungen, Normen, Denkweisen und Grundeinstellungen. FORSTER stellt fest: „As with an iceberg, there is the part of the culture that is clearly in sight and there is a larger part of culture (the most dangerous) that is submerged, out of sight, below the waterline, waiting to destroy any business venture if people are unaware of its hidden dangers."[1] Die nachfolgende Abbildung zeigt den geringen Anteil der direkt beobachtbaren Elemente (ragen über das Wasser heraus) von Unternehmenskultur und die tieferliegenden unbeobachtbaren Elemente.

**Abbildung 34: Modifiziertes Eisbergmodell der Ebenen von Unternehmenskultur**

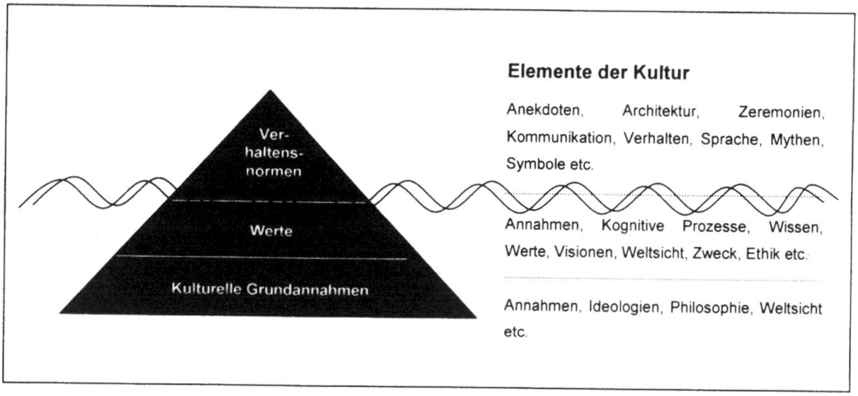


Quelle: verändert entnommen nach Bounds/Yorks/Adams (Management) 102 [übersetzt aus dem Englischen]

Aufgrund der Bedrohungen durch die unsichtbaren Elemente der Unternehmenskultur fordert FORSTER: „Hence, anyone embarking on an international assignment has to be knowledgeable about the cultural aspects of the environment they are moving to."[2] Dies bedeutet für den Aufbau und die Pflege internationaler Geschäftsbeziehungen, dass sich die Akteure mit den kulturellen Werten und Grundannahmen des Geschäftspartners vertraut machen müssen. Dabei ist insbesondere die Stärke der Unternehmenskultur zu berücksichtigen. Kulturelle Stärke wird verwendet „(...) to

[1] Forster (Cross-cultural) 63

[2] Forster (Cross-cultural) 63

denote the extent to which values are consistent and cohesive across the members of a given organization. In this way it can be argued that the stronger the culture, the more difficult it is to change it."[1] Die Frage der Stärke bzw. Homogenität der Kultur innerhalb des Unternehmens führt zu einem weiteren Problem, denn SWEENEY und HARDAKER stellen fest, dass „(...) the strength and intensity of each of these cultural variables may vary from person to person, and from group to group within an organization and between organizations (...)."[2] Zielführend erscheint somit auch die Auseinandersetzung mit der Frage, ob die an der Beziehung beteiligten Akteure einer spezifischen Subkultur des Unternehmens angehören.

#### *4.2.3.2 Subkulturen innerhalb der Unternehmenskultur*

Selbstverständlich agieren Unternehmen nicht losgelöst von ihrem Umfeld. Vielmehr stehen Unternehmen und Umfeld in ständiger Interaktion. „Wenn das Unternehmen den Gedanken der Einheit durch Unternehmenskultur überbetont und sich kulturell abschließt, verliert es den Kontakt zur Außenwelt und zum Kunden."[3] An dieser Stelle wirkt jedoch der Wettbewerb als wirksames Regulativ gegen eine zu starke Ausprägung der Unternehmenskultur bzw. überspitzt formuliert gegen eine Sektenbildung. Der Wettbewerb verlangt ein starkes Maß an Kundenorientierung, welche zugleich ein Merkmal einer lebendigen Unternehmenskultur werden kann. Anderseits ermöglicht dieses Regulativ das Entstehen von Subkulturen innerhalb der Unternehmenskultur. Dabei bezeichnet Subkultur die eigenständige Kultur einer sozialen Einheit eines Unternehmens, bspw. einer Abteilung oder einer Hierarchieebene des Unternehmens. Diese Beobachtung führte zu einer verstärkten Auseinandersetzung mit der Kultur von Gruppen innerhalb einer sozialen Organisation. Gleichzeitig wurde die Überzeugung, dass innerhalb eines Unter- nehmens nur eine einzige Kultur identifiziert werden kann, zunehmend abgeschwächt. „Contemporary theorists have drawn attention to the notion that culture involves much more than a single value, assumption and belief."[4] Insbesondere globale Unternehmen sind mit

[1] Harris/Obgonna (Culture change) 80

[2] Sweeney/Hardaker (National Culture) 2

[3] Koslowski (Kultur) 79

[4] Harris/Obgonna (Culture change) 80

dem Phänomen von Subkulturen konfrontiert. So meint bspw. CASTELL „Anyone who believes they can impose a single culture across a global company is wrong.“ [1]

Gerade der Gedanke der Kundenorientierung (und vor allem wie die Umsetzung der Kundenorientierung innerhalb des Unternehmens gemessen werden kann) führte zu Überlegungen, wo Unternehmenskultur überhaupt gemessen werden soll. HOFSTEDE stellt fest: „One could study culture at the level of an entire corporation (such as IBM worldwide), a national subsidiary, a product/market division (national or international), a functional department (such as research, marketing, finance), a geographic location (such as a plant or laboratory), a hierarchical level (such as management versus workers), one partner from a past merger (as opposed to the other partner(s)), or even a work group.“[2] In der zitierten Studie identifiziert HOFSTEDE mittels statistischer Verfahren (Clusteranalyse) Subkulturen innerhalb der Unternehmenskultur auf Basis von sechs Dimensionen:[3]

- Prozess Orientierung versus Ergebnis Orientierung
- Mitarbeiter Orientierung versus Aufgaben Orientierung
- Familien Orientierung versus Professionelle Orientierung
- Offene System Orientierung versus Geschlossene System Orientierung
- Geringe Kontrollorientierung versus Straffe Kontrollorientierung
- Normative Orientierung versus Pragmatische Orientierung

**Prozess Orientierung** bezeichnet eine risikovermeidende Kultur, in der wenig Engagement für die Arbeit investiert wird und der Tagesablauf stark genormt ist. Ergebnis Orientierung hingegen umschreibt eine Kultur, in der Mitarbeiter täglich vor neuen Herausforderungen stehen und sehr engagiert in eine unsichere Zukunft steuern.

**Mitarbeiter Orientierung** bezeichnet eine Kultur, in der persönliche Probleme sowie die wirtschaftliche Sicherheit der Mitarbeiter berücksichtigt werden. In einer derartigen Kultur werden Entscheidungen in Gruppen getroffen. In Aufgaben orientierten

---

[1] Castell (Science) 8

[2] Hofstede (Subcultures) 1

[3] Hofstede (Subcultures) 3

Kulturen hingegen dominieren Einzelentscheidungen und ein starker Leistungsdruck lastet auf den Mitarbeitern.

**Familien Orientierung** umschreibt jene Kulturen, in denen die Normen des Unternehmens auch den Privatbereich der Mitarbeiter umfassen. Neben der Jobkompetenz werden bei der Beschäftigung von Mitarbeitern auch deren sozialer- und familiärer Background berücksichtigt. Professionell orientierte Unternehmen betrachten den Privatbereich als Aufgabe der Mitarbeiter. Mitarbeiter in derartigen Kulturen übernehmen die Planung des sozialen Bereiches selbständig.

**Offene System Orientierung** basiert auf großer Toleranz gegenüber Neueinsteigern und Außenseitern. Neue Mitarbeiter können sich in derartige Unternehmenseinheiten leicht eingliedern, egal wie deren Ansichten oder Einstellungen geprägt sind. Geschlossene Systeme erschweren hingegen Neueinsteigern die Integration und nur ganz spezielle Mitarbeiter werden nach langer „Probe- und Beobachtungszeit" aufgenommen.

**Geringe Kontrollorientierung** ist durch großzügigen Umgang mit Unternehmensressourcen, Unpünktlichkeiten und Ungenauigkeiten gekennzeichnet. In straff kontrollierten Einheiten dominieren Budgetziele und Kostenkontrollen sowie Pünktlichkeit und Genauigkeit.

**Normative Orientierung** ist durch eine Vielzahl von exakten Regeln gekennzeichnet, die das Verhältnis der Unternehmenseinheit zur Umwelt festlegen. Die Einhaltung der Regeln ist bedeutsamer als das Erreichen konkreter Ergebnisse. Ethische Werte und Ehrlichkeit sind wichtig. Pragmatisch orientierte Einheiten sind hingegen stark kundenorientiert. Das Erzielen von Kundennutzen ist wichtiger als das Einhalten von Regeln.

Auf Basis dieser sechs Kulturdimensionen und in Anlehnung an die Arbeit von JONES,[1] beschreibt HOFSTEDE drei unterschiedliche Subkulturen innerhalb des von ihm analysierten Unternehmens:

- Professionelle Subkultur
- Administrative Subkultur und
- Kundenbezogene Subkultur.

**Professionelle Subkultur** wird in jenen Unternehmensbereichen identifiziert, in denen stets wechselnde, komplexe Aufgaben von spezialisiert ausgebildeten Mitarbeitern gelöst werden müssen. Die professionelle Subkultur ist gekennzeichnet von einer stark pragmatischen, jedoch schwachen Ergebnis Orientierung. Zusätzlich herrschen in derartigen Subkulturen eine geringe Mitarbeiterorientierung sowie starke Kontrollmechanismen und eine gewisse Tendenz zur Sektenbildung (Familien orientierung) vor.

**Administrative Subkultur** wird in jenen Unternehmensbereichen identifiziert, in denen die Arbeitsaufgaben stark standardisiert und die Arbeitsprozesse reine Routine sind. Dementsprechend herrschen in der administrativen Subkultur eine starke Prozess- und Normative Orientierung vor. Informelle Beziehungen zwischen den Mitarbeitern ermöglichen die rasche Integration neuer Kollegen. Eine gewisse Ungenauigkeit bei der Leistungserbringung wird toleriert.

---

[1] Jones (Exchange Perspective) identifiziert drei idealtypische Subkulturen innerhalb eines Unternehmens: *Production Culture, Bureaucratic Culture* und *Professional Culture*.
Eine Klassifikation, die sich mit den Auswirkungen der Subkultur auf die Unternehmenskultur beschäftigt bieten SIEHL/MARTIN (Symbolic Management). Sie unterscheiden *Orthogonale Subkulturen* (in denen Mitarbeiter andere Werte und Grundannahmen pflegen als in der vorherrschenden Unternehmenskultur, jedoch angepasst agieren), *Übersteigerte Subkulturen* (in denen die Subkultur meist stärker und abweichend von der Unternehmenskultur ist, Mitglieder der Subkultur beeinflussen die Unternehmenskultur) und *Konkurrenz Subkulturen* (in denen die Werte der Subkultur in Konkurrenz zu den Werten der Unternehmenskultur stehen, Mitglieder agieren angepasst in Bereichen wo sie kontrolliert werden, subversiv dort, wo der Freiheitsgrad groß ist).

**Kundenbezogene Subkultur** wird in jenen Unternehmensbereichen identifiziert, in denen der Prozess der Umwandlung von Input in Output nicht normierbar ist. Dabei existieren wohl Rahmenbedingungen in Form von Rechten und Pflichten der Mitarbeiter in gewissen Bereichen, jedoch ein hoher Freiheitsgrad bei der Aufgabenerfüllung. Kundenbezogene Subkulturen sind von einer starken Ergebnisorientierung geprägt, wobei der Pragmatismus nicht sehr stark ausgeprägt ist. Die Zusammenarbeit erfolgt informell und mit schwachen Kontrollen. Um die Erfolgsgeheimnisse der Kundenbefriedigung nicht preisgeben zu müssen handelt es sich dabei um geschlossene Systeme, welche die Integration von Neueinsteigern erschweren.

HOFSTEDE ist überzeugt, dass eine Betrachtung von Kultur ausschließlich auf Unternehmensebene zu verzerrten, und damit für das Management unbrauchbaren Ergebnissen führt. „For an understanding of the culture of this insurance company, the subculture split is essential."[1]

#### *4.2.3.3 Individuelle Wahrnehmung der Unternehmenskultur*

Während HOFSTEDE in der vorangegangenen Studie Subkulturen als relevante Analyseeinheit betrachtet, stellt SCHEIN auf einem noch detaillierteren Niveau (basierend auf Ergebnissen von Studien über Amerikanische Kriegsgefangene, die einer Gehirnwäsche unterzogen wurden), einen großen Bedarf fest „(...) to take both individual traits and culture into account to understand organizational phenomena."[2] Diese Feststellung hat zweifelsfrei auch für die vorliegende Arbeit ein gewisses Maß an Attraktivität, denn schließlich basiert eine internationale Geschäftsbeziehung stets auf sozialer Interaktion und damit auf den Handlungen von Individuen. Damit treten jedoch neue Fragen in Erscheinung: Welche Auswirkungen haben unternehmenskulturelle- und subkulturelle Prägungen auf die Handlungen der internationalen Geschäftspartner, bzw. wie nehmen Individuen die unterschiedlichen Kulturschichten überhaupt wahr? Wie könnte diese zusätzliche Schicht konzipiert und gemessen

---

[1] Hofstede (Subcultures) 10

[2] Schein (Missing Concept) 229

werden?[1] Sollte man diese zusätzliche Ebene der Überzeugungen der Akteure als Individualkultur[2] bezeichnen?

Obgleich derartige Forschungsbemühungen noch in den „Kinderschuhen" stecken, kann die Pionierarbeit von HOFSTEDE gemeinsam mit BOND und LUK nicht ignoriert werden[3] – und wird somit kurz skizziert. Die Autoren stellen zum Neuigkeitsgehalt ihres Ansatzes fest: „As far as we know – and have been able to find out from the literature – this is the first time that perceptions or organizational cultures have deliberately been analyzed at the level of individuals from a variety of organizations, controlling for differences between these organizations."[4] Unternehmenskultur (oder Subkultur) ist ein Charakteristikum eines gesamten Unternehmens (oder einer sozialen Gruppe) und nicht der Individuen, die für dieses Unternehmen arbeiten. Während also Individuen, die in einem Unternehmen angestellt sind, relativ kurzfristig ausgetauscht werden können, bleibt die Unternehmenskultur über einen längeren Zeitraum hinweg stabil. Trotzdem erschließt sich das Wesen der Unternehmenskultur vermutlich treffender über die Analyse der Interpretationen und Sinnzuschreibungen der Betroffenen, als über eine Beobachtung durch „allwissende" Forscher auf Gesamtunternehmensebene oder eine ausschließliche Befragung der Manager. „Yet, as culture is a <soft> characteristic, one way to assess it is through perceptions by individuals who function within the culture."[5]

HOFSTEDE et al. führen die Variable „Klima" zur Erfassung kurzfristiger, qualitativ eher taktisch ausgerichteter Charakteristika eines Unternehmens – in Abgrenzung zur Unternehmenskultur, welche langfristig, strategisch ausgerichtet ist – ein. Während Unternehmensklima somit einer raschen Veränderung unterzogen werden kann, bleibt Unternehmenskultur weitgehend stabil. Das Unternehmensklima gibt

---

[1] Bspw. In Form des Activities-Interests-Opinions Ansatzes, wie er in der Marktsegmentierung ein gesetzt wird? Weiterführend dazu siehe bspw. Drieseberg (Lebensstilforschung) und Banning (Lebensstil).

[2] Diesem Ansatz steht nicht zuletzt auch die Definition des Begriffs Kultur, verstanden als shared beliefs> oder <collective programming>, im Wege.

[3] Hofstede/Bond/Luk (Individual Perceptions)

[4] Hofstede/Bond/Luk (Individual Perceptions) 498

[5] Hofstede/Bond/Luk (Individual Perceptions) 488

Antwort auf die Frage „(...) <how does this organization treat its people?>, while culture answers the question <what kind of people does this organization employ?>“ [1] Einstellungen und Verhalten von Mitgliedern einer Kultur hängen sowohl von den individuellen Prägungen als auch der Situation ab. Dies bedeutet, dass die Interpretation der Unternehmenskultur von den individuellen Prägungen der Mitarbeiter sowie der jeweiligen Situation bzw. dem Klima abhängen. Während Unternehmen direkt auf die Situation einwirken können, ist die Beeinflussung der individuellen Prägungen nur begrenzt möglich. Jedoch können Unternehmen bereits bei der Einstellung neuer Mitarbeiter auf spezifische Ausprägungen Wert legen. Analog zu der Unterscheidung von Klima und Kultur könnte auf individueller Ebene zusätzlich der Begriff „Psychologisches Klima“ eingeführt werden. Das psychologische Klima ist im Kopf der Mitarbeiter für die Wahrnehmung der Unternehmenskultur verantwortlich. Die Wahrnehmung der Unternehmenskultur auf individueller Ebene umfasst eine Werte- sowie eine Perzeptions- Komponente.

HOFSTEDE et al. identifizieren – auf Basis des Datenmaterials der Studie von 1990 [2] – sechs unterschiedliche **Werte–Dimensionen** der Mitarbeiter: [3]

- **Persönliches Bedürfnis nach Leistung** (dazu zählen insbesondere folgende Aussagen: Das Leisten eines Beitrages zum Unternehmenserfolg ist wichtig; Der Einsatz von Fähigkeiten und Wissen im Job ist wichtig; Abwechslung und Abenteuer im Job sind wichtig; Aufstiegschancen und Weiterbildungsmöglichkeiten im Job sind wichtig;...)
- **Bedürfnis nach einem förderlichen Umfeld** (dazu zählen insbesondere folgende Aussagen: Die meisten Unternehmen sind besser dran, wenn ein Konflikt für immer beseitigt ist; Das Arbeiten in einem exakt definierten Aufgabenbereich ist wichtig; Ein angenehmes Aufgabengebiet ist wichtiger als Aussichten auf eine Karriere; Gute persönliche Beziehungen zu den Kollegen sind wichtiger als Einkommen;...)
- **Machismo** (dazu zählen insbesondere folgende Aussagen: Eltern sollten ihre Kinder dazu erziehen, stets der Beste der Klasse zu sein; Wenn es die Karriere eines Mannes verlangt, sollte die ganze Familie Opfer bringen; Wenn Menschen im Leben scheitern, sind sie selbst schuld; Entscheidungen des Einzelnen, sind Gruppenentscheidungen überlegen;...)
- **Arbeitswut** (dazu zählen insbesondere folgende Aussagen: Zeit für Persönliches- oder Familien Leben ist unwichtig; Der Job ist wichtiger als die Freizeit; Wenig Druck und Stress im

[1] Hofstede/Bond/Luk (Individual Perceptions) 488

[2] Hofstede/Neuijen/Ohavy/Sanders (Measuring)

[3] Hofstede/Bond/Luk (Individual Perceptions) 491ff

Job zu haben ist unwichtig; Würde die Arbeit weiter durchführen auch wenn man das Geld nicht mehr bräuchte;...)

- **Entfremdung und Distanz zu Anderen** (dazu zählen insbesondere folgende Aussagen: Mitarbeiter scheuen davor ihrem Vorgesetzten zu widersprechen; Mitarbeiter sind nicht stolz für das Unternehmen zu arbeiten; Den meisten Menschen kann man nicht trauen;...)
- **Autorität** (dazu zählen insbesondere folgende Aussagen: Eltern sollten nicht zufrieden sein, wenn die Kinder unabhängig werden; Es ist nicht erstrebenswert die Management Autoritäten zu hinterfragen; Es ist für Jugendliche nicht richtig bei ihren Lehrern kritisch zu sein; Gute Manager haben präzise Antworten auf die Fragen der Untergebenen;...)

Ebenso identifizieren HOFSTEDE et al. sechs unterschiedliche Faktoren der individuellen **Perzeption** von Unternehmenskultur:[1]

- **Professionalität** (dazu zählen insbesondere folgende Aussagen: Versuche stets Pionier zu sein; Menschen strengen sich maximal an; Ergebnisse sind wichtiger als Prozesse; Jeder kenn seinen Zweck und die Bedeutung seiner Arbeit; Wichtig den anderen in der Technologie und den Arbeitsmethoden einen Schritt voraus zu sein; Unterstellte organisieren ihre Arbeit selbst;...)
- **Distanz zum Management** (dazu zählen insbesondere folgende Aussagen: Wenig Bedeutung wenn jemand persönlich Probleme hat; Unternehmen ist nur an der Leistung der Mitarbeiter interessiert; Management ist kleinlich bei kleinen Dingen; Änderungen werden mittels Management Verordnung durchgeführt; Entscheidungen werden an der Spitze getroffen; Gewöhnliche Mitarbeiter haben niemals Kontakt zu Top Managern;...)
- **Vertrauen in die Kollegen** (dazu zählen insbesondere folgende Aussagen: Typische Kollegen sind direkt; Typische Kollegen sind initiativ; Typische Kollegen sind optimistisch; Typische Kollegen sind schnell; Typische Kollegen sind herzlich;...)
- **Ordentlichkeit** (dazu zählen insbesondere folgende Aussagen: Besprechungszeiten werden pünktlich eingehalten; Stets seriös über die Arbeit sprechen; Top Manager entscheiden nur auf Basis von Fakten; Jeder achtet auf die Kosten;...)
- **Feindseligkeit** (dazu zählen insbesondere folgende Aussagen: Unternehmen und Mitarbeiter sind verschlossen und geheimnisvoll; Neuankömmlinge finden ihren Weg alleine; Konkurrenz und Misstrauen zwischen den einzelnen Abteilungen; Fehler werden kritisch bestraft;...)
- **Integration** (dazu zählen insbesondere folgende Aussagen: Loyalität zwischen Mitarbeitern und dem Unternehmen; Mitarbeiter fühlen sich in ihrem Job sicher; Jeder Tag bringt neue Herausforderungen, Unsere Abteilung ist die beste des gesamten Unternehmens;...)

---

[1] Hofstede/Bond/Luk (Individual Perceptions) 494ff

Nachfolgend ein kurzer Vergleich der Ergebnisse der Studie zur Unternehmenskultur mit den nun vorliegenden Ergebnissen zur individuellen Wahrnehmung der Unternehmenskultur.

- **Zur Qualität der Daten**: Trotz der umfassenden Liste zur individuellen Wahrnehmung der Unternehmenskultur, erklären die abgefragten Statements nur einen geringeren Teil der Gesamtvarianz, verglichen mit der Auswertung der Unternehmenskultur Studie. Auch die Faktorladung der einzelnen Statements fällt im Vergleich geringer aus.[1]

- **Zu inhaltlichen Aspekten**: Überaus interessant ist die Beobachtung, dass in der Auswertung auf Unternehmensebene, Praktiken einen höheren Erklärungsanteil für die Varianz leisten als Werte.[2] In der Individuellen Auswertung erklären hingegen Werte einen höheren Anteil der Varianz als Praktiken.[3] Dafür gibt es eine plausibel Erklärung: Praktiken sind auf der Ebene einzelner Unternehmenseinheiten stärker genormt und lassen daher weniger Raum für abweichende Interpretationen durch einzelne Mitarbeiter. Werte hingegen weisen einen schwächeren Bezug zur eigenen Abteilung auf und lassen somit mehr Spielraum für abweichende Interpretationen. Abschließend nochmals aus der Unternehmensperspektive: „One of the main conclusions from the ecological study was that organization cultures differ primarily in their practices, whereas organization membership per se does not account for much variance in values.“[4] Unterschiedliche Werte innerhalb eines Unternehmens können in großem Ausmaß auf unterschiedlichen Bildungsgrad, Geschlecht, Alter und Nationalität zurückgeführt werden.

Abschließend - um nochmals auf die Bedeutung der Individuen als eigenständiges Forschungsfeld hinzuweisen - die Meinung von SCHEIN: „My own understanding of

---

[1] So wurde als Abbruchkriterium bei der Unternehmenskultur Studie ein Wert von 0,60 gewählt, für die individuelle Auswertung hingegen ein Wert von 0,35. Insgesamt erreichten lediglich 9 (!) Statements der individuellen Auswertung eine Ladung von >0,60! Dies ist jedoch teils Methodenbedingt; siehe dazu: Hofstede/Bond/Luk (Individual Perceptions) 496

[2] 73 Prozent verglichen mit 62 Prozent.

[3] 27 Prozent verglichen mit 31 Prozent.

[4] Hofstede/Bond/Luk (Individual Perceptions) 496

this phenomenon came about from seeing more clearly that cultures arise in whole occupational communities and that, therefore, parts of organizations are as much a reflection of the occupational backgrounds and experiences of some of their members as they are of their own unique organizational histories.“ [1]

### *4.2.4 Beziehungskultur*

Die Akteure an der Schnittstelle zwischen den beiden interagierenden Unternehmen stehen bei deren erstmaligen Kontakt vor großen Herausforderungen. „Ihre Handlungssicherheit ist eingeschränkt, weil das Verhalten der anderen nicht wie gewohnt interpretiert werden kann.“[2] Zunächst werden die eigenen kulturellen Orientierungsmuster eingesetzt, um die Reaktionen des Partners zu interpretieren. Die fremden kulturellen Werte, Normen und Bewertungsmaßstäbe sind in dieser Phase noch nicht bekannt. Erst mit zunehmender Intensität der Geschäftsbeziehung werden, sofern die Akteure dazu bereit und fähig sind, die „fremden“ Orientierungsmuster erlernt und durch gegenseitige Modifikationen aufeinander abgestimmt. Dadurch entsteht eine eigene Kultur, die nachfolgend „Beziehungskultur“ genannt wird. Beziehungskultur ist der gemeinsam vereinbarte Bezugsrahmen der interagierenden Geschäftspartner, welcher aus wiederholten Transaktionsepisoden resultiert. Somit bedarf die „Vereinbarung“ keinem aktiven Willensakt. Sie erwächst aus der Erfahrung der internationalen Interaktionspartner. „Cultures are created by and exist within, and eventually between, people, and they are externally represented by those institutions, artifacts and norms which become influential cultural icons and, which in turn, influence their creators.“[3]

Der Entstehungsprozess der Beziehungskultur wird maßgeblich von der Nationalkultur und Unternehmenskultur (bzw. Subkultur) der Akteure beeinflusst. Dies belegen zahlreiche Studien.[4] BALIGH kommt zu dem Ergebnis, dass „(...) the efficiency of an organization structure is determined by how well it fits into the culture in which it

[1] Schein (Missing Concept) 233

[2] Mauritz (Geschäftsbeziehung) 91

[3] Casrnir (Third-Culture) 105

[4] Siehe insbesondere Hofstede (Cultures)

is set."[1] In seiner Studie identifiziert BALIGH jene Organisationsstrukturen und Entscheidungsregeln, die in islamischen Ländern erfolgversprechend bzw. passend sind. Er kommt zu dem Schluss, dass „Organization structures that fit well in Islamic culture are those that have decision rules that are pervasive, comprehensive, fine, unenfranchised, and non-contravening of Islamic rules of which there are very, very many."[2] Konkrete Auswirkungen des Islams auf die Unternehmenskultur werden auch im Bereich der Entlohnung der Mitarbeiter identifiziert. Weltliche Anerkennungen, obgleich durchaus möglich, erzielen bei weitem nicht die gleiche Anreizwirkung auf Mitarbeiter, wie in den USA. Die Wirkung materieller Anreize westlicher Unternehmen „(...) is weakened by the weak input output connection, and the divorce of earthly wealth from piety and from the important and certain rewards in the hereafter."[3] Viel bedeutsamer ist den Moslems das Einhalten der Vorschriften des Koran. Zu einem ähnlichen Ergebnis gelangt auch OUDENHOVEN, wenn er behauptet: „Cultures as found within organizations will, therefore, differ to some extent within one nation, but they are supposed to differ even more from nation to nation, because – in addition – they reflect their national cultures to a certain degree."[4]

Wiederholt wurden Auswirkungen des Einflusses der Nationalität auf den Erfolg internationaler Merger- und Akquisitionsprojekte untersucht. In einer Fallstudienanalyse kommt OLIE zu dem Schluss: „There were not only conflicts of interests that appeared to bother the integration process in this merger. The Dutch and German organizations possessed entirely different managerial ideologies (...). These different styles could be partly traced to the market in which these companies operated and their historical background, while others seemed to reflect differences in national mentality."[5]

National-, Unternehmens- und Subkultur bilden gemeinsam die Eigenkultur der Akteure. Je nach Perspektive werden die Kulturen der Interaktionspartner als Eigen-

---

[1] Baligh (Cultural Setting) 39

[2] Baligh (Cultural Setting) 48

[3] Baligh (Cultural Setting) 48

[4] Oudenhoven (National Cultures) 90

[5] Olie (International Mergers) 388

kultur oder Fremdkultur bezeichnet. Die Eigenkultur hat, im Zusammentreffen mit der Fremdkultur, Einfluss auf die Entstehung der Beziehungskultur. Die Beziehungskultur tritt als dritte symbolische Ordnung zwischen den Kulturen der Beteiligten in Kraft.[1]

Das Zusammenspiel der unterschiedlichen kulturellen Ebenen zeigt das eigenständig entwickelte **„Dynamische Fünf-Schicht Modell“** zur Analyse des Einflusses von Kultur auf internationale Geschäftsbeziehungen in der nachfolgenden Abbildung.

Wie aus der Abbildung ersichtlich, nimmt die Branchenkultur eine vermittelnde Rolle zwischen Eigen- und Fremdkultur ein, da sie nicht an Nationen, sondern an (globale) Branchen gebunden ist. Standards, Werte und Grundannahmen gelten global innerhalb der Branche und können bei erstmaligen Interaktionen als Referenzpunkte bei der „Übersetzung“ der Fremdkultur helfen.

---

[1] Mauritz bezeichnet diese neue Ordnung als „Interkultur“, was m.E. bei isolierter Betrachtung des Wortes „Interkultur“ zu Missverständnissen führen kann, da sich aus dem Aufeinandertreffen zweier internationaler Geschäftspartner, nicht zwangsweise eine Beziehung entwickeln muss, jedoch bereits der erste Kontakt „interkulturellen“ Charakter hat. Erst der Begriff „Interkulturelle GeschäftsBEZIEHUNG“ scheint hinlänglich präzise zu sein, da sich in der Beziehung eine eigenständige Kultur zwischen den Partnern gebildet hat.

**Abbildung 35: Dynamisches Fünf-Schicht Modell zur Analyse des Einflusses von Kultur auf internationale Geschäftsbeziehungen**

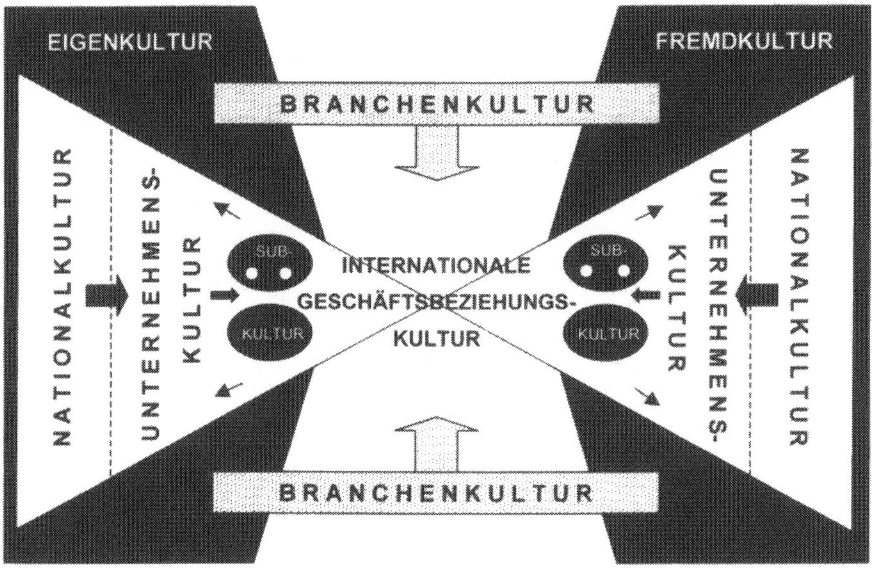


Die in der Abbildung eingesetzten Pfeile verweisen auf die Wirkungsrichtung der einzelnen Schichten, wobei eine stärkere Wirkung von National- auf Unternehmenskultur und von dieser auf Geschäftsbeziehungskultur vermutet wird als vice versa. Da es jedoch plausibel scheint, dass auch eine starke Geschäftsbeziehungskultur über Subkulturen auf das Unternehmen zurückwirkt, weisen auch schwächer ausgeprägte Pfeile in die entgegengesetzte Richtung.

Das **„Dynamische Fünf-Schicht Modell“** berücksichtigt nicht, dass globale Unternehmen über keinen „Heimatmarkt“ verfügen und dementsprechend keine singuläre Nationalkultur für die Ausprägung der Unternehmenskultur identifiziert werden kann.

Inwieweit an dieser Stelle eine neue wirtschaftliche „Globalkultur"[1] wirksam wird, sei an anderer Stelle diskutiert.

Die Ausführungen der vorangegangenen Kapitel haben belegt, dass jedoch nicht ausschließlich von objektiv vorhandener Kultur Einfluss auf das Verhalten der Akteure ausgeht, sondern dass die individuelle Perzeption der Kultur ebenso prägend wirkt. Somit sind es letztendlich die handelnden Individuen, die über Erfolg oder Misserfolg der internationalen Geschäftsbeziehung entscheiden. Zur Frage der Entstehung der Beziehungskultur bieten sich mit den Konzepten der Akkulturation und der Dritt-Kultur zwei unterschiedliche Erklärungsansätze, welche nachfolgend behandelt werden.

#### *4.2.4.1 Konzeption von internationaler Geschäftsbeziehungskultur als Ergebnis von Akkulturation*

Kulturelle Anpassungsprozesse auf individueller und organisatorischer Ebene werden häufig mit dem Konzept der Akkulturation erklärt. Akkulturationsforscher untersuchen Situationen, in denen externe Faktoren zu internen Anpassungen führen. Anpassungen finden in interkulturellen Situationen immer statt, wobei Geschwindigkeit und Intensität der Reaktion von Fall zu Fall differieren.[2] Ziel dieser, unter Kulturanthropologen bereits seit geraumer Zeit betriebenen Forschungsrichtung, ist die Analyse jener Phänomene, die aus dem erstmaligen Aufeinandertreffen unterschiedlicher Kulturen resultieren und dabei auch auf die grundlegenden Kulturen der Beteiligten rückwirken können. Akkulturationsforscher beschäftigen sich mit der Frage „If culture is such a profound factor in shaping an individual´s behavior, what happens psychologically when someone comes into contact with, and experiences a second culture?"[3] Auf die Situation internationaler Geschäftsbeziehungen umgelegt, reicht die Palette möglicher Antworten auf diese Frage von der Beobachtung keinerlei Veränderungen bei den Akteuren bis hin zu einer raschen und

[1] Diese wäre dann bereits auf globale Konzerne ausgerichtet und vermutlich amerikanischer Prägung, basierend auf einer Mischung von Werten, Grundannahmen und Mythen von McDonalds und Coca Cola.

[2] Segall (Psychologie) 185

[3] Segall/Dasen/Berry/Poortinga (Behavior) 299

einfachen Adaption der neuen Kultur durch einen oder beide Geschäftspartner. Beide Extremsituationen sind unwahrscheinlich.

Akkulturation bezeichnet somit Situationen, in denen sich zwei vorher autonome kulturelle Systeme gegenseitig beeinflussen. Dabei wurde der Begriff zunächst neutral interpretiert, also dort angewandt, wo zwei gleich starke Kulturen aufeinander trafen. In neueren Publikationen findet sich der Begriff jedoch verstärkt zur Beschreibung von ungleichen Situationen, in denen eine Kultur versucht, sich auf Kosten der Anderen durchzusetzen. Die nachfolgende Abbildung zeigt einen Bezugsrahmen zur Analyse von Akkulturationsprozessen, wobei zwischen der Akkulturationsgruppe (jener Gruppe, die sich starken Änderungen unterzieht) und der dominanten Kultur unterschieden wird.

**Abbildung 36: Bezugsrahmen zur Akkulturation**

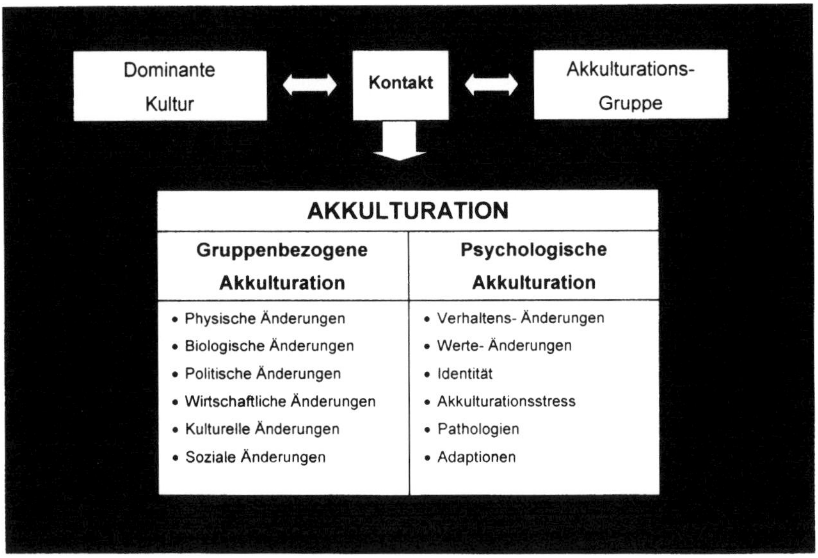


Quelle: Segall/Dasen/Berry/Poortinga (Behavior) 302 [übersetzt aus dem Englischen]

Wie die Abbildung zeigt, kann der Effekt der Akkulturation sowohl auf der Gruppenebene (im Falle internationaler Geschäftsbeziehungen wären dies jene Gruppen, die in Interaktion stünden, also Selling und Buying Center) als auch auf individueller Ebene betrachtet werden. Diese Unterscheidung ist bedeutend, da „(...) not all individuals participate to the same extent in the general acculturation being experienced by their group."[1] Somit umfasst der Begriff der Akkulturation sowohl Änderungen der kulturellen Rahmenbedingungen aus dem Umfeld der jeweiligen Geschäftspartner, als auch die psychologischen Auswirkungen dieser Änderungen auf den Einzelnen. Dies erklärt, warum bspw. ein Mitglied des Selling Centers interkulturelle Interaktion als herausfordernde Aufgabe und Möglichkeit der persönlichen Weiterentwicklung sieht, während für ein zweites Mitglied die gleiche Situation mit Stress und Gefahr verbunden ist.

Sucht man nun in der psychologischen Akkulturationsforschung nach möglichen Strategien, die seitens der internationalen Geschäftspartner im Umgang mit der neuen interkulturellen Situation gewählt werden können, gelangt man zu Ergebnissen aus der Migrationsforschung, welche jedoch in ihren Grundannahmen auf die angesprochene Situation umgelegt werden können. Mögliche Verhaltensstrategien der Geschäftspartner resultieren aus der Beantwortung von zwei grundlegenden Fragen:

- In welchem Ausmaß sind die eigenkulturellen Werte und Grundannahmen für den jeweiligen Akteur von Bedeutung und in welchem Ausmaß soll diese Kultur erhalten bleiben? Ist es wichtig, die eigene kulturelle Identität zu erhalten?

- Wie bedeutsam ist die Integration in die Fremdkultur, bzw. in welchem Ausmaß soll die Fremdkultur ein abgeschlossenes System des anderen Geschäftspartners bleiben? Ist es wichtig, eine Beziehung zu dem dominanten Geschäftspartner aufzubauen?

Aus einer einfachen Dichotomisierung möglicher Antworten auf die Kategorien „ja" und „nein" lässt sich eine Vierfelder-Matrix möglicher Strategien der Akkulturation

[1] Segall/Dasen/Berry/Poortinga (Behavior) 302

erstellen. Die nachfolgende Tabelle wurde – entsprechend der neueren Auffassung der Akkulturationsforschung – für asymmetrische Geschäftsbeziehungen aus der Sichtweise der schwächeren Kultur entworfen.

**Tabelle 35: Akkulturationsstrategien**

| | | Ist es wichtig, die eigene kulturelle Identität zu erhalten? | |
|---|---|---|---|
| Ist es wichtig, eine Beziehung zu dem dominanten Geschäftspartner aufzubauen? | | **Ja** | **Nein** |
| | **Ja** | Integration | Assimilation |
| | **Nein** | Separation | Marginalisierung |

Quelle: Segall/Dasen/Berry/Poortinga (Behavior) 302 [Fragen aus dem Englischen übersetzt und für den vorliegenden Zweck teils verändert]

Ist es für den handelnden Akteur wichtig, seine eigene kulturelle Identität zu erhalten, bietet sich die Möglichkeit der Integration, sofern eine Beziehung zu dem dominanten Geschäftspartner erstrebenswert ist, bzw. der Separation, wenn die Beziehung nicht so wichtig erscheint. **Separation** bedeutet eine weitgehende Vermeidung von Interaktionen. Die Kontakte werden auf ein unverzichtbares Minimum reduziert. Von **Integration** wird gesprochen wenn „(...) there is some degree of cultural integrity maintained, while at the same time seeking to participate as an integral part of the larger network."[1] Bei der Integration findet eine Annäherung zum Geschäftspartner statt, gleichzeitig wird jedoch versucht, möglichst viele Elemente der eigenen Kultur zu erhalten. Das Verhältnis könnte als friedliche Koexistenz umschrieben werden. Eine grundsätzliche Übereinstimmung ist zwar vorhanden, jedoch wird kulturelle Diversität gepflegt.

Kann hingegen die eigene kulturelle Identität aufgegeben werden und ist eine enge Beziehung zu dem dominierenden Geschäftspartner wünschenswert besteht die

---

[1] Segall/Dasen/Berry/Poortinga (Behavior) 301

Möglichkeit der **Assimilation**. Dabei entwickelt sich der Geschäftspartner im Laufe des Akkulturationsprozesses zum Leitbild. Seine Kultur wird weitgehend übernommen. Assimilation scheint nur in sehr wenigen Fällen plausibel. Voraussetzung dafür ist eine extrem schwache Kultur des einen Geschäftspartners verbunden mit maßgeblichen wirtschaftlichen Problemen. Wenn nun ein sehr erfolgreiches ausländisches Unternehmen als Geschäftspartner auftritt und die wirtschaftliche Zukunft des anderen Unternehmens von dieser Beziehung abhängt, so werden dessen „Erfolgsrezepte" gleich mit übernommen.

**Marginalisierung** beschreibt eine kulturelle Neuorientierung. Die Elemente der Kultur des Geschäftspartners werden nur in begrenztem Ausmaß übernommen, jedoch wird keine aktive Interaktion gesucht. Der schwächere Geschäftspartner begibt sich auf die Suche nach eigenen „Erfolgsrezepten".

Abschließend muss erwähnt werden, dass diese Vierfelder-Matrix – obgleich auf einen dominierenden Partner ausgerichtet – nicht von einem Verhältnis ausgeht, in dem der dominierende Partner Druck auf die Strategiewahl des Schwächeren ausübt. In die umgekehrte Richtung besteht ebenfalls freie Wahlmöglichkeit; so ist Integration nur möglich, wenn der dominierende Geschäftspartner mit einer Aufnahme eines neuen Mitgliedes einverstanden ist.

Maßgeblichen Einfluss auf die gewählte Akkulturationsstrategie und den damit verbundenen Erfolg der Geschäftsbeziehung übt insbesondere die Fähigkeit der Kommunikation aus. Die sinngemäße Entschlüsselung der verbalen als auch nonverbalen Kommunikationsinhalte ist Voraussetzung für die Einsicht in Zusammenhänge der einzelnen Aktivitäten der Partner. Dies vorausgesetzt, werden eigenständige Handlungen möglich und Konflikte lösbar. Nachfolgende Tabelle zeigt den Zusammenhang der Kenntnis der „Firmensprache" (als Sammelbegriff für sämtliche Kommunikationsinhalte) des Geschäftspartners mit dem Erfolg der Akkulturation.

**Tabelle 36: Kenntnis der Firmensprache des Geschäftspartners und Akkulturationserfolg**

| | Kenntnis der Firmensprache von A | Keine Kenntnis der Firmensprache von A |
|---|---|---|
| Einsicht in Zusammenhänge der Aktivitäten von M | Begünstigt | Erschwert |
| Fähigkeit zu eigenständigem Handeln | Möglich | Erschwert |
| Interpretation von Verhaltensweisen | Richtig | Falsch |
| Konfliktlösung | Möglich | Erschwert |
| Identifikation mit M | Hoch | Niedrig |
| Handlungsorientierung | Aktion | Reaktion |
| Zielerreichung | Hoch | Gering |
| Verhältnis zu M | Gut | Schlecht |
| Konsequenz | Integration Assimilation | Separation Marginalisierung |

Quelle: verändert entnommen aus: Reineke (Akkulturation) 139

Trotz der plausiblen Anwendbarkeit dieser Strategie-Matrix für die Erklärung internationaler Geschäftsbeziehungskultur wird doch offensichtlich, dass das Konzept der Akkulturation nicht direkt übertragbar ist. Eine zentrale Anwendungsbedingung der Akkulturation, nämlich jene des permanenten und direkten Kontaktes zwischen zwei Kulturen, scheint in internationalen Geschäftsbeziehungen nicht zwangsweise erfüllt. Auch müssen nicht zwangsweise Anpassungsprozesse ausgelöst werden, die zu langfristigen Veränderungen wenigstens einer der beteiligten Kulturen führt.[1] Vielmehr scheint es möglich, dass eine neue Kultur zwischen den Geschäftspartner entsteht, die zweifelsfrei auch auf die Sub- und Unternehmenskultur ausstrahlen wird, jedoch nicht zu einer Änderung dieser Reverenzsysteme führen muss. Meist pflegen Unternehmen mehr als eine internationale Geschäftsbeziehung, sodass eine Anpassung an alle Partner undenkbar wird!

[1] Reineke (Akkulturation) 53

Ein zweiter Strang der Akkulturationsforschung leistet für die Erklärung internationaler Geschäftsbeziehungen einen guten Beitrag; Änderungsprozesse stehen immer in einem Spannungsverhältnis von Fragen der Machtverteilung (kulturelle Dominanz durch einen Geschäftspartner oder kulturelle Gleichheit) und damit verbundenen möglichen Konflikten. BERRY stellt fest: „The apparent domination of one group over the other suggests that what happens between contact and change may be difficult, reactive, and conflictual rather than a smooth transaction."[1] Konflikte weisen sowohl negative Aspekte (Zerstörung positiver Beziehung zwischen den Partnern, aufgrund dauernder Spannungen, Instabilität der Organisation, Fehlallokation von Ressourcen, verzerrte bzw. reduzierte Informationsströme mit daraus folgender verminderter Entscheidungsqualität etc.) als auch positive Aspekte (Diskussion und Hinterfragung der eigenen Werte und Grundannahmen, besseres Verständnis der Partner füreinander, Mobilisierung von Ressourcen, Suche nach und aufdecken von Handlungsalternativen etc.) auf.[2] Aus der Betrachtung des dynamischen Fünf-Schicht Modells lassen sich sehr einfach mögliche Konfliktebenen ablesen. Wie die nachfolgende Abbildung zeigt, sind zwei Konstruktionen von Konflikten durch Akkulturation möglich.

**Abbildung 37: Mögliche Konfliktfelder internationaler Geschäftsbeziehungen**

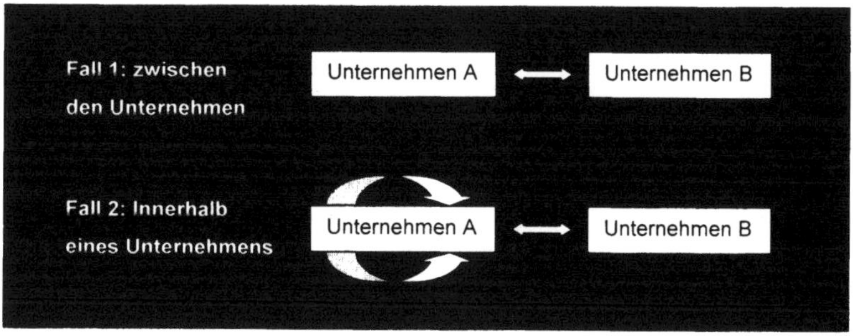


[1] Berry (Acculturation) 66

[2] Reineke (Akkulturation) 57f

Wie in der Abbildung in Fall 1 dargestellt, können Konflikte zwischen den an der Geschäftsbeziehung beteiligten Unternehmen entstehen. Dabei kann der Konflikt unterschiedliche Ebenen erfassen:

- Individuum – Individuum, Subkultur, Unternehmenskultur, Nationalkultur
- Subkultur – Individuum, Subkultur, Unternehmenskultur, Nationalkultur
- Unternehmenskultur – Individuum, Subkultur, Unternehmenskultur, Nationalkultur
- Nationalkultur – Individuum, Subkultur, Unternehmenskultur, Nationalkultur

Branchenkultur wurde nicht berücksichtigt, da ihr, aufgrund des globalen Charakters, eine Moderatorenrolle zufällt. Die Grundannahmen und Werte der Branchenkultur werden von allen Beteiligten der Branche akzeptiert, es bestehen somit keine Interpretationsunsicherheiten.

Fall 2 geht noch einen Schritt weiter und zeigt auf, dass aufgrund des Akkulturationsprozesses (also der Veränderungen!) der an der Geschäftsbeziehung beteiligten Individuen oder Subkulturen auch innerhalb des Unternehmens Konflikte entstehen können. So erscheint es plausibel, dass bspw. Mitarbeiter aufgrund ihrer neuen internationalen Erfahrungen und neu gelernten Denk- und Interpretationsmuster in Konflikt mit der eigenen Unternehmenskultur geraten. Unter Umständen werden neue „Sinnfragen" für das Unternehmen, vielleicht sogar für die Nationalkultur gestellt.[1]

Das Ausmaß des Konfliktes hängt mit hoher Wahrscheinlichkeit von der **kulturellen Distanz** der Geschäftspartner ab. Kulturelle Distanz bezeichnet dabei die Summe der Unterschiede zwischen den Ausprägungen zweier Kulturen. Je größer die kulturelle Distanz, desto geringer ist die gemeinsame Basis für eine erfolgreiche Zusammenarbeit.[2] Das Konstrukt der kulturellen Distanz steht in einem engen Verhältnis zu dem, in der Soziologie bereits seit geraumer Zeit diskutierten, Konzept der psychischen Distanz.[3] NORDSTRÖM definiert[1] psychische Distanz als Summe

---

[1] Diese Erfahrung ist vielen aus dem Privatleben bekannt. Wenn man von einem langen Auslandsaufenthalt heimkehrt, muss man sich zu Hause erst wieder neu orientieren und einige „Routinehandlungen" auf Sinngehalt überprüfen.

[2] Reineke (Akkulturation) 61

[3] Bogardus beschäftigt sich bereits 1925 mit der Messung der sozialen Distanz.

aller Faktoren, die den Informationsfluss zwischen Ländern, bestehenden aber auch zukünftigen Lieferanten und Kunden stören oder gänzlich unterbinden.[2] Als mögliche „Störfaktoren" des Informationsflusses werden neben der kulturellen Differenz auch Unterschiede im Entwicklungsstand der Länder, in der Ausbildung, der Umgangssprache und dem Ausmaß bereits bestehender (bzw. fehlender) Beziehungen zwischen dem eigenen Land und dem Gastland (= Land des Geschäftspartners) genannt.

Der gestörte Informationsfluss führt zu einem „Lack of knowledge regarding local business conditions, customers, bureaucratic procedures, foreign exchange-rate fluctuations, tariff and non tariff-barriers, as well as how to get the information (...)."[3] Die angedeuteten Wissenslücken verursachen ein Unsicherheits- und „Foreigness"-Gefühl, welches den Aufbau internationaler Geschäftsbeziehungen erschwert. NORDSTRÖM, als Vertreter der Uppsala-Schule, vermutet, dass auch die **geographische Distanz** zwischen dem eigenen Land und dem Gastland Einfluss auf das Unsicherheitsgefühl der grenzüberschreitend tätigen Unternehmen hat. Die empirisch gestützte Hypothese der Uppsala Schule lautet:[4] Je größer die geographische Distanz, desto größer ist das Unsicherheitsgefühl der Unternehmen (und desto unwahrscheinlicher die Aufnahme internationaler Geschäftsbeziehungen zu diesem Land). Umgekehrt formuliert: Je geringer die psychische und physische Distanz, desto geringer ist die wahrgenommene Unsicherheit und desto wahrscheinlicher (und konfliktfreier) die Aufnahme grenzüberschreitender Geschäftsbeziehungen.

Neben der kulturellen und der geographischen Distanz zieht LUOSTARINEN in seinem Geschäfts-Distanz Modell auch noch die **Wirtschaftsumfeld Distanz** heran, um erfolgversprechende Ländermärkte für Internationalisierungsvorhaben zu

---

Bogardus (Distances)

[1] In Anlehnung an eine, bedauerlicherweise nur in schwedischer Sprache erschienene, Publikation von VAHLNE und WIEDERSHEIM-PAUL.

[2] Nordström (Internationalization) 21f

[3] Nordström (Internationalization) 20

[4] Zur Kritik der Hypothesen, insbesondere zur Auseinandersetzung über die Gültigkeit eines „Differenzansatzes" in einer globalen Umwelt siehe: Nordström (Internationalization) 24ff

identifizieren. „Economic distance is created due to the differences in the economic environment between the home and target country."[1] Einen Ausschnitt seines Modells zeigt nachfolgende Abbildung.

**Abbildung 38: Geschäfts-Distanz Modell**

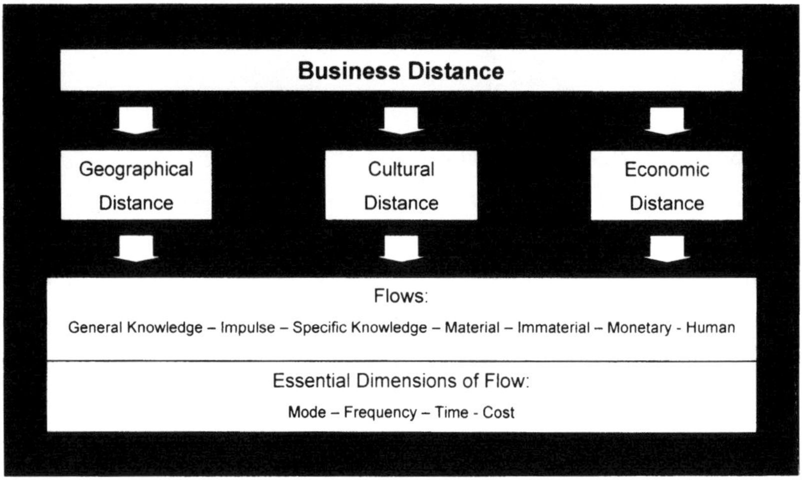


Quelle: Ausschnitt des Modells von: Luostarinen (Internationalization) 139

OLSEN und ELLRAM sehen zusätzlich in der technologischen- und der zeitlichen Distanz weitere Faktoren, welche die Stärke oder Schwäche einer internationalen Geschäftsbeziehung beschreiben. „The technological distance describes the differences between the two companies´ product and process technologies. The time distance describes the cycle time between order placement and the actual transfer of the product or service involved."[2]

In einer neueren Publikation weisen VAHLNE und NORDSTRÖM darauf hin, dass es letztendlich um die Fähigkeit von Unternehmen geht, ihr Umfeld kennen- und verstehen zu lernen.[3] Damit wird psychische Distanz zu einem unternehmens-internen Phänomen. Nicht absolut messbare Länderunterschiede, sondern subjektiv

[1] Luostarinen (Internationalization) 136

[2] Olsen/Ellram (Relationships) 107

[3] Vahlne/Nordström (Psychic Distance) 3

empfundene Differenzen entscheiden (vor allem zu Beginn) über Erfolg oder Misserfolg der Geschäftskontakte. Als Konsequenz dieser Beobachtung lässt sich feststellen, dass psychische Distanz nicht nur ein unternehmensspezifisches, sondern auch ein zeitspezifisches Konstrukt ist. Das Ausmaß der wahrgenommenen Distanz verändert sich einerseits mit den allgemeinen internationalen Erfahrungen der beteiligten Unternehmen, als auch mit zunehmender Fortdauer der spezifischen Geschäftsbeziehung. Demzufolge ist auch die Ermittlung der Distanz zweier Länder über eine Zusammenfassung der von HOFSTEDE entwickelten Kulturdimensionen zu einem Länderwert[1] weniger erfolgversprechend als eine direkte Messung, welche besser auf individuelle Aspekte des Unternehmens eingehen kann. Trotzdem erklärt die kulturelle Distanz einen Großteil der psychischen Distanz. SCHMID erachtet „(...) die Feststellung wichtig, dass sich die kulturelle und psychische Distanz – wie zu erwarten – nicht völlig decken. Genauso wichtig ist aber die Erkenntnis, dass die Unterschiede zwischen kultureller Distanz und psychischer Distanz vergleichsweise gering sind.“[2] Damit stellt Kultur einen entscheidenden Aspekt internationaler Geschäftsbeziehungen dar.

#### *4.2.4.2 Konzeption von internationaler Geschäftsbeziehungskultur als Dritt-Kultur*

Beziehungskultur ist keine statische Größe, kein Endstadium, welches, wenn es einmal erreicht ist, unveränderlich besteht. Geschäftsbeziehungen resultieren vielmehr aus der dynamischen Natur internationaler Transaktionsepisoden. „Durch wiederholte Interaktion bilden sich bestimmte Beziehungsmuster und gemeinsame kulturelle Ideen bei den beteiligten Personen heraus, so dass Geschäftsbeziehungen immer soziale und kulturelle Gebilde zugleich sind.“[3] Permanente Veränderungen der gemeinsamen Kultur sind dabei Teil eines langfristigen Prozesses von Anpassungen, um wirtschaftlich erfolgreich zu bleiben. „The consideration of cultures as endstates,

---

[1] Dies wird von Kogut/Singh vorgeschlagen. Die Autoren nutzen den Länderdistanzwert, um die Auswahl unterschiedlicher Markteintrittsformen zu erklären. Zentrale Hypothese: „The greater the cultural distance between the country of the investing firm and the country of entry, the more likely a firm will choose a joint venture or wholly owned greenfield over an acquisition.“ Kogut/Singh (Entry Mode) 414

[2] Schmid (Multikulturalität) 282

[3] Mauritz (Geschäftsbeziehung) 25

rather than dynamic, changing, developing processes (even while admitting that change is possible), has in the past frequently led to both theoretical and research models, which are not adequate to the task of dealing with human interactions as processes."[1] Solche Konzeptionen führen ganz automatisch zu statischen Beschreibungen von Kultur als Endzustand sowie zu Spekulationen, wie Unternehmen diesen Zustand erreicht haben und welche Auswirkungen die statische Kultur auf interkulturelle Situationen haben wird. Das Ergebnis statischer Sichtweise sind eine Vielzahl ländervergleichender, deskriptiver Studien. Diesen wirft CARNIR vor, dass „A plethora of descriptive studies has not led to any deeper understanding of the reasons why and how human beings build or construct communication systems, relationships, and new models for their socio-cultural existence, which go beyond their supposedly constraining cultural repertoires."[2] Bspw. erklären die Studien zu „high-context" und „low-context" Kulturen nicht, wie und warum Individuen ihre Verhaltensunterschiede bei Geschäftsverhandlungen überwinden.[3]

Deswegen wird an dieser Stelle das Konzept der Dritt-Kultur zur Analyse der Geschäftsbeziehungskultur eingeführt. Dritt-Kultur ist die Konstruktion eines beiderseitig unterstützenden, interaktiven Umfeldes, in dem Individuen von mindestens zwei unterschiedlichen Kulturen zum Nutzen aller agieren können.[4] Damit zielt das Dritt-Kultur Konzept auf langfristige Interaktionsbeziehungen, welche die Basis der Kulturkonstruktion bilden, ab. Die Akteure der Geschäftsbeziehung und ihre kontinuierlichen, evolutionären Interaktionsprozesse rücken in den Vordergrund der Betrachtung.

Eine etische Betrachtungsweise kann aus dieser Sicht keine überzeugenden Ergebnisse liefern. Von *etischer* Betrachtung wird in der Anthropologie dann gesprochen, wenn die Beschreibung der Kultur aus der Perspektive des Beobachters

---

[1] Casrnir (Third-Culture) 91

[2] Casrnir (Third-Culture) 92

[3] Kontextualität bezeichnet die Bedeutung die dem Rahmen für die Kommunikation zukommt. Hohe Kontextualität verweist darauf, dass der nonverbalen Kommunikation und dem Rahmen (bspw. Ort wo die Besprechung stattfindet, Pünktlichkeit und Dauer etc.) eine große Bedeutung zukommt. Um den Sinn zu erfassen, muss man zwischen den Zeilen lesen können. Perlitz (Management) 314

[4] Casrnir (Third-Culture) 92f

erfolgt. Eine *emische* Betrachtung ist durch die Verwendung der Perspektive des Betroffenen selbst gekennzeichnet. Etische Beschreibungen und Analysen sind dann adäquat, wenn sie helfen, wissenschaftliche Theorien über die Ursachen kultureller Unterschiede und Übereinstimmungen zu entwickeln.[1] Geschäftsbeziehungskultur (in Form von Dritt-Kultur) entsteht aus den emischen Interaktionen zwischen Individuen oder Gruppen, die gemeinsame Identität, soziale Organisationen oder Institutionen schaffen, mit dem Ziel einer dauerhaften Verbindung und wirtschaftlichem Wachstums in einem gemeinsamen sozio-kulturellen Umfeld. Geschäftsbeziehungen sind sozial konstruiert und konstruieren soziale Realität. Damit entstehen multiple Realitäten, die eine einfache Beschreibung durch „objektive" Forscher, die nur eine Außensicht entwickeln können, unmöglich erscheinen lassen.[2]

Das Dritt-Kultur Konzept basiert auf drei Grundannahmen über die Geschäftspartner und das Umfeld internationaler Geschäftsbeziehungen:[3]

- Erstens, internationale Transaktionen sind gewöhnlich asymmetrisch, weil unterschiedliche Erwartungen und Definitionen aufeinanderprallen. Kulturell bedingte Erwartungen sowie vorhandene Praktiken und Regeln üben retardierenden Einfluss auf die Entstehung einer neuen Kultur aus.
- Zweitens, Menschen haben das Bedürfnis unterschiedliche Standpunkte und Interpretationen zu verstehen und streben danach, von diesen neuen Einsichten zu profitieren. Dieses Bedürfnis, Interesse bzw. diese Neugierde, ist die treibende Kraft zur Schaffung einer neuen Kultur. Kultur entsteht durch Interaktion, Dialog und Interpretation, nicht durch einfache Übersetzung und Anwendung einheimischen Denkens in neuen Situationen.
- Drittens, die Umwelt von Unternehmen ist komplex und dynamisch. Dies macht es dem einzelnen Individuum unmöglich, in jeder Situation alle Faktoren zu berücksichtigen und logische Entscheidungen zu treffen. Unter diesen turbulenten Umfeldbedingungen erreichen wirtschaftliche Akteure eine

---

[1] Harris (Kulturanthropologie) 26f

[2] Casrnir (Third-Culture) 102

[3] Casrnir spricht hingegen nur von zwei Grundannahmen, übersieht jedoch dabei, dass er – indem er Chaostheoretischen Argumenten folgt – Umwelt als komplexes, dynamisches System betrachtet. Casrnir (Third-Culture) 93

Reduktion von Komplexität, indem sie eine verlässliche Geschäftsbeziehung aufbauen. Internationale Geschäftsbeziehungen geraten derart zur „(...) possible answer for the challenges human beings face who have to deal with differing complex cultural systems, which make survival in a shared environment difficult."[1] Jedes positive Feedback, jede abgeschlossene Transaktion stellt die Basis für neue Sinnstiftung innerhalb der Beziehung dar und erweitert somit den Interpretationsraum, während negatives Feedback eindeutige Grenzen zieht und regulierend sowie limitierend auf die Beziehung wirkt. Das auf der Chaostheorie beruhende Konzept der Dritt-Kultur geht von der Annahme aus, dass überlebensfähige Systeme (und solche sollen internationale Geschäftsbeziehungen ja werden) Disharmonien, Strukturbrüche, Lücken und Inkonsistenzen benötigen, um sich selbst ständig zu erneuern und an das dynamische Umfeld anzupassen. Genau dies ermöglichen internationale Geschäftsbeziehungen. „While the deterministic patterns of extant systems such as national cultures are usually only disturbed by major social changes or revolutions, intercultural contacts in our contemporary world are ready made situations which bring participants into fairly common direct contact with disorganization, inconsistencies and gaps (...)".[2] Geschäftsbeziehungen werden zur täglichen Herausforderung für die Akteure und die beteiligten Unternehmen.

Mehrfach wurde bereits darauf hingewiesen, dass die Schaffung einer Dritt-Kultur ein langfristiger Prozess, bestehend aus unterschiedlichen Phasen, ist. Die Entstehung gemeinsamer Standards, Werte, persönlicher Beziehungen und Abhängigkeiten nimmt Zeit in Anspruch und kann zweifelsfrei nicht bei einmaligen Austauschsituationen („hit and run" Geschäfte) entstehen. Eine derartige Geschäftsbeziehungskultur wird stabilisierend empfunden, obgleich sie in einem konfliktären Verhältnis zur eigenen Unternehmenskultur oder Nationalkultur stehen kann. Stabilisierend wirkt die Beziehungskultur durch die Übernahme einer vermittelnden Rolle für menschliche Anpassungen durch die Schaffung funktionierender Organisations- oder Strukturierungsprozesse.[3] „Culture provides a common under-

---

[1] Casrnir (Third-Culture) 94

[2] Casrnir (Third-Culture) 95

[3] Casrnir (Third-Culture) 105

standing transcending immediate individual experience, a social reality to guide our actions."[1] Das Dritt-Kultur Modell sieht Kultur als dynamische, von Menschen geschaffene Größe. Kultur als „(...) social structure is seen to result from individuals, differing in their ability to influence each other and in their spatial location, affecting each other in a dynamic iterative process of reciprocal and recursive influence."[2] Basierend auf „bottom-up" Interaktionen stehen Menschen in einem permanenten Prozess der Neuinterpretation von Kultur. Alte Muster werden durch neue Erfahrungen ständig herausgefordert und Veränderungen unterzogen. Neue Interpretationen werden durch ein besseres Verstehen des zunächst noch „mysteriösen" Anderen gefördert. Dabei spielt Kommunikation eine zentrale Bedeutung. Wie die nachfolgende Abbildung deutlich macht, muss jedoch nicht zwangsweise eine neue Kultur entstehen. Der Prozess kann auch vorzeitig abgebrochen werden.

[1] Latane (Creation) 13

[2] Latane (Creation) 13

**Abbildung 39: Modell der Entstehung einer Dritt-Kultur**

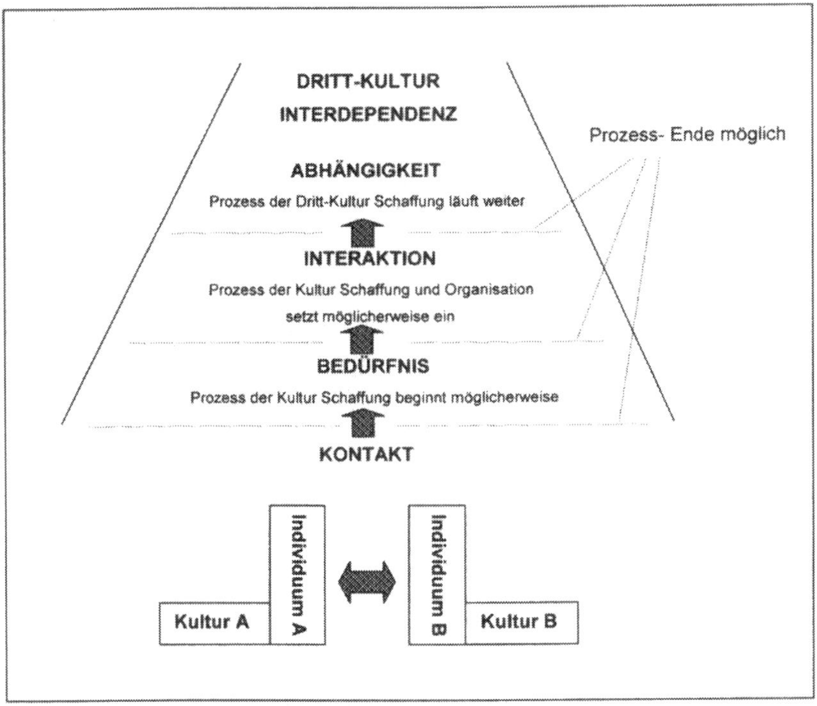


Quelle: Casrnir (Third-Culture) 109

Das Modell der Entstehung von Dritt-Kultur unterscheidet vier aufeinanderfolgende Phasen:[1]

- **Kontakt**: Erstmaliger Kontakt zwischen einem Individuum und einem zweiten Individuum, einem Objekt oder Ereignis, in einem gegebenen kulturell-sozialen, historischen Umfeld. Aufgrund kultureller Barrieren, Unsicherheiten, Zeitmangel, mangelhaftem Bedürfnis oder mangelnder Fähigkeiten kann der Prozess bereits an dieser Stelle unterbrochen werden. Weitere Auf-einandertreffen müssen nicht stattfinden.

- **Bedürfnis**: Die Erfahrungen des Erstkontaktes können unter Umständen einem spezifischen Bedürfnis entsprochen, und damit das Interesse für

[1] Casrnir (Third-Culture) 110f

weitere Interaktionen geweckt haben. Nun existieren mehrer Möglichkeiten: (1) Die angehenden Geschäftspartner beschließen auf ihren bisherigen Werten und Erfahrungen basierend Austausch zu pflegen. Dies minimiert die dabei empfundenen Risiken. Diese Entscheidung kann abrupt getroffen werden oder sich langsam ergeben. (2) Aufgrund der intensiveren Kontakte können die angehenden Geschäftspartner jedoch auch zu der Überzeugung gelangen, dass gewisse Adaptionen getroffen werden müssen.[1] Trifft dies zu, so setzen internationale Kommunikationsprozesse ein, die wiederum zu einem besseren Verständnis des angehenden Partners führen. Gelangen die Akteure zu der Überzeugung, dass weitere Kontakte für das Unternehmen nicht wünschenswert sind, kann der Prozess an dieser Stelle beendet werden, andernfalls finden intensivere Interaktionen statt.

- **Interaktion**: Diese Phase ist durch das Streben nach einem gemeinsamen, förderlichen Umfeld gekennzeichnet. Gemeinsame Regeln werden entwickelt und die Rollen der handelnden Akteure gefestigt. Auch in dieser Phase kann es jedoch zu einem Abbruch der Beziehung kommen.

- **Abhängigkeit**: Abhängigkeit liegt dann vor, wenn ein Geschäftspartner zur Überzeugung gelangt, dass seine wirtschaftliche Entwicklung maßgeblich von der Beziehung beeinflusst wird; Interdependenz hingegen liegt dann vor, wenn die Geschäftspartner zu der gemeinsamen Überzeugung gelangen, durch eine gemeinsame Kultur jeweils mehr erreichen zu können. Dieser Zustand ist durch Vertrauen in den Partner gekennzeichnet.

Das Konzept der Entstehung einer internationalen Geschäftsbeziehungskultur als Dritt-Kultur basiert auf der Annahme einer eigenständigen Systembildung durch grenzüberschreitende Interaktion und Kommunikation. Internationale Geschäftsbeziehungskultur entsteht als Antwort auf ein dynamisches Umfeld und wirkt stabilisierend. Der Prozess der Bildung einer Dritt-Kultur ist (national-, unternehmens- und sub-) kulturell beeinflusst, jedoch weder vorstrukturiert noch auf ein exakt definiertes Endziel ausgerichtet (wiewohl die Akteure selbstverständlich wirtschaftlichen Zielen verpflichtet sind und dies auch nicht ändern wollen!).

[1] Entsprechend der gewählten Definition von Geschäftsbeziehungen würde erst in diesem Fall von einer Beziehung zu sprechen sein.

Eine zentrale Größe des Prozesses ist die Zeit. Ohne wiederholte (und damit langfristig-orientierte) Interaktionen können weder neue Werte noch gemeinsame Überzeugungen der Geschäftpartner aufgebaut werden. Obgleich zu Beginn des Prozesses die Geschäftspartner ihre eigenen Überzeugungen einbringen werden, setzt mit zunehmenden Interaktionen ein Veränderungs- und Umdenkensprozess ein. Keinesfalls müssen diese Umdenkprozesse jedoch zu einem positiven Ergebnis führen, wie auch eine Anekdote von BROCK, BARRY und THOMAS belegt. Die Autoren zitieren den Präsidenten eines italienischen Automobilkonzerns, der nach zahlreichen Verhandlungen mit einem britischen Automobilkonzern eine Sitzung mit den Worten schloss: „I believe we all know what is the problem here ... it seems your forward is our reverse; your down our up; your right, our wrong. Let us finish now, before war is declared.“[1] Der Prozess der Kulturbildung kann jederzeit abgebrochen werden.

Damit ist ein weiterer wichtiger Aspekt des Dritt-Kultur Modells angesprochen; die Frage der Machtverteilung. CASRNIR vermutet, dass langfristig gesehen „(...) decisions mutually agreed upon and mutually enacted are seen by human beings as having greater value, and that they are adhered to more consistently over time by those participated in their creation, than those which were imposed on them.“[2] Somit darf vermutet werden, dass sich Geschäftsbeziehungskultur nachhaltig positiver entwickelt, wenn von einem ausgeglichenen Machtverhältnis zwischen den Partnern ausgegangen werden kann. Geschäftsbeziehung als Dritt-Kultur zielt auf ein Verständnis der Beziehung als „WIR“ ab, und nicht als eine Beziehung zwischen „ICH“ (unser Unternehmen) und den „ANDEREN“. Damit geht es bei der Schaffung einer Dritt-Kultur stets um die Frage nach der „richtigen“ Sichtweise. „Asking the <what´s right> question is inextricably tied to cultural differences (...)“.[3] In dem Prozess wird von beiden Seiten verlangt, den Anspruch auf die eigene Sichtweise, als einzig richtige Interpretation, aufzugeben um eine neue gemeinsame Sicht der Dinge zu entwickeln. Naturgemäß treten gerade darin die größten Schwierigkeiten und Probleme auf.

---

[1] Brock/Barry/Thomas (Multinational Planning) 688

[2] Casrnir (Third-Culture) 112

[3] Brock/Barry/Thomas (Multinational Planning) 688

## 4.3 Zwischenergebnis

Die Globalisierung bedingt, dass sich Organisationen aufgrund zunehmender internationaler Verflechtungen mit Sichtweisen, Grundannahmen und Werten, oder kurz, der Kultur anderer Organisationen beschäftigen müssen. Reichte es für die Vielzahl von Unternehmen bislang, diese Herausforderung nur auf nationaler Ebene oder im nahen Ausland aufzunehmen, gilt es heute für die Mehrzahl, den globalen Markt zu bearbeiten. Plakativer formuliert, österreichische Organisationen pflegen heute nicht mehr ausschließlich Geschäftsbeziehungen mit Österreichern (oder Partnern aus dem angrenzenden Ausland), sondern bspw. mit Partnern aus Senegal und Südkorea!

Internationale Geschäftspartner entstammen einer anderen Gesellschaft, somit einem anderen kulturellen, politischen und ökonomischen Umfeld. Im Rahmen internationaler Geschäftsbeziehungen übernimmt die Kultur eine zentrale Rolle. Kultur wirkt verhaltenssteuernd und stellt ein System von Wissen über Regeln zur Kategorisierung von Erfahrungen dar. Kultur steuert das Denken und Handeln wirtschaftlicher Akteure in eine, von der jeweiligen Gesellschaft erwartete, Richtung. Kommen die Geschäftspartner aus unterschiedlichen Nationen, so folgen sie auch unterschiedlichen Entscheidungsregeln und –prinzipien. Konflikte können (und werden) solange entstehen, bis beide Akteure die „Sprache" und Logik des Geschäftpartners verstehen, also eine gemeinsame, verbindende Kultur entwickeln. Um diesen Zusammenhang zu beschreiben, entwickelte der Autor vorliegender Arbeit das „**Dynamische Fünf-Schicht Modell**" zur Analyse des Einflusses von Kultur auf internationale Geschäftsbeziehungen.

Das Modell umfasst die Schichten der Nationalkultur, Branchenkultur, Unternehmenskultur, Subkultur und Geschäftsbeziehungskultur:

Die **erste Schicht** wird von der Nationalkultur gebildet. Das Untersuchungsobjekt der internationalen Geschäftsbeziehung verlangt, dass die Träger der Beziehung aus zumindest zwei Nationen, und somit aus zwei unterschiedlichen staatlich organisierten Gesellschaften Einheiten, entstammen. Als Träger einer Beziehung kommen Organisationen als auch Personen gleichermaßen in Frage, wiewohl das Dynamische

Fünf-Schicht Modell stärker auf Personen, als eigentliche Akteure innerhalb der Interaktionen, ausgerichtet ist. In internationalen Geschäfts- verhandlungen treffen stets Menschen aufeinander und nicht Unternehmen. Die Nationalkultur wirkt auf die Unternehmenskultur und beeinflusst das Verhalten der Geschäftspartner. Unterschiede zwischen Nationalkulturen misst HOFSTEDE mittels vier Dimensionen.

Die **zweite Schicht** wird von der Branchenkultur gebildet, welche einerseits als höhere Aggregationsebene, Entscheidungskompetenz und -spielraum von den einzelnen Unternehmen abzieht, anderseits jedoch als kulturelles Orientierungsmuster für alle Teilnehmer innerhalb der Branche wirkt, und damit eine „Brückenfunktion" zwischen den Nationalkulturen einnimmt.

Nach SCHEIN besteht Unternehmenskultur, die **dritte Schicht** des Modells, aus den Ebenen der Grundannahmen, Werte und Artefakte. Insbesondere die unsichtbaren und selbstverständlichen Grundannahmen über die menschlichen Beziehungen nehmen Einfluss auf die Erwartungen und die Qualität internationaler Geschäftsbeziehungen.

Da Unternehmen den Gedanken der Einheit nicht überbetonen sollten, entstehen Spielräume, welche Subkulturen entstehen lassen. Subkulturen, die **vierte Schicht** des Modells, stellen eigenständige Orientierungsmuster sozialer Einheiten (bspw. einer Abteilung oder einer Hierarchieebene) eines Unternehmens dar. Letztlich kommt auch der individuellen Wahrnehmung der Unternehmenskultur und Subkultur Bedeutung zu.

Geschäftsbeziehungskultur stellt die **fünfte Schicht** des Modells dar. Geschäftsbeziehungskultur, verstanden als gemeinsamer Bezugsrahmen der interagierenden Partner, resultiert aus wiederholten Transaktionen. Auf die einzelnen Transaktionen wirken die vier bisher genannten Kulturschichten. Der Prozess der Entstehung einer Beziehungskultur wird von der kulturellen Distanz und weiteren Faktoren (bspw. der internationalen Erfahrung der beteiligten Organisationen, der Bedeutung der Beziehung für die Organisation oder das Verhandlungsteam) beeinflusst. Große kulturelle Distanz der Partner wirkt auf die Kulturbildung retardierend. Unterschiede der National-, Unternehmens- und Subkultur erhöhen die kulturelle Distanz und erschweren die Kulturbildung, eine starke Branchenkultur reduziert die Distanz und fördert die Kulturbildung. Ausformulierte Hypothesen finden sich in nachfolgender Tabelle.

Die Entstehung von Beziehungskultur wird ebenso von der Bereitschaft der (teilweisen) Aufgabe der Eigenkultur und der Bedeutsamkeit des Geschäftspartners beeinflusst. Verfügt einer der Geschäftspartner über eine dominante Kultur, so bieten sich dem schwächeren Partner die Strategien der Integration, Assimilation, Separation oder Marginalisierung. Eine zentrale Bedeutung nimmt dabei die Fähigkeit der interkulturellen Kommunikation ein.

Beziehungskultur ist keine statische Größe, sondern ein veränderliches Konstrukt, welches aus der dynamischen Natur internationaler Geschäftbeziehungen entsteht. Der Prozess der Kulturschaffung kann mit den Phasen Kontakt, Bedürfnis, Interaktion und Abhängigkeit beschrieben werden. In jeder Phase ist der Abbruch des Prozesses möglich. Internationale Geschäftsbeziehungen verlangen demnach eine Langfristorientierung. Der Prozess der Beziehungskulturkonstruktion folgt keinem exakt definierten Endziel und ist nicht vorstrukturiert.

Internationale Geschäftsbeziehungen stellen gute Möglichkeiten dar, die eigenkulturellen Werte und Grundannahmen zu hinterfragen und damit einer Diskussion zugänglich zu machen. Daraus können überlebensnotwendige Anpassungen an veränderte Umfeldbedingungen resultieren. Die Auseinandersetzung mit anderen Sichtweisen unterstützt damit organisationales Lernen, kann jedoch auch zu Konflikten führen. Mögliche Konfliktfelder bestehen nicht nur zwischen den involvierten Unternehmen, sondern auch innerhalb des Unternehmens.

**Tabelle 37: Wesentliche Aspekte des Dynamischen Fünf-Schicht Modells zur Analyse des Einflusses von Kultur auf internationale Geschäftsbeziehungen**

| DYNAMISCHES FÜNF-SCHICHT MODELL | |
|---|---|
| **Aussagenfeld** | **Kernaussagen** |
| Umfeld | • Globalisierung zwingt Organisationen sich mit unterschiedlichen, fremden Kulturen auseinander zu setzen<br>• Umwelt ist dynamisch und komplex<br>• Jede Nation ist durch eine andere Kultur geprägt<br>• Das Aufeinandertreffen unterschiedlicher Kulturen kann zu Konflikten und Missverständnissen, aufgrund mangelnden Verständnisses, führen<br>• Solange keine gemeinsame „Sprache" gefunden wird, stehen Konflikte auf der Tagesordnung internationaler Geschäftsbeziehungen<br>• Branchenkultur als eigentliches Entscheidungszentrum, übernimmt Brückenfunktion zwischen den Nationalkulturen |
| Erwartung | • Abhängig von den unsichtbaren, selbstverständlichen Grundannahmen der Unternehmenskultur<br>• Hinterfragung der eigenen kulturellen Werte<br>• Notwendige Anpassungen an veränderte Umwelt<br>• Organisationales Lernen vom Geschäftspartner |
| Qualität | • Konflikt: Je größer die kulturelle Distanz zwischen den Nationalkulturen<br>• Konflikt: Je größer die kulturelle Distanz zwischen den Unternehmenskulturen<br>• Konflikt: Je größer die kulturelle Distanz zwischen den Subkulturen<br>• Kooperation: Je stärker die Branchenkultur ausgebildet ist, im Vergleich zur Unternehmens- und Subkultur<br>• Lernen am Erfolg und Misserfolg<br>• Verhaltensunsicherheit durch andere kulturelle Orientierung des Partners<br>• Bereitschaft gemeinsame Kultur zu entwickeln, anhängig von der Bedeutung der Eigenkultur und des Geschäftspartners |
| Zeitliche Aspekte | • Mit zunehmender Dauer entwickelt sich Dritt-Kultur, welche die Qualität der Beziehung erhöht und Konfliktminimierend wirkt Kooperation: Je älter die Beziehung, desto stabiler<br>• Beziehungskultur ist dynamisch und umfasst die Phasen: Kontakt, Bedürfnis, Interaktion, Abhängigkeit<br>• Geschäftsbeziehungskultur verlangt langfristige Orientierung<br>• Wenn eine dominierende Kultur existiert, bieten sich dem schwächeren Partner die Strategien der Integration, Assimilation, Separation oder Marginalisierung |

# 5 Literaturgestützte Grundlagen der Zufriedenheit

Unterstützt durch moderne und kostengünstige Informationstechnologien sollen Unternehmen ihre Kunden langfristig binden,[1] „intime" Beziehungen mit ihnen eingehen[2] oder die Kunden gar „begeistern"[3]. Grundlage für den Aufbau einer Beziehung ist die erstmalige Transaktion. Diese muss für den Kunden befriedigend ausfallen. Kundenzufriedenheit ist also eine Voraussetzung, nicht jedoch gleichzeitig Garant für eine langfristige Anbieter-Kunden Beziehung.

Obgleich die Zufriedenheitsforschung bereits auf eine gewisse Tradition zurückblicken kann, ist sie bis heute eine eindeutige Definition des Zufriedenheitskonstruktes schuldig geblieben; oder wie OLIVER meint: „Everyone knows what satisfaction is, until asked to give a definition, then it seems, no one knows."[4] Das vorliegende Kapitel setzt sich mit dieser Problematik auseinander und verfolgt dabei das Ziel einer zusammenfassenden Darstellung des unterschiedlichen Begriffsverständnisses von „Zufriedenheit" auf Basis einer Literaturbestandsaufnahme. Folgende Fragen werden untersucht:

- Wie definiert sich der Begriff der Zufriedenheit?
- Welche alternativen Modelle zur Entstehung der Zufriedenheit wurden entwickelt und verbreitet?
- Welche Verhaltensalternativen von Kunden können aus (Un-) Zufriedenheit resultieren?
- Wie kann Zufriedenheit gemessen werden?

---

[1] Gordon (Relationship) 2

[2] Nielson (Relationship) 441

[3] Stellvertretend fragen sich bspw. Rust/Oliver (Customer) „Should we delight the customer?"

[4] Oliver (Satisfaction) 7

## 5.1 Der Begriff <Zufriedenheit>

Zufriedenheit wird allgemein als ein **psychisches Phänomen** betrachtet, von dem alle Menschen eine mehr oder weniger exakte, wenn auch individuell unterschiedliche Vorstellung haben. Im alltäglichen Sprachgebrauch bestehen kaum Verständnisschwierigkeiten bei der Nutzung des Begriffes Zufriedenheit, da „(...) alle Menschen eine bestimmte, wenn auch ungenaue Vorstellung haben, weil sie Zufriedenheit individuell innerlich erleben."[1]

Der Begriff der Zufriedenheit ist eindeutig **positiv belegt** und beschreibt ein angenehmes Gefühl. „Zufrieden sein" meint Bedeutungsinhalte wie Sich-wohl-fühlen, befriedigt, klaglos, satt, freudig oder glücklich sein oder Genugtuung empfinden.[2]

RUNOW bezeichnet Zufriedenheit bzw. Unzufriedenheit in einer allgemeinen Definition als einen „(...) Gefühlszustand des Nervensystems eines Organismus, der sich auf Reizobjekte bezieht und durch einen bewertenden Vergleich von inneren oder äußeren Reizobjekten mit den Anspruchsniveaus bezüglich dieser Objekte zustande kommt, wobei dieser Zustand sich sowohl rasch als auch allmählich ändern kann und in Form von Appetenz beziehungsweise Aversion das Verhalten gegenüber den Reizobjekten beeinflußt."[3]

Eine terminologische Abgrenzung der Konstrukte „Zufriedenheit", „Kundenzufriedenheit" und „Verbraucherzufriedenheit" wäre somit unter Bezugname auf das Reizobjekt möglich, unterbleibt jedoch in der Fachliteratur ebenso wie in der vorliegenden Arbeit. Die Begriffe werden in weiterer Folge synonym verwendet.

In wirtschaftlichen Austauschprozessen entsteht Zufriedenheit bzw. Unzufriedenheit als emotionale Reaktion eines Kunden auf eine unternehmerische Leistung.[4] „Kundenzufriedenheit ist das Ergebnis individueller Abgleichprozesse zwischen den

---

[1] Runow (Verbraucherzufriedenheit) 72

[2] Schütze (Kundenzufriedenheit) 124

[3] Runow (Verbraucherzufriedenheit) 82

[4] Scharnbacher (Kundenzufriedenheit) 5

Erwartungen und Ansprüchen der Nachfrager an bestimmte Leistungen mit den tatsächlich erhaltenen Leistungen, wie sie der einzelne Kunde subjektiv wahrgenommen hat."[1]

Somit wird deutlich, dass es sich bei Zufriedenheit um eine emotionale Reaktion auf einen **kognitiven Vergleichsprozess**[2] zwischen **wahrgenommenem Wertgewinn** (als Resultat des Kaufs) und **erwartetem Wertgewinn** (vor dem Kauf) handelt.[3] Festigt sich die Reaktion, entsteht daraus ein emotionaler Zustand. Dieser ist jedoch keineswegs statisch, sondern kann sich durch neue Erfahrungen ändern. Die Intensität des Zufriedenheitsgefühls hängt von „(...) der Stärke der ihm zugrunde liegenden Gefühle, des zugrunde liegenden Engagements der Persönlichkeit (der Stärke der affektiven Komponente des Anspruchsniveaus) sowie nach dem Erfüllungsgrad des Anspruchsniveaus" [4] ab.

KRÜGER unterstreicht in Anlehnung an MEYER/DORNACH in seiner Definition von Kundenzufriedenheit die Bedeutung der **subjektiven Wahrnehmung**. Er versteht Zufriedenheit als „(...) das Ergebnis eines individuellen, komplexen Vergleichsprozesses zwischen Erwartungen bzw. Anspruchsniveau (Soll-Komponente) und der, durch die subjektive Wahrnehmung des Kunden determinierten, erhaltenen Leistung (Ist-Komponente) ."[5] Nicht die tatsächliche Leistung, sondern die subjektiv wahrgenommene Leistung dient somit als Vergleichswert.

Einen weiteren Aspekt der Zufriedenheit zeigt TROMMSDORF auf. Er beschäftigt sich mit dem Wechselspiel von Zufriedenheit und Unzufriedenheit sowie den aktivierenden Aspekten dieser Gefühlszustände. „Allgemein gilt, dass Unzufriedenheit eine motivationale Kraft zur (Wieder-) Herstellung von Zufriedenheit ausübt: Unzufriedenheit aktiviert bzw. involviert. Zufriedenheit verstärkt dagegen das Verhalten, mit dessen Ergebnis man zufrieden war: Zufriedenheit entlastet bzw. des-

---

[1] Meyer/Dornach (Benchmarking) 249

[2] Scharnbacher/Kiefer (Kundenzufriedenheit) 5, Rudolph (Industriegüter) 5

[3] Kotler/Bliemel (Marketing Management) 54

[4] Runow (Verbraucherzufriedenheit) 82

[5] Krüger (Kundenbindung) 48

involviert."[1] Zusammenfassend wird für den Begriff der Zufriedenheit gleichermaßen enumerativ wie konstitutiv festgehalten[2]:

- Zufriedenheit beschreibt einen psychischen Zustand bzw. eine Empfindung von Individuen
- Zufriedenheit stellt ein nicht direkt beobachtbares, hypothetisches Konstrukt dar
- Zufriedenheit ist ein mehrdimensionales Konstrukt. Die Gesamtzufriedenheit resultiert aus unterschiedlichen Teilzufriedenheiten, die auf einzelne Attribute eines Produktes bzw. des Dienstleistungserbringungsprozesses zurückzuführen sind. Die Gewichtung der Teilzufriedenheiten bei der Bildung der Gesamtzufriedenheiten ist individuell als auch situationsbedingt unterschiedlich.
- Der psychische Zustand/das Empfinden von (Un-)Zufriedenheit beruht auf einem komplexen kognitiven Prozess, der sich gedanklich in zwei Stufen unterteilen lässt.

  1. Stufe: Der Konsument vollzieht einen Soll/Ist-Vergleich, wobei "Soll" die Erwartungen bzw. das Anspruchsniveau, "Ist" die subjektiv wahrgenommene Leistung und das "Konsumerlebnis" darstellen. Das Anspruchsniveau und die Erwartungen sind veränderlich. Ein Kunde kann bei gleichem Konsumerlebnis aufgrund eines veränderten „Soll" Wertes zu unterschiedlichen Zufriedenheitsurteilen kommen. Im Rahmen des Soll/Ist-Vergleiches kommt es zu einem Zwischenergebnis. Der Konsument bewertet das Objekt hinsichtlich seiner Eignung zur Bedürfnisbefriedigung.
  2. Stufe: Das Zwischenergebnis wird zeitlich nachgelagert bewertet. Nach vorherrschender Meinung führt ein Erreichen bzw. Übertreffen der Soll-Komponente zu Zufriedenheit, ein Nichterfüllen zu Unzufriedenheit. Hierbei bestimmen unterschiedliche Toleranzgrenzen, wie das Individuum die Transaktion bewertet.

[1] Trommsdorf (Konsumentenverhalten) 68

[2] Meffert/Schwetje (Meßprobleme) 75f; Schütze (Kundenzufriedenheit) 3, 125; Korte (Measurement) 40; Kroeber-Riel/Weinberg (Konsumentenverhalten) 386

- Die „Soll" Komponente ist interindividuell unterschiedlich ausgeprägt sowie intra-individuell zeitlich instabil
- Die Bewertung der „Ist" Komponente durch den Konsumenten erfolgt subjektiv
- Die Stärke der Zufriedenheit ist abhängig vom Engagement der Persönlichkeit sowie dem Erfüllungsgrad des Anspruchsniveaus
- Zufriedenheit ist zeitlich instabil und verhaltensbeeinflussend

Zufriedenheit bzw. Unzufriedenheit stellen demnach emotionale Zustände dar. „Emotionen werden von äußeren Reizen ausgelöst, angenehm oder unangenehm empfunden (pleasure), mehr oder minder stark erlebt (arousal) und mehr oder minder durch das Bewußtsein kontrolliert (dominance)."[1] Der äußere Reiz für Zufriedenheit ist die positive Bestätigung von Erwartungen, jener für Unzufriedenheit die negative Nicht-Bestätigung. Im Falle positiver Bestätigung empfindet der Kunde ein angenehmes Gefühl, welches auf die Verhaltensabsicht einwirkt. Diesen, später noch ausführlicher beschriebenen Zusammenhang, zeigt zunächst die nachfolgende Abbildung der verkürzt dargestellten Wirkungszusammenhänge.

[1] Gierl (Marketing) 234

**Abbildung 40: Erklärung der Verhaltensreaktion durch Zufriedenheit**

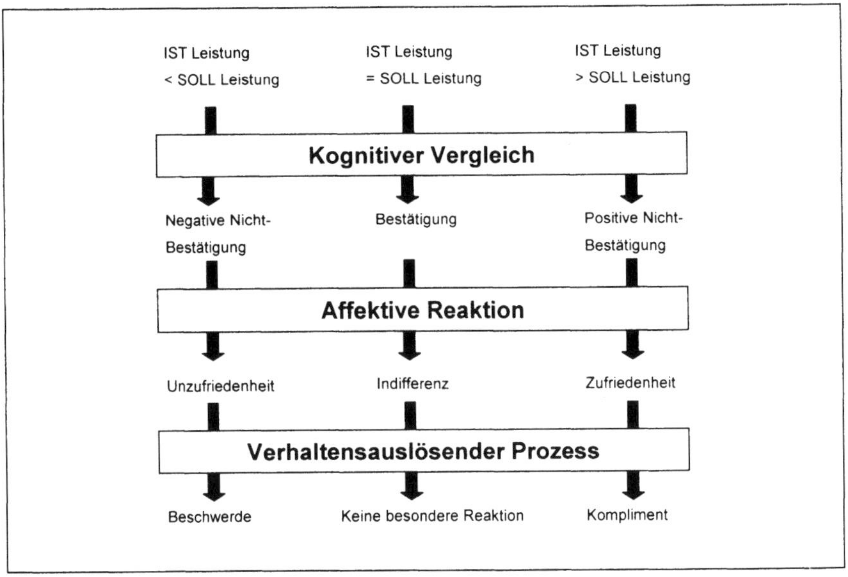


Quelle: Gierl (Marketing) 235

Wie die obenstehende Abbildung zeigt, ist die zentrale Einflussgröße für Zufriedenheit die Nicht-Bestätigung von Erwartungen. Überschreitet die Nicht-Bestätigung eine individuelle Bewusstseinsschwelle, löst sie eine emotionale Reaktion aus. Diese Reaktion ist eine Folge des Überraschungsmoments aufgrund unerwarteter Diskrepanz zwischen Ist- und Soll-Leistung. Schließlich hängen Ausmaß und Richtung der emotionalen Bewertung von Ausmaß und Richtung der Nicht-Bestätigung ab.[1]

## 5.2 Erklärungsansätze der Kundenzufriedenheit

Die Zufriedenheitsforschung unter wirtschaftlichen Gesichtspunkten nahm ihren Ursprung in der Organisationspsychologie mit dem Fokus der Arbeitszufriedenheit und den damit verbundenen Auswirkungen auf die Zielerreichung in Organisationen. Erst zu Beginn der siebziger Jahre setzte in den Vereinigten Staaten unter dem Eindruck

[1] Gierl (Marketing) 238

der wachsenden „Consumerismus“ Bewegung eine verstärkte Beschäftigung mit dem Thema der Kundenzufriedenheit ein. Dabei wurden die primär motivationstheoretischen Ansätze zur Erklärung der Arbeitszufriedenheit übernommen und für die neuen Marketingproblemstellungen adaptiert. Wie bereits angedeutet unterblieb jedoch die Verständigung auf ein allgemein akzeptiertes Modell zugunsten eines Wildwuchses an empirischen Untersuchungen und unterschiedlichen Operationalisierungen des Zufriedenheitskonstruktes. Auch die erneute Auseinandersetzung mit der Kundenzufriedenheit im Rahmen des Total Quality Management Ansatzes fokussierte nur auf Probleme der Messung bzw. des Managements von Zufriedenheit, nicht jedoch auf eine Klärung des Begriffes. Obgleich heute das Confirmation/Disconfirmation Paradigma als Basismodell[1] der Kundenzufriedenheit anzusehen ist, werden der Vollständigkeit halber die zum Teil widersprüchlichen Ansätze zur Erklärung von Zufriedenheit diskutiert.

STAEHLE untersucht zur Beschreibung organisatorischen Verhaltens zuerst die Ebene des Individuums.[2] Dabei unterscheidet er Aspekte der Person (bspw. Motive, Werte, Einstellungen...), den situativen Kontext als Stimulus menschlichen Verhaltens sowie die Diskrepanzen zwischen Person und Situation.

Versteht man Zufriedenheit als Motivation, und somit als Beweggrund des Handelns und Verhaltens eines Menschen, wie dies der Tradition der Organisationspsychologie entspricht, so könnte man der - in Anlehnung an CAMPBELL et al. – getroffenen Gliederung STAEHLE´s in Inhalts- und Prozesstheorien[3] folgen.

**Inhaltstheorien** beschäftigen sich mit der Frage, was im Individuum oder aus seiner Umwelt Verhalten erzeugt bzw. aufrechterhält. Dabei gehen Inhaltstheorien von einer Taxonomie bestehender Bedürfnisse oder Ziele aus, und versuchen zu erklären, mit welcher Gesetzmäßigkeit Individuen diese Ziele verfolgen. Dementsprechend rechnet STAEHLE die Ansätze von MASLOW, ALDERFER und HERZBERG dieser Gruppe zu. Die zweite Gruppe bilden **Prozesstheorien**, welche zu erklären versuchen „(...) wie ein bestimmtes Verhalten hervorgebracht, gelenkt, erhalten und

[1] Homburg/Rudolph (Kundenzufriedenheit) 35

[2] Staehle (Management) 162ff

[3] Staehle (Management) 220ff

abgebrochen wird."[1] Dabei unterstellen die Prozesstheorien dem Individuum ein aktives zukunftsorientiertes Streben nach subjektiv erwarteter Nutzenmaximierung als Erklärungsschlüssel für beobachtbare Verhaltensprozesse. Die bekanntesten Vertreter dieser Richtung sind VROOM und PORTER.

Die nachfolgende Arbeit folgt jedoch der umfangreicheren Unterteilung NEUBERGER's[2], der vier Kategorien von Erklärungsansätzen der Zufriedenheit unterscheidet:

- **Bedürfnistheoretische Konzeptionen** gehen von der Annahme aus, dass Individuen ein bestimmtes inneres Gleichgewicht zu erreichen trachten, indem sie Mangelzustände (die durch Nichterfüllung von Bedürfnissen entstehen) beheben. Ein gestörtes, inneres Gleichgewicht kann mit Unzufriedenheit gleichgesetzt werden. Zufriedenheit gilt als gegeben, wenn das innere Gleichgewicht wieder hergestellt ist. Es soll ein innerer Zustand erreicht werden, der subjektiv als befriedigend betrachtet wird.[3] Auf diesem Prinzip bauen Ansätze des Behaviorismus, das Verstärkungsprinzip und psychoanalytische Ansätze auf, es fließt jedoch auch in kognitive Theorien, wie z.B. in die Theorie der kognitiven Dissonanz ein.[4]

- **Anreiztheoretische Konzeptionen** gehen auch vom hedonistischen „Lustprinzip" des erstgenannten Ansatzes aus, unterscheiden sich jedoch in dem Punkt, als nicht die Herstellung eines befriedigenden Zustandes angestrebt wird, sondern die Maximierung von Lustgefühlen. Zusätzlich stehen bei diesem Ansatz Umweltreize im Mittelpunkt und nicht ein Mangelzustand.

- **Kognitive Konzeptionen** betonen Prozesse der Informationsverarbeitung und die zugrundeliegenden Erkenntnisvorgänge, wobei Wahrnehmung, Denken, Lernen oder Meinungen unter dem Sammelbegriff Kognition zusammengefasst werden. Kognitive Konzeptionen heben die rationale Komponente des Konsumentenverhaltens hervor und gehen davon aus, dass Individuen ver-

---

[1] Staehle (Management) 221

[2] Neuberger (Theorien) 141

[3] Neuberger (Theorien) 142

[4] Schütze (Kundenzufriedenheit) 134f

suchen, künftige Entwicklungen zu antizipieren und ihr Verhalten auf das so entstehende Bild abstimmen. Ausgangspunkt stellt die Annahme dar, dass widersprüchliche Kognitionen im Menschen eine Spannung hervorrufen, die eine Tendenz zur Beseitigung dieser auslöst. Es werden konsistenz-, attributionstheoretische- sowie interaktions- psychologische Ansätze unterschieden.

- **Humanistische Konzeptionen** rücken Werte wie „Selbstverwirklichung" und „Sinnerfüllung" in den Mittelpunkt und lehnen daher atomistische Analysen menschlichen Verhaltens ab. Ihrer Argumentation folgend ist der Sinnbezug des Handelns nur ganzheitlich erschließbar. Bedürfnisbefriedigung kann als erklärende Variable des menschlichen Handelns herangezogen werden, wobei meist eine Unterscheidung in "niedrige" und "höhere" Bedürfnisse getroffen wird. Für Erstgenannte wird das Homöostase-Prinzip akzeptiert, bei Zweitgenannten wird von einer Annäherung an ein, im Grunde nicht erreichbares Ziel ausgegangen (i.w.S. anreiztheoretische Sichtweise). Ein in der Literatur häufig genannter Vertreter ist HERZBERG und die von ihm entwickelte Zwei-Faktoren-Theorie.[1] Gemäß dieser Theorie liegen den beiden Konstrukten Zufriedenheit und Unzufriedenheit zwei unterschiedliche Faktoren zugrunde, nämlich Hygienefaktoren und Motivator-Faktoren. Eine negative Bestätigung der Hygiene-Faktoren ("Vermeidungsbedürfnisse") löst Unzufriedenheit aus, eine positive Bestätigung kann zwar Unzufriedenheit verhindern, jedoch nicht Zufriedenheit fördern. Die positive Bestätigung von Motivator-Faktoren führt hingegen zu Zufriedenheit, während ihre Nichterfüllung keine Unzufriedenheit hervorruft. Es wird davon ausgegangen, dass diese zwei Faktoren völlig unabhängig voneinander sind.[2]

Da sich einige Theorien nicht eindeutig zuordnen lassen, ist diese Einteilung akzentuierend zu verstehen. Sie soll als Ordnungssystem dienen. Sowohl die von HOMBURG und RUDOLPH[3] als "grundlegend verhaltenswissenschaftliche Theorien"

---

[1] Neuberger (Theorien) 141, 173ff

[2] Homburg/Rudolph (Theoretische Perspektiven) 43

[3] Homburg/Rudolph (Theoretische Grundlagen) 46f

bezeichneten, als auch jene Theorien, die bei SCHÜTZE[1] Erwähnung finden, wurden in das Gerüst von NEUBERGER eingearbeitet. Nachfolgende Abbildung bietet einen zusammenfassenden Überblick der unterschiedlichen Konzeptionen von Zufriedenheit, wobei mehrdeutige Zuordnungen bewusst vorgenommen wurden.

**Abbildung 41: Theoretische Konzeptionen für das Konstrukt Zufriedenheit**

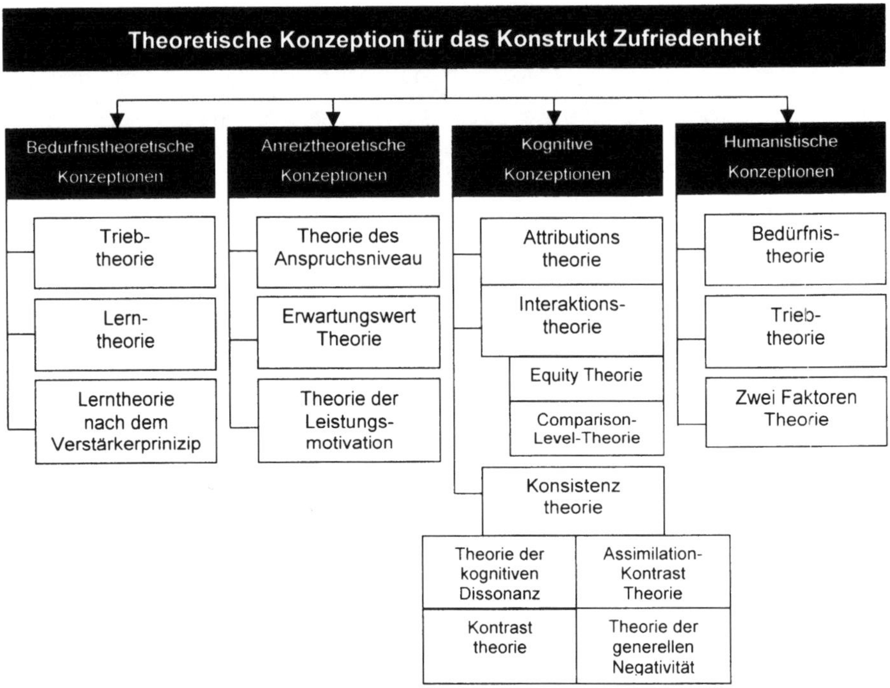


Quelle: in Anlehnung an: Neuberger (Theorien) 141; Schütze (Kundenzufriedenheit) 146; Homburg/Rudolph (Theoretische Perspektiven) 46ff

Nachfolgend werden besonders häufig diskutierte bzw. kontroversielle Ansätze zur Konzeption der Zufriedenheit überblicksartig dargestellt. Dabei wird nicht das Ziel einer umfassenden Analyse unterschiedlicher Theorieansätze verfolgt, sondern in kurzer Form auf die zugrundeliegenden Ideen der Konzeptionen eingegangen.

[1] Schütze (Kundenzufriedenheit) 146

### *5.2.1 Lerntheorie nach dem Verstärkungsprinzip*

Die Lerntheorie nach dem Verstärkungsprinzip gehört zu den S-R-Theorien, die das Lernen in Form von Verknüpfungen zwischen beobachtbaren Reizen (S = Stimulus) und beobachtbaren Reaktionen (R = Response) darstellen. Die Theorie geht davon aus, dass die Konsequenzen von vergangenem Verhalten eine verstärkende Wirkung für das zukünftige Verhalten einer Person haben. In Folge werden nur jene Verhaltensweisen beibehalten, aufgrund derer das Individuum in der Vergangenheit "belohnt" wurde, wohingegen die "Bestrafung" tendenziell zu Verhaltensänderungen führt. Die Verstärkung eines Verhaltens erfolgt erst nach der Reaktion.[1] Insbesondere die Lerntheorie des Verstärkungsprinzips ist für die theoretische Fundierung des Zusammenhangs zwischen Kundenzufriedenheit und Kundenloyalität von Relevanz. Umgelegt auf Kundenzufriedenheit führt dies zu folgender Schlussfolgerung: Ist ein Kunde mit einem Produkt zufrieden, wirkt diese Zufriedenheit positiv im Sinne einer Verhaltensverstärkung und erhöht die Wahrscheinlichkeit, dass der Kunde das Produkt wieder kauft.[2]

### *5.2.2 Konsistenztheoretische Ansätze*

Konsistenztheorien unterstellen Individuen eine Tendenz zur Wiederherstellung eines inneren Gleichgewichtes. Sie erklären, wie rationalisiert und simplifiziert wird. Zufriedenheit liegt vor, wenn ein inneres kognitives Gleichgewicht besteht, d.h. die einzelnen Kognitionen harmonische Beziehungen zueinander aufweisen. Disharmonien erzeugen Unzufriedenheit (bspw. ein „zu hoher Preis" und „schlechte Qualität"). Nachfolgend werden die Theorie der kognitiven Dissonanz, die Kontrasttheorie sowie die Assimilationstheorie erläutert.

#### *5.2.2.1 Theorie der kognitiven Dissonanz*

Die Theorie der kognitiven Dissonanz wurde 1957 von FESTINGER[3] entwickelt. Ausgangspunkt der Theorie ist die Annahme, dass Individuen ein dauerhaftes Gleich-

---

[1] Kroeber-Riel/Weinberg (Konsumentenverhalten) 328ff

[2] Homburg/Rudolph (Theoretische Perspektiven) 46

[3] Festinger (Cognitive Dissonance)

gewicht ihres kognitiven Systems anstreben. Für die Zufriedenheitsforschung bedeutet dies folgendes: Führt Nicht-Bestätigung der ursprünglichen Erwartungen zu einem Zustand von Dissonanz oder „psychologischem Unwohlsein", so versucht der Kunde die erlebten Inkonsistenzen abzubauen, indem die Wahrnehmung des Objektes (= Ist-Komponente) an die Erwartungen (= Soll-Komponente) angepasst werden. Daraus folgt, dass bei hohen Erwartungen der Kunden an ein Unternehmen auch die Wahrnehmung besonders hoch ausfällt. Das Unternehmen bzw. seine Produkte und Dienstleistungen werden daher positiver beurteilt, als dies bei niedrigeren Erwartungen der Fall wäre. Dieses Verhalten setzt jedoch nur ein, sofern eine individuell unterschiedliche Toleranzschwelle überschritten wird.

Ein zweiter Aspekt ist von Interesse: Es besteht ein Zusammenhang zwischen Dissonanz, Kundenzufriedenheit und Kundenloyalität. Zufriedene Kunden befinden sich in einem psychischen Gleichgewicht und versuchen dieses Empfinden zu bewahren, indem sie das Risiko kognitiver Dissonanz vermeiden und sich dem bewährten Unternehmen gegenüber loyal verhalten, also erneut kaufen. [1]

*5.2.2.2 Die Kontrasttheorie*

Die Kontrasttheorie unterliegt ebenfalls der Annahme, dass eine Person nachträglich ihre Wahrnehmung korrigiert, falls die Erwartung (die Soll-Komponente) nicht mit der Realität (der Ist-Leistung) übereinstimmt. Im Gegensatz zur Theorie der kognitiven Dissonanz geht die Kontrasttheorie jedoch davon aus, dass bei einer Differenz zwischen Erwartungen und wahrgenommener Leistung der Kunde dazu neigen wird, die Differenz zu vergrößern. Ist die wahrgenommene Leistung besser als die Erwartung, korrigiert der Kunde nachträglich die wahrgenommene Leistung nach oben. Er vergrößert somit die Diskrepanz zu seinen ursprünglichen Erwartungen. Daher nimmt er das Objekt besser wahr, als es tatsächlich ist, was zu Zufriedenheit führt.

[1] Homburg/Rudolph (Theoretische Perspektiven) 46; Korte (Measurement) 32

#### *5.2.2.3 Assimilations-Kontrast-Theorie*

Die Assimilations-Kontrast-Theorie integriert die Aussagen der Dissonanztheorie und der Kontrasttheorie. Die Größe der wahrgenommenen Diskrepanz zwischen Soll- und Ist-Leistung bestimmt, welche der beiden Theorien zur Anwendung kommt. [1]

#### *5.2.2.4 Die Theorie der generellen Negativität*

Nach dieser Theorie führt jede Abweichung zwischen Soll- und Ist-Leistung zu einer generellen Ablehnung.[2] Daraus ergibt sich, dass nicht nur bei einem Unterschreiten des Anspruchsniveaus die Produktleistung als unvorteilhaft wahrgenommen wird, sondern auch bei einem Überschreiten. Ist die wahrgenommene Leistung also größer als das Anspruchsniveau, kommt es ebenfalls zu Unzufriedenheit.

### *5.2.3 Die Attributionstheorie*

Im Mittelpunkt attributionstheoretischer Überlegungen stehen kognitive Prozesse, anhand derer Individuen die Ursachen eigenen und fremden Verhaltens ableiten. Der Kunde versucht also, Ergebnisse durch bestimmte Ursachen zu begründen. Im Fall der Kundenzufriedenheit führen erfolgreiche oder erfolglose Erfahrungen mit Produkten oder Dienstleistungen sowohl zu positiven oder negativen emotionalen Reaktionen als auch zu Schlussfolgerungen hinsichtlich der Ursachen. Hierbei sind drei Dimensionen von Relevanz:

- ***Attribution*** (intern oder extern): Der Kunde schreibt sich das Ergebnis entweder selbst zu (intern) oder dem Anbieter bzw. der Kauf- oder Konsumsituation (extern).
- ***Stabilität*** (relativ konstant oder von Gelegenheit zu Gelegenheit veränderlich): Die Ursache wird entweder als stabil und somit dauerhaft oder als instabil und vorübergehend empfunden.
- ***Kontrollierbarkeit*** (relativ kontrollierbar oder relativ unkontrollierbar): Die Ursache ist vom Anbieter kontrollierbar und entzieht sich der Kontrolle des Kunden.

---

[1] Homburg/Rudolph (Theoretische Perspektiven) 33

[2] Korte (Measurement) 33

Die Attribution scheint hinsichtlich der Zufriedenheit von großer Bedeutung zu sein: Je nachdem, ob der Anbieter (externe Attribution) oder der Kunde selbst (interne Attribution) nach Ansicht des Kunden für den (Miss-)erfolg verantwortlich ist, empfindet er (Un-)Zufriedenheit. Zufriedenheit wird eher mit internen als mit externen Attributen assoziiert. Ein Kunde ist daher zufriedener, wenn er selbst für die Entscheidung, die zur Zufriedenheit geführt hat, verantwortlich zeichnet, als wenn er sich nicht für diese Entscheidung verantwortlich fühlt.

### *5.2.4 Interaktionstheorien*

Interaktionstheorien stellen auf soziale Vergleichsprozesse ab. Das Individuum ist bestrebt, eine faire Gegenleistung für seinen Einsatz zu erhalten. Zur Bewertung wird ein Vergleichsniveau herangezogen. Dieses ist dynamisch, d.h. es unterliegt Veränderungen im Zeitablauf. Zufriedenheit ist gegeben, wenn Verteilungsgerechtigkeit gegeben ist. Bei Unzufriedenheit strebt das Individuum nach einer Verringerung dieser Empfindung.[1]

#### *5.2.4.1 Die Equity Theorie*

Die **Equity Theorie** (auch als Gerechtigkeits-Paradigma bezeichnet) führt die Entstehung von Zufriedenheit auf den kognitiven Vergleich zwischen Fremd- und Eigenleistung zurück.[2] Dieser Vergleichsprozess bezieht sich jedoch nicht auf ein Objekt, sondern auf eine Austauschsituation: Kunden haben eine Vorstellung von Fairness und erwarten eine gewisse distributive Gerechtigkeit in Austauschsituationen.[3]

Die Equity-Theorie basiert auf der Annahme, dass eine (Geschäfts-)Beziehung bzw. eine Transaktion dann als positiv beurteilt wird, wenn die Input-/Output-Ergebnisse zwischen dem Kunden und dem Lieferanten, vom Kunden subjektiv als gerecht empfunden werden.[4] Ebenso vergleicht der Kunde seinen Input und Output mit dem anderer Kunden. Unter Input können sowohl der bezahlte Kaufpreis als auch solche

---

[1] Schütze (Kundenzufriedenheit) 138ff

[2] Krüger (Kundenbindung) 59

[3] Homburg/Rudolph (Kundenzufriedenheit) 33

[4] Krüger (Kundenbindung) 59

Faktoren wie Wartezeiten (bspw. am Telefon) oder Beschaffungskosten (bspw. für Informationen) subsumiert werden. Unter dem Output wird der Wert der erhaltenen Leistungen sowie der Nutzen verstanden.[1]

Zufriedenheit entsteht, wenn die Input-/Output-Verhältnisse zwischen dem Kunden und dem Lieferanten als auch die Input-/Output-Verhältnisse zwischen dem Kunden und anderen Kunden übereinstimmen, vom Kunden als fair empfunden werden oder zugunsten des Kunden ausfallen.[2] Wird ein Austausch als ungerecht empfunden, entsteht demnach Unzufriedenheit. „Entsprechend ihrer Ausrichtung ist die Equity Theorie zur Erklärung der Kundenzufriedenheit besonders interessant, wenn die Zufriedenheit mit einem Partner in einer Transaktion bzw. einer Geschäftsbeziehung im Mittelpunkt des Interesses steht und nicht die Zufriedenheit mit einem isolierten Objekt."[3] Für den Austausch von Produkten leistet das Gerechtigkeitsparadigma hingegen mangelhafte Erklärungen zur Entstehung von Zufriedenheit.[4] Zusätzlich bemerkt HALSTEAD, dass „(...) equity is a process of comparison rather than a comparison standard, similar in some ways to the disconfirmation process."[5]

#### *5.2.4.2 Die Comparison Level Theory*

Diese von LATOUR/PEAT[6] auf Kundenzufriedenheit übertragene Theorie basiert auf der Sozialen Austausch Theorie. Letztere gehen davon aus, dass jedes Verhalten für die Interaktionspartner einen bestimmten Nutzen und bestimmte Kosten repräsentiert.

Die Beurteilung der Zufriedenheit mit internationalen Geschäftsbeziehungen basiert auf zwei Maßstäben. Erstens, muss das Unternehmen über die Verfügbarkeit alternativer Geschäftspartner bescheid wissen und die **Qualität der Alternativen** beurteilen. Zweitens muss das Unternehmen eine **Kosten-Nutzen Relation** der be-

---

[1] Homburg/Rudolph (Kundenzufriedenheit) 35

[2] Krüger (Kundenbindung) 59 und Homburg/Rudolph (Theoretische Perspektiven) 35

[3] Homburg/Rudolph (Theoretische Perspektiven) 35

[4] Tse/Wilton (Models)

[5] Halstead (Comparison Standards) 19

[6] LaTour/Peat (Conceptual)

stehenden Beziehung bilden. Schließlich wird die eigene Kosten-Nutzen Relation mit den Alternativen verglichen.

Zu Punkt eins: „Availability of alternatives is simply the degree to which a buying firm has alternative sources of supply to meet a need."[1] Es geht somit um die **Substituierbarkeit des Geschäftspartners**. In Industriegütermärkten ist die Beurteilung der zur Verfügung stehenden Alternativen aufgrund der Komplexität der ausgetauschten Güter komplizierter als in Konsumgütermärkten. Während für letztere die volkswirtschaftlichen Dimensionen von Angebot, Nachfrage und Preis eine gewisse Markttransparenz garantieren, so ist es für Investitionsgüter häufig kompliziert, sowohl vor als auch nach dem Kauf die Lieferantenqualität zu beurteilen. Zusätzlich verursacht die hohe finanzielle und strategische Bedeutung der Güter, Unsicherheitsgefühle bei den involvierten Unternehmen, welche zu aktiver Suche nach langfristigen Partnern führt. Die Austauschbarkeit des Partners hängt insbesondere von dessen Spezialisierungsgrad und dessen einzigartiger Marktstellung ab. Das Ausmaß der Verfügbarkeit alternativer Geschäftspartner nimmt maßgeblich auf die Abhängigkeit der Partner Einfluss. Je mehr alternative Partner international zur Verfügung stehen, desto geringer ist die Abhängigkeit in einer spezifischen Beziehung.

Ausgangspunkt der Überlegungen zur **Beurteilung der Qualität alternativer Anbieter** ist die Interdependenz zweier Austauschpartner. Wechselseitige Abhängigkeit entsteht, wenn die Interaktionspartner positive Ergebnisse aus dem Tausch erzielen. Die Vermutung liegt nahe, dass nur solche Interaktionen wiederholt stattfinden, welche mit positiven Konsequenzen verbunden sind. Dazu muss zunächst das Ergebnis des Austausches bestimmt werden. Die Bewertung von tatsächlichen oder antizipierten Interaktionsergebnissen erfolgt anhand zweier verschiedener Standards oder Kriterien, welche als Vergleichsniveau (***Comparison Level**, CL*) und als Vergleichsniveau für Alternativen (***Comparison Level of Alternatives**, $CL_{alt}$*) bezeichnet werden.[2]

---

[1] Cannon/Perreault (Buyer-Seller Relationships) 444

[2] Mikula (Theorien) 285

Die **Kosten-Nutzen Relation** der eigenen Beziehung wird als <Comparison Level>, jene des optimalen alternativen Partners als <Comparison Level for Alternatives>, bezeichnet. Der **Comparison Level** resultiert aus dem Vergleich der erwarteten Ergebnisse, welche durch die Beziehung erreicht werden sollen, mit dem tatsächlich empfundenen Grad der Zielerreichung. Beziehungen oder Interaktionen, deren Ergebnis über dem Vergleichsniveau liegt, sind zufriedenstellend und attraktiv, jene, deren Ergebnis darunter liegt, sind unbefriedigend und unattraktiv. Das Vergleichsniveau bestimmt, welche Ergebnisqualität einem Geschäftspartner, seiner Meinung nach, zustehet. „Es kann als eine Art gewichteter Mittelwert aus allen selbsterfahrenen und bei anderen beobachteten Ergebnissen verstanden werden.“ [1] Dabei ist das Vergleichsniveau keineswegs stabil. Der Comparison Level variiert von Situation zu Situation aufgrund der kontextabhängigen Gewichtung der Ergebnisfaktoren und nicht zuletzt wegen der ständig neuen Erfahrungen der Geschäftspartner.

Der **Comparison Level for Alternatives** hingegen ergibt sich aus dem Vergleich mit der **optimalen Alternative** außerhalb der Beziehung. ANDERSON und NARUS definieren den $CL_{alt}$ als „(...) standard that represents the overall quality of outcomes (economic, social, and technical) available to the firm from the best alternative exchange relationship.“[2] Unternehmen ziehen somit den bestmöglichen Beziehungspartner sowie dessen Leistungsfähigkeit zur Beurteilung der Attraktivität der eigenen Beziehung heran. Liegt das durchschnittliche Ergebnis der alternativen Beziehung über jenem der bestehenden, so wird der Geschäftspartner die Beziehung verlassen. Ein kurzfristiges Unterschreiten des $CL_{alt}$ wird jedoch solange toleriert, als das durchschnittliche Ergebnis über dem $CL_{alt}$ liegt. Damit stellt der $CL_{alt}$ den unteren durchschnittlichen Grenznutzen, den eine Beziehung erzielen muss, dar.

Um zu einem Urteil zu gelangen, werden alle materiellen und immateriellen Investitionen in die Beziehung in Relation zu den Ergebnissen, mit den externen Alternativen verglichen. „The greater the actual outcome versus CL, the greater the *satisfaction*; the greater the outcome versus $CL_{alt}$, the greater the *dependence* of the

---

[1] Mikula (Theorien) 285

[2] Anderson/Narus (Model) 43

recipient on the provider."[1] Auch ANDERSON und NARUS sehen in dem Vergleich der vorliegenden Beziehung mit möglichen Alternativen eine Maßgröße für die Abhängigkeit der Partner voneinander. Konkreter meinen sie, dass die Abhängigkeit gering ist, wenn es eine große Anzahl von Partnern hoher Qualität gibt, sie ist jedoch hoch, wenn es zum derzeitigen Partner keine gleichwertigen Alternativen gibt. Umgekehrt betrachtet bietet das Konzept des $CL_{alt}$ eine Erklärung für bestehende und trotzdem unzufriedenstellende Beziehungen. Selbst wenn das Ergebnis der Beziehung unter dem eigenen Vergleichsniveau liegt, verbleiben die Geschäftspartner in der Beziehung, so lange sich keine überlegenen Alternativen bieten.[2]

### *5.2.5 Die Zwei-Faktoren-Theorie*

HERZBERG´s Zwei-Faktoren-Theorie[3] wurde ursprünglich zur Erklärung von Arbeitszufriedenheit konzipiert. HERZBERG geht allerdings davon aus, dass seine dynamische Theorie auch dazu geeignet ist, das Zustandekommen von Zufriedenheit und Unzufriedenheit generell zu erklären.

Die Zwei-Faktoren-Theorie setzt sich aus **Hygiene-Faktoren** und **Motivatoren** zusammen. Hygiene-Faktoren verhindern Unzufriedenheit, führen aber nicht zu Zufriedenheit. Motivatoren hingegen führen zu Zufriedenheit, sind aber nicht in der Lage, Unzufriedenheit zu verhindern.

Für die Messung von Zufriedenheit bedeutet die Zwei-Faktoren-Theorie, dass Zufriedenheit und Unzufriedenheit nicht zwei gegensätzliche Pole auf einer Skala sind, da Zufriedenheit und Unzufriedenheit zwei unterschiedliche Konstrukte sind. Bestimmte Faktoren führen nur zu Zufriedenheit, während andere nur zu Unzufriedenheit führen. Die Gedanken dieser Aussagen lassen sich durchaus plausibel auf Geschäftsbeziehungen übertragen. So ist vorstellbar, dass die Erfüllung rein vertraglicher Abmachungen durch den Lieferanten nicht zu Zufriedenheit beim Einzelhändler führen, da sie als Voraussetzung angesehen werden. Andere Aspekte

---

[1] Reddy/Czepiel (Buyer-Seller Relationships) 237 [Hervorhebungen im Original]

[2] Mikula (Theorien) 286

[3] Schütze (Kundenzufriedenheit) 141ff

wie beispielsweise ständige Begleitung und Betreuung des Kunden nach dem Kauf können dagegen, wenn vorher nicht vereinbart, zur Zufriedenheit des Kunden führen. Problematischer erscheint jedoch Herzbergs Annahme, dass bestimmte Aspekte nur zu Zufriedenheit, während andere nur zu Unzufriedenheit führen.

Die Zwei-Faktoren-Theorie ist nicht unwidersprochen geblieben, Kritik richtete sich vor allem gegen die suggerierte Zweidimensionalität von Zufriedenheit. Herzbergs Aussagen sollen jedoch insoweit berücksichtigt werden, als es zum einen Faktoren zu geben scheint, die mit größerer Wahrscheinlichkeit Quelle wahrgenommener Zufriedenheit sind und zum anderen solche, die mit größerer Wahrscheinlichkeit zu Unzufriedenheit führen. Diese Faktoren können sich situativ verändern.

## 5.3 Das C/D-Paradigma als Basismodell der Kundenzufriedenheit

Das Confirmation/Disconfirmation-Paradigma entspricht der gängigen Konzeptualisierung von Kundenzufriedenheit und ist das in der Literatur überwiegend eingesetzte Modell. Das C/D-Paradigma dient jedoch nur als **Basismodell**, dessen Grundstruktur zwar weitestgehend anerkannt ist, wobei aber für den jeweiligen Unter suchungsgegenstand differenzierte Ansätze der Konzeptionierung zur Anwendung kommen. Folglich wird das C/D-Paradigma von Studie zu Studie unterschiedlich modelliert. Lediglich die Grundstruktur bleibt unverändert.

Im C/D-Paradigma führt der Soll-Ist-Vergleich zu **Bestätigung** oder **Nichtbestätigung**. Je nach Stärke und Richtung der Bestätigung folgt direkt eine Reaktion, die als Zufriedenheit oder Unzufriedenheit bezeichnet wird.[1] Die Bestätigung/ Nichtbestätigung ist somit die zentrale Komponente des Kundenzufriedenheitsmodells (daher auch der Name „C/D-Paradigma"). Zufriedenheit entsteht, wenn die Ist-Komponente die Soll-Komponente erreicht oder übertrifft. Unzufriedenheit wird demnach durch zu hohe Erwartungen oder eine zu geringe Ist-Leistung oder eine Kombination von beidem hervorgerufen. Nachfolgende Abbildung stellt das C/D-Paradigma in seiner Grundstruktur dar.

[1] Homburg/Rudolph (Kundenzufriedenheit) 36

**Abbildung 42: Das C/D-Paradigma**

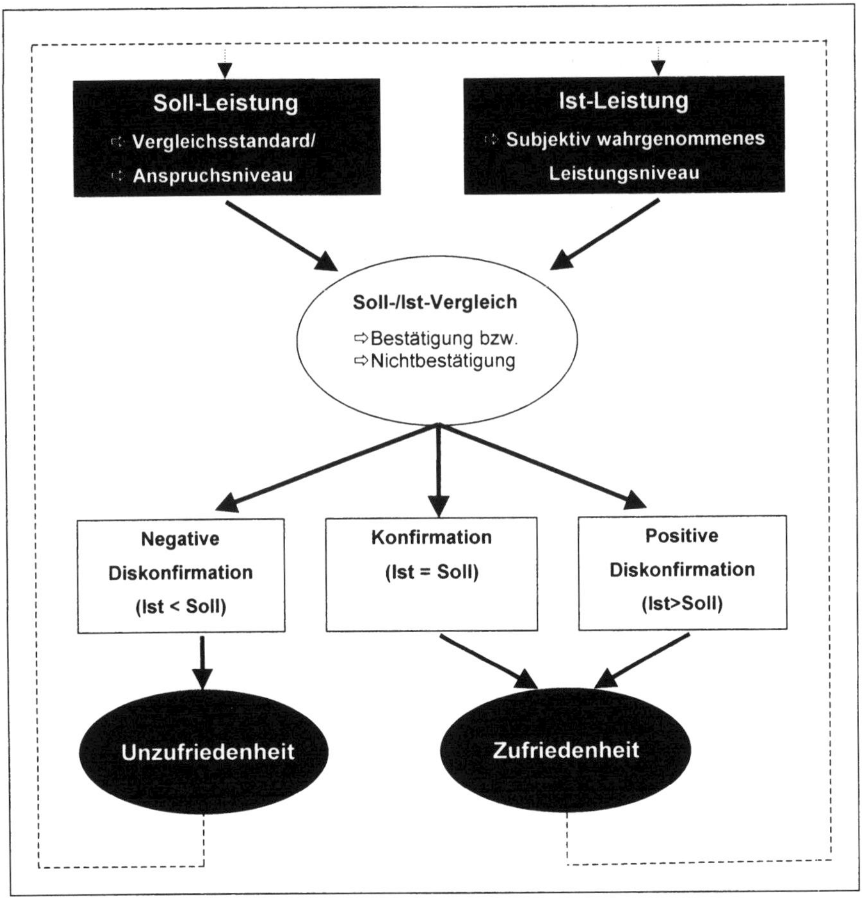


Quelle: Homburg/Giering/Hentschel (Zusammenhang) 85

Wie aus obenstehender Abbildung ersichtlich, besteht das C/D-Modell aus vier grundlegenden Komponenten, und zwar der **Soll-Komponente**, der **Ist-Komponente**, dem **Soll-Ist-Vergleich** (auch als Ergebnis-Komponente bzw. Vergleichsprozess bezeichnet) und der **Zufriedenheit bzw. Unzufriedenheit** selbst. Diese vier Komponenten werden im folgenden ausführlich dargestellt.

### 5.3.1 *Operationalisierung der Soll-Komponente*

In der Literatur werden zur sprachlichen Operationalisierung der Soll-Komponente je nach Forschungsrichtung verschiedene Begriffe verwendet, wie z.B. Bedürfnisse, Werte, Normen, Ziele, Erwartungen oder Anspruchsniveau.[1] Ganz allgemein formuliert wird der Vergleichsstandard, bzw. das Anspruchsniveau von den Konsumenten herangezogen, um Zufriedenheits- oder Unzufriedenheitsurteile zu bilden.

Das Konstrukt des **Anspruchsniveaus** wird bei den kognitiven Programmen der Produktwahl als wesentlicher Einflussfaktor auf die Prozesse der Informationsverarbeitung der Konsumenten verstanden. Dabei wird das Anspruchsniveau von KROEBER-RIEL/WEINBERG als "(...) ein vom Individuum als verbindlich erlebter Standard der Zielerreichung"[2] definiert, der sich sowohl auf die Zielinhalte, als auch das Verhalten beziehen kann. Diese Zielnorm ist das Ergebnis eines gleichzeitig stattfindenden und damit konfliktär wirkenden Strebens nach Erfolg und eines Vermeidens von Misserfolg. Ursache des Konfliktes ist das Erleben einer positiven oder negativen Abweichung vom Anspruchsniveau als subjektiver Erfolg oder Misserfolg. Dies trifft dann zu, wenn das Anspruchsniveau in einer sinnvollen Beziehung zur Befähigung des Individuums steht, d.h. es als "befähigungsadäquat" empfunden wird. Erreicht das Individuum ein Ziel nicht, das von ihm von vorneherein aufgrund seiner individuellen Fähigkeiten als zu hoch angesehen wurde, so zieht dies kein Misserfolgserlebnis nach sich. Das Ziel erscheint als "objektiv" zu hoch. Anderseits vermittelt das Erreichen von zu leicht realisierbaren Zielen kein Erfolgserlebnis.

Das individuelle Anspruchsniveau bestimmt, welche Alternativen als zufriedenstellend angesehen bzw. welche zurückgewiesen werden. Die vom Konsumenten später empfundene Zufriedenheit ist jedoch nicht nur Ergebnis des Anspruchsniveaus, sie wirkt auch stabilisierend oder verändernd auf den Vergleichsstandard, womit sie die wesentliche Ursache für dessen **Dynamik** darstellt. Somit kann das

[1] Korte (Measurement) 29 und die dort zitierten Quellen

[2] Kroeber-Riel/Weinberg (Konsumentenverhalten) 384ff

individuelle Anspruchsniveau als beeinflussender Faktor des Vergleichsstandards gesehen werden.

Interindividuell können unterschiedliche Vergleichsstandards herangezogen werden. Nach SCHÜTZE existieren folgende verschiedene Alternativen des Vergleichsstandards: [1]

- das Ideale
- das minimal Tolerierbare
- das aufgrund von Erfahrungen zu Erwartende
- das Gerechte
- das maximal Erreichbare
- das Verdiente (Verteilungsgerechtigkeit bzw. das was andere erhalten)
- das mit angemessenen Mitteln Erreichbare
- die beste Alternative
- das Normale bzw. Übliche
- das, was mit der höchsten Wahrscheinlichkeit erreicht wird. [2]

Alle angeführten Vergleichsniveaus können für die Konzeptionierung der Soll-Komponente in der Realität relevant sein. Daraus geht hervor, dass ein „Ideal-Konzept zur Konzeptionierung" als Basis nicht zutreffen kann, da die Soll-Komponente **interindividuell unterschiedliche Ausprägungen** annehmen kann (Hypothese der **interindividuellen Divergenz**).

Die Hypothese der **intraindividuellen Divergenz** besagt, dass sich das Niveau der Soll-Komponente jedes Individuums im **Zeitablauf verändern** kann. Dies wird ausgelöst durch neue oder veränderte Zielvorstellungen, Werte, Erfahrungen, wiederholter Nachfrage (gelernter Käufer), Änderungen des wirtschaftlichen oder gesellschaftlichen Umfeldes, der Lebensphase, Wissen um Alternativen etc. [3] Erwartungen entsprechen dem antizipierten Leistungsniveau.

---

[1] Schütze (Kundenzufriedenheit) 157ff; Korte (Measurement) 29

[2] Korte (Measurement) 29; Schütze (Kundenzufriedenheit) 157

[3] Meyer/Dornach (Entstehung) 182; Korte (Measurement) 31

Einige Untersuchungen legen **Erfahrungsnormen** als Vergleichsstandard zugrunde. Der Kunde misst die Produktleistung daran, wie sie seiner Meinung nach sein sollte. Somit bauen diese sowohl auf den Erfahrungen mit dem gleichen Produkt, als auch mit ähnlichen bzw. anderen Produkten derselben Klasse auf. In den Vergleichsstandard fließt somit der gesamte Erfahrungsreichtum eines Konsumenten mit ein. Es wird unterstellt, dass bereits beim Erstkauf eine gewisse Vorstellung über das Produkt bzw. die Dienstleistung besteht, was zu einem bestimmten Anspruch an den Leistungsstandard führt.

Die Comparison Level Theorie geht davon aus, dass jedes Verhalten für die Interaktionspartner einen bestimmten Nutzen und bestimmte Kosten repräsentiert. Der Comparison Level (CL) stellt einen Vergleichsmaßstab dar, anhand dessen das Ergebnis einer Beziehung, also das **Verhältnis zwischen Kosten und Nutzen**, gemessen wird. Er spiegelt wieder, was eine Person zu verdienen glaubt. Ob eine Beziehung fortgesetzt oder beendet wird, hängt vom "comparison level for alternatives" ab. Dieser wird definiert als das niedrigste Niveau der Ergebnisse einer Beziehung, das von einer Person, unter Berücksichtigung alternativer Möglichkeiten, gerade noch akzeptiert wird. Fallen die wahrgenommenen, in einer Beziehung erzielten Ergebnisse unter diesen, wird die Beziehung beendet. Die Höhe des Vergleichsmaßstabes wird von der besten vorhanden Alternative, im Sinne von erwarteter Kosten-Nutzen-Relationen und damit erwarteter Zufriedenheit, bestimmt. [1]

Werden **Ideale** als Vergleichsstandard herangezogen, entspricht dies dem "optimal möglichen Leistungsniveau". Der Kunde stellt sich in diesem Zusammenhang die Frage, welche Leistung überhaupt möglich ist.[2] Das Entstehen von Zufriedenheit in diesem Vergleichsprozess erscheint jedoch problematisch, da es nicht sehr wahrscheinlich ist diesen idealen Anspruch zu treffen bzw. zu übertreffen.

---

[1] Schütze (Kundenzufriedenheit) 85ff

[2] Rudolph (Industriegüter) 19

Es scheint jedoch, dass nicht alle Vergleichsstandards für die Erklärung der Herausbildung von Zufriedenheitsurteilen gleich valide Dienste leisten. Zunächst basierte die Zufriedenheitsforschung auf dem Konzept der Erwartungen des Kunden. Dieser Vergleichsstandard eignet sich jedoch vor allem für Erhebungen vor der Produktnutzung. MILLER identifizierte zu Beginn der achtziger Jahre mehrere Standards[1] anhand derer die Unternehmensleistung verglichen werden kann, „(...) including the Ideal (what <can be>), the Expected (what <will be>), the Minimum Tolerable (what <must be>, and the Deserved (what <should be>)."[2]

Die neueren Studien der Zufriedenheitsforschung gehen von dem Einsatz eines einzigen Vergleichsstandards ab und nutzen multiple, situativ angepasste Standards, wie bspw. **Erfahrungswerte** typischer Produktperformance einer spezifischen Marke oder einer Branche. So bestätigen CADOTTE, WOODRUFF und JENKINS, dass Erfahrungsstandards die Entstehung von Zufriedenheit besser erklären, denn Erwartungsstandards.[3] SPRENG und OLSHAVSKY erzielten mit **Wünschen** und **Begehren** als Vergleichsstandard, bessere Ergebnisse als mit Erwartungsstandards. Dabei werden Wünsche und Begehren (<Desires>) definiert als „(...) attributes and benefits that consumers believe will lead to higher level values that comprise their life goals and guide behavior."[4] Übereinstimmung der Wünsche mit dem Konsumerlebnis führt demnach zu Zufriedenheit.

In Anbetracht dieser Ergebnisse kommt HALSTEAD zu dem Schluss, dass „(...) the available research does reflect an emerging consensus regarding three types of standards: Expectations, experience-based norms, and desires/ideals."[5] Welcher dieser Standards in welcher Situation zum Einsatz gelangt hängt von einer Vielzahl von Faktoren ab. Nachfolgende Tabelle zeigt in welchen Situationen, die unterschiedlichen Vergleichsstandards seitens der Kunden angewandt werden. Ebenso findet sich ein Verweis auf weiterführende Studien zu den einzelnen Faktoren in der Tabelle.

---

[1] Miller (Satisfaction)

[2] Halstead (Comparison Standards) 14 [Hervorhebungen im Original]

[3] Cadotte/Woodruff/Jenkins (Expectations) 306

[4] Spreng/Olshavsky (Satisfaction) 45

[5] Halstead (Comparison Standards) 20 [Hervorhebungen im Original]

**Tabelle 38: Zusammenfassung der Einflussfaktoren auf den Einsatz unterschiedlicher Vergleichsstandards**

| Conditions when Adoption of Standard by Consumer is Likely | Study Authors |
|---|---|
| **EXPECTATION** | |
| Product or situational involvement is low | Bolfing/Woodruff (Situational Involvement)<br>Woodruff/Cadotte/Jenkins (Satisfaction) |
| Information not readily available to consumers | Anderson/Sullivan (Satisfaction)<br>Oliver/Winer (Framework) |
| Information available is ambiguous | LaTour/Peat (Conceptual)<br>Anderson/Sullivan (Framework) |
| Product is non durable | Churchill/Surprenant (Investigation) |
| **EXPERIENCE-BASED NORMS** | |
| Consumer familiarity or experience with product category is high | Gardial/Woodruff/Bums/Schumann/Clemons (Comparison Standards)<br>Cadotte/Woodruff/Jenkins (Expectations) |
| Product or situational involvement is high | Bolfing/Woodruff (Situational Involvement)<br>Cadotte/Woodruff/Jenkins (Expectations) |
| Product has already been purchased and used | Gardial/Woodruff/Bums/Schumann/Clemons (Comparison Standards) |
| Choice alternatives are either non-comparable or in completely different product categories | Gardial/Woodruff/Bums/Schumann/Clemons (Comparison Standards) |
| **DESIRES** | |
| Consumer processes on a higher level of means end hierarchy (e.g. processing in terms of values rather than attributes) | Spreng/Olshavsky (Desires Congruency Model)<br>Gardial/Woodruff/Bums/Schumann/Clemons (Comparison Standards) |
| Consumer´s goal is <ideal> attribute set | Spreng/Olshavsky (Desires Congruency Model)<br>Miller (Satisfaction) |
| Product has already been purchased and used | Spreng/Olshavsky (Satisfaction)<br>Spreng/Olshavsky (Desires Congruency Model) |

Quelle: Halstead (Comparison Standards) 20

### *5.3.2 Operationalisierung der Ist-Komponente*

Der Operationalisierung der Ist-Komponente auf der empirischen Sprachebene wird in der relevanten Literatur meist geringe Aufmerksamkeit gewidmet.[1] Unter der **Ist-Komponente** der Kundenzufriedenheit wird in der Literatur weitgehend übereinstimmend die von Kunden **erlebte Produktleistung** als Ergebnis eines Wahrnehmungsprozesses verstanden.[2] Die Ist-Komponente repräsentiert daher die **Erfahrungen** einer Person mit einem Objekt.[3]

Von essentieller Bedeutung ist weiter, dass es bei der Operationalisierung der Ist-Komponente nicht auf die objektive, sondern vielmehr auf die subjektiv wahrgenommene Leistung ankommt.[4] Folglich existieren für ein Objekt mehrere wahrgenommene Leistungsniveaus.[5]

Zur Konzeptionierung der Ist-Komponente des C/D-Paradigmas werden vor allem die Theorie der kognitiven Dissonanz (Kapitel 5.2.2.1), die Kontrasttheorie (Kapitel 5.2.2.2), die Assimilations-Kontrast-Theorie (Kapitel 5.2.2.3) und die Theorie der generellen Negativität (Kapitel 5.2.2.4) herangezogen.

Einen weiteren zentralen Aspekt der Ist Komponente stellt die Frage nach dem **Ausmaß einer Abweichung** zwischen Ist- und Soll Wert dar, welches seitens des Konsumenten überhaupt wahrgenommen werden kann. In Anlehnung an das WEBER-FECHNERSCHE Gesetz[6] ist die Wahrnehmung eines Reizes nicht von der absoluten Stärke des Reizes abhängig, sondern von der Diskrepanz zwischen dem wahrgenommenen Niveau und dem früheren Niveau. Dies bedeutet für die Zufriedenheitsforschung, dass gewisse Schwellen überschritten werden müssen, um Abweichungen vom Soll Wert wahrnehmen zu können. Jenen Bereich in dem Abweichungen nicht realisiert werden nennt man Indifferenzzone.

---

[1] Homburg/Rudolph (Kundenzufriedenheit), S. 39

[2] Korte (Measurement) 31

[3] Schütze (a.a.O.) 130

[4] Kaas/Runow (Ergebnisse) 82

[5] Homburg/Rudolph (a.a.O.) 39

[6] Sixtl (Meßmethoden) 104ff

Letztlich spielen neben den Aspekten der Reizwahrnehmung auch die individuellen Beurteilungsmuster eine Rolle. Dabei vereinfacht der Konsument auf kognitiver Ebene seine Eindrücke um sein Gehirn zu entlasten. Die Person zieht gewisse Schlüsselmerkmale zur Urteilsbildung heran und erspart sich die Berücksichtigung weiterer Erfahrungen. In Geschäftsbeziehungen könnte beispielsweise ein Schluss von der Flexibilität des Außendienstmitarbeiters auf die Kundenorientierung des gesamten Unternehmens erfolgen. KROEBER-RIEL unterscheidet drei Beurteilungsmuster:[1]

- Von einem Einzeleindruck auf die gesamte Produktqualität (z.B. von der Angebotslegung auf die Qualität der gesamten Geschäftsbeziehung)
- Von einem Einzeleindruck auf einen anderen (z.B. von der Angebotslegung auf die Lieferverlässlichkeit)
- Von der gesamten Produktqualität auf einen einzelnen Eindruck (z.B. von der wahrgenommenen Qualität der Geschäftsbeziehung auf den Umgang mit Reklamationen)

### *5.3.3 Operationalisierung der Ergebnis-Komponente (Soll-Ist-Vergleich)*

„Bestätigung/Nichtbestätigung wird als die zentrale intervenierende Variable zwischen der Soll- und Ist-Komponente und der Zufriedenheit angesehen.“[2] Der psychische Soll-Ist-Vergleich des Individuums führt nach herrschender Literaturmeinung zu drei grundsätzlichen Ergebniskategorien:[3]

- ***Übererfüllung des Anspruchsniveaus:***
  Ist-Komponente > Soll-Komponente
- ***Bestätigung des Anspruchsniveaus:***
  Ist-Komponente = Soll-Komponente
- ***Untererfüllung des Anspruchsniveaus:***
  Ist-Komponente < Soll-Komponente

[1] Kroeber-Riel (Konsument) 299

[2] Homburg/Rudolph (Kundenzufriedenheit) 40

[3] Korte (Measurement) 35

Das C/D-Paradigma geht davon aus, dass Zufriedenheit durch die Richtung der erfahrenen Bestätigung bzw. Nichtbestätigung bestimmt wird. Positive Bestätigung bedeutet, dass die wahrgenommene Leistung gleich dem oder besser als das Anspruchsniveau ist, was dann Zufriedenheit zur Folge hat. Unzufriedenheit entsteht, wenn die wahrgenommene Leistung niedriger als der Vergleichsstandard ist. [1]

Neben dem Ausmaß der Nicht-Bestätigung, beeinflussen Ist- und Soll-Leistung die Zufriedenheit auf einer zweiten Ebene. GIERL führt zur Verdeutlichung dieser Ebene ein Beispiel an, in dem ein Kunde erwartet innerhalb der nächsten sieben Tage von einem Mitarbeiter des Kundendienstes eines Unternehmens besucht zu werden. Der Kundendienstmitarbeiter erscheint jedoch bereits nach vier Tagen. Die gleiche Nicht-Bestätigung ergibt sich, wenn der Kunde den Besuch erst in dreißig Tagen erwartet, der Mitarbeiter jedoch bereits am siebenundzwanzigsten Tag erscheint. Obgleich die Abweichung stets drei Tage beträgt, wird der Kunde im ersten Fall deutlich zufriedener sein, als jener der siebenundzwanzig Tage warten musste. Neben dem relativen Konstrukt der Nicht-Bestätigung wirkt parallel das absolute Niveau der Ist- und Soll-Leistung auf die Zufriedenheit ein. [2]

Da Kundenzufriedenheit ein multiattributives Konstrukt darstellt, [3] nehmen Individuen einzelne Teilleistungen eines Objektes differenziert wahr und sind prinzipiell in der Lage, **Teilzufriedenheiten** zu empfinden. In Geschäftsbeziehungen umfassen die Teilzufriedenheiten neben Aspekten des Produktes vor allem Leistungsbestandteile wie Auftragsabwicklung, Lieferung, Außendienst des Herstellers, Kooperation, Service und Informationspolitik des Herstellers. [4] Individuen aggregieren hernach die einzelnen Teilzufriedenheiten psychisch zu einer umfassenden Gesamtzufriedenheit. [5] So kann der Einzelhändler beispielsweise mit der Geschäftsbeziehung insgesamt zufrieden sein, wohingegen er mit der Lieferpünktlichkeit unzufrieden ist.

---

[1] Homburg/Rudolph (Kundenzufriedenheit) 40

[2] Gierl (Marketing) 239

[3] Beeskow (Qualität) 194; Runow (Verbraucherzufriedenheit) 92ff

[4] Homburg/Faßnacht/Werner (Operationalisierung) 397

[5] ähnlich auch Korte (Measurement) 36

Den Multiattributmodellen liegt die gemeinsame Hypothese zugrunde, dass sich die Gesamtbeurteilung eines Produktes oder einer Dienstleistung, aufgrund einer systematischen Wahrnehmung des Konsumenten aus mehreren Teilurteilen zusammensetzt (Aggregation von Einzelzufriedenheiten zu einer Gesamtzufriedenheit). Es ist der Zweck dieser Modelle, die vom Kunden angewandte "kognitive Algebra" abzubilden. Das Grundmodell lässt sich für die Zufriedenheit mit einer Geschäftsbeziehung wie folgt formulieren:[1]

(Formel 1) $$\mathbf{GZ_{ij} = \mathit{f}\,(EZ_{ij1}, EZ_{ij2}, \ldots, EZ_{ijn})}$$

wobei:

$GZ_{ij}$ = Gesamtzufriedenheit des Kunden i mit der Geschäftsbeziehung j

$EZ_{ijk}$ = Einzelzufriedenheit mit Merkmal k (k=1, ..., n) der Geschäftsbeziehung j des Kunden i

Die **Einzelzufriedenheiten** ergeben sich **pro Beurteilungsobjekt** aus der **Diskrepanz von Soll- und Ist-Wert**, d.h. von Erwartungen und Erfahrungen, wobei aktuelle Erfahrungen anhand der Erwartungen bewertet werden. KROEBER-RIEL bezeichnet Eindrücke $E_{ij}$ als wertende Wahrnehmungseinheiten[2], die ein positives bzw. negatives Urteil ermöglichen. Je höher die Diskrepanz nach oben ist, desto zufriedener ist der Kunde (anreiztheoretisch), je größer die Diskrepanz nach unten ist, desto unzufriedener ist er.

Man unterscheidet grundsätzlich zwischen **kompensatorischen**- und **nicht-kompensatorischen Multiattributmodellen**.

---

[1] Schütze (Kundenzufriedenheit) 173

[2] Kroeber-Riel (Konsument) 307

Besonders verbreitet bei **kompensatorischen Modellen** sind *linear-additive* Ansätze, die folgende, auf Zufriedenheit umgelegte Schreibform aufweisen:

(Formel 2) $$\mathbf{GZ_{ij} = \sum_{k=1}^{n} EZ_{ijk}}$$

wobei:

GZij: Gesamtzufriedenheit des Kunden i mit der Geschäftsbeziehung j

EijK: Einzelzufriedenheit mit dem Merkmal k (k = 1, ..., n) einer Geschäftsbeziehung j für den Kunden i

Aus der Annahme, dass Einzelzufriedenheiten für den Konsumenten einen unterschiedlichen Beitrag zur Gesamtzufriedenheit erbringen, stellt sich die Frage, ob Teilzufriedenheiten jeweils gleichgewichtig oder mit unterschiedlicher Wichtigkeit in die Bildung der Gesamtzufriedenheit eingehen. Die Gewichtungshypothese besagt, dass einzelne Teilleistungen eines Produktes in einem unterschiedlichen Ausmaß einen Beitrag zur Gesamtzufriedenheit leisten, woraus sich folgern lässt, dass das Konstrukt Gesamtzufriedenheit sowohl vom Saldo der aggregierten Teilzufriedenheiten abhängig ist, als auch von der relativen Bedeutung einzelner Teilzufriedenheiten, was sich in untenstehender Formel[1], in Anlehnung an das sog. Fishbein-Modell, widerspiegelt:

(Formel 3) $$\mathbf{GZij = \sum_{K}^{n} wijk * EZijk}$$

Diese Formel zur Berechnung der Gesamtzufriedenheit gehört zu der **direkten Messung** der Kundenzufriedenheit, wobei die befragten Personen aufgefordert werden, einzelne Merkmale hinsichtlich ihrer Zufriedenheit direkt zu bewerten. Nachteil dieser Variante ist, dass die befragten Personen in der Regel dazu tendieren, alle Attribute als „wichtig“ einzustufen.[2]

[1] Kroeber-Riel/Weinberg (Konsumentenverhalten) 305ff, Schütze (Kundenzufriedenheit) 173f, Scharnbacher/Kiefer (Kundenzufriedenheit) 21ff

[2] Scharnbacher/Kiefer (Kundenzufriedenheit) 21f

Bei den **nicht-kompensatorischen Modellen** ist es nicht möglich, einen Ausgleich von Unzufriedenheit mit einem Teilaspekt der Geschäftsbeziehung durch die Zufriedenheit mit einem anderen Teilaspekt herbeizuführen. Zu den nicht-kompensatorischen Modellen, die einen Erklärungsbeitrag zum Zufriedenheitskonzept zu leisten versuchen, zählen das **konjunktive** und das **disjunktive Modell**:[1]

Beim *konjunktiven Modell* ergibt sich Kundenzufriedenheit dann, wenn bei allen subjektiv als wichtig empfundenen Teilaspekten der Sollwert mindestens erreicht oder übertroffen wird (Konjunktionshypothese). Somit ist die Gesamtzufriedenheit in Abhängigkeit von einem interindividuell unterschiedlichen Set als wichtig empfundener Teilleistungen zu erklären.

Beim *disjunktiven Modell* ist ein Kunde bereits dann zufrieden, wenn ein Teilaspekt der Geschäftsbeziehung von herausragender Wichtigkeit die Soll-Komponente erreicht oder übertrifft.

Sowohl das konjunktive als auch das disjunktive Modell legen nahe, dass es zur Herbeiführung von Kundenzufriedenheit bestimmte Kernfaktoren gibt, die erfüllt sein müssen. Diese beiden Modelle lassen sich auch im Zuge von HERZBERG´s Zwei-Faktoren-Theorie interpretieren: Die Kernfaktoren wären dann ähnlich den Hygiene-Faktoren zu interpretieren, die Unzufriedenheit verhindern. Überragende Merkmalsausprägungen anderer Teilaspekte wären demnach nicht in der Lage, schlechte Merkmalsausprägungen der <Essentials> auszugleichen und Gesamtzufriedenheit zu bewirken.

Für den Stand der Forschungsdiskussion lässt sich festhalten, dass die Erklärung, wie sich der psychische Soll-Ist-Vergleich unter dem Aspekt der Aggregation der Teilzufriedenheiten zu einer Gesamtzufriedenheit vollzieht, ein bislang ungelöstes Problem darstellt. Offensichtlich ist diese Frage nicht durch ein einziges Erklärungsmodell allgemein gültig zu beantworten.

---

[1] Schütze (Kundenzufriedenheit) 174

### *5.3.4 Zufriedenheit und Unzufriedenheit*

Die letzte Variable des Vergleichsprozesses im C/D-Paradigma wird von der Mehrzahl der Forscher als **bipolares Kontinuum** angesehen, dessen **Endpole Zufriedenheit** und **Unzufriedenheit** sind. Wie schon anhand von HERZBERG´s Zwei-Faktoren-Theorie erläutert, sprechen sich jedoch einzelne Autoren für Zufriedenheit als zweidimensionales Konstrukt aus: Die Erfüllung von Erwartungen kann bei einigen Merkmalen nur zur „Nichtunzufriedenheit" führen, bei anderen Merkmalen nur zu Zufriedenheit. Die Nichterfüllung der Hygiene-Faktoren hat automatisch Unzufriedenheit zur Folge, unabhängig vom Grad der Zufriedenheit, der von den Motivator-Faktoren geschaffen wurde. Empirisch konnte HERZBERG´s Theorie allerdings nicht bestätigt werden, so dass Kundenzufriedenheit im gängigen Verständnis als eindimensionales Konstrukt aufgefasst wird.[1] Unklar ist des weiteren ob die Punkte „Zufriedenheit" bzw. „Unzufriedenheit" als Endpunkte der Skala zu verstehen sind oder ob nicht etwa „Begeisterung" ein Ende der Skala ausmachen könnte.

### *5.3.5 Kritik am C/D-Paradigma*

Die größte theoretische als auch empirische Beachtung hat das C/D-Paradigma mit Erwartungen als Standard (Expectation-Disconfirmation Model) gefunden.[2] Werden Erwartungen als Vergleichsstandard herangezogen, ergibt sich daraus jedoch das Problem, dass (Un-)Zufriedenheit nur auftreten kann, wird sie von bestimmten Aspekten eines Produktes oder einer Dienstleistung hervorgerufen, über die der Kunde schon vor Gebrauch eine Meinung hatte. Situationen, in denen der Kunde mit bestimmten Eigenschaften eines Produktes unzufrieden ist, obwohl er sich der Eigenschaft vorher nicht bewusst war, können bei Heranziehen von Erfahrungen als Vergleichsstandard kaum erklärt werden. Aufgrund des Postulats dieses Ansatzes müsste der Kunde auch dann mit einem Produkt/einer Dienstleistung zufrieden sein, wenn negative Attribute auftreten, er diese jedoch erwartet hatte.[3]

---

[1] Homburg/Rudolph (Kundenzufriedenheit) 41f

[2] Rudolph (Industriegüter) 18

[3] Homburg/Rudolph (Theoretische Perspektiven) 38; Rudolph (Industriegüter) 19

Während das C/D-Paradigma postuliert, dass (Un-)Zufriedenheit direkt entsteht, geht die neuere Literatur von einer zeitlich nachgelagerten Bewertung des Zwischenergebnisses aus. Dieses besteht aus einzelnen, aggregierten Soll-Ist-Vergleichen (psychisch erlebte Bestätigung oder Nicht-Bestätigung), und erst die daran anknüpfende Bewertung führt zu einem subjektiv empfundenen Grad der Zufriedenheit im Hinblick auf die konsumierte Leistung (=indirekte Operationalisierung). Die nachgelagerte Bewertung erfolgt nicht automatisch, sondern wird durch auslösende Faktoren hervorgerufen,[1] die sich dadurch auszeichnen, dass Konsumenten in einer solchen Konsumsituation etwas Außergewöhnliches, etwas von dem „Normalen" Abweichendes und insofern Reizintensives wahrnehmen.[2] Als "Kick-Off" Faktoren werden überwiegend Erwartungen und eigene Nutzungserfahrungen herangezogen, wobei erstgenannte vor allem dann einen Bewertungsprozess auslösen, wenn sie in konkreter Form bestehen, einen Extremwert annehmen und sich deutlich von Erfahrungen abheben.[3]

Diese indirekte Operationalisierung des Konstruktes führt zu der Forderung nach einer Erfassung der Kundenzufriedenheit auf einer Zufriedenheitsskala und damit den Verzicht auf eine getrennte Erhebung des Anspruchsniveaus und der Beurteilung der Produkt- bzw. Händlerleistung. Wird eine getrennte Erhebung durchgeführt, kommt es im Anschluss an eine Kundenbefragung zur Saldierung der Soll- und der Ist-Komponente, was lediglich zur Ermittlung des Grades der Bestätigung oder Nicht-Bestätigung des individuellen Anspruchsniveaus, nicht jedoch zur Ermittlung des Grades der Zufriedenheit führt.[4]

## 5.4 Verhaltensalternativen von Kunden bei (Un-) Zufriedenheit

Bereits mehrfach wurde die verhaltensbeeinflussende Eigenschaft der Zufriedenheit erwähnt. Dabei stehen den Kunden unterschiedliche Reaktionsalternativen auf empfundene Zufriedenheit oder Unzufriedenheit zur Verfügung. Nachfolgende

---

[1] Korte (Measurement) 40, 46; Schütze (Kundenzufriedenheit) 165f

[2] Korte (Measurement) 53f

[3] Schütze (Kundenzufriedenheit) 165ff, 266

[4] Korte (Measurement) 40

Abbildung veranschaulicht mögliche Verhaltensalternativen von Kunden bei Zufriedenheit bzw. Unzufriedenheit.

**Abbildung 43: Verhaltensalternativen von Kunden bei Zufriedenheit und Unzufriedenheit**

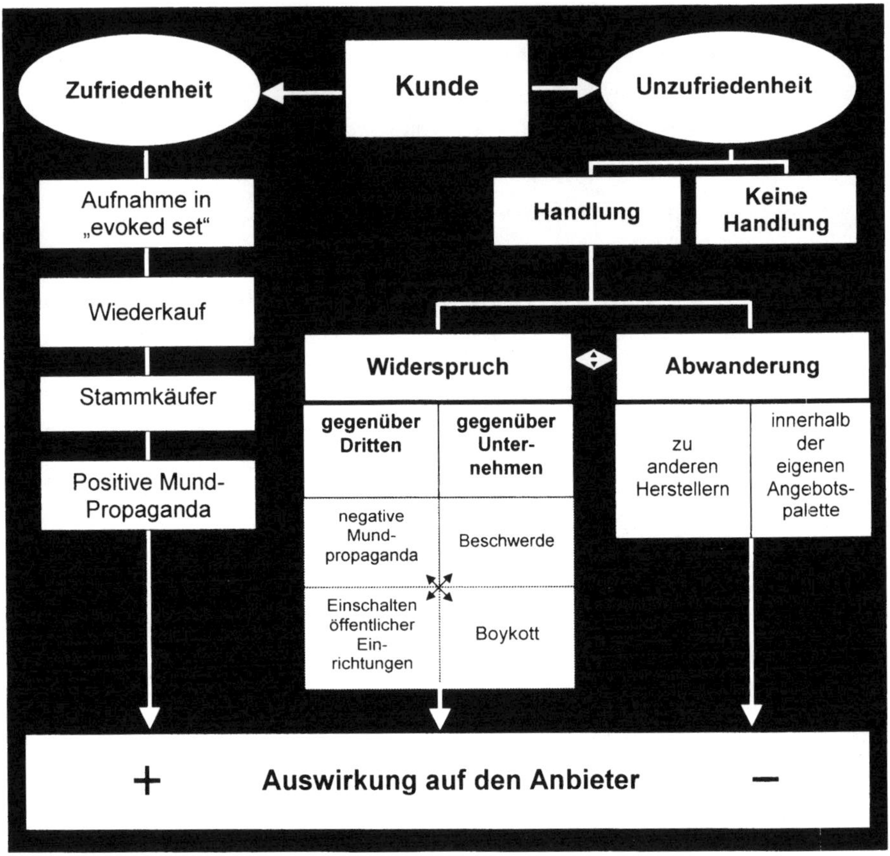


Quelle: in Anlehnung an Simon/Homburg (Kundenzufriedenheit) 18 und Tomczak/Belz (Kundennähe) 410

Wie die Abbildung zeigt, üben die unterschiedlichen Verhaltensalternativen der Kunden entweder einen positiven oder negativen Einfluss auf die Anbieter aus. Nachfolgend werden die unterschiedlichen Alternativen detailliert behandelt.

### 5.4.1 *Verhaltensalternativen bei Zufriedenheit*

Empfundene Zufriedenheit beeinflusst **Einstellungen und Verhaltensabsichten** und letztlich auch das Verhalten der Kunden im Wiederkaufprozess. Kunden speichern bei Zufriedenheit ihre positiven Informationen durch Produkterfahrung [1] und reduzieren vor einem erneuten Kauf den Aufwand bei der Informationssuche und – bewertung. Der Anbieter befindet sich im „evoked set“[2] des Kunden.

Solcherart entstehen **Wechselbarrieren**, die den Kunden hindern, einen einmal gewählten Hersteller durch einen anderen Anbieter auszutauschen. Die Wahrscheinlichkeit des Wiederkaufs steigt. Aus Unternehmenssicht kann der Kunde im Idealfall als **Stammkäufer** gewonnen werden. Kundenzufriedenheit muss zwar nicht unbedingt loyales Wiederkaufverhalten nach sich ziehen, da das Ergebnis des Entscheidungsprozesses auch von anderen Faktoren abhängt. Ohne eine Verstärkung durch positive Erfahrungen sind jedoch auf den Wiederkauf gerichtete Einstellungen und Absichten, die ein stabiles Verhalten begründen können, unwahrscheinlich.[3] Auch aus Kostengründen ist für den Hersteller die Erzielung von Wiederkäufen relevant. Angeblich ist es bis zu fünfmal teurer einen Neukunden zu gewinnen, als einen Stammkunden zu halten.[4]

Hat sich der Kunde einmal für einen bestimmten Anbieter entschieden, so hat dieser die Chance, den Kunden weiter an sich zu binden. In einer engen Austauschbeziehung akzeptieren Kunden höhere Preise und führen auf der Unternehmensseite durch **Cross-Buying** zu zusätzlichen Umsätzen.

Ist der Kunde mit einer Leistung zufrieden, wird er geneigt sein, erlebte positive Erfahrungen weiterzuerzählen. Die wirtschaftlichen Auswirkungen von **Mund-Propaganda** dürfen keinesfalls unterschätzt werden. Bei positiven Berichten über ein Unternehmen bzw. dessen Produkte bedarf es seitens des Unternehmens keiner großen Verkaufs- und Werbeanstrengungen mehr, das Produkt verkauft sich quasi

---

[1] Kroeber-Riel (Konsumentenverhalten) 289

[2] Trommsdorff (Konsumentenverhalten)

[3] Krüger (Kundenbindung) 95

[4] Scharnbacher (Kundenzufriedenheit) 15

„von selbst". Kundenzufriedenheit nimmt Einfluss auf die Kosten- und Gewinnsituation des Anbieters.[1]

Um die Auswirkungen unterschiedlicher Ausprägungsstufen von Zufriedenheit auf **Kundenloyalität** in Märkten mit unterschiedlicher Konkurrenzintensität zu messen, führten JONES und SASSER eine vergleichende Studie für den Automobilmarkt, den PC-Markt, Krankenhäuser, Fluglinien sowie Telefongesellschaften durch. Die Autoren orten in konkurrenzintensiven Märkten eine „(...) tremendous difference between the loyalty of merely satisfied and completely satisfied customers."[2] Demnach führt jedes Absinken der Zufriedenheitswerte zu einem dramatischen Sturz der Kundenloyalität. Aus ehrlicher, langfristiger Loyalität kann rasch eine „falsche" Loyalität werden, die solange aufrecht hält, als sich keine alternativen Anbieter um den Kunden bemühen. Falsche Loyalität vermittelt dem Unternehmen das Bild einer intakten Kundenbeziehung in einer Situation, in der seitens des Kunden eine große Bereitschaft zur Abwanderung besteht. Die Autoren gelangen zu dem Schluss, dass „The only true loyal customers are totally satisfied customers."[3]

Eine knappe und übersichtliche Abgrenzung der Konstrukte Wiederholungskauf, Markentreue bzw. Kundentreue und Kundenloyalität bieten HERRMANN und HUBER. Die Autoren beschreiben den, mit dem Begriff der Loyalität verwandten **Wiederholungskauf** als Situation in der „(...) ein und die selbe Person eine spezielle Marke einer Produktart innerhalb eines bestimmten Zeitrahmens zum wiederholten Mal kauft."[4] Dieses behavioristische Konzept basiert auf der Analyse vergangenheitsbezogener Daten. Verhaltensursachen bleiben dabei unberücksichtigt. Werden Wiederholungskäufe zusätzlich aufgrund positiver Einstellungen des Kunden vollzogen, so liegt **Markentreue** vor. **Kundentreue** beschreibt die Treue von Kunden zu einem nicht näher spezifizierten Objekt.[5] Meist wird Kundentreue als Überbegriff von Marken- und Ladentreue verstanden. **Kundenloyalität** bezeichnet „(...) ein nach

---

[1] Simon/Homburg (Kundenzufriedenheit) 18

[2] Jones/Sasser (Satisfied Customers) 89

[3] Jones/Sasser (Satisfied Customers) 91

[4] Hermann/Huber (Kundenloyalität) 5

[5] Herrmann/Huber (Kundenloyalität) 5

außen gerichtetes Gefühl der persönlichen Bindung"[1] und scheint somit dem Begriff der Kundentreue gleich zu sein. Beide Begriffe werden in der jüngeren Marketingliteratur synonym verwendet. FORNELL vermutet zwischen Kundenloyalität und Kundenzufriedenheit folgenden Zusammenhang. „Loyal customers are not necessarily satisfied customers, but satisfied customers tend to be loyal."[2] Damit entspricht er jener Sichtweise, die keine positive emotionale Bindung des Kunden verlangt, sondern bereits ein Mangel an Alternativen ausschlaggebend für „falsche" Loyalität sein kann. In einem Punkt sind sich jedoch alle Autoren einig: Zufriedene Kunden tendieren stärker zu wiederholten Käufen bei dem gleichen Anbieter, als unzufriedene.

### *5.4.2 Verhaltensalternativen bei Unzufriedenheit*

Die wahrgenommene Unternehmensleistung kann geringer ausfallen als die erwartete Leistung, was durch zu hohe Erwartungen seitens des Kunden und/oder unzureichender Leistung des Unternehmens, jedoch auch durch objektiv entsprechende, vom Kunden aber subjektiv als zu gering empfundene Leistungen verursacht werden kann.[3] In weniger gravierenden Fällen werden Kunden dazu neigen, sich durch psychischen Dissonanzabbau schnell des unangenehmen Gefühls zu entledigen. Gelingt eine nachträgliche Harmonisierung von Erwartung und Wahrnehmung, besteht für den Kunden kein Handlungsdruck. Erfolgt allerdings kein Dissonanzabbau, stehen dem unzufriedenen Kunden verschiedene Verhaltensweisen offen.[4]

Die Verhaltensweisen von Kunden bei Unzufriedenheit sind von einer Vielzahl unterschiedlicher Faktoren wie den **Persönlichkeitsmerkmalen** der Kunden, der **Größe des Problems** und dem Wert des Produktes, der Attributwahrnehmung, den Erwartungen bezüglich des Ergebnisses einer etwaigen Beschwerde[5], aber auch

---

[1] Kaase (Loyalität) 111

[2] Fornell (Barometer) 7

[3] Scharnbacher/Kiefer (Kundenzufriedenheit) 13

[4] Stauss (Beschwerdemanagement) 47f

[5] Homburg/Rudolph (Kundenzufriedenheit) 48

vom **Involvement** der Kunden abhängig.[1] Aufgrund dieser Variablen entscheidet der Kunde, ob er bei Auftreten eines nicht zufriedenstellenden Ereignisses eine Handlung setzt oder inaktiv bleibt.

Die Auswirkungen der **Persönlichkeitsvariablen** auf das Beschwerdeverhalten wurden von DAVIDOW und DACIN untersucht.[2] Dabei gelangen die Autoren zu dem Ergebnis, dass die persönlichkeitsbezogenen Variablen (zur Messung wurden folgende Statements eingesetzt: „standing up for their rights", „to feel important", „to get something for free", „higher expectations", „nothing better to do", intimidating and fear of confrontation") einen höheren Erklärungsanteil für das gewählte Beschwerdeverhalten leisten als Kosten/Nutzen Variablen, situationale Variablen (bspw. sozialer Druck, Stimmung und Zeit) und soziale Nutzenvariablen (bspw. die Überlegung, ob sich aufgrund der Beschwerde die Organisation des Unternehmens und/oder der Gesellschaft verändert).

Einige **Kunden ändern** trotz Unzufriedenheit **ihr Verhalten nicht** und bleiben inaktiv. Gründe hierfür können zum Beispiel die mit dem Wechsel verbundenen Kosten und Unbequemlichkeiten (etwa Informationssuche) sein.[3] Fälschlicherweise interpretieren Unternehmen diese Inaktivität manchmal als Zustimmung.[4] Der Grad an Unzufriedenheit befindet sich noch innerhalb einer gewissen Toleranzzone doch sind diese Kunden relativ leicht bei Ansprache von Wettbewerbern zu einem Anbieterwechsel zu bewegen.[5] Diese Kunden sind nicht loyal und die Toleranzschwelle zur Aktivität kann schnell überschritten sein.[6]

**Kunden wandern** allerdings gleich **ab**, wenn ihnen die Auseinandersetzung mit dem Hersteller als zu zeitaufwendig, belastend und/oder vergeblich erscheint.[7] Dabei können sie zunächst innerhalb der Angebotspalette des Unternehmens oder gleich

---

[1] Tomczak/Belz (Kundennähe) 410

[2] Davidow/Dacin (Complaint Behavior)

[3] Stauss/Seidel (Beschwerdemanagement) 46

[4] Nieschlag/Dichtl/Hörschgen (Marketing) 951

[5] Stauss /Seidel (Beschwerdemanagement) 46

[6] Stauss (Beschwerdemanagement ) 49

[7] Stauss (Beschwerdemanagement) 48

zu einem anderen Anbieter wechseln. Die Abwanderung stellt für den Anbieter die endgültigste Form der Reaktion dar. Der Anbieter bekommt keine Chance, den Grund der Unzufriedenheit zu erkennen und damit auch nicht die Möglichkeit, ihn zu beseitigen.[1]

Die Abwanderung wird häufig von **negativer Mundpropaganda**, einer möglichen Variante von Widerspruch, begleitet. Diese Mundkommunikation ist in besonders hohem Maße wirksam. Der Kunde, der den Vorfall selbst erlebt hat und mit seinen Ausführungen keine eigennützigen Zwecke verfolgt, erscheint den Gesprächspartnern weitaus glaubwürdiger und überzeugender als jede bezahlte Kommunikationsmaßnahme des Herstellers.[2]

Eine Form des Widerspruchs gegenüber dem Unternehmen stellt die **Beschwerde** dar. Kunden, die sich beschweren, treten mit dem Anbieter in einen Dialog und bieten so dem Unternehmen eine zweite Chance, durch die Beschwerdebehandlung die Zufriedenheit des Kunden nachträglich herzustellen. Die Zufriedenheit mit dem Beschwerdeergebnis hängt dabei von mehreren Variablen ab: Dem Beschwerdeerfolg, der Unkompliziertheit der Beschwerdeführung, der Einstellung zu Beschwerden, der Bestätigung der Erwartungen hinsichtlich des Beschwerdeergebnisses sowie der vorhergehenden Intensität der Unzufriedenheit.[3] Es wird davon ausgegangen, dass die Intensität des Beschwerdeverhaltens direkt proportional zum Ausmaß der Unzufriedenheit ist.[4]

Einige wenige unzufriedene Kunden wenden sich auch an **Behörden** oder **Politiker**. Ziel dieser Reaktionen ist zum einen, den eigenen Reklamationsfall doch noch mit Hilfe der Autorität öffentlicher oder politischer Stellen erfolgreich abzuschließen, zum anderen aber auch, durch behördliches Einschreiten oder gesetzliche Regelungen entsprechende Problemfälle in Zukunft auszuschließen und die Macht der reklamierenden Kunden zu stärken.[5]

---

[1] Homburg/Rudolph (Kundenzufriedenheit) 47f

[2] Stauss (Beschwerdemanagement) 48f

[3] Homburg/Rudolph (Kundenzufriedenheit) 49

[4] Homburg/Rudolph (Kundenzufriedenheit) 48

[5] Runow (Verbraucherzufriedenheit) 138

Eine drastische und verhältnismäßig selten eingesetzte Form, Unzufriedenheit zum Ausdruck zu bringen, stellt der **Boykott** dar. Ein Boykott kann dann entstehen, wenn eine große Anzahl von Kunden unzufrieden ist und solidarisch Aktionen gegen den Anbieter durchführen.

Abschließend muss festgehalten werden, dass sich die Verhaltensalternativen Widerspruch und Abwanderung weder ausschließen noch bedingen. Gleiches gilt für die unterschiedlichen Handlungsfelder bei Widerspruch. Häufig wird eine Abfolge unterschiedlicher Maßnahmen zu beobachten sein. So erscheint es plausibel, dass ein aktiv unzufriedener Kunde sich vorerst beim Anbieter beschwert und im Erfolgsfall zu einem Stammkäufer werden kann, bei Misserfolg jedoch negative Mundpropaganda einsetzt und über eine Klage bei Gericht seine Rechte einfordert. Aufgrund der Vielzahl der beeinflussenden Faktoren lassen sich jedoch keine allgemein gültigen Regeln ableiten.

Auch im **Investitionsgüterbereich** ist es für den Anbieter von herausragender Bedeutung zu wissen, welches Verhalten seitens der Kunden gewählt wird, wenn Probleme auftreten. Studien dazu sind jedoch rar. Bis zum Jahre 1997 beschäftigen sich lediglich zwei Arbeiten mit dem Entwurf eines Modells des organisatorischen Beschwerdeverhaltens.[1] Beide blieben ohne empirische Überprüfung. HANSEN, POWERS und SWAN stellen fest, dass „The responses that individual consumers undertake when dissatisfied have been extensively analyzed, however, relatively little is known regarding industrial buyers."[2] Aus diesem Grund entwerfen die Autoren erstmals, ein empirisch belegtes Modell, welches in nachfolgender Abbildung widergegeben wird.

---

[1] Die Studien stammen von Williams/Rao (Complaining Behavior) und Trawick/Swan (Complaint Behavior)

[2] Hansen/Powers/Swan (Complaints) 12

**Abbildung 44: Konzeptionelles Modell organisatorischen Beschwerdeverhaltens**

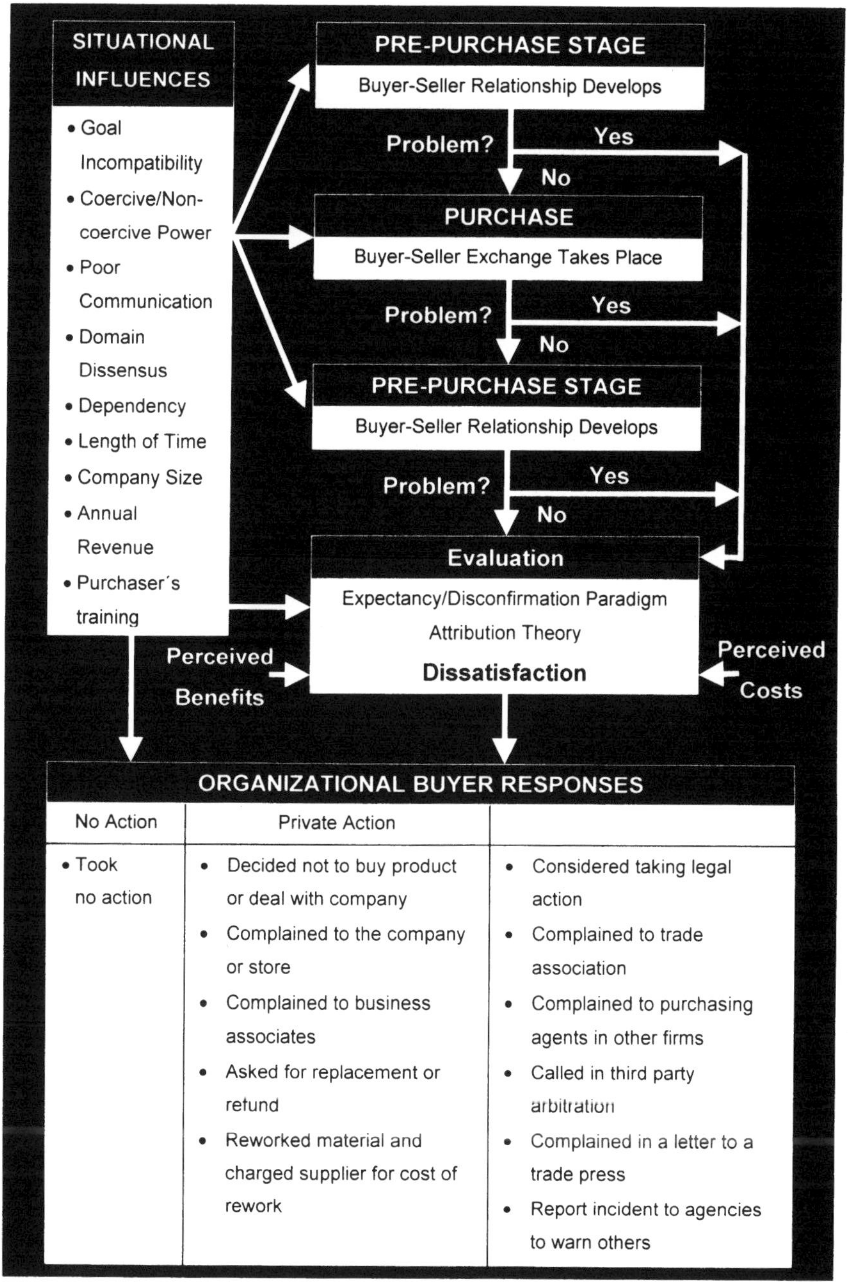


Quelle: Hansen/Powers/Swan (Complaints) 14

Das oben angeführte Modell basiert auf der Überzeugung, dass unterschiedliche Akteure in der gleichen Situation, ebenso wie gleiche Akteure in unterschiedlichen Situationen unterschiedlich reagieren. Im Industriegüterbereich werden häufig reine Wiederholungskäufe, von modifizierten Wiederholungskäufen und Erstmaligen Käufen unterschieden. Entsprechend der Kaufsituation wird das Entscheidungsverhalten angepasst. Das Modell von HANSEN, POWERS und SWAN deckt alle drei Kaufsituationen ab, wobei die Bedeutung der einzelnen Phasen naturgemäß verändert werden muss. So wird bei einem reinen Widerholungskauf die Vorkaufsphase relativ kurz ausgeprägt sein, da sich Anbieter und Käufer bereits kennen und über gemeinsame Erfahrungen verfügen.

Obgleich das Modell vorerst keine Informationen darüber liefert, welches Verhalten der unbefriedigte Geschäftpartner ergreifen wird, so zeigt es doch deutlich, dass in jeder der Geschäftsbeziehungsphasen Unzufriedenheit entstehen kann. Dabei spielen zahlreiche Einflussfaktoren eine Rolle. In der Vorkaufphase sind für die Entstehung von Zufriedenheit insbesondere sorgfältige Kommunikation und das Vermögen zu gemeinsamen Ergebnissen zu gelangen von Bedeutung. In der Kaufphase gilt es für den Verkäufer die gegebenen Versprechen einzuhalten und darauf zu achten, dass die entsprechenden Ressourcen rechtzeitig zur Verfügung gestellt werden. In der abschließenden Nachkaufphase kommt es schließlich zur Evaluierung der Erwartungen mit den wahrgenommenen Leistungen. Dabei kommt insbesondere der Dauer der gemeinsamen Beziehung sowie dem Ausmaß der zur Verfügung gestellten Trainings- und Einschulungsmaßnahmen eine beschwerdereduzierende Wirkung, der relativen Größe und Macht des Käufers eine beschwerdesteigernde Wirkung zu.

Aktive Beschwerden seitens organisationaler Kunden sind dann unwahrscheinlich, wenn „(...) the cost of complaining exceeds the benefits of complaining.“[1] Besonders bei diskreten Transaktionen kann das **schweigende Abwandern** von Kunden dramatische Folgen für den Anbieter haben, da dieser von dem Kundenverlust möglicherweise keine Notiz nimmt und sein Angebot auch nicht verbessern kann. In Geschäftsbeziehungen tritt eine schweigende Abwanderung des Kunden zu einem

[1] Hansen/Powers/Swan (Complaints) 17

Konkurrenzunternehmen seltener auf, da Anbieter und Kunde in ständiger Interaktion stehen und der Aufwand einer Reklamation unbedeutend ist. Somit sind es vor allem unbedeutende Güter bei denen trotz Unzufriedenheit in einer Geschäftsbeziehung keine Reaktion erfolgt.

**Private Aktionen** auf wahrgenommene Unzufriedenheit treten in drei unterschiedlichen Kommunikationsformen auf:[1]

- **Kostenschonende Kommunikation:** In diskreten Transaktionen besteht das Beschwerdeverhalten häufig darin, dass Kollegen vor dem Anbieter gewarnt werden. Mit dieser Form der Warnung sind kaum Kosten verbunden.
- **Aufforderung zur Behebung der Mangelerfüllung:** Diese Form der Beschwerde besteht darin, den Käufer aufzufordern den Mangelzustand zu beheben, das Geld zu retournieren oder für den verursachten Mehraufwand aufzukommen. Wird dieser Aufforderung in entsprechender Weise nachgekommen, kann dies die Beziehung zu dem Anbieter nicht nur erhalten, sondern sogar intensivieren. Diese Form der Beschwerde wird häufig dann gewählt, wenn kaum alternative Anbieter am Markt vorhanden sind und der Käufer ein großes Interesse an einer funktionierenden Lösung hat. In Geschäftsbeziehungen wird häufig ein Teilbetrag zurückgefordert und die vertragliche Basis der Beziehung neu formuliert.
- **Beendigung der Beziehung:** Der Käufer kann auch zu dem Ergebnis gelangen die Geschäftsbeziehung nicht weiter aufrecht zu erhalten. In Geschäftsbeziehungen erfolgt eine Abwanderung zur Konkurrenz nur in jenen Fällen, in denen der Kunde langfristig in einem unbefriedigenden Zustand belassen wird.

**Öffentliche Aktionen** stellen die dritte Kategorie möglichen Verhaltens unbefriedigter Industriegüterkunden dar. Schwache Formen dieses Verhaltens bestehen darin andere Unternehmen vor dem Anbieter zu warnen, stärkere Maßnahmen bestehen darin öffentliche Stellen, Kammern oder die Presse von der Mangelerfüllung zu informieren.

---

[1] Hansen/Powers/Swan (Complaints) 18

## 5.5 Messung der Kundenzufriedenheit

Zufriedenheit stellt ein **hypothetisches Konstrukt** dar. Da es sich einer direkten Beobachtung entzieht, müssen **messbare Indikatoren** gefunden werden, die das Konstrukt umfassend beschreiben. Die theoretisch-begrifflich formulierten Eigenschaften von Zufriedenheit werden mit in der Realität beobachtbaren Merkmalen verbunden. Der Konzeptualisierung sowie Messung dieser Indikatoren kommt deshalb eine zentrale Bedeutung im Forschungsprozess zu.[1] Aufgrund der bereits dargestellten unterschiedlichen Sichtweisen von Zufriedenheit, existiert eine große Zahl unterschiedlicher Messansätze.[2] Nachfolgende Abbildung systematisiert die unterschiedlichen Methoden zur Messung von Kundenzufriedenheit, wobei zunächst **objektive-** von **subjektiven Verfahren** unterschieden werden.

### *5.5.1 Objektive Verfahren*

**Objektive Verfahren** messen Zufriedenheit mit Hilfe von Indikatoren, welche nicht der subjektiven Verzerrung von Individuen ausgesetzt sind.[3] Dabei müssen die Indikatoren eine hohe Korrelation mit der Zufriedenheit aufweisen, sodass aus der Messung der Indikatoren, Rückschlüsse auf die Kundenzufriedenheit zu ziehen sind. Ausgehend von der Überlegung, dass Zufriedenheit bzw. Unzufriedenheit zu Kundentreue bzw. Abwanderung führt, basieren objektive Messmethoden auf **Kennzahlen** (bspw. Entwicklung des Marktanteils, Gewinn oder Umsatz).

---

[1] Schütze (Kundenzufriedenheit) 183

[2] Homburg/Rudolph (Theoretische Perspektiven) 35

[3] Homburg/Rudolph (Kundenzufriedenheit) 47; Korte (Measurement) 51f; Werner (Verfahren) 147

**Abbildung 45: Ansätze zur Messung der Kundenzufriedenheit**

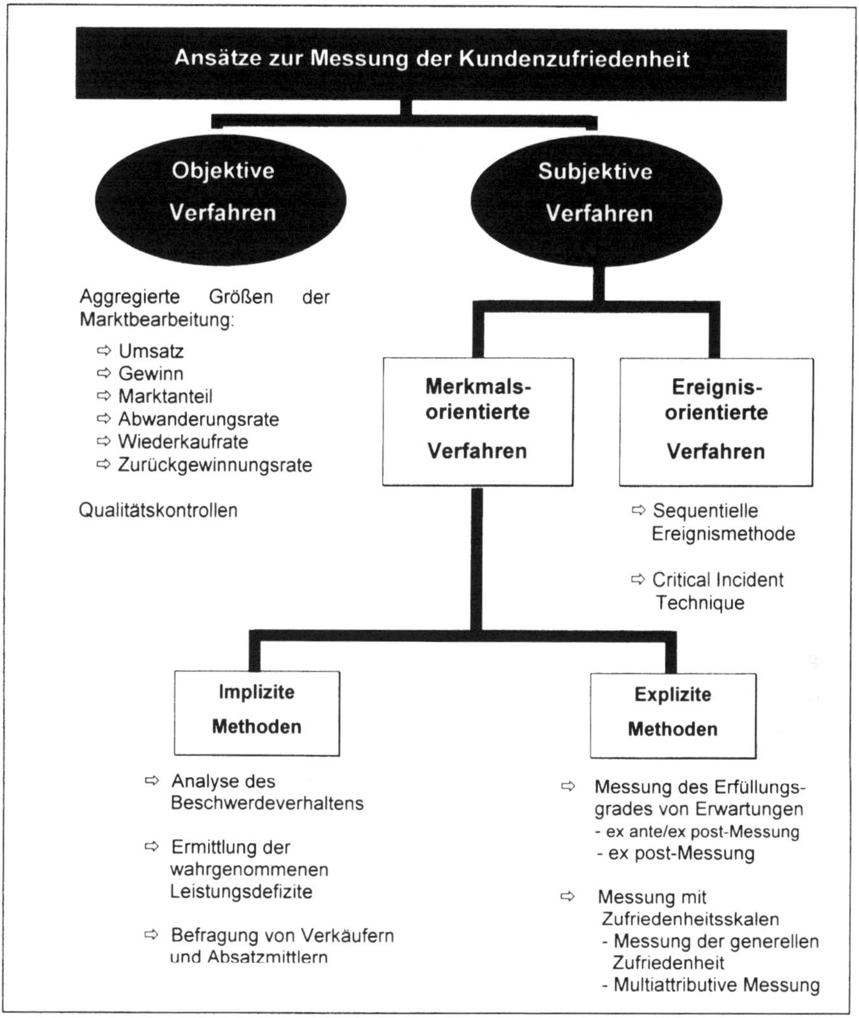


Quelle: Darstellung in Anlehnung an Krüger (Kundenbindung) 65ff; Homburg/Rudolph (Kundenzufriedenheit) 43; Schütze (Kundenzufriedenheit) 184; Homburg/Faßnacht/Werner (Operationalisierung) 394; Scharnbacher (Kundenzufriedenheit) 19f

Diese Indikatoren werden jedoch nicht ausschließlich durch Kundenzufriedenheit, sondern auch durch weitere Faktoren beeinflusst, womit die Validität und Reliabilität objektiver Verfahren in Frage zu stellen ist.[1] „Am validesten dürften noch diejenigen Methoden sein, die mit aggregierten Kaufverhaltensgrößen (wie z.B. Wiederkauf- bzw. Abwanderungsrate) arbeiten. Auch diese Größen unterliegen aber multiplen Einflüssen wie z.B. dem Umfang und der Art der Konkurrenzaktivitäten."[2] Darüber hinaus treten Verhaltensreaktionen der Kunden, wie Wiederkauf oder Abwanderung, zeitlich versetzt zum Auftreten von Zufriedenheit oder Unzufriedenheit auf. Auch deshalb erscheint die Nutzung dieser Indikatoren zur Messung der Kundenzufriedenheit nur begrenzt sinnvoll, da auftretende Unzufriedenheit beim Kunden zu spät erkannt wird und etwaige gegensteuernde Maßnahmen nicht mehr eingeleitet werden können.[3] Letztlich sagen unveränderte Umsätze bzw. der Wiederkauf nicht unbedingt etwas über die Zufriedenheit des Kunden aus. Auch Gewohnheit oder bloße Unkenntnis der Alternativen bzw. tatsächlich fehlende Alternativen können erneute Käufe hervorrufen.[4]

Neben der Erfassung **aggregierter Kaufverhaltensgrößen** können objektive Verfahren auch in Form von **Qualitätskontrollen** beim Anbieter und Kunden erfolgen. Jedoch auch diese Indikatoren weisen signifikante Schwächen auf. Ständige Qualitätskontrollen des Herstellers sind als Indikator für Kundenzufriedenheit nur bedingt sinnvoll, da sich die Bedürfnisse der Kunden ständig verändern sowie interindividuell unterschiedlich ausgeprägt sind. Werden Qualitätskontrollen als Indikatoren für die Kundenzufriedenheit herangezogen, so müssten diese permanent angepasst und individuell verändert werden, um einigermaßen valide Ergebnisse zu liefern.[5] Zudem kritisiert KRÜGER die geringe Aussagekraft der objektiven Verfahren, da diese „(...) keine Informationen über die Beurteilung der Leistung bzw. einzelne Leistungsmerkmale und ihre Ausprägung verfügbar (...)"[6] machen.

---

[1] Homburg/Rudolph (Kundenzufriedenheit) 47; Korte (Measurement) 51f; Werner (Verfahren) 147

[2] Homburg/Rudolph (Kundenzufriedenheit) 42

[3] Krüger (Kundenbindung) 62; Schütze (Kundenzufriedenheit) 184

[4] Krüger (Kundenbindung) 62

[5] Scharnbacher (Kundenzufriedenheit) 20

[6] Krüger (Kundenbindung) 62f

### *5.5.2 Subjektive Verfahren*

**Subjektiven Verfahren** erfassen interindividuell unterschiedlich ausgeprägte psychische Sachverhalte und damit verbundene Verhaltensweisen. Nicht direkt beobachtbare Größen, sondern die vom Kunden subjektiv wahrgenommenen Zufriedenheitswerte werden ermittelt. „Subjektive Erhebungsverfahren tragen durch ihren Methodenansatz der individuellen Prägung von Kundenzufriedenheit stärker Rechnung. Hier steht die Ermittlung der Zufriedenheit nicht nur aus Sicht der Kunden, sondern die Erfassung der Stimme des einzelnen Kunden im Mittelpunkt.“[1] Es lassen sich ereignisorientierte von merkmalsorientierten Verfahren unterscheiden.

#### *5.5.2.1 Ereignisorientierte Verfahren*

***Ereignisorientierte Verfahren*** fokussieren auf den Kontakt zwischen Anbieter und Kunde.[2] Dabei wird die Anbieter-Kunde-Interaktion in einzelne Episoden unterteilt, wodurch ein (oder mehrere) besonders wichtig empfundene(s) Kundenkontaktereignis(se) beleuchtet wird (werden). HOMBURG et al. sprechen in diesem Zusammenhang von *Spot-Ansätzen*, um zu verdeutlichen, dass ein spezielles Ereignis betrachtet wird. Ereignisorientierte Verfahren ermitteln nur die Zufriedenheit mit dem betrachteten Ereignis.[3]

Die Erhebungstechniken der ereignisorientierten Verfahren, unterscheiden sich hinsichtlich der Erfassung kritischer oder gewöhnlicher Ereignisse. **Kritische Ereignisse** sind Vorfälle, denen für die Herausbildung von Zufriedenheitsurteilen eine herausragende Bedeutung zukommt. Sie führen unmittelbar zu Aktivitäten (bspw. Beschwerden oder Weiterempfehlung) und/oder sind im Langzeitgedächtnis derart verankert, dass sie ungestützt wiedergegeben werden können. **Gewöhnliche Ereignisse** hingegen stellen unbedeutendere Kontaktsituationen dar. Sie lösen bei den Kunden nicht unmittelbar Zufriedenheit oder Unzufriedenheit aus, jedoch tragen sie als „Puzzelsteine“ zum Gesamtbild der wahrgenommenen Leistung des An-

---

[1] Krüger (Kundenbindung) 64 [Hervorhebung im Original]

[2] Töpfer (Anforderungen) 506

[3] Homburg /Faßnacht/Werner (Operationalisierung) 394

bieters, und damit zur Globalzufriedenheit, bei.[1] In Interviews werden sie nicht als „kritisch" eingestuft. Kritische Ereignisse werden mittels Beschwerdeanalyse sowie Critical Incident Technique identifiziert, gewöhnliche Ereignisse mittels sequentieller Ereignismethode.

- ***Sequentielle Ereignismethode***

  Die Sequentielle Ereignismethode basiert auf der Analyse des Konsumprozesses und seiner Darstellung in einem Ablaufdiagramm. Anhand eines sogenannten Blueprintings der Anbieter-Kunde Interaktion wird der Kunde durch den gesamten Konsumprozess geführt und aufgefordert, seine Gefühle, Gedanken und Erlebnisse zu beschreiben, die er in der jeweiligen Phase des Prozesses hatte.[2]

  Die Sequentielle Ereignismethode basiert auf gestützten Erinnerungen. Damit fällt es dem einerseits Kunden leichter, sich an Ereignisse der Interaktion mit dem Anbieter zu erinnern, gleichzeitig besteht jedoch die Gefahr, dass unwichtige Ereignisse durch den Aufforderungscharakter der Befragungsmethode überbewertet werden.[3]

- ***Critical Incident Technique***

  Die Critical Incident Technique (CIT) basiert auf der Erfassung und Auswertung kritischer Ereignisse ("critical incidents") im Ablauf der Anbieter-Kunde Interaktion. Kritische Ereignisse wirken sich entscheidend auf den Erfolg bzw. Misserfolg der Interaktion aus und werden von den Konsumenten als außergewöhnlich positiv oder negativ empfunden sowie langfristig im Gedächtnis behalten.[4] Im Rahmen der Critical Incident Technique wird der Kunde „(...) in einem persönlichen Interview durch direkte offene Fragen aufgefordert, besonders negative oder positive Ereignisse in *Kontakt-*

---

[1] Stauss/Seidel (Zufriedenheitsermittlung) 223

[2] Kotler/Bliemel (Marketing-Management) 56

[3] Kotler/Bliemel (Marketing-Management) 56

[4] Stauss (CIT) 237

*erlebnissen* mit dem Unternehmen, dessen Mitarbeitern, Produkten und Leistungen zu beschreiben."[1]

Die Critical Incident Technique beruht auf dem Konzept der episodischen Informationsverarbeitung. Dieses geht davon aus, dass Zufriedenheit als Ergebnis konkreter Erfahrungs-„Episoden" mit Produkten oder Dienstleistungen eines Anbieters entsteht. Dementsprechend wird erwartet, dass Leistungsangebote nicht als eine Summe von „Merkmalen" wahrgenommen und im Gedächtnis gespeichert werden (wie bei den merkmalsorientierten Verfahren), sondern als „Ereignis", eingebunden in den episodischen Kontext mit räumlichen und zeitlichen Bezügen. „Unter dieser Perspektive erscheinen Beschwerden geradezu als Prototyp stark empfundener („kritischer") Ereignisse. Sie zeigen welche Vorfälle beim Kunden große Unzufriedenheitsgefühle hervorgerufen haben."[2] Kritische Ereignisse wird der Kunde im Gedächtnis behalten und stets neu aufrufen, wenn er vor der Frage eines erneuten Kaufs beim gleichen Anbieter steht. Selbst wenn diese als episodische Informationen gespeicherten Ereignisse im Laufe der Zeit in semantische Strukturen eingeordnet werden und sich zu einer Globalzufriedenheit oder Einstellung verdichten, so sind manche Ereignisse unmittelbar handlungsrelevant. Aus diesem Grunde kritisiert STAUSS die merkmalsorientierte Perspektive als unvollständig und meint „(...) es spricht alles dafür, Informationen über Kunden(un)zufriedenheit durch Sammlung und Auswertung qualitätsrelevanter Ereignisse zu ermitteln."[3] Kritisch zu der Critical Incident Technique bemerken TOMCZAK und BELZ, dass die bewusste Fokussierung der Kunden auf negative und positive Erlebnisse zu Ergebnisverzerrungen führt. Die Befragten würden mehr positive und negative Erfahrungen wiedergeben, als bei der Abfrage ganz allgemeiner Erfahrungen mit einem Anbieter.[4]

---

[1] Kotler/Bliemel (Marketing-Management) 55

[2] Stauss (Beschwerdemanagement) 47

[3] Stauss (Beschwerdemanagement) 47

[4] Tomczak/Belz (Kundennähe) 416

HOMBURG et al. räumen ein, dass die Beschäftigung mit bestimmten Ereignissen der Kundeninteraktion hinsichtlich der Leistungsverbesserung eines Anbieters durchaus hilfreich sein kann. „Für eine umfassende Messung der Kundenzufriedenheit, um einen Eindruck vom Status quo dieser Größe in der gesamten Kundenbasis zu bekommen, sind derartige [ereignisorientierte; Anm. d. Verf.] Methoden jedoch ungeeignet. Dies können nur merkmalsorientierte Verfahren leisten."[1]

### *5.5.2.2 Merkmalsorientierte Verfahren*

**Merkmalsorientierte Verfahren** beschäftigen sich mit einem breiten Spektrum von Produkt-, Service- oder Interaktionsmerkmalen, über die sich der Kunde im Laufe der Zeit eine Meinung bildet, welche abgefragt werden kann.[2] Bei den merkmalsorientierten Meßmethoden muss im Gegensatz zu den ereignisorientierten Ansätzen kein unmittelbarer Bezug zu einem Ereignis im Kontakt zwischen Unternehmen und Kunden bestehen.[3] Bei entsprechend skalierter Abfrage sind merkmalsorientierte Verfahren (im Vergleich zu ereignisgestützten Verfahren) eher zur Ermittlung von Durchschnittswerten geeignet.[4] Zunächst lassen sich implizite von expliziten Verfahren unterscheiden.

- ***Implizite Methoden***
  Implizite Methoden messen Zufriedenheit anhand von Indikatoren, die, abhängig von der Qualität der Modellbildung sowie der Erhebung, mehr oder weniger valide Rückschlüsse auf das tatsächlich vorhandene Ausmaß der Zufriedenheit erlauben.[5] Implizite Verfahren schließen von Kundenäußerungen, die durch das Unternehmen (z.B. Befragung nach Problemen mit der Leistung in Form von Problem Panels) oder durch den Kunden (z.B. Beschwerden) initiiert werden, auf die Kundenzufriedenheit.[6] Häufig werden somit Beschwerdeanalysen eingesetzt, welche aktives Beschwerdeverhalten der

[1] Homburg/Faßnacht/Werner (Operationalisierung) 394f

[2] Homburg/Faßnacht/Werner (Operationalisierung) 395

[3] Töpfer (Anforderungen) 505

[4] Meyer/Dornach (Benchkmarking) 168

[5] Schütze (Kundenzufriedenheit) 185

[6] Schütze (Kundenzufriedenheit) 184

Kunden voraussetzen. In der Realität treten Kundenreklamationen jedoch keineswegs zwangsweise auf. Zu hoher erwarteter Zeitaufwand, mangelnde Aussicht auf Erfolg oder der mit der Beschwerde verbundene Ärger sind mögliche Gründe dafür, dass Kunden keine Beschwerdemaßnahmen ergreifen. Demnach muss das Ausbleiben von Beschwerden nicht unbedingt auf nachhaltige Zufriedenheit zurückzuführen sein. Zusätzlich bedeutet die Äußerung einer Beschwerde nicht zwangsläufig, dass der Kunde auch wirklich unzufrieden ist. Obgleich spontan vom Kunden geäußerte Mängelrügen ein besserer Indikator für Zufriedenheit sind als eine reine Betrachtung von Wiederkaufraten, leistet die Beschwerdeerfassung als Basis für Rückschlüsse auf Kunden(un-) zufriedenheit nur beschränkte Dienste.[1]

Ebenso eingesetzte Befragungen von Personen im Anbieterunternehmen mit Kundenkontakt, hinsichtlich ihrer Einschätzung der Kundenzufriedenheit, unterliegen, aufgrund der Subjektivität und Selektivität der Wahrnehmung des Kundenkontaktpersonals, starken Verzerrungen.[2]

SCHÜTZE kommt zu dem Ergebnis, dass „Zur valideren, aktuelleren und detaillierteren Ermittlung von Kundenzufriedenheit (...) sich jedoch auch in Geschäftsbeziehungen explizite Verfahren der Messung von Zufriedenheit mittels Kundenbefragung (...)“[3] anbieten.

- ***Explizite Methoden***

  Explizite Methoden zur Zufriedenheitsmessung sind für die aktive Gestaltung eines Zufriedenheitsmanagements von besonderer Bedeutung. Die nachfolgende Abbildung systematisiert die unterschiedlichen Varianten expliziter Zufriedenheitsmessung, wobei zunächst die **Messung der Erwartungserfüllung** von der **Messung mit Zufriedenheitsskalen** unterschieden wird. Nachfolgende Abbildung zeigt die Varianten expliziter Zufriedenheitsmessung.

[1] Homburg/Rudolph (Kundenzufriedenheit) 49; Krüger (Kundenbindung) 64; Schütze (Kundenzufriedenheit) 186

[2] Scharnbacher (Kundenzufriedenheit) 20f

[3] Schütze (Kundenzufriedenheit) 186

**Abbildung 46: Varianten expliziter Zufriedenheitsmessung**

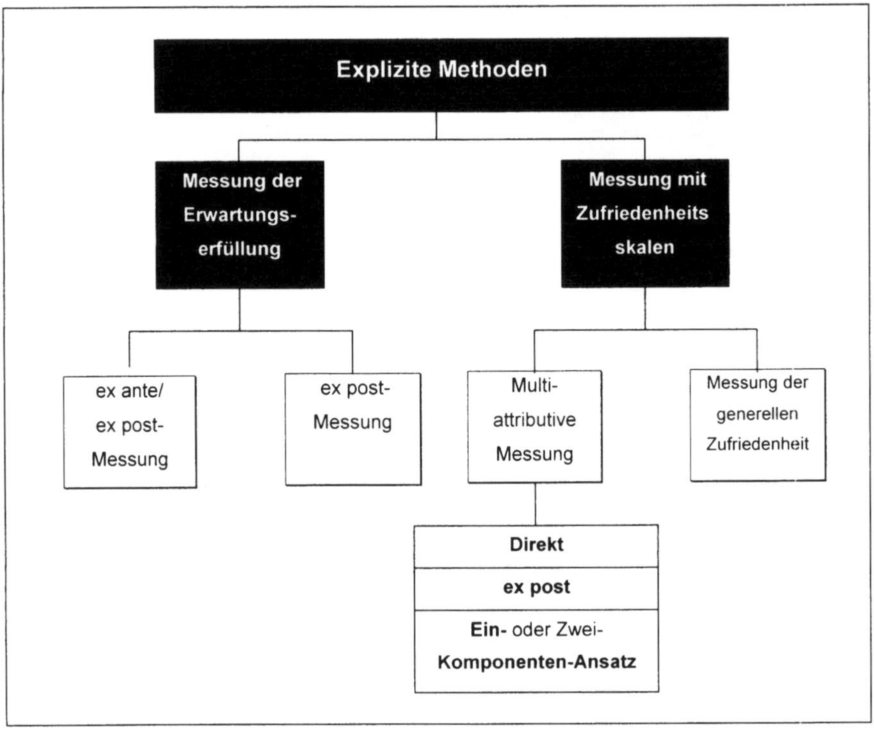


Quelle: Darstellung in Anlehnung an Krüger (Kundenbindung) 65ff

**MESSUNG DER ERWARTUNGSERFÜLLUNG:**

Bei diesem Messverfahren wird die Zufriedenheit durch die Messung des Erfüllungsgrades der Erwartungen (Nichtbestätigung) ermittelt.[1] Hinsichtlich des Messzeitpunktes werden zwei Varianten unterschieden: Die **ex ante/ex post-** und die **ex post- Messung**.

Bei der **ex ante/ex post- Messung** werden die Erwartungen vor dem Kauf und die Erfahrungen nach der Nutzung erfragt, um aus der Differenz den Zufriedenheitsgrad abzulesen.[2] „Es werden also die Soll- und die Ist-Komponente saldiert. Als Ergebnis erhält man den Erfüllungsgrad von

[1] Tomczak/Belz (Kundennähe) 415

[2] Schütze (Kundenzufriedenheit) 186

Erwartungen."[1] HOMBURG und RUDOLPH kritisieren an der ex ante/ex post-Messung, dass kognitiv bewertende Prozesse (Kontrast- bzw. Konsistenzzeffekt) nicht berücksichtigt werden.[2] Wird der Kunde vor einem Kauf nach den Erwartungen und nach dem Kauf nach den Erfahrungen gefragt, kann bspw. eine negative Abweichung zwei Ursachen haben: die Erfahrungen waren schlecht oder die Bedürfnisse der befragten Person haben sich im Zeitablauf zwischen den zwei Befragungszeitpunkten verändert. Die veränderten Erwartungen können dann implizit im Urteil hinsichtlich der aktuellen Erfahrungen enthalten sein.[3] Zudem ergibt sich bei der ex ante/ ex post-Messung ein messtechnisches Problem: Durch die zweimalige Verwendung der gleichen Messskala neigt die befragte Person dazu, konsistente Antworten zu geben. Das hat zur Folge, dass die gemessene Zufriedenheit wesentlich von der tatsächlich empfundenen Zufriedenheit abweichen kann. Wird zweimal die gleiche Skala verwendet, kann auch der so genannte „Floor or Ceiling Effect" eintreten: Hat der Kunde seinen Erwartungen bereits die höchstmögliche Bewertung gegeben und wird diese dennoch übertroffen, besteht für ihn keine Möglichkeit, dies durch eine bessere Bewertung der wahrgenommenen Leistung zum Ausdruck zu bringen.[4]

Bei der **ex post- Messung** wird der Erfüllungsgrad von Erwartungen direkt erhoben. Hier wird nach der Nutzung gefragt, ob die Leistungserfahrungen mit den ursprünglichen Erwartungen übereinstimmen.[5] Die ex post- Messung weist einen wichtigen Vorteil gegenüber der ex ante/ ex post- Messung auf: Es fließen eventuell in der Zwischenzeit veränderte Erwartungen implizit in das Urteil des Befragten ein. Der Befragte wird möglicherweise dazu neigen, den tatsächlich in dieser Situation wahrgenommenen Erfüllungsgrad seiner Erwartungen anzugeben, unabhängig von seinen ursprünglichen Erwartungen.[6]

---

[1] Scharnbacher (Kundenzufriedenheit) 23

[2] Homburg/Rudolph (Kundenzufriedenheit) 43f

[3] Schütze (Kundenzufriedenheit) 186f

[4] Homburg/Rudolph (Kundenzufriedenheit) 44

[5] Homburg/Rudolph (Kundenzufriedenheit) 44

[6] Schütze (Kundenzufriedenheit) 186

**MESSUNG MIT ZUFRIEDENHEITSSKALEN:**

Bei der Messung mit Zufriedenheitsskalen wird im Gegensatz zur Messung der Erwartungserfüllung **direkt** nach der empfundenen Zufriedenheit gefragt.[1] Hinsichtlich des Umfangs der Messung kann zwischen der **Messung der generellen Zufriedenheit** und der **multiattributiven Messung** unterschieden werden.

Die **Messung der generellen Zufriedenheit** zielt auf die Erhebung der Gesamtzufriedenheit ab (bspw. in Form der Frage: „Wie zufrieden sind Sie mit der Geschäftsbeziehung insgesamt?"). Dabei kommen meist sehr einfache Ratingskalen zur Anwendung. Messungen der generellen Zufriedenheit vermögen eher eine diffuse „Zufriedenheitsstimmung" des Kunden wiederzugeben, denn konkrete Ursachen von Zufriedenheit aufzudecken. Somit liefern sie zwar Hinweise darauf, ob aus Marketingsicht überhaupt Handlungsbedarf besteht, jedoch stellen sie keine ausreichende Informationsgrundlage für die konkrete Gestaltung von Änderungen dar. Jedoch sind Fragen nach der generellen Zufriedenheit als bedeutendes Validierungsinstrument für eine multiattributive Erfassung der Zufriedenheit zu sehen.[2]

Bei der **multiattributiven Messung** wird nach der Zufriedenheit mit einzelnen Attributen gefragt.[3] Damit zeigen multiattributive Messungen, mit welchen Quellen der Zufriedenheit die Kunden in welchem Maße zufrieden sind.[4] Diese Form der Messung geht davon aus, dass sich die Gesamtzufriedenheit mit einer Geschäftsbeziehung aus den Teilzufriedenheiten mit den verschiedenen, einer Geschäftsbeziehung zurechenbaren, Attributen zusammensetzt.[5] Die Leistung des Anbieters muss zunächst in **einzelne Leistungsattribute** - in **Faktoren** - zerlegt werden, welche die Kundenzufriedenheit determinieren. Die Anzahl der Faktoren sollte dabei erhebungstechnische Einschränkungen (vor allem geringe Kapazität der Befragten, eindeutige und einfache

[1] Tomczak/Belz (Kundennähe) 415

[2] Schütze (Kundenzufriedenheit) 187

[3] Kotler/Bliemel (Marketing-Management) 56

[4] Schütze (Kundenzufriedenheit) 187

[5] Kotler/Bliemel (Marketing-Management) 56

Übersetzbarkeit der Faktoren in andere Sprachen etc.) berücksichtigen. Die Qualität multiattributiver Zufriedenheitsuntersuchungen ist entscheidend davon abhängig, ob die wesentlichsten Faktoren bei der Modellentwicklung identifiziert wurden.

Es gilt ein Modell der Faktoren zu entwickeln, welche bei der Beurteilung von Geschäftsbeziehungen relevant sind. Bei der Festlegung einzelner Faktoren gibt es in der Literatur durchaus Attribute, die fast immer Anwendung finden (man denke etwa an Fragen zur Schnelligkeit der Auftragsbearbeitung, zur Freundlichkeit von Mitarbeitern oder zur Zuverlässigkeit von Produkten), die Festlegung einzelner Leistungskriterien ist aber dennoch eine sehr unternehmensindividuelle Aufgabe.[1]

Die multiattributive Messung stellt ein direktes Messverfahren dar. **Direkte Verfahren** fragen ausdrücklich über Zufriedenheitsskalen nach den Ausprägungen der Einzelzufriedenheiten. Durch den Ansatz bedingt, ist nur eine **ex post- Messung** möglich. Dabei kann ein **Ein- bzw. Zweikomponentenansatz** Verwendung finden.[2] „Während Zweikomponenten ansätze neben der Messung des Zufriedenheitsurteils eine Ermittlung der Merkmalsgewichte mit Hilfe einer weiteren Ratingskala vornehmen, verzichten Einkomponentenansätze auf eine explizite Erhebung des Bedeutungsgewichts."[3] Bei Einkomponentenansätzen erfolgt hier eine implizite Gewichtung der Merkmale mittels statistischer Verfahren. Dabei haben die Verfahren der Korrelationsanalyse, Regressionsanalyse sowie Kausalanalyse besondere Bedeutung erlangt.

Durch die separate Erhebung der Wichtigkeiten der Faktoren besteht bei Einsatz des **Zweikomponentenansatz** die Gefahr einer Anspruchsinflation seitens des Kunden. Darüber hinaus verdoppelt sich der Umfang des Fragebogens durch die zusätzliche Erhebung der Bedeutungsgewichte (mittels zusätzlicher Fragen). Dieser Umstand kann zu deutlich größeren Reaktanz-

---

[1] Homburg/Faßnacht/Werner (Operationalisierung) 398

[2] Krüger (Kundenbindung) 68

[3] Meffert/Schwetje (Messprobleme) 78

und Ermüdungserscheinungen seitens der Befragten führen. Des weiteren sprechen ebenfalls Aspekte der Kostenwirtschaftlichkeit aufgrund der geringeren Anzahl an Fragen und der damit verbundenen kürzeren Befragungsdauer für den Einkomponentenansatz.[1]

Wird die Wichtigkeit der Zufriedenheitsfaktoren mittels **Einkomponentenansatzes** erhoben, so ist es zwingend erforderlich, neben den Einzelmerkmalen auch nach der Gesamtzufriedenheit, als Referenzgröße, zu fragen. Zur Beantwortung der Frage, ob die Beurteilung der Gesamtzufriedenheit durch den Kunden vor oder nach der Beurteilung der Einzelmerkmale erfolgen sollte, führten MEFFERT und SCHWETJE eine Studie durch, in der sie einmal die Frage nach der Gesamtzufriedenheit zu Beginn des Fragebogens stellten und in der Kontrollgruppe am Ende des Fragebogens, nachdem die Befragten die einzelnen Leistungsbestandteile beurteilt hatten. Sie kamen zu dem Schluss, dass bei der durchgeführten telefonischen Befragung keine signifikanten Unterschiede in den Ergebnissen der beiden Designs festzustellen waren.[2]

Zusammenfassend sei zu den **expliziten Methoden** angeführt, dass die **Verfahren der Messung des Erfüllungsgrades** die Zufriedenheit durch den Erfüllungsgrad der Erwartungen (Nichtbestätigung) ermitteln, wohingegen die **Verfahren der Messung mit Zufriedenheitsskalen** direkt nach der empfundenen Zufriedenheit fragen. Laut KRÜGER sind die Nichtbestätigung von Erwartungen und die direkt abgefragte Zufriedenheit jedoch nicht identisch, da die Zufriedenheit das Ergebnis der subjektiven Bewertung der Nichtbestätigung ist. Die Messung mit Zufriedenheitsskalen ist aussagekräftiger, da die direkt erhobene Kundenzufriedenheit eine höhere Verhaltensrelevanz als die Nichtbestätigung von Erwartungen hat.[3] Nachfolgende Tabelle zeigt eine abschließende vergleichende Beurteilung der einzelnen Ansätze zur Messung der Kundenzufriedenheit. Die Überlegenheit der multiattributiven Messung ist klar ersichtlich.

---

[1] Meffert/Schwetje (Messprobleme) 79f

[2] Meffert/Schwetje (Messprobleme) 80ff

[3] Krüger (Kundenbindung) 64

**Tabelle 39: Vergleichende Beurteilung der Ansätze zur Messung der Kundenzufriedenheit**

| Methoden / Eigenschaft | Objektive Verfahren | Subjektive Verfahren: Implizite Methoden | Subjektive Verfahren – Explizite Methoden: Messung der generellen Zufriedenheit | Subjektive Verfahren – Explizite Methoden: Multiattributive Messung |
|---|---|---|---|---|
| Nutzung von Sekundärdaten | ja | häufig | nein: spezielle Erhebung notwendig | |
| Objektivität | hoch | eher niedrig | abhängig vom Erhebungsverfahren | |
| Validität | niedrig | niedrig | mittel | hoch |
| Reliabilität | niedrig | niedrig | mittel/hoch | |
| Differenzierte Analyse von Zufriedenheit | nein | nein | nein | ja |
| Besondere Merkmale | Zusammenhang Marktdaten und Kundenzufriedenheit nur bedingt gegeben | Nur geringer Anteil unzufriedener Kunden beschwert sich | Einfache Handhabung, geringe Komplexität | Genaue Ermittlung der zufriedenstellenden Leistungsbestandteile möglich |

Quelle: Homburg/Rudolph (Kundenzufriedenheit) 45

# 6 Internationale Geschäftsbeziehungen: Synthese einer organisationstheoretischen, marketingtheoretischen und interkulturellen Betrachtung

Das vorliegende Kapitel bemüht sich um eine zusammenfassende Darstellung internationaler Geschäftsbeziehungen aus organisationstheoretischer-, marketingtheoretischer- und interkultureller Betrachtungsweise. Ergänzend zu der Abhandlung der Theorien in den vorangegangenen Kapiteln wird an dieser Stelle auf Ergebnisse empirischer Studien eingegangen.

Dabei soll jedoch nicht der Versuch unternommen werden, die vielfach widersprüchlichen Ergebnisse aus unterschiedlichen Branchen zu ordnen, um ein neues Modell zu postulieren.[1] Vielmehr wird dem Leser eine **Übersicht der relevantesten Konstrukte** internationaler Geschäftsbeziehungen geboten. Als Gliederungskriterien werden demzufolge die einzelnen Konstrukte herangezogen und nicht die Autoren der unterschiedlichen Studien. Darüber hinaus konzentriert sich vorliegende Arbeit ausschließlich auf **dyadische Partnerschaften** und nicht auf Netzwerke oder Beziehungen zu mehreren Unternehmen.

Die Auseinandersetzung mit empirischen Studien zeigt, dass **statische**, **dynamische** und **zyklische Modelle** von Geschäftsbeziehungen zur Analyse herangezogen werden. Während sich dynamische Modelle auf die Beschreibung unterschiedlicher Phasen von Geschäftsbeziehungen konzentrieren, beschreiben zyklische Modelle zusätzlich das Zustandekommen der Beziehung. Obgleich bei der Übersicht der relevantesten Konstrukte internationaler Geschäftsbeziehungen zeitliche Aspekte immer wieder angesprochen werden, wird in dieser Arbeit eine primär statische Perspektive gewählt. Eine exakte Analyse des Auftretens und der Bedeutung der einzelnen Konstrukte in den einzelnen Phasen des Lebenszyklus erscheint zum gegenwärtigen Stand der empirischen Forschung verfrüht. Trotzdem ist der Autor überzeugt, dass künftig intensive Bemühungen in diese Richtung führen sollten. Vorliegende Synthese versteht sich als Anregung, die einzelnen Konstrukte mit einer zeitlichen Komponente zu kombinieren. Erste richtungsweisende Ansätze

[1] Dieses Unterfangen wäre Aufgabe einer Metaanalyse. Siehe auch: Kapitel 7.

leisten DWYER, SCHURR und OH,[1] FORD[2] sowie VALLA.[3] Neuere Arbeiten publizierten FONTENOT und WILSON[4] sowie darauf aufbauend WILSON und VLOSKY.[5] Ein Überblick dynamischer Modelle findet sich bei HALINEN.[6]

Ziel des vorliegenden Kapitels ist die Ableitung jener Faktoren, welche die Zufriedenheit der Geschäftspartner mit internationalen Geschäftsbeziehungen bedingen. Dazu soll ein **Bezugsrahmen** in Form eines Kausalmodells entwickelt werden. „Allgemein werden als theoretische, gedankliche oder konzeptionelle Bezugsrahmen (...) Aussagensysteme bezeichnet, die von ihrer logischen Konsistenz und Operationalität her nicht den strengen Anforderungen an ein Hypothesensystem genügen.“[7] Somit werden Bezugsrahmen vorrangig in der explorativen Forschung eingesetzt, welche in weiterer Folge die Grundlage für hypothesenprüfende Arbeiten bilden können.

Diesen Anspruch verfolgt das vorliegende Kapitel. Das nachfolgende Kausalmodell versteht sich als provisorisches Gedankengebäude, dem vorläufiger Charakter zukommt. Es verfolgt den Zweck der Strukturierung und übersichtlichen Darstellung, nicht der Operationalisierung der Wirkungszusammenhänge. Dabei basiert das Modell auf den vorangegangenen Einzelanalysen internationaler Geschäftsbeziehungen als organisationstheoretisches-, marketingtheoretisches- und interkulturelles Problem.

---

[1] Dwyer/Schurr/Oh (Buyer-Seller Relationships)

[2] Ford (Developement)

[3] Valla (Approach)

[4] Fontenot/Wilson (Relational Exchange)

[5] Wilson/Vlosky (Partnering Relationship)

[6] Halinen (Time and Temporality)

[7] Kubicek (Bezugsrahmen) 17f

## 6.1 Konzeptualisierung der Zufriedenheitsfaktoren internationaler Geschäftsbeziehungen

Kundenzufriedenheit ist nicht direkt beobachtbar und beruht auf theoretischen Überlegungen des Forschers. Dementsprechend wird Kundenzufriedenheit als **hypothetisches Konstrukt** bezeichnet.[1] Um Zufriedenheit zu messen, gilt es a priori ein theoretisch fundiertes Konstrukt zu erstellen bzw. zu konzeptualisieren.[2] Unter **Konzeptualisierung** eines Konstrukts versteht man die Erarbeitung von Konstruktfaktoren, welche einer Messung zugänglich sind.[3]

Auch heute weisen noch zahlreiche Veröffentlichungen gravierende Mängel bei der Erfassung komplexer Konstrukte auf. Um derartigen Mängel entgegen zu wirken, bietet sich insbesondere der Einsatz von **Kausalmodellen** (oder auch die kausalanalytischen Ansätze des **Structural Equation Modeling**, des **LISREL** oder der **Kovarianz-Strukturanalyse**).[4] So meinen bspw. BABIN und GRIFFIN „Specifically, the use of structural equation modeling and confirmatory factor analysis has been suggested as overcoming many shortcomings of previous measurement validation approaches."[5] FORNELL verweist auf die umfassende Konzeptualisierung des Zufriedenheitskonstruktes im Rahmen der Structural Equation Modelle, wenn er meint „A major difference between CSB [*Customer Satisfaction Barometer, Anm. d. V.*] and other customer satisfaction indices is that CSB is measured (and estimated) in the context of other interrelated variables (as represented in a model of structural equations). That approach leads not only to better reliability and validity, but also to improved ability to translate customer satisfaction changes into repurchase behavior."[6]

---

[1] Hildebrandt (Validierung) 87

[2] Backhaus (Analysemethoden) 323

[3] Homburg/Giering (Konzeptualisierung) 113f

[4] weiterführend dazu: Homburg/Hildebrandt (Kausalanalyse) 17

[5] Babin/Griffin (Satisfaction) 127

[6] Fornell (Barometer) 9

Ziel der **Kausalanalyse** ist die Untersuchung kausaler Beziehungen. Dementsprechend ist es für Kausalanalysen charakteristisch, „(...) dass der methodische Ansatz es erlaubt, explizit zwischen beobachteten Variablen und theoretischen Variablen zu trennen, statistisch Substanz- und Messfehleranteile zu separieren und vermutete kausale Beziehungsstrukturen auf der Ebene von theoretischen Variablen zu testen."[1] In vorliegender Arbeit stellt die Zufriedenheit mit internationalen Geschäftsbeziehungen die nicht direkt messbare Größe dar. Deshalb wird sie auch als latente Variable bezeichnet. Ziel der Konstruktmessung ist es, Beziehungen zwischen **beobachtbaren Variablen** (auch als Indikatorvariablen oder **Indikatoren** bezeichnet) und dem interessierenden Konstrukt so herzustellen, dass mit Hilfe dieser Zusammenhänge das nicht beobachtbare Konstrukt „empirisch greifbar" und damit messbar wird.[2]

Bei der Konzeptualisierung von Konstrukten differenziert man grundsätzlich zwischen **ein-** und **mehrfaktoriellen Konstrukten**, wobei Kausalmodelle aufgrund ihrer Komplexität stets als mehrfaktorielle Konstrukte entworfen werden. Einfaktorielle Konstrukte bezeichnen die einfachste Form einer latenten Variablen, somit jene, in der das Konstrukt genau einem Faktor entspricht. Die beobachtbaren Variablen lassen sich dann direkt auf der Konstruktebene verdichten.[3] **Mehrfaktorielle Konstrukte** werden durch zwei oder mehr Faktoren erfasst, wobei hier eine weitere Unterteilung notwendig ist: Gehört jeder Faktor zu ein- und derselben Dimension des Konstrukts, so handelt es sich um ein **eindimensionales Konstrukt**. Sind jedoch die einzelnen Dimensionen des Konstrukts nicht direkt über die Indikatoren erfassbar, sondern bestehen ihrerseits wiederum aus mehreren Faktoren, so spricht man von einem **mehrdimensionalen Konstrukt**.[4] Nachfolgende Abbildung zeigt zunächst den leeren Rahmen zur Konzeptualisierung des mehrfaktoriellen Konstrukts der Zufriedenheit in internationalen Geschäftsbeziehungen.

---

[1] Homburg/Hildebrandt (Kausalanalyse) 17

[2] Homburg /Giering (Konzeptualisierung) 114

[3] Homburg /Giering (Konzeptualisierung) 114

[4] Homburg /Giering (Konzeptualisierung) 114

**Abbildung 47: Rahmen zur Konzeptualisierung der Zufriedenheitsfaktoren internationaler Geschäftsbeziehungen**

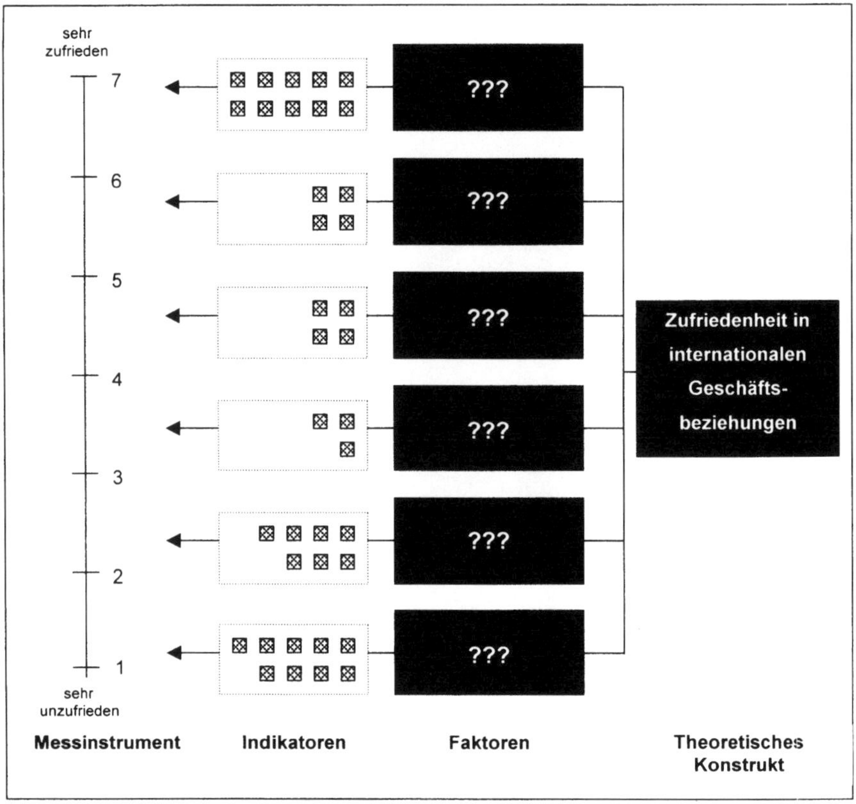


Quelle: Darstellung nach Homburg/Rudolph (Kausalanalyse) 257 sowie Burmann (Konsumentenzufriedenheit) 254

Das nachfolgende Kapitel 6.2 identifiziert und beschreibt geeignete **Faktoren** der Zufriedenheit in internationalen Geschäftsbeziehungen. Die detaillierte Schilderung der einzelnen Faktoren in Form von Unterkapitel leistet wertvolle Hinweise in Richtung einer weiteren Konkretisierung der Faktoren mittels **Indikatoren**. Bezüglich der Operationalisierung der Indikatoren in Form eines **Messinstrumentes** bieten sich, entsprechend der Abhandlung in Kapitel 5, vielfache Möglichkeiten. Die konkrete Ausformulierung eines Fragebogens zur Erhebung der Zufriedenheit mit internationalen Geschäftsbeziehungen ist nicht Aufgabe dieses Kapitels.

Trotzdem zeigt nachfolgende Tabelle, als Anregung für konkrete Umsetzungsvorhaben, unterschiedliche Formen der **Operationalisierung der Indikatoren** für

- die Ist- sowie Soll-Leistung,
- das Ausmaß der subjektiv empfundenen Nicht-Bestätigung,
- sowie die Zufriedenheit

am Beispiel einer Zufriedenheitsanalyse mit einem Kundendienst. Zunächst identifiziert GIERL sechs Faktoren der Zufriedenheit:[1] Zeitdauer von der Verständigung des Kundendienstes bis zum Eintreffen, Dauer der Ersatzteillieferung, Einhaltung vereinbarter Kundendiensttermine, Preis-Leistungs-Verhältnis, Eingehen des Kundendienstes auf Probleme des Anwenders und Qualifikation der Techniker. Anschließend werden die Faktoren jeweils global abgefragt, danach werden die Indikatoren multiattributiv erhoben.

[1] Gierl (Marketing) 248

**Tabelle 40: Indikatoren zur Messung von Zufriedenheit**

| Konstrukt | | Indikator |
|---|---|---|
| Soll-Leistung | attribut-spezifisch | Wenn ich den Kundendienst wegen eines Problems verständige, erwarte ich, dass der Techniker sofort eintrifft! (für restliche Attribute ähnliche Formulierungen) |
| | global | Ich erwarte eine hervorragende Kundendienstleistung! |
| Ist-Leistung | attribut-spezifisch | Wenn ich den Kundendienst wegen eines Problems verständige, dauert es viel zu lange, bis der Kundendienst eintrifft! (für restliche Attribute ähnliche Formulierungen) |
| | global | Die Leistung des Kundendienstes ist unzureichend! |
| Nicht-Bestätigung (subjektiv) | attribut-spezifisch | Wenn Sie den Kundendienst verständigen, haben Sie bestimmte Erwartungen. Inwieweit werden diese in der Realität bezüglich ... (Attribut) erfüllt? |
| | global | Inwieweit wurden Ihre Erwartungen an die Leistungen des Kundendienstes erfüllt? |
| Zufrieden-heit | attribut-spezifisch | Wie sehr sind Sie zufrieden mit ... (Attribut)? |
| | global | (I1) Wenn Sie einmal den Kundendienst insgesamt betrachten, wie zufrieden sind Sie?<br>(I2) Wie häufig waren Sie mit dem Kundendienst unzufrieden? |
| Zustimmung/Erfüllungsgrad anzugeben auf 5- oder 7stufigen Ratingskalen | | |

Quelle: Gierl (Marketing) 248

Ergänzend zu den oben angeführten Frageformulierungen empfehlen BABIN und GRIFFIN neben der Abfrage der Ausprägung der Zufriedenheit auch die getrennte Abfrage der Ausprägung von Unzufriedenheit. Die Autoren erzielen mit diesem Zwei-Faktoren Modell etwas bessere statistische Werte, als bei dem Ein-Faktor Modell. Zusätzlich raten sie zum Einsatz unterschiedlicher Messskalen, um die Ermüdungserscheinungen der Auskunftspersonen zu minimieren. „Respondent fatigue is clearly not an issue, yet the advantages of multi-item (more than two) scales are gained."[1] Untenstehende Tabelle zeigt Möglichkeiten der getrennten Abfrage von Zufriedenheit und Unzufriedenheit sowie unterschiedliche Formen der Skalierung.

[1] Babin/Griffin (Satisfaction) 133

**Tabelle 41: Abfragemöglichkeiten von Zufriedenheit und Unzufriedenheit**

| Abb. | Item | Scale Type |
|---|---|---|
| S 1 | Which of the following choices best describes the level of satisfaction you experienced from [name of the relevant business] | extreme satisfaction<br>very much satisfaction<br>satisfaction<br>some satisfaction<br>no satisfaction |
| S 2 | Use the following percentage scale to indicate your level of satisfaction. Please circle the percentage best describing your level of satisfaction experienced from [name of the relevant business] | Not at all satisfied Completely satisfied<br>0% 10% ......90% 100% |
| S 3 | I feel satisfied with my experience at [name of the relevant business] | 5-point Likert |
| S 4 | Please respond to the following based on how you feel about your overall experience with [name of the relevant business]. The scale ranges from 1 = „not at all", meaning your did not feel that emotion at all, to 7 = „very much felt", meaning you felt that emotion very much: Satisfaction | Not at All Very Much<br>1 2 3 4 5 6 7 |
| D 1 | Which of the following choices best describes the level of dissatisfaction you experienced from [name of the relevant business] | extreme dissatisfaction<br>very much dissatisfaction<br>dissatisfaction<br>some dissatisfaction<br>no dissatisfaction |
| D 2 | Use the following percentage scale to indicate your level of dissatisfaction. Please circle the percentage best describing your level of dissatisfaction experienced from [name of the relevant business] | Not at all dissatisfied Completely dissatisfied<br>0% 10% ......90% 100% |
| D 3 | I felt some dissatisfaction based on my experience with [name of the relevant business] | 5-point Likert |
| D 4 | Please respond to the following based on how you feel about your overall experience with [name of the relevant business]. The scale ranges from 1 = „not at all", meaning your did not feel that emotion at all, to 7 = „very much felt", meaning you felt that emotion very much: Dissatisfaction | Not at All Very Much<br>1 2 3 4 5 6 7 |

Quelle: Babin/Griffin (Satisfaction) 131

Zusätzlich wurden auch die Begriffe „Delighted" und „Terrible" abgefragt. Diese Begriffe werden häufig zur Messung von Zufriedenheit herangezogen, erzielten jedoch in der Studie von BABIN und GRIFFIN unzureichende Ergebnisse hinsichtlich der Konstruktvalidität.[1] Die Autoren raten von der Verwendung dieser Termini ab.[2]

## 6.2 Zufriedenheitsfaktoren internationaler Geschäftsbeziehungen

Zur **Identifikation der Zufriedenheitsfaktoren internationaler Geschäftsbeziehungen** werden die bereits gewonnen Zwischenergebnisse der vorangegangenen Kapitel übernommen. Nachfolgende Tabelle beinhaltet wesentliche Erkenntnisse der organisationstheoretischen-, marketingtheoretischen- und interkulturellen Betrachtung des zentralen Konstruktes internationaler Geschäftsbeziehungen. Besonderes Augenmerk widmet die Tabelle den Erwartungen und der Qualität von Geschäftsbeziehungen, da diese beiden Aspekte besonders geeignet erscheinen, als Soll-Faktoren für die Konzeption der Zufriedenheit herangezogen zu werden.

[1] Validität ist ein Kriterium zur Beurteilung der Gültigkeit einer Messung. Validität gibt Auskunft auf die Frage, ob tatsächlich das gemessen wird, was gemessen werden soll. Unterschiedliche Formen sind zu unterscheiden: Inhaltsvalidität, Konvergenzvalidität, Diskriminanzvalidität und Nomologische Validität. Weiter dazu: Homburg/Giering (Konzeptualisierung 117f, oder Hildebrandt (Validierung) 89ff

[2] Babin/Griffin (Satisfaction) 131

**Tabelle 42: Erkenntnisse einer organisationstheoretischen-, marketingtheoretischen- und interkulturellen Betrachtung internationaler Geschäftsbeziehungen**

| Organisationstheoretische Aussagen | Marketingtheoretische Aussagen | Interkulturelle Aussagen |
|---|---|---|
| Transaktionskosten reduzieren | Wertgenerierung durch Beziehung | Unsichtbare, selbstverständliche Grundannahmen |
| Wettbewerbsvorteile schaffen | Langfristige Orientierung | Unterschiedliche kulturelle Werte |
| Unsicherheit reduzieren | Vertrauen | Notwendige Anpassungen an veränderte Umwelt |
| Zugang zu Informationen | Einhalten von Versprechen | Organisationales Lernen vom Partner |
| Zugang zu exklusiven Verfügungsrechten | Teilen von Vorteilen | Konflikt und Kooperation |
| Transaktionsspezifische Investitionen | Regelmäßige Interaktionen | Unsicherheit und Erwartungssicherheit |
| Gebundenheit und Abhängigkeit | Kostenersparnisse | Bereitschaft gemeinsame Kultur zu entwickeln |
| Wertgenerierung | Innovationen und Lernen vom Partner | |
| Unternehmenswachstum | Beziehung ist eine wertvolle Ressource | |
| Reduktion von Abhängigkeit von der Umwelt | Beziehung engt den Handlungsspielraum ein | |
| Materieller oder immaterieller Nutzenüberschuss | Reputation des Partners | |
| Vertrauen | Macht, Einflussnahme und Abhängigkeit | |
| Kooperation | Ziele, Motive | |
| Konflikt | Konflikt und Kooperation | |
| Lernen an Erfolg und Misserfolg | Soziale Distanz | |
| Interdependenz und Macht | Kommunikation | |
| Erhöhung der gesellschaftlichen Legitimität | Adaption | |
| Schlanke Organisation schaffen | Selbstverpflichtung | |
| Wandel initiieren | Erfahrungen, Ressourcen und Technologie der Partner | |

Es erscheint unmittelbar einleuchtend, dass diese Vielzahl an **Faktoren** einer weiteren Ordnung unterzogen werden müssen. Dies ist kein unproblematisches Unterfangen. „Despite the importance of and the vast empirical research attention devoted to satisfaction in channel relationships, several unresolved issues remain.“ [1] Zunächst besteht **kein Konsens hinsichtlich der Konzeptualisierung des Zufriedenheitskonstruktes**, kein Konsens bezüglich der **relevanten Faktoren**[2] und kein Konsens bezüglich der **Bedeutung der Zufriedenheit** für die Geschäftsbeziehung. So wurde das Zufriedenheitskonstrukt in der jüngeren Vergangenheit mancherorts durch die Faktoren Vertrauen bzw. Verpflichtung ersetzt. Dieser Auffassung folgt die vorliegende Arbeit nicht. Vielmehr wird das Untersuchungsobjekt als zentrale Dimension internationaler Geschäftstätigkeit gesehen.

Nachfolgende Tabelle der Kernfaktoren der Zufriedenheit in internationalen Geschäftsbeziehungen resultiert aus der Betrachtung zentraler Aspekte der vorangegangenen Argumentation. Die einzelnen Faktoren werden in getrennten Unterkapitel dargestellt, wobei auf weiterführende empirische Studien verwiesen wird. Das Ziel dieses Kapitels besteht darin, die einzelnen Faktoren derart zu schildern, dass eine Auflösung der Faktoren in unterschiedliche Indikatoren angedacht werden kann.

---

[1] Geyskens/Steenkamp/Kumar (Meta-Analysis) 223

[2] Geyskens/Steenkamp/Kumar identifizieren mehr den 80 unterschiedliche Variablen, denen ein Einfluss auf die Zufriedenheit unterstellt wird! Geyskens/Steenkamp/Kumar (Meta-Analysis) 223

**Tabelle 43: Kernfaktoren der Zufriedenheit in internationalen Geschäftsbeziehungen**

| Faktorbezeichnung Deutsch | Faktorbezeichnung Englisch |
|---|---|
| Verpflichtung | Commitment |
| Vertrauen | Trust |
| Abhängigkeit, Interdependenz und Macht | Intensity or extant of interdependence, power |
| Kooperation und Konflikt, Fairness | Cooperation and conflict, fairness |
| Gemeinsame Kultur, Grundannahmen, Werte und Ziele | Shared Culture, values and mutual goals |
| Informationsaustausch und Kommunikation | Information exchange, communication |
| Anpassungen | Adaptations |
| Spezifische Investitionen Nicht rückgängige Investitionen | Asset specifity, non retrievable investments, sunk costs |
| Opportunismus Leistungserbringungsunsicherheit | Opportunism, performance uncertainty |
| Vertragliche Bindungen | Legal bonds |
| Organisatorische Bindungen, Schnittstellen und Strukturelle Knoten, Technologische Bindungen | Operational linkages and structural bonds, shared technology |
| Soziale Bindungen, Soziale Normen | Social bonds and social norms |
| Komplexität und Struktur der Interaktionen | Complexity and structure of the interactions |
| Wertgenerierung und Kosten-Nutzen Relation | Value extraction |

### *6.2.1 Verpflichtung*

Innere Verpflichtung steht in engem Zusammenhang mit Vertrauen und Loyalität. Verpflichtung ist eine der zentralen Größen, die den Erfolg internationaler Geschäftsbeziehungen beeinflussen. Ganz allgemein definieren KIM und FRAZIER Verpflichtung als „(...) strength of a firm´s business ties with its channel members."[1] Dabei handelt es sich um den Wunsch, eine stabile Beziehung zu entwickeln bzw. um die **Intention** eine bereits **bestehende Beziehung fortzuführen**.[2] „Commitment is an important variable in discriminating between <stayers and levers>."[3] Verpflichtung ist eng verbunden mit dem Gefühl der **Solidarität und Verbundenheit**.

[1] Kim/Frazier (Distributor Commitment) 139

[2] Moorman/Zaltman/Despande (Relationships) 314

[3] Wilson (Model) 337

Dies verlangt nach **Bereitschaft zu kurzfristigen Opfern**, um die Beziehung aufrecht zu erhalten und das Vertrauen in die Stabilität der Beziehung zu steigern. Das Gefühl bestärkt die Geschäftspartner darin „(...) to resist apparently attractive short-term alternatives in favor of the expected long-term benefits of staying with existing partners.“[1] Verpflichtung resultiert aus dem **gemeinsamen Anstreben von Zielen** und dem Glauben an zukünftige Wertschöpfung. „The more committed partners are to the relationship, the greater the chance for each firm to achieve their individual and mutual goals without the overshadowing risk of engaging in opportunistic behavior."[2]

Neben dem Streben nach Reduktion opportunistischen Verhaltens werden unterschiedliche Motive angeführt, welche zu dem Wunsch nach dauerhafter Beziehung führen. GEYSKENS et al. unterscheiden affektives von kalkulativem Commitment.[3] Beide Formen beschreiben psychologische Zustände, welche relativ stabile Verhaltensweisen und Annahmen über die Beziehung zu dem jeweiligen Partner hervorrufen. Affektives Commitment zielt stärker auf den Wunsch nach einer dauerhaften Beziehung ab, kalkulatives Commitment hingegen auf den Bedarf.

**Affektives Commitment** ist eng verbunden mit **psychologischer Zuneigung, Identifikation, Verbundenheitsgefühlen** und **Werteübereinstimmung**.[4] Diese Übereinstimmung führt zu der Erwartung, dass sich auch der Partner instinktiv zum gegenseitigen Nutzen verhält. Während also affektive Verpflichtung mit einer grundsätzlich positiven Einstellung dem Geschäftspartner gegenüber verbunden ist, stehen hinter der **kalkulativen Verpflichtung** eher **wirtschaftliche Überlegungen**, bspw. die Analyse der beziehungsspezifischen Investitionen, die zu sunk costs werden könnten, oder mangelnde Alternativen die sich auf dem Markt bieten. Kalkulatives Commitment entspringt einer instrumentellen Sichtweise, welche von Kostenüberlegungen ausgeht. Dabei sind die Konsequenzen für inkonsistentes Verhalten so teuer, dass ein Beenden der Beziehung, aufgrund früher geleisteter

---

[1] Geyskens/Steenkamp/Scheer/Kumar (Rleationship Commitment) 303

[2] Fontenot/Wilson (Relational Exchange) 6

[3] Geyskens/Steenkamp/Scheer/Kumar (Rleationship Commitment) 304

[4] Allen/Meyer (Commitment) 3

Investitionen, die nunmehr Austrittsbarrieren darstellen, nicht möglich ist. Die „Hände“ der Geschäftspartner sind gebunden.[1]

Beide Formen des Commitment weisen darüber hinaus eine zeitliche Komponente auf, schließlich geht es um den Wunsch eine Beziehung aufrecht zu erhalten oder zu intensivieren. Diesen zeitlichen Aspekt berücksichtigen KIM und FRAZIER welche, neben affektiver- und Verhaltensverpflichtung,[2] auch von <**Continuance Commitment**> sprechen. „We define continuance commitment as a distributor´s need and desire to maintain a channel relationship.“[3]

Dementsprechend ist Commitment mit **Dauerhaftigkeit** und **Konsistenz** verbunden. „Durability presumes the parties can discern the benefits attributable to the exchange relation and anticipate an environment that will abet continued effective exchange.“[4] Ist diese Voraussetzung erfüllt, werden die Geschäftspartner ermutigt, weiter in die Beziehung zu investieren. Der Aspekt der Konsistenz bezieht sich auf die Abfolge der Investitionen in die Beziehung. „In terms of the other´s expectations, when a party´s input levels fluctuate the other party will have difficulty predicting the outcomes from exchange.“[5] Inkonsistenzen reduzieren das Vertrauen in den Geschäftspartner und damit die Wertgenerierung durch die Beziehung.

Insbesondere zu Beginn einer internationalen Geschäftsbeziehung, wo die Wechselkosten meist noch sehr gering sind, hängt der weitere Verbleib eines Unternehmens in der Beziehung zu einem gewissen Ausmaß von dem signalisierten Commitment des Partners ab.[6] Offene Informationspolitik, problemlösungsorientierte Verhandlungsstrategien und das Anzeigen des Wunsches nach einer langen und engen Geschäftsbeziehung zeigen Commitment und unterstützen somit den Aufbau einer Beziehung. Ebenso wirken Anpassungen und Investitionen in einem frühen Stadium

---

[1] Schelling (Conflict)

[2] Verhaltensverpflichtung bezieht sich auf die Bereitschaft kurzfristige Opfer für den Geschäftspartner in Kauf zu nehmen.

[3] Kim/Frazier (Distributor Commitment) 141

[4] Dwyer/Schurr/Oh (Buyer-Seller Relationships) 19

[5] Dwyer/Schurr/Oh (Buyer-Seller Relationships) 19

[6] Morgan/Hunt (Model) 24

der Beziehung, sowie deren explizite Wahrnehmung durch den Geschäftspartner, positiv auf den Beziehungsaufbau.[1] Langfristiges Commitment ist jedoch nicht als selbstbeschleunigendes Konstrukt zu betrachten, welches mit einer ersten Investition beginnt und ganz automatisch in einer engen Beziehung endet. „Not all initial commitments, no matter how well intentioned, lead to long-lasting and successful relationships."[2] Dementsprechend bestimmen und steuern nicht alleine die ersten Investitionen und Adaptionen über Qualität und Quantität der Austauschbeziehung, sondern die **Struktur der Commitments**. Letztere wird gebildet durch die **Proportionalität der Verteilung** der Commitments zwischen den Partnern und der **Glaubwürdigkeit** der gegenseitigen Verpflichtung.

Der erste Faktor der Struktur der Commitments beschäftigt sich mit der Verteilung der Verpflichtungen zwischen den Partnern. GUNDLACH, ACHROL und MENTZER machen darauf aufmerksam, dass Commitment in internationalen Geschäftsbeziehungen nur dann eine stabilisierende, unsicherheits- und kostenreduzierende Wirkung entfaltet, wenn es zwischen den Partnern gleich verteilt ist. Besteht nur von einer Seite eine sehr große innere Verpflichtung, steigt die Gefahr opportunistischen Verhaltens des Partners. Die Autoren fassen zusammen: „However, whereas *corresponding* commitments align incentive structures so as to deepen and strengthen involvement and lay the foundation for future exchange, *disproportionately* held commitments can undermine the relationship through elevating one party´s vulnerability to opportunism."[3] Ähnlich sehen dies auch ANDERSON und WEITZ, die feststellen, dass eine asymmetrische Verteilung des Commitment in Unzufriedenheit jenes Partners endet, der sich durch einseitige Verpflichtung seinem Partner gegenüber verwundbar gemacht und einer höheren Opportunismusgefahr ausgesetzt hat.[4] Jene Partei, die sich schwächer zu der Beziehung verpflichtet hat, sieht geringere Anreize „Opfer" für die Aufrechterhaltung zu leisten.

Der zweite Faktor der Struktur der Commitments wird von der **Glaubwürdigkeit der gegenseitigen Verpflichtungen** gebildet. Je bedeutsamer und spezifischer die

---

[1] Ford (Development) 52

[2] Gundlach/Achrol/Mentzer (Commitment) 80

[3] Gundlach/Achrol/Mentzer (Commitment) 78 [Hervorhebungen im Original]

[4] Anderson/Weitz (Channels) 20

gemeinsamen Versprechen, desto größer ist das Eigeninteresse der Partner, eine langfristige Beziehung einzugehen und desto stärker ist der normative Charakter der Beziehung. Geringe Commitments wirken in die entgegengesetzte Richtung und erhöhen die Gefahr des Beendigens der Beziehung.[1]

### *6.2.2 Vertrauen*

Vertrauen ist das wesentlichste Element in jeder Beziehung und dementsprechend in allen theoretischen Beziehungsmodellen enthalten. BACHMANN ist überzeugt, dass in einer Welt ohne Vertrauen wirtschaftliche Akteure keine Möglichkeit fänden, über ein Engagement in einer sozialen Beziehung auch nur nachzudenken.[2] Weniger dramatisch in den Worten, jedoch der gleichen Überzeugung ist BERRY, der feststellt: „Relationship Marketing is built on the foundation of trust."[3] Vertrauen wird zunehmend zum zentralen Lösungsmechanismus des Problems der Koordination von Erwartungen in wirtschaftlichen Interaktionsbeziehungen.

Trotz der Bedeutung für die Praxis stehen die betriebswirtschaftlichen Analysen erst an ihrem Anfang. „Fruitful conceptual approaches to develop a deeper theoretical understanding of the phenomenon of trust are still very rare (...) and much theoretical input is still needed to understand fully how trust works as a governance mechanism and what function it can fulfil in co-ordinating expectations and interactions within trans-organizational relationships."[4] Insbesondere das Wechselspiel zwischen den antagonistischen Kräften des zunehmenden Wettbewerbs einerseits, der gegenseitiges Vertrauen in ein altmodisches Licht rückt, welches möglicherweise in der Vergangenheit seine Berechtigung hatte, und dem Entstehen internationaler Wertschöpfungsnetzwerke anderseits, in denen Vertrauen als wichtigste Ressource für das wirtschaftliche Überleben gesehen wird, bedarf weiterer Analysen.

Es überrascht daher kaum, dass, aufgrund der zentralen Bedeutung von Vertrauen für internationale Geschäftsbeziehungen und der Komplexität des Konstruktes,

---

[1] Gundlach/Achrol/Mentzer (Commitment) 80

[2] Bachmann (Trust) 341

[3] Berry (Services) 242

[4] Bachmann (Trust) 338

zahlreiche Definitionen entsprangen. Folgt man den am häufigst zitierten, so kann Vertrauen verstanden werden als:

- Der Wille, sich auf den Partner, dem man vertraut, zu verlassen.[1]
- Der Glaube eines Partners, dass seine Wünsche in Zukunft durch Tätigkeiten des anderen Partners erfüllt werden.[2]
- Die Erwartung einer Seite, dass die andere Seite die Geschäftsbeziehung wünscht, ihre Verpflichtungen erfüllen wird und ihr Potenzial in die Beziehung einbringen wird.[3]
- Der Glaube eines Partners, dass er sich auf das Wort bzw. die Zusage der anderen Seite verlassen kann, und dass diese ihren Verpflichtungen aus der Beziehung nachkommen wird.[4]
- Eine Einstellung, die in Situationen erscheint, in der Personen oder Organisationen, etwas von Wert riskieren, und/oder versuchen gewünschte Ziele zu erreichen.[5]
- Die Bereitschaft, kurzfristige Unausgewogenheiten innerhalb der Beziehung zu akzeptieren, mit der Sicherheit, dass langfristig wieder Balance entsteht.[6]
- Die Bereitschaft, sich selbst verletzbar zu machen und der Glaube, dass es nicht notwendig ist sich gegen schädigende Aktionen des anderen zu schützen.[7]

Obgleich die oben angeführten Definitionen ähnliche Elemente aufweisen, sind ebenfalls gravierende Unterschiede zu bemerken. Während bspw. SCHURR und OZANNE von Versprechungen als Bezugsobjekt des Vertrauens ausgehen, beziehen sich ANDERSON und WEITZ auf Handlungen, in deren Umsetzung vertraut wird. In jedem Fall kann sich das Vertrauen auf Personen als auch auf Organisationen beziehen.

[1] Moorman/Zaltman/Deshpande (Relationships) 315

[2] Anderson/Weitz (Channel Dyads) 312

[3] Dwyer/Schurr/Oh (Relationships) 18

[4] Schurr/Ozanne (Exchange Processes) 940

[5] Bialaszewski/Giallourakis (Trust Perceptions) 207

[6] Anderson/Lodish/Weitz (Resource Allocation) 87

[7] Blois (Trust) 204

Vertrauen dient der **Reduktion von Unsicherheit und Komplexität**, indem exakte **Erwartungen über das Verhalten des Geschäftspartners** getroffen werden. Konkret geht es um die Erwartung, dass sich der Geschäftspartner (ohne seine eigenen Interessen zu verletzen) in kritischen Situationen auch ohne Anweisung zum Vorteil seines Partners verhält. Damit ist Vertrauen unweigerlich mit **Risiko** verbunden. „It may be true that trust absorbs uncertainty and diffuses complexity, but, at the same time, it produces risk, as it is inevitable that a social actor who decides to trust another actor extrapolates on limited available information about the future behavior of this actor."[1] Vertrauen kann missbraucht werden und allzu romantische Vorstellungen einer harmonischen „Ehe" der Geschäftspartner können zu beachtlichen Verlusten führen. Risikoreduzierend wirkt die Erfahrung vergangener Interaktionen. Um die Interessen der Geschäftspartner nicht zu verletzen, bedarf es exakter Kenntnisse der Wünsche und Bedürfnisse des Partners. In einer Vertrauensbeziehung herrscht Bereitschaft, kleinere Fehleinschätzungen des Partners zu „vergeben".[2] Nicht umsonst preist ARROW Vertrauen als „(...) Schmiermittel im Räderwerk des sozialen Systems. Und es ist höchst effizient; es erspart zum Beispiel eine Menge Ärger und Umstände, wenn man sich auf ein einmal gegebenes Wort verlassen kann."[3]

Besonders umfassend setzt sich BLOIS mit der Bedeutung von Vertrauen in Geschäftsbeziehungen auseinander. Sie grenzt „Vertrauen" (Trust) von **„Sich Verlassen**" (Reliance) ab, indem sie festhält, „what distinguishes trust from reliance is the expectation that the other party may take initiatives (or exercise discretion) to utilize new opportunities to our advantage, over and above what was either explicitly or implicitly promised."[4] Es ist möglich sich auf die Erfüllung von Versprechen zu verlassen, ohne jedoch dem Geschäftspartner zu vertrauen. Diese Situation entsteht bspw. dann, wenn der Preis der Nicht-Erfüllung sehr hoch ist.

Diese Unterscheidung ist insbesondere in jenen internationalen Geschäftsbeziehungen relevant, in denen der **Dienstleistungsanteil** sehr hoch ist. Dienst-

---

[1] Luhmann (Trust) 26

[2] Blois (Trust) 204

[3] Arrow (Organisation) 20

[4] Blois (Trust) 199

leistungen werden häufig mit dem Konzept der <Such->, <Erfahrungs-> und <Glaubens-> Charakteristika beschrieben.[1] Während Such- und Erfahrungscharakteristika anhand exakt spezifizierbarer Kriterien, vor oder nach dem Kauf gemessen werden können, sind die Glaubenscharakteristika einer objektiven Überprüfung nicht zugänglich. Kann man sich auf die Erfüllung der Such- und Erfahrungscharakteristika verlassen, so kann man in die Erfüllung der Glaubenscharakteristika nur vertrauen. Aus Sicht eines Geschäftspartners könnte folgendes Statement abgegeben werden: „However, if I know that you have the capability of making delivery, I may also trust that if unforeseen events occur you will go beyond your contractual obligation to ensure delivery.“[2] Vertrauen hängt von dem Goodwill und Commitment des Geschäftspartners ab, Reliance von dessen Gewohnheiten.

Ein weiterer Aspekt scheint ebenso relevant. Soll das Vertrauen in Geschäftsbeziehungen untersucht werden, so geht es meist weniger um ein allumfassendes, blankes Vertrauen (Blanket Trust) in eine Partnerorganisation als vielmehr um ein **Vertrauen in gewisse Stärken oder Teilaspekte des Partners**. Es geht nicht um die Frage wem man vertraut, sondern darum was man dem Partner zutraut. Daraus resultiert, dass „(...) trust is a situation where *A trusts B to do X* and that X is often quite narrowly defined.“[3] Dementsprechend sollten sich Fragen, die auf die Messung von Vertrauen abzielen auf Teilaspekte der Partnerschaft beziehen und nicht undifferenziert auf den Partner. Plakativ formuliert kann man bspw. in die technischen Fähigkeiten des Partners vertrauen, nicht jedoch in dessen Kundenorientierung, oder in dessen Fähigkeit, bei der Produktentwicklung Kosten zu sparen.

**Vertrauen bedarf nicht der Gegenseitigkeit**. Wenn Geschäftspartner A Vertrauen in die Fähigkeit des Partners B hat, das Produkt X kostengünstig herzustellen, wäre die Reziprozität sinnlos. Gerade deshalb, weil beide Partner in unterschiedlichen Teilaspekten überlegen sind, gehen sie eine Beziehung ein. Ebenso sind Situationen denkbar, in denen A darauf vertraut, dass B termingerecht liefert, B jedoch kein Vertrauen in A´s Zahlungsbereitschaft oder –fähigkeit aufbringt. Trotzdem muss

---

[1] ausführlich dazu siehe bspw. Kaas (Kontraktgütermarketing)

[2] Blois (Trust) 200

[3] Blois (Trust) 200 [Hervorhebungen im Original]

festgehalten werden, dass Geschäftsbeziehungen insbesondere dann stabil und zukunftsträchtig sind, wenn das Vertrauen auf Gegenseitigkeit beruht.

Eine weitere Abgrenzung bezieht sich auf **Vertrauen und Vertrauenswürdigkeit**. Nach BLOIS bezeichnet Vertrauenswürdigkeit das Ausmaß der Bedeutung, welches eine Person (oder Organisation) ihrer eigenen Ehrlichkeit beimisst.[1] Vertrauen jedoch zieht nicht nur die Vertrauenswürdigkeit einer Person oder Organisation in Betracht, sondern auch deren Verhaltensalternativen. Wahrgenommene Ähnlichkeiten der Persönlichkeit als auch empfundene Zuverlässigkeit, Ehrlichkeit, Kundenorientierung, Kompetenz und Freundlichkeit wirken positiv auf die Vertrauenswürdigkeit eines Partners.[2]

Vertrauen kann nur **von Menschen aufgebracht** werden. Eine Organisation kann nicht vertrauen, deren Mitarbeiter jedoch können einem Geschäftspartner oder einer anderen Organisation Vertrauen entgegen bringen.

In einer starken Verkürzung dieser Feststellungen, lassen sich zwei Formen von Vertrauen ableiten; Einerseits Vertrauen in die Ehrlichkeit des Partners, anderseits Vertrauen in das Wohlwollen des Partners. Ehrlichkeit „(...) refers to the belief that one´s partner stands by its word, fulfills promised role obligations, and is sincere."[3] Wohlwollen umschreibt die Überzeugung, dass der Geschäftspartner an der guten Entwicklung des Unternehmens interessiert ist und keine unerwarteten Handlungen zum Schaden seines Partners setzt. Abschließend wird festgehalten, dass Vertrauen stärker auf der Basis von Gefühlen und Überzeugungen eingegangen wird und weniger auf Basis ökonomischer Kalkulationen. Letztere sind die einzige Entscheidungsgrundlage in Spieltheoretischen Modellen.[4]

---

[1] Blois (Trust) 202

[2] Dion/Easterling/Miller (Buyer/Seller Relationships) 6f,
Crosby/Evans/Cowles (Relationship Quality) 75f

[3] Geyskens/Steenkamp/Scheer/Kumar (Rleationship Commitment) 307

[4] ausführlich dazu Bachmann (Trust) 342ff

### 6.2.3 *Abhängigkeit, Interdependenz und Macht*

Abhängigkeit ist das Gegenteil von Macht und dementsprechend untrennbar mit Geschäftsbeziehungen verbunden. Abhängigkeit ist eine **Funktion der Bedeutung des Geschäftspartners für die eigene Zielerreichung**. „Dependence refers to a firm´s need to maintain an exchange relationship to achieve desired goals (...).“[1] Es erscheint zunächst plausibel, dass die Abhängigkeit eines Geschäftspartners steigt, wenn die andere Partei für die Zielerreichung eine bedeutende Rolle einnimmt. Dies stellt jedoch nur einen Ausschnitt der komplexeren Realität dar. Für eine umfassende Definition von Abhängigkeit wird seitens der Literatur häufig auf die Soziale Austauschtheorie und den „power-dependence“ Ansatz von EMERSON zurückgegriffen. Demnach wird das Ausmaß der Abhängigkeit eines Partners durch dessen motivationale Investments in die Beziehung sowie durch die Austausch- barkeit des Partners bedingt. „The dependence of actor A upon actor B is (1) directly proportional to A´s motivational investment in goals mediated by B, and (2) inversely proportional to the availability to those goals to A outside of the A-B relation.“[2]

Dabei bezeichnen **motivationale Investments** den „(...) value of the resources or outcomes mediated by the other party.“[3] Die Abhängigkeit von einem spezifischen Partner steigt somit, wenn die Bedeutung der Produkte, Dienstleistungen oder Informationen, die über diesen Partner bezogen werden, für das Unternehmen hoch ist. „In other words, dependence of A on B is thus directly proportional to the essentiality, for A, of resources controlled by B.“[4] Werden bedeutende beziehungsspezifische Investitionen materieller oder immaterieller Natur nur von einem Geschäftspartner getätigt, so erhöhen sie dessen Abhängigkeit.

Der zweite Faktor, die **Austauschbarkeit**, wird von den Kosten eines Ausstieges aus der bestehenden Beziehung sowie von den Möglichkeiten, neue Partner zu finden, gebildet. Je schwieriger es ist, einen Partner auszutauschen bzw. je höher die damit verbundenen Kosten sind, desto größer ist die Abhängigkeit. Neuere Forschungs-

---

[1] Gundlach/Cadotte (Interdependence) 516

[2] Emerson (Power Dependence) 49

[3] Geyskens/Steenkamp/Scheer/Kumar (Relationship Commitment) 305

[4] Turner/LeMay/Hartley/Wood (Buyer-Seller Relationships) 19

ansätze betrachten Abhängigkeit jedoch nicht nur aus einer Perspektive (also entweder aus Sicht des Anbieters oder Nachfragers), sondern kombinieren beide Sichtweisen zur Interdependenz der Partner. In Austauschsituationen besteht Abhängigkeit sowohl auf Seite des Anbieters als auch des Nachfragers.

Einen weiteren Faktor, der wesentlichen Einfluss auf die wahrgenommene Abhängigkeit in einer Beziehung nimmt, wurde von HEIDE und JOHN in dem **Anteil des Austausches** der innerhalb einer Geschäftsbeziehung durchgeführt wird, **in Relation zum Gesamtaustauschvolumen** des Unternehmens, identifiziert. Je größer der Anteil des Austausches innerhalb der Geschäftsbeziehung in Relation zum Gesamtvolumen, desto größer ist die Abhängigkeit des Unternehmens. Damit steht Abhängigkeit in einem direkten Zusammenhang mit Umsatz und Gewinn; Je größer der Umsatz- und Gewinnanteil eines einzelnen Geschäftspartners am gesamtbetrieblichen Erfolg ist, desto größer ist auch die Abhängigkeit von ihm.

Eine zentrale Frage internationaler Geschäftsbeziehungen ist jene der Verteilung der **Macht** zwischen den Partnern. Macht von Käufer und Verkäufer steht in unmittelbarem Zusammenhang mit der gegenseitigen Abhängigkeit der Partner in einer Geschäftsbeziehung und mit den Quellen der Macht. Bei der Abhängigkeit geht es stets um die Frage des Zugangs zu limitierten Ressourcen; entweder um stark nachgefragte Güter bzw. um den Zugang zu Absatzmärkten, oder um spezielle Kenntnisse und Fähigkeiten. **Macht** wird definiert als „(...) one channel member´s (A) ability to control the decision variables in the marketing strategy of another member (B) of the channel at a different level of distribution.“[1] Macht kann auch als Fähigkeit eines Partners verstanden werden, den anderen Partner zu Handlungen zu veranlassen, die er normalerweise nicht setzen würde.[2] Damit übernimmt Macht, ähnlich dem Vertrauen, eine **Steuerungsfunktion**, wobei Macht, bei gleicher Effizienz in vielen Bereichen das zeitlich stabilere Instrument ist. Im Unterschied zu Vertrauen basiert der Einsatz von Macht jedoch auf der Annahme, dass das gewünschte Verhalten nicht im Interesse des Partners liegt. Vertrauen hingegen

---

[1] Brown/Johnson/Koenig (Channel Power) 335

[2] Stern/EL-Ansary (Marketing Channels) 266

basiert auf der Überzeugung, dass das angestrebte Ziel für beide Partner von Nutzen ist.[1]

Ungleichverteilung der Macht führt direkt zu Abhängigkeit eines Partners vom anderen. Dementsprechend bezieht sich Macht stets auf eine **konkrete Beziehung** zwischen zwei Individuen oder Organisationen, nicht jedoch handelt es sich dabei um einen allgemeinen Zustand. Setzt man das Beispiel obiger Definition fort, so kann die Macht von B gegenüber A sehr groß, gegenüber einer dritten Organisation hingegen gering sein!

Macht hängt stets mit Alternativen zusammen. Ist ein Partner auf den anderen dringend angewiesen, schwindet seine Macht. „The ability of channel member A to get channel member B to do what he otherwise would not have done is based on the dependence of B on A for desired outcomes that cannot be obtained from other sources."[2]

Die **Grundlage der Macht** und damit die Möglichkeit der Verhaltensbeeinflussung kann unterschiedliche Wurzeln haben:[3]

- **Belohnung – Belohnungsmacht** basiert auf der Überzeugung B´s, dass A die Möglichkeit hat, B zu belohnen. A muss über Ressourcen verfügen, die für B von Wert sind.
- **Bestrafung – Bestrafungsmacht** basiert auf der Überzeugung B´s, dass er im Falle der Verweigerung der von A geforderten Verhaltensänderung, von A bestraft wird. Negative Konsequenzen können in allen Bereichen des Marketing Mix erwartet werden (bspw. höhere Preise, nachteilige INCO-TERMS).
- **Expertise – Expertenmacht** basiert auf der Überzeugung B´s, dass A über spezielles Wissen verfügt, welches für B von Wert ist.
- **Identifikation – Identifikationsmacht** basiert auf dem Wunsch B´s, sich zu A dazugehörig zu fühlen. In derartigen Fällen ist A meist Mitglied einer

---

[1] Bachmann (Trust) 346

[2] Stern/EL-Ansary (Marketing Channels) 268

[3] Stern/EL-Ansary (Marketing Channels) 270ff

attraktiven Gruppe in der auch B Mitglied werden will (in Japan könnte das bspw. eine Keiretsu sein), oder Organisation A ist selbst das Referenzobjekt.

- **Legitimation – Legitimationsmacht** entspringt der tiefen Überzeugung B´s, dass A das Recht hat, B zu beeinflussen und dies auch entsprechend nutzen sollte. Diese Machtquelle hat stärkere Bedeutung in intra-organisationalen Beziehungen (bspw. Arbeitgeber – Arbeitnehmer).

Trotz der umfassenden und plausiblen Liste der Machtfaktoren werden empirische Studien über Macht in Geschäftsbeziehungen „(...) plagued by ambigious and mixed findings."[1] Ein Problem der Messung von Macht liegt darin begründet, dass das Unternehmen A ganz offensichtlich über viele Machtquellen verfügt, dessen Geschäftspartner B diese jedoch nicht wahrnimmt und dementsprechend A nicht als mächtig ansieht. Somit stellt Macht einerseits eine **absolute Größe** dar, welche aus dem Besitz verschiedener Machtquellen resultiert, anderseits ist Macht jedoch auch eine **relative Größe**, welche aus der Abhängigkeit, oder noch präziser, der perzepierten Abhängigkeit des Partners, erwächst.

Der praktische Einsatz von Macht in internationalen Geschäftsbeziehungen hängt zu einem großen Teil von der **Glaubwürdigkeit des Einsatzes** der angedrohten Konsequenzen ab. Je stärker die Zweifel des schwächeren Partners sind, desto weniger Macht steht dem Stärkeren zur Verfügung. Ebenso muss die Macht nicht zum Tragen kommen.[2] Inwieweit potentielle Macht auch tatsächlich eingesetzt wird, hängt unter anderem von der Unternehmenskultur ab. Auch die Erwartungen bezüglich der Reaktionen des Geschäftspartners beeinflussen den Einsatz von Macht. Zahlreiche Studien vermuten, dass sich ein ausgeglichenes Machtverhältnis zwischen den Geschäftspartnern positiv auf die gesamte Beziehung auswirkt.[3] Es wird argumentiert, dass Beziehungen mit ausgeglichenen Machtverhältnissen tendenziell weniger Konflikte aufweisen. Insbesondere bei hoher Umweltdynamik ist die Ausgeglichenheit des Machtverhältnisses ständig gefährdet, da die Partner versuchen, Situationsveränderungen zu ihren Gunsten zu nutzen.[4]

---

[1] Brown/Johnson/Koenig (Channel Power) 335

[2] Rössl (Austauschbeziehungen) 245

[3] Anderson/Narus (Model), Heide/John (Dependence)

[4] Rössl (Austauschbeziehungen) 242ff

In den meisten Studien wird zur Messung von Macht nicht der oben angeführten Unterteilung in fünf unterschiedliche Quellen von Macht gefolgt, sondern ein einfacherer Ansatz gewählt. HUNT und NEVIN differenzieren zwischen **Macht durch Zwang** (coercive power) und **Macht ohne Zwang** (noncoercive power).[1] Macht durch Zwang basiert auf Bestrafung, Macht ohne Zwang auf Belohnung, Expertise, Legitimation und Identifikation.

**Interdependenz** zwischen Geschäftspartnern gibt Auskunft über „(...) the degree to which one actor´s behaviors, acts or other goals are dependent for their occurrence or change on the behaviors, actions or goals of one or a set of other actors."[2] In internationalen Geschäftsbeziehungen bedeutet Interdependenz, dass die Unternehmen bei ihren Entscheidungen ihre Geschäftspartner berücksichtigen müssen, um die gemeinsamen Ziele zu erreichen. Dabei beeinflusst das Ausmaß der Interdependenz die Motivation, das Verhalten und die Wahrnehmung der Austauschbeziehung.[3] Ein weiterer wesentlicher Faktor der Interdependenz ist die **relative Asymmetrie der Verteilung**.

Ist das Ausmaß der Interdependenz gering, so handelt es sich um Beziehungen, die auf dem Kontinuum zwischen diskreter Transaktion und Beziehungstausch in Richtung diskreter Transaktion tendieren. Derartig unbedeutende Beziehungen bieten kaum Möglichkeit, Investitionen, Anstrengungen und Opportunitätskosten für extensive Interaktionen durch Umsatzvolumen und entsprechende Deckungsbeiträge zu verdienen. Die Vorteilhaftigkeit eines Geschäftsabschlusses wird bei jeder einzelnen Transaktion überprüft.[4] Ist das Ausmaß der Interdependenz gering, so werden die „Terms of exchange (...) explicitly specified for each transaction with incentives to cooperate countered by the desire for individual gain and autonomy."[5] Bei den Geschäftsverhandlungen nutzen die Partner ihre Macht durch Zwang, um die gewünschten Ziele zu erreichen. Zusätzlich werden Belohnungen seltener versprochen (Macht ohne Zwang). All diese Faktoren erschweren die Koordination der

[1] Hunt/Nevin (Power) 186

[2] Tedeschi/Schlenker/Bonoma (Conflict) 234

[3] Gundlach/Cadotte (Interdependence) 517

[4] Kaufmann/Stern (Relational Exchange) 135ff

[5] Gundlach/Cadotte (Interdependence) 517

Austauschaktivitäten und sind mit hohen Kosten verbunden. Bei derartiger <quid pro quo> Vorgehensweise können die langfristigen Kosten, den Nutzen der Beziehung leicht übersteigen.

Ist das Ausmaß der Interdependenz hingegen hoch, so etablieren sich stabile Austauschbeziehungen. „Each party´s possession of power, coupled with benefits obtained from the relationship, fosters an atmosphere of cooperation.“[1] Implizit oder explizit geben beide Geschäftspartner ein Pfand, welches für Stabilität in der Beziehung sorgt. In stabilen Beziehungen kooperieren die Partner bei der Planung und verhalten sich loyal. Macht ohne Zwang wird häufig eingesetzt.

### *6.2.4 Kooperation und Konflikt*

Der Kooperationsbegriff umfasst ähnliche oder komplementäre Tätigkeiten, welche von Unternehmen in Beziehungen in **gemeinsamer Abstimmung** durchgeführt werden, um Ergebnisse für eine oder beide Seiten zu erreichen, die für die Zukunft **Gegenseitigkeit** erwarten lassen.[2] MORGAN und HUNT schließen sich dieser Definition im Wesentlichen an, erweitern sie jedoch, indem sie den proaktiven Aspekt der Geschäftsbeziehung (im Gegensatz zum Zwang zu bestimmten Handlungen aufgrund gegenseitiger Abhängigkeit) betonen.[3] Kooperative Beziehungen liegen vor, wenn beide Partner zu der Überzeugung gelangen, dass die Zusammenarbeit eher zum Erfolg führt, denn das Verfolgen von Einzelinteressen. „For example, two firms may be flexible in response to changing conditions and treat problems as joint responsibilities.“[4] Damit beeinflusst die Kooperation auch das Verhalten der Geschäftspartner, indem sie zu gemeinsamen Überzeugungen gelangen, welche Verhaltensweisen ihrer Partnerschaft entsprechen und welche nicht. Werden hingegen Einzelinteressen verfolgt, liegt schwache Kooperation vor. Kooperation setzt Vertrauen in den Partner voraus. „Violated trust leads to non-co-operation, and repair requires both parties to be willing to co-operate again.“[5]

---

[1] Gundlach/Cadotte (Interdependence) 517

[2] Anderson/Narus (Model) 45

[3] Morgan/Hunt (Commitment-Trust) 24

[4] Cannon/Perreault (Buyer-Seller Relationships) 443

[5] Harris/Dibben (National Values) 464

**Konflikte** können immer dann entstehen, wenn die **Zielerreichung eines Partners durch den Anderen beeinflusst werden kann**. Konflikte sind Situationen, in denen ein Partner wahrnimmt, dass seine Zielerreichung durch den Anderen behindert wird, mit der Folge, dass zwischen den Geschäftspartnern Spannungen entstehen.[1] So führt große Abhängigkeit von einem Geschäftspartner einerseits zu einer erhöhten Kooperationsbereitschaft, anderseits aber auch zu Konflikten. „While interdependence is an antecedent to cooperation, it is also a precursor to conflict."[2]

**Individuelle, organisatorische** und **interorganisatorische Konflikte** können unterschieden werden. Letztere Gruppe ist für internationale Geschäftsbeziehungen von vorrangigem Interesse. Zielkonflikte und Verteilungskonflikte stellen die wesentlichsten Ursachen interorganisatorischer Konflikte dar. **Zielkonflikte** resultieren daraus, dass sich die Zielsysteme beider Unternehmen entweder durch Ziel konkurrenz oder durch Zielantinomie[3] auszeichnen.[4] Dies bestätigen auch GADDE und HAKANSSON, welche zur Entstehung von Konflikten meinen: „The parties in a business relationship have both contradictory interests and shared ones. If they do not learn to deal with the contradictory ones, conflict arises."[5] **Verteilungskonflikte** treten in der Regel erst in einem späteren Stadium der Geschäftsbeziehung auf, nämlich dann, wenn bereits Werte in der Beziehung geschaffen wurden. Schwierigkeiten ergeben sich zumeist daraus, dass der Beitrag der einzelnen Unternehmen zur Schaffung dieser Werte meist nur schwer zu be- stimmen ist.[6]

Eng verbunden mit Konflikten ist der Begriff der **Fairness**. Geschäftspartner können sich in der Beziehung insgesamt fair verhalten, oder jedoch nur in einigen Teilaspekten fair in anderen unfair agieren. Betrachtet man die wahrgenommene Fairness mit der gesamten Beziehung aus Sicht eines Geschäftspartners, so kann **distributive Fairness** von **prozedualer Fairness** unterschieden werden.

---

[1] Blommen (Macht) 120

[2] Spekman/Sawhney (Alliances) 6

[3] Zielantinomie liegt vor, wenn die Erfüllung eines Ziels, sich mit der Erfüllung eines anderen Ziels gegenseitig ausschließt.

[4] Tröndle (Kooperationsmanagement) 137

[5] Gadde/Hakansson (Purchasing) 74

[6] Werp (Geschäftsbeziehungen) 178

„*Distributive fairness* refers to the reseller´s perception of the fairness of earnings and other outcomes that it receives from its relationship with the supplier."[1] Distributive Fairness bezieht sich auf das Teilen von Kosten und Nutzen.[2] Es geht dabei um die Evaluierung der Verteilung der Anteile der Ergebnisse in Vergleich zu den Anteilen an den Investitionen.

**Prozeduale Fairness** hingegen bezieht sich auf die Prozessgestaltung des Anbieters im Vergleich zu jener des Käufers. Dabei basiert die Wahrnehmung prozedualer Fairness auf sechs Kernkomponenten:[3]

- **Bilaterale Kommunikation**: Bereitschaft der Geschäftspartner bilateral Informationen auszutauschen.
- **Unparteilichkeit**: Gleichbehandlung aller Geschäftspartner.
- **Gestaltbarkeit**: Ausmaß der Möglichkeit zur Gestaltung gemeinsamer Aufgaben.
- **Transparenz**: Ausmaß der Erklärungen, welche ein Partner bietet, um seine Politik und seine Handlungen nachvollziehbar zu gestalten.
- **Vertrautheit**: Kenntnisreichtum eines Geschäftspartners über das Umfeld des Anderen.
- **Höflichkeit**: Umgangston und Respekt der Geschäftspartner.

Obgleich prozeduale Fairness und distributive Fairness einander beeinflussen, kann es durchaus Beziehungen geben, in denen Gewinne fair verteilt werden, obwohl die Prozesse unfair gehandhabt werden. Ebenso denkbar sind Beziehungen in denen die Prozesse fair, jedoch die Verteilung der Ergebnisse unfair gehandhabt werden.

**Konflikte** sind jedoch keineswegs immer **kontraproduktiv** oder schädlich. Sie können auch der **Weiterentwicklung** dienen, wenn neue gemeinsame Standpunkte gefunden werden. Wie so oft ist die Dosis das Maß der Dinge. Grundsätzlich gilt: Je größer die Divergenz der Ziele der Geschäftspartner, desto größer das Ausmaß des Konfliktes[4] und desto häufiger das Auftreten von Konflikten. Eine Beziehung, die sehr

---

[1] Kumar/Scheer/Steenkamp (Fairness) 55 [Hervorhebung im Original]

[2] Frazier/Spekman/O Neal (Just-in-time) 60

[3] Kumar/Scheer/Steenkamp (Fairness) 55

[4] Steffenhagen (Konflikt) 71

konfliktreich ist und kaum Aspekte der Zusammenarbeit aufweist, wird nur magere Ergebnisse erzielen und dementsprechend von marginaler Bedeutung für die Partner sein. Bleiben in sehr engen Beziehungen Konflikte fast gänzlich aus, so können sie als zu „nett" bezeichnet werden. In „netten" Beziehungen fordern die Partner zu wenig voneinander und vergeben dadurch Entwicklungschancen. Erst wenn Beziehungen durch ein hohes Ausmaß an Zusammenarbeit und ein ebensolches an Konflikten geprägt sind, werden maximale Ergebnisse erzielt. Nachfolgende Tabelle zeigt mögliche Beziehungsqualitäten in Abhängigkeit des Ausmaßes von Konflikt und Zusammenarbeit.

**Tabelle 44: Beziehungsqualität als Resultante aus Konflikt und Zusammenarbeit**

| | | Konflikt | |
|---|---|---|---|
| | | gering | hoch |
| Zusammen-arbeit | gering | marginal | feindlich |
| | hoch | nett | gut entwickelt |

Quelle: Gadde/Hakansson (Purchasing) 75

Bedeutsam für gut entwickelte Beziehungen ist der Umgang mit Konfliktsituationen. GEMÜNDEN empfiehlt Konflikte weder zu übergehen noch eskalieren zu lassen.[1] Voraussetzung dafür ist jedoch, dass sich die Partner der Konfliktsituation oder des Konfliktpotentials überhaupt bewusst sind. Häufig liegen in Geschäftsbeziehungen **latente Konflikte** vor, bei denen die Zieldivergenz der Partner die Zielerreichung beeinflusst, dies jedoch von den Partnern nicht erkannt wird. **Manifeste Konflikte** werden hingegen von den Partnern bewusst wahrgenommen.[2] „Potential or latent conflict, however, need not lead to manifest and conflict aftermath."[3] Manifeste Konflikte sind durch starke Verhaltensreaktionen der Geschäftspartner gekennzeichnet, wie bspw. offener Ausdruck von Widerspruch und/oder aktive Versuche den Partner von dessen Zielerreichung abzuhalten. Solange die Geschäfts-

[1] Gemünden (Conflicts) 405

[2] Peters (Machtbeziehungen) 51

[3] Gundlach/Cadotte (Exchange Interdependence) 518

partner ihre Unabhängigkeit behalten, werden Konflikte aus den unterschiedlichen Zielen der Organisationen entstehen. Insbesondere zu Beginn der Geschäftsbeziehung entstehen zumeist aufgrund sprachlicher Differenzen sowie unterschiedlicher Erwartungen und Geschäftspraktiken Konflikte. In weitere Folge kann eine Intensivierung der Geschäftsbeziehung, durch die damit verbundene Steigerung der gegenseitigen Abhängigkeit, zu einer Reduktion der Konfliktgefahr führen. Die Herausforderung für die Geschäftspartner besteht darin, kontinuierlich die Zusammenarbeit zu verbessern, um gemeinsam Erfolge zu erzielen.

### *6.2.5 Gemeinsame Kultur, Grundannahmen, Werte und Ziele*

Häufig entstehen internationale Geschäftsbeziehungen ohne eine konkrete Vorstellung welchen Nutzen sie erbringen sollen. Selbst während der Beziehung mangelt es oft an spezifischen Zielvorstellungen. GEMÜNDEN, WALTER und HELFERT identifizieren dafür unterschiedliche Gründe:[1]

- Die Partnerauswahl erfolgt zufällig. Häufig lernen die Partner einander auf internationalen Messen kennen, ohne eine gezielte Suche und ohne Auswahlkriterien.
- Die Geschäftsbeziehung entsteht aus einer Auslandsnachfrage, ohne Bewusstsein der langfristigen Bedeutung solch ein Schrittes.
- Häufig werden nicht einzelne Kunden und deren spezifische Bedürfnisse bearbeitet, sondern länderspezifische Stereotypen. Sehr rasch verfestigen sich Vorurteile und trüben so den Blick für individuelle Anforderungen, Bedürfnisse und Potentiale.
- Unklarheit über eigene Stärken und Schwächen verhindern eine strategische Ausrichtung auf den Geschäftspartner. Etwaige Kooperationschancen können daher nicht identifiziert werden.
- In langfristigen Geschäftsbeziehungen entsteht eine Art „Betriebsblindheit" welche sich durch mangelnde Aufmerksamkeit gegenüber dem Partner artikuliert. Neue Kompetenzen des Partners werden weder ausreichend kommuniziert noch wahrgenommen und somit Entwicklungspotentiale nicht genutzt.

---

[1] Gemünden/Walter/Helfert (Grenzüberschreitende) 21ff

Es erscheint unmittelbar einsichtig, dass derartige Geschäftsbeziehungen nicht das gesamte Nutzenpotential ausschöpfen können. Die Bedeutung gemeinsamer Grundannahmen, Werte und Ziele für unternehmerische Tätigkeiten sowie der Prozess der Entstehung eben dieser wurde aus literaturgestützter Sicht bereits in Kapitel 4 dargelegt. KOTHANDARAMAN und WILSON gehen in ihrer Studie von gemeinsamen Grundannahmen und Werten aus, meinen damit jedoch lediglich unternehmensintern geteilte Überzeugungen. Sie stellen die Unternehmenskultur in den Mittelpunkt eines Modells zur Erklärung der Erfolgsfaktoren der Einführung einer Beziehungsstrategie. „The core building block of this framework is inspired by the literature on organizational culture that espouses the notion that the pattern of beliefs, values, and expectations shared by members of an organization produce norms to shape and control behavior."[1] Nachfolgende Ausführungen beschäftigen sich jedoch nicht mit der Bedeutung der unternehmensinternen Kultur für das Eingehen internationaler Geschäftsbeziehungen, sondern dienen der Ergänzung des Kapitel 4 aus empirischer Sicht. Somit geht es um Grundannahmen, Werte und Ziele, welche die Geschäftspartner teilen.

MORGAN und HUNT stellen fest, dass „Shared values, the only concept that we posit a direct precursor of both relationship commitment and trust, (..)"[2] sind. **Geteilte Werte** liegen vor, wenn die Geschäftspartner in einem hohen Ausmaß zu gemeinsamen Überzeugungen darüber gelangen, welche Verhaltensweisen, Ziele und Vorgangsweisen wichtig, unwichtig, angemessen oder unangemessen sowie falsch oder richtig sind. Damit ist der Begriff recht weit gefasst und seine Anwendung in der Praxis recht kompliziert. HEIDE und JOHN empfehlen die Verwendung des vergleichsweise engeren Begriffs der **Normen** und halten fest, „(...) relational norms are based on the expectation of mutuality of interest, essentially prescribing stewardship behavior, and are designed to enhance the well being of the relationship as a whole."[3] Normen in einer Geschäftsbeziehung gründen sich auf der Erwartung, dass die Interessen auf Gegenseitigkeit beruhen. Gemeinsame Normen unterstützen die Entstehung von **Solidarität**. „Discrete transactions may be adversarial in nature

---

[1] Kothandaraman/Wilson (Relationship Strategy) 342

[2] Morgan/Hunt (Commitment-Trust) 9

[3] Heide/John (Norms) 34

with virtually no solidarity between the exchange parties, In comparison, relational exchange display a partnership mentality."[1]

Zur Bedeutung **gemeinsamer Ziele** meint McQUISTON „For both the manufacturers reps and their principals, virtually all parties interviewed stated that it was critical for both sides to get together at the beginning of the relationship to not only determine what their own goals and objectives for the relationship might be but to make sure that those goals and objectives are communicated to the other party as well."[2] WILSON definiert gemeinsame Ziele als „(...) the degree to which partners share goals that can only be accomplished through joint action and the maintenance of the relationship."[3] Gemeinsame Ziele bilden die **Grundlage für das Ableiten geeigneter Strategien**, welche wiederum die Ressourcenverteilung des Unternehmens bestimmen. Eine Fehlallokation ohnedies knapper Ressourcen kann, im dramatischsten Fall, entweder zum Scheitern der gesamten Beziehung, sowie der dahinterstehenden Unternehmen, zumindest jedoch zu erheblichen Mehrkosten und zeitlichen Verzögerungen bei der Zielerreichung führen. Sehr zurückhaltend formuliert dies auch WERP, der meint „Es ist zu vermuten, dass einem effizienten Zielbildungsprozess eine positive Erfolgswirkung in einer grenzüberschreitenden Geschäftsbeziehung zugeschrieben werden kann."[4] Deutlicher wiederum meinen HANSEN, POWERS und SWAN: „It can be proposed using channel and conflict literature that when goal incompatibility occurs, an unsatisfactory relationship will develop in the buyer/seller dyad."[5] Unzufriedenheit entsteht insbesondere dann, wenn die Ziele nicht explizit formuliert und vereinbart werden und die Partner das Verfolgen auseinanderstrebender Ziele erst in einem späteren Stadium der Beziehung entdecken.

Nach HEINEN beschreibt ein Ziel einen **zukünftigen Zustand**, welcher angestrebt wird.[6] Gelangen die Geschäftspartner zu einem gemeinsamen Zielverständnis und

---

[1] Young/Gilbert/McIntyre (Relationalism) 142

[2] McQuiston (Maintaining Relationships) 170

[3] Wilson (Model) 338

[4] Werp (Geschäftsbeziehungen) 98

[5] Hansen/Powers/Swan (Complaints) 13

[6] Heinen (Entscheidungen) 45

zu der Überzeugung, diesen positiven künftigen Zustand im Rahmen der grenzüberschreitenden Geschäftsbeziehung zuverlässiger, einfacher oder ökonomischer zu erreichen, stellen Ziele einen entscheidenden Grund für die Aufrechterhaltung der Geschäftsbeziehung dar. Auf Probleme der Zielkomplementarität, -identität, -neutralität, -konkurrenz und -antinomie im Rahmen internationaler Geschäftsbeziehungen soll an dieser Stelle nicht eingegangen werden.[1] Die Wahrnehmung gemeinsamer Ziele vermindert jedenfalls das Konfliktrisiko und stärkt die Kooperationsbereitschaft der Geschäftspartner. Diese Hypothese wurde von TURNER, LeMAY, HARTLEY und WOOD empirisch bestätigt.[2]

### *6.2.6 Informationsaustausch und Kommunikation*

Der **offene Austausch von Informationen**, die für beide Geschäftspartner bedeutsam sind, stellt ein wesentliches Erfolgskriterium internationaler Geschäftsbeziehungen dar. Je offener Informationen ausgetauscht werden, desto größer ist die Möglichkeit der Nutzengenerierung durch die Beziehung. Durch das Teilen der Informationen steigt auch das **Verständnis** für die gemeinsam erzielten Vorteile. Offener Informationsaustausch ist Voraussetzung für die Entstehung von Commitment und Vertrauen.[3] Dabei handelt es sich um einen iterativen Prozess; Informationsaustausch ist eine wesentliche Voraussetzung für die Entstehung von Vertrauen. Vertrauen wiederum fördert den offenen Austausch von Informationen.[4]

Basis des Austausches von Informationen ist die **Kommunikation**. In der Literatur zum Beziehungsmanagement findet häufig eine Gleichsetzung der beiden Begriffe Informationsaustausch und Kommunikation statt. So verstehen bspw. ANDERSON und NARUS unter Kommunikation „(...) the formal as well informal sharing of meaningful and timely information.“[5] Die Bereitschaft zu offener Kommunikation wird durch das **Teilen wichtiger und exklusiver Informationen** angezeigt. „In practice, this might include involving the other party in the early stages of product design,

[1] ausführlich dazu: Werp (Geschäftsbeziehungen) 102ff

[2] Turner/LeMay/Hartley/Wood (Buyer-Seller Relationships) 19 und 22

[3] Morgan/Hunt (Commitment-Trust), Anderson/Weitz (Channel Dyads)

[4] Anderson/Narus (Model) 45

[5] Anderson/Narus (Model) 45

opening books and sharing cost information, discussing future product development plans, or jointly providing supply and demand forecasts."[1] Dem offenen Austausch von Informationen steht das **Risiko opportunistischen Verhaltens** gegenüber. So stellen bspw. LEWIN und JOHNSTON fest, dass „(...) interdepartmental cross-communications with typical suppliers is explicitly discouraged for fear of opportunistic behavior on the part of these suppliers."[2] In seltenen Fällen werden zeitgerecht und angemessen Veränderungen des Marktes, der Preissituation, der Schwankungen oder der Gewinnspannen diskutiert. Der Aufbau langfristiger Geschäftsbeziehungen bedarf jedoch einer offenen und umfassenden Kommunikation. Dies belegen zahlreiche Studien. So stellen bspw. MIELL und DUCK fest, dass Geschäftspartner, welche eine strategische Beziehung eingehen möchten, ausreichend Zeit in Planungsbesprechungen investieren,[3] während GASSENHEIMER et al. darauf verweisen, dass offener Informationsaustausch eine zentrale Voraussetzung für das Verständnis der Kundenbedürfnisse und somit für die optimale Markt bearbeitung darstellt.[4]

MOHR, FISCHER und NEVIN rücken den Begriff der Kommunikation stärker in Richtung eines **Steuerungsinstrumentes**. Die Autoren verweisen auf die Möglichkeit der Schaffung einer Atmosphäre, in der gemeinsame Unterstützung und der Respekt gegenüber dem Partner die Zielerreichung unterstützen. Insbesondere der Glaube an gemeinsame Ziele veranlasst die Geschäftspartner zu freiwilligen Handlungen, die in diskreten Transaktionen nicht gesetzt würden. Noch deutlicher wird die Steuerungsfunktion der Kommunikation, wenn es dem Anbieter gelingt dem Käufer das Gefühl zu vermitteln in <einem Boot zu sitzen>. „Collaborative communication may be used in these instances to maintain a positive relationship and make dealers feel like an integral part of the team."[5] In einem gut eingespielten Team, verlagert sich die Entscheidungskompetenz von individuellen zu kollektiven Entscheidungen; Der Absatzmittler gibt dementsprechend einen Teil seiner Entscheidungsautonomie ab.

---

[1] Cannon/Perreault (Buyer-Seller Relationships) 441

[2] Lewin/Johnston (Relationship) 29

[3] Miell/Duck (Friendships) 24

[4] Gassenheimer/Sterling/Robicheaux (Relationships) 94

[5] Mohr/Fisher/Nevin (Interfirm Relationships) 103

Die **Qualität der Kommunikation** kann mittels der **Frequenz**, der **Bidirektionalität**, des **Formalitätsgrades** sowie des **Anteils an Zwang** beschrieben werden: „*Frequency* refers to the amount of contact between the channel members. *Bidirectionality* refers to two-way (as opposed to one-way, or unidirectional) vertical flows of communication in the channel. *Formality* (formal versus informal modality) of communication refers to the extent to which contacts between channel members are routinized, planned, or structured, as opposed to unplanned, fleeting, or ad hoc in nature. *Noncoercive content* refers to the use of influence strategies based on information sharing, in which compliance is not mediated by the other party (in this case, the manufacturer)."[1]

Informationsaustausch spielt bereits zu Beginn der Geschäftsbeziehungen eine bedeutende Rolle. Bereits in den ersten Verhandlungen gilt „Knowing what to say and how to say it may have significant impact on the outcome of the overall process."[2] Darüber hinaus spielen die gemeinsam verbrachte Zeit und die investierten Ressourcen eine ebenso wesentliche Rolle im Aufbau einer Geschäftsbeziehung wie die bisherigen Erfahrungen.

### *6.2.7 Anpassungen*

Wenn zwei Geschäftspartner hauptsächlich standardisierte Transaktionen abwickeln und somit zu standardisierten Preisen standardisierte Produkte unter standardisierten Rahmenbedingungen austauschen, würde man kaum von einer Beziehung sprechen. „The defining characteristic of a <relationship> or a <partnership> must, surely, be that at least one of the partners *adapts* to the needs of the other."[3] Von **Anpassung** spricht man, wenn eine Partei in der Geschäftsbeziehung **Abläufe oder Teile des Leistungsaustausches ändert**, um der anderen Partei entgegenzukommen. Anpassung ist stets verbunden mit dem **Abgehen von der Norm**. Eine umfassende Begriffsdefinition bieten BRENNAN und TURNBULL die festhalten: „Buyer-seller adaptations are defined as behavioural or structural modifications, at

[1] Mohr/Fisher/Nevin (Interfirm Relationships) 105

[2] Sharland (Negotiation Process) 553

[3] Brennan/Turnbull (Adaptations) 29 [Hervorhebung im Original]

the individual, group or corporate level, carried out by one organization, which are initially designed to meet specific needs of one other organization."[1]

Der Resource Dependence- als auch der Population Ecology Ansatz beschreiben Anpassungen als Instrument der Überlebenssicherung (des Unternehmens) in einer sich stets verändernden Umwelt. Dabei geht es auch um eine Angleichung unternehmensinterner Ressourcen an die Wünsche und Bedürfnisse der Kunden. Adaptionen können im **technischen, wirtschaftlichen, rechtlichen, administrativen** und **wissensbasierten Bereich** der Geschäftsbeziehung erfolgen. Im Industriegüterbereich sind vorrangig technische Anpassungen von Bedeutung. Diese sind zumeist mit hohen Investitionen verbunden und von kritischer Bedeutung für die Geschäftspartner. Häufig können Anpassungen nicht in andere Beziehungen transferiert werden. Sie stellen somit **transaktionsspezifische Investments** dar, welchen zumeist eine bedeutende Rolle für die Wettbewerbsfähigkeit der involvierten Geschäftspartner zukommt.[2] Nicht alle Anpassungen sind jedoch transaktionsspezifisch. So kann bspw. ein Lieferant von einem bedeutenden Abnehmer gezwungen werden ein Qualitätsmanagement einzuführen, welches ihn auch für andere Kunden wettbewerbsfähig macht.

HALLEN, JOHANSON und SEYED-MOHAMED halten fest, dass sich Käufer und Verkäufer aneinander anpassen. Sie gehen davon aus, dass sich das Anpassungsverhalten über die Dauer der Geschäftsbeziehung ändert. In der Anfangsphase ist Anpassung ein Mittel, um Vertrauen zu schaffen, in der „reifen" Phase erweitert und verfestigt sie die Geschäftsbeziehung.[3] Anpassungen haben demnach die Tendenz, Käufer und Verkäufer in eine engere Beziehung zu bringen und **Barrieren gegen den Eintritt eines konkurrierenden Lieferanten** aufzubauen. Adaptionen können mit vollem Bewusstsein und **geplant** erfolgen, **oder ganz automatisch**, aufgrund der Komplexität der Austauschbeziehung entstehen. Im zweiten Fall sprechen BRENNAN und TURNBULL von einem „(...) unplanned process that <just happens>, and there is no explicit evaluation of the net gain from

[1] Brennan/turnbull (Adaptations) 31

[2] Hallen/Johanson/Seyed-Mohamed (Adaptation) 30

[3] Hallen/Johanson/Seyed-Mohamed (Adaptation) 29ff

adaptation either propter hoc or post hoc."[1] Ungeplante Adaptionen weisen demnach weder einen Entscheidungsprozess noch eine Erfolgskontrolle auf.

Das **Ausmaß der Adaptionen** hängt direkt proportional von den Differenzen der Geschäftspartner ab; Je größer die Unterschiede, desto größer das Ausmaß der Adaption. **Einmalige bedeutende Anpassungen** sind von **permanenten kleinen Anpassungen** zu unterscheiden.[2] Unbedeutende Anpassungen verlangen nur einige Interaktionen und den Austausch nicht vertraulicher Informationen. Bedeutende Anpassungen hingegen sind meist mit großen Investitionen und einer Vielzahl inter-organisationaler Kontakte verbunden, um den Kundenwünschen exakt zu entsprechen. Eine andere Form der Abgrenzung empfiehlt FORD. Er unterscheidet **vertraglich vereinbarte von informalen Anpassungen**. „It is useful to separate these adaptations into *formal* adaptations which are agreed between the companies and *informal* adaptations which may be arranged subsequently, to cope with particular issues which arise as the relationship develops."[3] Eine weitere Unterscheidung bezieht sich darauf, ob die Anpassung das **Objekt des Austausches** betreffen, oder den **Prozess**.[4]

Auf Basis der Dimensionen <**Formalitätsgrad**> (als Indikator für den Planungsprozess) und <**Ausmaß der Anpassung**> entwickeln BRENNAN und TURNBULL nachfolgende Vierfelder-Matrix, welche mögliche Formen des Anpassungsverhaltens kategorisiert.

---

[1] Brennan/Turnbull (Adaptive Behavior) 485

[2] Gadde/Hakansson (Purchasing) 66

[3] Ford (Development) 49 [Hervorhebungen im Original]

[4] Hakansson (International Marketing) 18

**Tabelle 45: Anpassungsverhalten als Resultante aus Formalitätsgrad und Ausmaß der Anpassung**

| | | Ausmaß der Anpassung | |
| --- | --- | --- | --- |
| | | gering | hoch |
| Formalitätsgrad | formal geplant | Taktische Adaption<br>*Politisch* | Strategische Adaption<br>*Investment*<br>*Überlegte Entscheidung* |
| | informal ungeplant | Ad Hoc Adaption<br>*Sozialisation* | Notfall oder<br>Stillschweigende Adaption<br>*Evolutionäre*<br>*Emergente Entscheidung* |

Quelle: Brennan/Turnbull (Adaptive Behavior) 486 [übersetzt aus dem Englischen]

Wie oben stehende Tabelle zeigt, werden geplante, unbedeutende taktische Anpassungen von geplanten, sehr bedeutenden strategischen Anpassungen unterschieden. Taktische Anpassungen werden aus politischen Gründen vorgenommen, bspw. um Commitment zu signalisieren. Somit dienen taktische Anpassungen dazu, „Bonuspunkte" für kommende Interaktionen zu sammeln. Strategische Anpassungen wie bspw. die Errichtung eines Auslieferlagers nahe dem Kunden unterliegen einem formalen Planungs- und Entscheidungsprozess.

Ungeplante, unbedeutende Anpassungen sind häufig das Ergebnis eines Lernprozesses vom Geschäftspartner, dessen funktionierende Geschäftsmuster weitgehend unreflektiert übernommen werden. Dabei darf jedoch nicht übersehen werden, dass eine Vielzahl kleiner Anpassungen beträchtliche Auswirkungen für das Unternehmen haben kann, bspw. der Form, dass die Geschäftspartner immer stärker vernetzt werden und sich schließlich vom restlichen Umfeld abkoppeln. Notfalls- bzw. stillschweigende Anpassungen sind für das Unternehmen bedeutsam, resultieren jedoch nicht aus einem geplanten Prozess, sondern entstehen „von selbst".

Häufig werden Adaptionen unter dem Einfluss bzw. Druck des Geschäftspartners getätigt. FRAZIER und SUMMERS haben folgende Typologie von Einflussstrategien gebildet:[1]

- **Versprechungen:** Das Versprechen spezieller Belohnungen, die der Zielerreichung dienen.
- **Drohung:** Die Androhung bei Versagen, negative Sanktionen einzusetzen.
- **Rechtliche Vorschriften:** Anpassungen werden in einem Vertrag festgehalten.
- **Anfrage / Äußern von Wünschen:** Einfache Anfrage nach Anpassung, ohne jedoch Versprechen oder Drohung abzugeben, bzw. Formulierung eines Verhaltenswunsches ohne irgendwelche Konsequenzen.
- **Informationsaustausch:** Eine Seite bietet Informationen, ohne eine konkrete Anpassung zu verlangen sowie ohne Anfrage nach den Information.
- **Empfehlung:** Ein Geschäftspartner empfiehlt dringend die Durchführung der Anpassungsmaßnahmen um die angestrebten Ziele zu erreichen.

Die Ähnlichkeit der Typologie der Einflussstrategien mit dem Konzept der Macht ist kaum zu übersehen. So vermuten auch HALLEN, JOHANSON und SEYED-MOHAMED, dass die relative größere Macht eines Geschäftspartners den Anderen zu verhältnismäßig höheren Anpassungen veranlasst. Während somit in ausgeglichenen Geschäftsbeziehungen Anpassungen dem Aufbau von Vertrauen dienen, resultieren sie in einseitig dominierten Beziehungen aus der Ungleichverteilung der Macht.

### *6.2.8 Spezifische Investitionen*

Jede **Bereitstellung von Ressourcen** für die Geschäftsbeziehung stellt eine Investition dar. Ressourcen dienen dem Aufbau von Potenzial, welches in die Transaktionsepisoden eingebracht werden kann. Da Unternehmen bestrebt sind, aus der Geschäftsbeziehung zu profitieren, erwarten sie, dass auch der Geschäftspartner sein - zumeist komplementäres Potential – in die Beziehung einbringt.

[1] Frazier/Summers (Influence Strategies) 43

Investitionen und Anpassungen hängen insofern zusammen, als Investitionen das Einbringen von Ressourcen darstellen, Anpassungen hingegen als Dimension der Investition aufgefasst werden.

„Wie alle Investitionen, sind auch Investitionen in Geschäftsbeziehungen mit Unsicherheiten belastet, da ein Rückfluss in der Zukunft keinesfalls als sicher angenommen werden kann."[1] Insbesondere in der Anbahnungsphase internationaler Geschäftsbeziehungen besteht ein hohes Risiko, da sich die Partner noch nicht sehr lange kennen, jedoch Investitionen für den Aufbau der Beziehung leisten müssen. Auch die weitere Entwicklung der Geschäftsbeziehung kann zu diesem Zeitpunkt noch nicht abgesehen werden. Dies erschwert die Planung der Investitionen zusätzlich.

Aus dem Transaktionskostenansatz stammt der Begriff der **Transaktionsspezifität**, also der Wiederverwertbarkeit einmal getätigter Investitionen auch außerhalb der Beziehung. Derartige **nonretrievable Investments** liegen vor, wenn Ressourcen geschäftsbeziehungsspezifisch gewidmet werden.[2] Diese spezifischen Investitionen (bspw. Schulung, eigens entwickelte Spezialmaschinen etc.) werden mit Beendigung der Geschäftsbeziehung wertlos. Die bloße Existenz derartiger Investitionen als auch deren Größenordnung lässt die Partner zögern, die Beziehung zu beenden. Unternehmen, die beziehungsspezifische Investitionen leisten, streben eine langfristige Bindung des Partners an und begeben sich in ein Verhältnis gegenseitiger Abhängigkeit. Je höher die transaktionsspezifischen Investitionen, desto höher ist auch die gegenseitige Abhängigkeit.

---

[1] Werp (Geschäftsbeziehungen) 161

[2] Wilson (Model) 340

### *6.2.9 Opportunismus*

Vertreter der Prinzipal-Agenten Theorie definieren **Opportunismus** als Neigung von Menschen, den Buchstaben und den Geist eines Vertrages zu verlassen, wenn sich daraus ein Vorteil ausrechnen lässt.[1] Opportunismus beschreibt somit **unfaires Verhalten** von Geschäftpartnern. In der Literatur finden sich mannigfache Beispiele opportunistischen Verhaltens. PROVAN uns SKINNER stellen fest: „Thus, although most individuals would view opportunism as unethical, it does occur in relations among organizations."[2] Etwas konkreter wird GIERL, der folgende Beispiele opportunistischen Verhaltens anführt: „(...), so etwa sich nicht an getroffene Vereinbarungen halten, wichtige Informationen verfälschen oder zurückhalten, übertriebene Versprechen abgeben, in den Anstrengungen allmählich nachlassen, Preise nach verhandeln, die Ideen des Geschäftspartners stehlen und an Konkurrenten des Bestohlenen weitergeben, bei Vertragsabschluss gewährte günstige Preise durch hohe Reparatur- oder Ersatzteilrechnungen wieder hereinholen oder nicht präzise formulierte Vertragsbestandteile stark zu eigenen Gunsten auslegen."[3]

Die Gefahr opportunistischen Verhaltens steigt mit **Ungleichverteilung der spezifischen Investitionen** der Geschäftspartner. Erbringt eine Seite signifikant höhere spezifische Investitionen, entstehen dadurch Austrittsbarrieren, welche das Beenden der Beziehung, selbst bei festgestelltem opportunistischen Verhalten des Partners unvorteilhaft werden lässt. Einige Autoren sprechen von einem <lock in> Effekt,[4] bei dem ein Partner auf „Gedeih und Verderb" gebunden ist. Haben hingegen beide Geschäftspartner gleich viel in die Beziehung investiert, sollte für keinen von Beiden, unabhängig von der absoluten Höhe der Investition, ein Anreiz für unfaires Verhalten bestehen.[5] Diesen Zusammenhang zeigt nachfolgende Abbildung.

---

[1] Trumpp (Kooperation) 69

[2] Provan/Skinner (Opportunism) 204

[3] Gierl (Opportunismus) 55 (sowie die dort zitierte Literatur)

[4] bspw. Plinke (Geschäftsbeziehungsmanagement) 25

[5] Gierl (Geschäftsbeziehung) 108

**Abbildung 48: Spezifische Investitionen und Opportunismusgefahr**

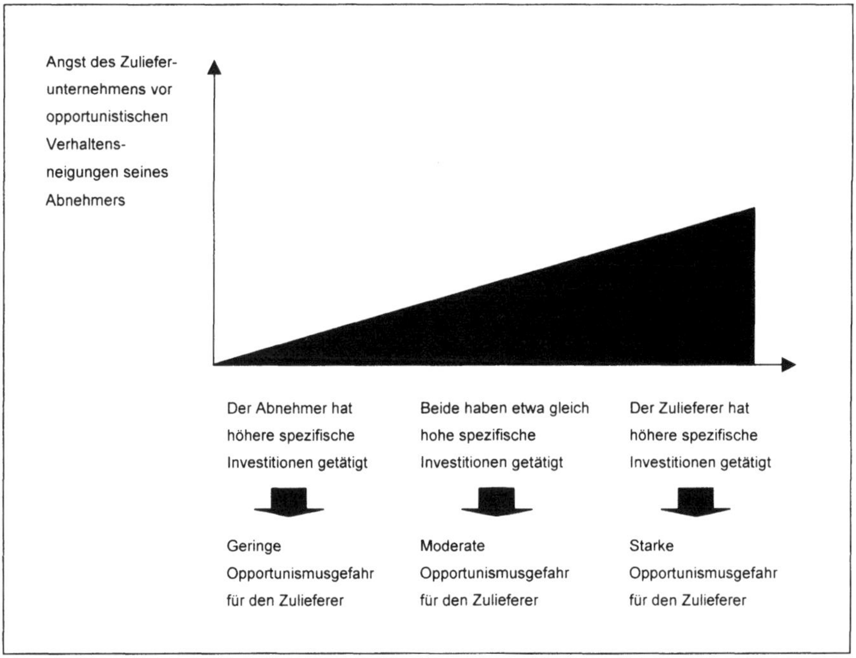


Quelle: Gierl (Opportunismus) 58

PROVAN und SKINNER sehen das Ausmaß opportunistischen Verhaltens als eine Funktion aus der **Abhängigkeit der Abnehmer** von den Lieferanten sowie den **Versuchen der Lieferanten** ihre Abnehmer in ihren **Entscheidungen zu kontrollieren**.[1] Das Auftreten von Opportunismus ist in hierarchischen unternehmensinternen Beziehungen weit seltener festzustellen, denn in Geschäftsbeziehungen mit externen Partnern. Die Autoren erklären dies mit den „(...) strong social constraints against deceit and deception that generally exist among people who work together and the potential for internal sanctions."[2] Ist die Abhängigkeit eines Geschäftspartners groß, so verfügt der Andere über hohes Drohpotential in Form von Sanktionen; die Opportunismusneigung des schwächeren Partner ist daher gering. Anderseits zeichnen sich Beziehungen in denen die Abhängigkeit sehr hoch

[1] Provan/Skinner (Opportunism) 203

[2] Provan/Skinner (Opportunism) 203

ist, häufig durch ein kooperatives Klima aus, welches wiederum die Opportunismusneigung reduziert.[1] Versucht hingegen der stärkere Geschäftspartner den Planungsprozess des Schwächern zu kontrollieren, so besteht für letztgenannten ein großer Anreiz, durch Verfälschung von Informationen den eigenen Entscheidungsraum zu vergrößern. So kann bspw. ein Automobilgroßhändler, je nach Interessenslage, bewusst falsche Angaben über das erwartete Absatzpotential leisten, um sich kostspielige Investitionen zu ersparen, oder höhere Unterstützung vom Produzenten zu erhalten.

In einer Studie über die Auswirkungen **wahrgenommener Unsicherheit** auf die Integrationsbestrebungen sowie Ergebnisse einer Geschäftsbeziehung kommt JOHNSON zu dem Ergebnis, dass „(...) dependence, flexibility, continuity expectations, and relationship age encouraged the distributor´s strategic integration of its supplier relationship.“[2] Strategische Integration wiederum nimmt einen positiven Einfluss auf finanzielle Ergebnisse der Beziehung. Unsicherheit spielt jedoch keine Rolle in den Integrationsbestrebungen seitens des Produzenten, noch beeinflusst es die finanziellen Ergebnisse der Beziehung.

KLEIN, FRAZIER und ROTH erstellen ein Modell, mit dem der Nachweis gelingt, dass die **Wahl internationaler Absatzkanäle** von der Möglichkeit des jeweiligen Marktes, opportunistisches Verhalten zu reduzieren oder auszuschließen, abhängt. „When the enforcement of contractual arrangements cannot be relied upon in the market, different degrees of forward integration are feasible alternatives.“[3] Die Autoren meinen, dass Unternehmen in einem frühen Stadium des Markteintritts bei hoher Unsicherheit des Marktes dazu tendieren, Zwischenhändler und Großhändler einzuschalten. Dies sichert unternehmerische Flexibilität und reduziert Gefahren des dynamischen Umfeldes. Umfelddynamik wird in zwei Dimensionen gemessen; einerseits mittels Volatilität (bspw. überraschende Handlungen der Absatzmittler oder der Konkurrenz), anderseits mittels Vielfalt (bspw. Anzahl der Endverbraucher oder der Konkurrenten in dem Markt).

---

[1] Provan/Skinner (Opportunism) 205

[2] Johnson (Interfirm Relationship) 4

[3] Klein/Frazier/Roth (Transaction Cost) 196

Bislang wurde Opportunismus stets aus einer **wertenden (moralischen) Sicht** beleuchtet; Unfaires Verhalten von Marktteilnehmern, welches gegen ethische Regeln verstößt und somit gebannt werden sollte. Dieser Betrachtungsweise entgegengesetzt, empfiehlt KOON HUAT LOW opportunistisches Verhalten in Geschäftsbeziehungen, da sich seiner Meinung zufolge Ziele und Aufgaben der Beziehung verändern und dementsprechend auch die Kosten-Nutzen Relation der Partner. Die Geschäftspartner sollten stets die investierten Ressourcen kontrollieren, um nicht von einem plötzlichen Ende der Beziehung negativ (und kostenintensiv) überrascht zu werden. „The idealistic, utopian view of building a long-term relationship must be tempered with the harsh reality that one should under certain circumstances actively and consciously play the market, seek out opportunities, and develop an opportunistic mentality."[1] Der **rechtzeitige Ausstieg** aus einer bestehenden und Wechsel zu einer anderen Geschäftsbeziehung würde die ökonomischen, politischen und sozialen Kosten der Beziehung, die niemals auf Unendlichkeit ausgerichtet war, reduzieren. „Under such circumstances, failure or success in industrial market planning is more assured by appreciation and understanding of the circumstances that favor short-term opportunistic relationships as opposed to long-term relationships."[2] Der Autor vorliegender Arbeit kann diesen Empfehlungen nur eingeschränkt folgen. Zweifelsfrei hat die Beantwortung der Frage <Welche Kosten und Nutzen sind mit der Aufrechterhaltung der bestehenden Beziehung im Vergleich zu einer neuen Beziehung verbunden?> maßgeblichen Einfluss auf den eigenen Geschäftserfolg, doch selbst bei langfristig negativen Ergebnissen dieses Vergleiches, erscheint eine klare und faire Beendigung der Geschäftsbeziehung unter langfristigen Aspekten erfolgversprechender als das kurzfristige Abschöpfen einer opportunistischen Rente.

---

[1] Koon Huat Low (Relationship) 23

[2] Koon Huat Low (Relationship) 23

*6.2.10 Vertragliche Bindungen*

Vertragliche Bindungen legen die **Rechte und Pflichten** der Geschäftspartner detailliert und verbindlich fest. Sie dienen als **Kontrollmechanismus**, der weit über die Regelung einmaliger Transaktionen hinausgeht und damit als Hierarchieersatz in einer partnerschaftlichen Beziehung fungiert. Über die Bedeutung von Verträgen für Geschäftsbeziehungen meinen LUSCH und BROWN „This area is also managerially important, because the misuse of contracts could create irreconcilable conflict and other forms of dysfunctional behavior that could ultimately harm channel member performance."[1]

Verträge bieten zwei wesentliche Vorteile für die Geschäftspartner. Erstens bieten sie den **Schutz des Rechtssystems** für den Fall, dass in der Beziehung etwas nicht funktioniert. Zweitens regeln sie die Beziehung, indem sie einen **Plan für die Zukunft** entwerfen. Damit dienen Verträge der Reduktion von Unsicherheiten, welche aus einer dynamischen Umwelt resultieren, anderseits geht mit dem Abschluss von Verträgen auch die Reduktion der eigenen Flexibilität einher.

Das klassische Vertragsrecht basiert auf diskreten Transaktionen und umfasst Regelungen für die Phasen „Angebot", „Annahme" und „Ausführung". Vergangene Transaktionen werden dabei nicht berücksichtigt. MACAULAY gelangt bereits 1963 zu dem Schluss, dass in gegenwärtigen Austauschprozessen „(...) a handshake, or common honesty an decency (...)"[2] auch in riskanten Transaktionen eine bedeutende Rolle einnehmen. Die Bedeutung expliziter Verträge für internationale Geschäftsbeziehungen ist zu hinterfragen. GUNDLACH und MURPHY stellen fest: „Though a contract may exist, these relationships [gemeint sind langfristige, komplexe Austauschbeziehungen, Anm. des Autors] endure for reasons beyond reliance on the law."[3] Die Autoren vermuten, dass neben der Wirkung klassischer Verträge insbesondere **ethisches Verhalten** der Geschäftspartner für **Stabilität in der Beziehung** sorgt. Erst durch Ethik kann auf unvorhergesehene, dynamische

---

[1] Lusch/Brown (Marketing Channels) 19

[2] Macaulay (Non-Contractual Relations) 58

[3] Grundlach/Murphy (Relational Marketing) 37ff

Veränderungen der Grundlagen der Beziehung im Interesse beider Partner reagiert werden. Ethik ist verbunden mit <good faith in contract> als Umschreibung für **Fairness und Streben nach angemessenem Verhalten.**[1] Ethik ist eng mit der Frage nach „Richtig“ und „Falsch“ und damit mit dem Konstrukt der Unternehmenskultur verbunden. Basis einer ethischen Beziehung ist die **Gleichheit der Partner**, das Einhalten von Versprechen sowie die moralische Verpflichtung der Geschäftspartner ihren Aufgaben und Zielen nachzugehen.[2] All diese Faktoren bilden einen normativen Vertrag zwischen den Geschäftspartnern.

Normative Verträge, welche implizit durch gemeinsame Erwartungen und Überzeugungen der Geschäftspartner vereinbart werden, sind von expliziten Verträgen abzugrenzen. **Normative Verträge** geben Information darüber, wie die Geschäftspartner ihre gegenseitigen Verpflichtungen sehen und bewerten. In Geschäftsbeziehungen ist es häufig unangebracht, rechtliche Schritte einzusetzen, da diese mit hohen Kosten und unerwünschten Konsequenzen verbunden sind. „In short, even when a hard contract exist, a normative contract can develop or exist that can be superordinate.“[3] Explizite und normative Verträge sind, ebenso wie diskrete Transaktionen und Beziehungstausch, nicht als dichotom, sondern als Eckpunkte eines Kontinuums zu verstehen. Abstufungen unterschiedlicher Vertragsformen werden von MACNEIL mittels des Konzeptes der <presentiation> vorgenommen.[4] „Presentiation is a concept used to denote the extent to which an explicit contract attempts to see into the future and explicitly state today (i.e., in the present) how various situations that might occur in the future would be handled if they were to occur (i.e., price inflation clauses in industrial purchasing contracts, express warranties that address product failure).“[5]

---

[1] Reiter (Contract) 106f

[2] Grundlach/Murphy (Relational Marketing) 39f

[3] Lusch/Brown (Marketing Channels) 19

[4] Macneil (Social Contract)

[5] Lusch/Brown (Marketing Channels) 20

Obgleich normative Verträge häufiger bei Beziehungsaustausch und explizite Verträge bei diskreten Transaktionen auftreten,[1] handelt es sich um zwei unterschiedliche Konstrukte. So wirkt bspw. ein normativer Vertrag bei der diskreten Transaktion des Kaufes einer Tageszeitung bei einer Münzeinwurfverkaufsstelle dahingehend, dass der Käufer nicht zwei Exemplare entnimmt und nur eines bezahlt und anderseits wird zwischen Franchisegeber und Franchisenehmer ein expliziter Vertrag als Grundlage für die Beziehung formuliert. Trotzdem werden ethische Prinzipien eher bei Beziehungsaustausch eingehalten, denn bei diskreten Transaktionen. Dementsprechend gehen LUSCH und BROWN davon aus, dass die Form des Vertrages in einer Geschäftsbeziehung von der Abhängigkeit und dem Alter, bzw. der Langfristorientierung der Beziehung bestimmt wird. Die Vertragsform ihrerseits beeinflusst das Verhalten der Geschäftspartner und deren Erfolg.[2]

### *6.2.11 Organisatorische Bindungen, Schnittstellen und Strukturelle Knoten*

Organisatorische Verbindungen, Schnittstellen und strukturelle Knoten sind Bündel von Kräften, welche **Hindernisse für die Beendigung** einer Geschäftsbeziehung schaffen. Obwohl einzelne Komponenten aus diesem Bündel (Gemeinsame technische und organisatorische Systeme, Nonretrievable Investments, Comparison Level of Alternatives und Adaptionen) dazu neigen, Beziehungen entweder zu stärken oder zu schwächen, können deren Wechselbeziehungen untereinander stärker sein, als die Summe der einzelnen Komponenten, wenn es darum geht, die Geschäftsbeziehung zusammen zu halten.

Organisatorische Verbindungen umfassen sämtliche **Aktivitäten** und **Prozesse**, welche den Austausch von Gütern, Dienstleistungen und Informationen zwischen den Geschäftspartnern ermöglichen. „*Operational linkages* capture the degree to which the systems, procedures, and routines of the buying and selling organizations have been linked to facilitate operations."[3] Häufig wird die Verbindung zwischen den Partnern durch **technische Einrichtungen**, bspw. durch computerunterstützte

[1] Grundlach/Murphy (Relational Marketing) 37ff

[2] Lusch/Brown (Marketing Channels) 21

[3] Cannon/Perreault (Buyer-Seller Relationships) 442 [Hervorhebung im Original]

Lagerhaltungs- und Bestellsysteme erzielt. FRAZIER, SPEKMAN und O´NEAL analysieren Voraussetzungen und Verbundwirkung von **Just-in-time Programmen**.[1] Geht es um Elimination sämtlicher Abfälle aus Produktion und Lieferung,[2] so wird die Bedeutung der organisatorischen Verbindung offensichtlich. Elimination sämtlicher Abfälle verlangt nach Exaktheit und Ausschluss von Schwankungen und Ungenauigkeiten. „Shipping the exact quantities of the part or material ordered and scheduling shipments on a precise timetable as parts or materials are needed in the OEM`s production process are two fundamental elements of a JIT system."[3] Diese extreme Form der Koordination verlangt nach vernetzten Informationssystemen. Es hat sich gezeigt, dass die Schaffung einer gemeinsam genutzten Technologie in der Anfangsphase einer Geschäftsbeziehung eine Belastung darstellt, wenn diese Technologie jedoch einmal funktioniert, führt sie zu einer stärkeren Bindung zu dem Geschäftspartner.

Während sich auch die IMP-Gruppe vorrangig mit technologischer Bindung beschäftigt, erwähnen ANDERSON und NARUS die verbindende Wirkung **gemeinsamer Marketing Programme**.[4] Strukturelle Bindungen entwickeln sich mit der Zeit. Investitionen in die Beziehungen, Anpassungen an den Geschäftspartner und gemeinsames Know-How werden solange aufgebaut, bis ein Punkt erreicht ist, an dem es sehr schwer wird, die Geschäftsbeziehung zu beenden.

---

[1] Frazier/Spekman/O´Neal (Just-in-time)

[2] Ziel der JIT-Programme ist die Elimination sämtlicher Abfälle, verstanden als „(...) anything other than the minimum amount of equipment, materials, parts, and workers that is absolutely essential to production." Frazier/Spekman/O´Neal (Just-in-time) 53

[3] Frazier/Spekman/O´Neal (Just-in-time) 53

[4] Anderson/Narus (Model) 42

### *6.2.12 Soziale Bindungen und Soziale Normen*

Die Begriffe <soziale Bindungen>, <soziale Beziehungen> und <soziale Normen> umfassen relativ unscharf alle **zwischenmenschlichen Aspekte** einer Geschäftsbeziehung. KIM subsummiert diese Begriffe in dem Konstrukt des **Beziehungsklimas**. „Channel climate is defined as channel members´ collective perception about the social setting for an exchange."[1]

Aufgrund der Komplexität der industriellen Transaktionen ist der Abschluss eines alle Eventualitäten umfassenden Vertrages unrealistisch. Soziale Beziehungen zwischen den Geschäftsparteien können den Vertragsabschluss vereinfachen und Vertrauen an Stelle komplizierter Klauseln stellen. Deswegen fordern GADDE und HAKANSSON „There must be space in which informal, personal one-to-one contact takes place."[2] Gute soziale Beziehungen reduzieren die Gefahr affektiver Konflikte. **Affektive Konflikte** sind durch eine feindliche, frustrierte und ärgerliche Einstellung dem Geschäftspartner gegenüber gekennzeichnet. JAP, MANOLIS und WEITZ schildern den Fall eines affektiven Konfliktes mit einem Verkäufer in den Worten eines Käufers: „When he first came down – he came from the Cleveland area – he was a bit cocky. And he kind of came in here like, <well, this is what you´re going to do and this is what I want you to do and this is how we do it in Cleveland.> And I don´t care. Because this isn´t Cleveland."[3]

**Soziale Normen** sind gemeinsame Erwartungen bezüglich des Verhaltens des Partners. Geschäftspartner, die stabile langfristige Beziehungen anstreben, müssen einen internen Kontroll- und Regelmechanismus schaffen, welcher im Stande ist, Unsicherheiten, Konflikte und Opportunismus, sowie Bürokratie und Ineffizienzen unfreiwilliger Kooperation durch Hierarchie oder durch Integration einer externen Kontrollbehörde, zu reduzieren. Derartige Kontrollmechanismen wirken selbstregulierend und bestimmen die Rechte und Pflichten einer „(...) minisociety with a vast array of norms beyond those centered on the exchange and its immediate

---

[1] Kim (Interfirm Power) 389

[2] Gadde/Hakansson (Purchasing) 62

[3] Jap/Manolis/Weitz (Relationship Quality) 305

process."[1] JAP, MANOLIS und WEITZ stellen fest, dass die Qualität einer Anbieter-Käufer Beziehung auch durch **Freundlichkeit** und die **Möglichkeit, Fragen zu stellen** gekennzeichnet ist. „Higher quality buyer-seller relationships should exhibit higher levels of friendliness as compared with lower-quality relationships because friendliness helps set the tone for an interaction or meeting by encouraging parties to share openly and collaboratively."[2] Freundlichkeit unterstützt die Möglichkeiten persönlicher Einflussnahme und schafft damit Voraussetzungen für erfolgreiche Verhandlungen. Freundlichkeit ist eine wichtige Dimension interpersönlichen Verhaltens und wird vorrangig nonverbal kommuniziert. Gute soziale Beziehungen unterstützen ebenso ein positives Gesprächsklima, in dem offen Fragen gestellt werden können. Es scheint jedoch, dass die Anzahl der gestellten Fragen mit sinkender Qualität der Beziehung ansteigt. JAP, MANOLIS und WEITZ vermuten, dass „(...) asking more questions leads to, or is exacerbated by, potentially higher levels of conflict in lower-quality relationships."[3] Häufig werden Fragen als taktisches Instrument bei Verhandlungen eingesetzt. In diesen Fällen dienen sie dazu, den Druck auf den Geschäftspartner zu erhöhen.

Ein weiteres Indiz intakter sozialer Beziehungen ist eine annähernd gleiche **Verteilung der Gesprächszeit** der Geschäftspartner in Verhandlungen. Gute soziale Beziehungen zeichnen sich durch ausgeglichene Anteile an Verhandlungen aus, bei denen jeder der Geschäftspartner gleichberechtigt seine Anliegen äußern kann. Umgekehrt formuliert „One would expect that under conditions of low relationship quality, a more aggressive exchange partner might try to exert power or influence outcomes by talking a disproportionately higher percentage of time relative to a less aggressive partner."[4]

[1] Macneil (Contracts) 860

[2] Jap/Manolis/Weitz (Relationship Quality) 306

[3] Jap/Manolis/Weitz (Relationship Quality) 306

[4] Jap/Manolis/Weitz (Relationship Quality) 306

*6.2.13 Komplexität und Struktur der Interaktionen*

GADDE und HAKANSSON berichten in einer Studie von einer Geschäftsbeziehung, in der rund 600 Mitarbeiter eines Unternehmens regelmäßig mit 200 Mitarbeitern der Geschäftspartnerorganisation verhandelten. In einem anderen Fall trafen sich die technischen Abteilungen der Partnerunternehmen zweimal jährlich, ohne dass dies der wirtschaftlichen Leitung bekannt war.[1] Beide Fälle zeigen, welch komplexe und unüberschaubare Formen internationale Geschäftsbeziehungen annehmen können. **Komplexität** bedeutet **Interdependenz der einzelnen Interaktionen**, der persönlichen Kontakte und Interaktionsmuster, zwischen den Geschäftspartnern.

Komplexität verlangt nach **Koordination der Aktivitäten** bzw. nach einer Struktur der Beziehung. **Strukturen** stellen **langfristige Charakteristika** der Geschäftsbeziehung dar, welche zu konsistenten Rollenmustern der Geschäftspartner führen. „Role patterns are a channel member´s expectations and executions of tasks and responsibilities in relation to other trading partners."[2]

Strukturen resultieren aus dominanten Verhaltensnormen, welche von beiden Geschäftspartnern als für die Beziehung relevant betrachtet werden. Damit können Strukturen aus gemeinsamen Zielen, Investitionen oder Kommunikation entspringen. Ebenso beeinflussen auch die Faktoren Eigentum und Kontrolle die Entstehung von Geschäftsbeziehungsstrukturen.[3] Dabei folgt die Struktur vertraglichen und rechtlichen Grenzen. Planung, Interaktion und Kontrolle variieren entsprechend der Rechte der Geschäftspartner. Häufig wird zur Beschreibung von Strukturen das **Ausmaß der Formalisierung** sowie der **Zentralität** herangezogen. „In a channel setting, formalization is defined as the degree to which rules, fixed policies, and procedures govern channel activities."[4] Vorschriften und Verhaltensregeln sollen dazu beitragen, Kosten des Austausches zu reduzieren. Die Zentralität beschreibt das Ausmaß, in dem Entscheidungsautorität nur einem der Geschäftspartner zufällt. Dabei stellt Entscheidungsautorität einen Machtvorteil dar.

---

[1] Gadde/Hakansson (Purchasing) 63

[2] Boyle/Dwyer (Distribution Channels) 190

[3] Boyle/Dwyer/Robicheaux/Simpson (Influence Strategies) 114

[4] Boyle/Dwyer (Distribution Channels) 190

Einen weiteren interessanten Ansatz verfolgen YOUNG, GILBERT und McINTYRE, welche das, aus der Konsumentenverhaltensforschung wohl bekannte, Konzept des **Involvement** auf industrielle Anbieter-Käufer Situationen anwenden. Die Autoren verstehen unter Involvement „(...) the extent to which exchange interactions are distributed across organizational boundaries and hierarchically within the firm.“[1] Ein hohes Maß an Involvement lässt auf eine langfristige Geschäftsbeziehung schließen. Diskrete Transaktionen hingegen weisen nur ein geringes Maß an Involvement auf. In derartigen Transaktionen ist meist nur eine Verkäufer involviert.

*6.2.14 Wertgenerierung und Kosten-Nutzen Relation*

Eine zentrale Aufgabe internationaler Geschäftsbeziehungen liegt darin, **Werte** oder **Nutzen** zu schaffen bzw. **Kosten** des Austausches zu reduzieren. „Thus value creation and value sharing can be regarded as the raison d´être of collaborative customer-supplier relationships.“[2] Durch den langfristigen Charakter und die Vielzahl an gebundenen Ressourcen verursachen internationale Geschäftsbeziehungen jedoch auch hohe Kosten für die beteiligten Unternehmen. Diese fallen insbesondere in den Bereichen der Kommunikation und Informationsübertragung sowie der geschäftspartnerspezifischen Adaptionen an.

**Kommunikations- und Informationskosten** sind zu Beginn der Beziehung von Bedeutung. In dieser Phase müssen die Geschäftspartner einander kennen lernen und sich mit dem Leistungspotential des Anderen sowie gemeinsamen Wertschöpfungsmöglichkeiten vertraut machen. Generell sinken derartige Kosten im Verlauf der Beziehung. Ähnlich verhält es sich mit den **Adaptionskosten**. Anpassungen an die Wünsche des Partners stehen meist zu Beginn der Geschäftbeziehung und bilden häufig eine Voraussetzung für die erstmalige Transaktion. In späteren Phasen der Beziehung reduziert sich meist der Anpassungsbedarf und damit die Kosten. Zusammenfassend kann festgehalten werden, dass insbesondere zu Beginn der Geschäftsbeziehungen Kosten anfallen, die in späteren Phasen durch Einsparungen, höhere Preise oder technische Entwicklungen verdient werden müssen. Die Erträge

[1] Young/Gilbert/McIntyre (Relationalism) 141

[2] Anderson (Business Markets) 348

der Geschäftsbeziehungen wachsen mit Fortdauer der Beziehung an. Deshalb sprechen GADDE und HAKANNSON in diesem Zusammenhang von Investitionen in die Geschäfts- beziehungen. „An investment is made on an occasion (in one period of time), and is expected to provide return over several periods, while a cost is associated with an activity the return on which is expected to come during the same period."[1] Den Zusammenhang zwischen Gewinn und Zeit in internationalen Geschäftsbeziehungen aus der Sichtweise des Verkäufers zeigt nachfolgende Abbildung.

**Abbildung 49: Gewinn pro Jahr in einer exemplarischen Geschäftsbeziehung**

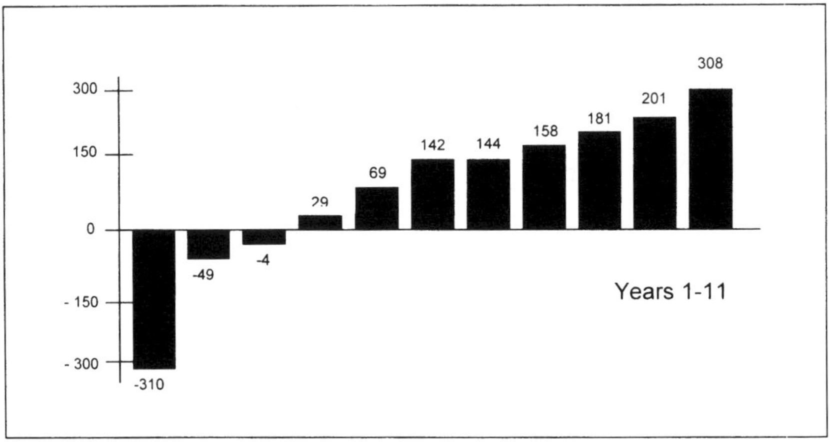


Quelle: Gadde/Hakansson (Purchasing) 67

Aus der Abbildung lässt sich klar erkennen, dass es einige Jahre dauert, bis der Break-Even Point der Geschäftsbeziehung erreicht ist. Dementsprechend kann die Effizienz eines Unternehmens gesteigert werden, indem bestehende Beziehungen ausgebaut werden und die Kundenakquisition reduziert wird. Selbstverständlich können derartige Empfehlungen niemals pauschal Gültigkeit besitzen und die oben stehenden Zahlen dürfen hinterfragt werden (bspw. Wie werden Synergien der Geschäftsbeziehung gemessen, wie technische Innovationen bewertet? etc.). Doch

[1] Gadde/Hakansson (Purchasing) 66

die Grundaussage, dass Beziehungen zunächst Kosten verursachen und erst später Erträge abwerfen kann aufrecht erhalten werden.

Ausführlich beschäftigen sich KALWANI und NARAYANDAS mit der Frage der **Profitabilität langfristiger Geschäftsbeziehungen**. Sie untersuchen in einer explorativen Querschnittstudie[1] den Effekt langfristiger Beziehungen auf den Umsatz, die Lagerumschlagshäufigkeit, die Gewinnspanne sowie den ROI. Mittels non-parametrischer Tests vergleichen die Autoren jeweils 76 Unternehmen, welche langfristige Beziehungen pflegen, mit solchen, deren Geschäft auf singulären Transaktionen beruhen. Dabei gelangen sie zu dem Ergebnis, dass am Ende der Beobachtungsperiode jene Unternehmen, welche langfristige Beziehungen unterhalten, eine stärkere Umsatzwachstumsrate, eine Steigerung der Lagerumschlagshäufigkeit (in der Kontrollgruppe stagnierte diese Kennziffer), geringere Bruttospannen, jedoch deutlich höhere ROI aufweisen.[2] KALWANI und NARAYANDAS gelangen zu der Überzeugung, dass diese durchwegs positiven Ergebnisse langfristiger Geschäftsbeziehungen auf **Lerneffekten** basieren. „To this end, there will be a difference in the level of skills, other organizational factors, and the performance level of the two firms each pair, over time."[3] Das Fokussieren auf bestehende Kunden geht durchaus mit unternehmerischen Wachstum einher.

---

[1] Beobachtungszeitraum 6 Jahre

[2] Kalwani/Narayandas (Relationships) 9ff

[3] Kalwani/Narayandas (Relationships) 13

# 7 Resümee und Ausblick

Zunächst werden der Gedankengang und die wichtigsten Erkenntnisse vorliegender Arbeit zusammengefasst. Nachfolgender Ausblick skizziert weitere Forschungsfelder und mögliche Aufgabenstellungen.

## 7.1 Resümee

Vorliegende Arbeit geht von der Beobachtung aus, dass die Globalisierung auf Unternehmensebene eine zunehmende Verflechtung internationaler Geschäftstätigkeit bedingt. Häufig knüpfen Unternehmen internationale Geschäftsbeziehungen, um ihre Wettbewerbsfähigkeit zu erhöhen und Kosten zu senken. Unter internationalen Geschäftsbeziehungen werden wiederholte Transaktionen zwischen zwei rechtlich autonomen Partnern unterschiedlicher Organisationen und nationaler Herkunft ab dem Zeitpunkt des ersten Geschäftsabschlusses verstanden. Die Transaktionen werden von wirtschaftlichen Interessen geleitet und basieren auf einer inneren Verbindung, welche nicht notwendigerweise ein legaler Kontrakt, noch eine starke persönliche Bindung sein muss. Wenn zufriedenstellende internationale Geschäftsbeziehungen zu einer Grundvoraussetzung unternehmerischen Erfolges werden, so drängt sich unweigerlich die Frage nach jenen Faktoren auf, welche für die Herausbildung von Zufriedenheit in internationalen Geschäftsbeziehungen verantwortlich sind. Der Beantwortung dieser Frage widmet sich gegenständliche Arbeit.

Zunächst wird die **Grundprämisse literaturgestützt überprüft** und nach den **Motiven und Nutzenerwartungen internationaler Geschäftsbeziehungen** gefragt. Aus organisationstheoretischer Perspektive leisten insbesondere Neue Institutionenökonomische-, Interorganisations- und Politökonomische Theorien wertvolle Hinweise für die **Motive** der Entstehung internationaler Geschäftsbeziehungen. Demnach lässt sich Unterfrage 1 („Warum entstehen internationale Geschäftsbeziehungen?") mit dem Zwischenergebnis in Kapitel 2.4 umfassend beantworten.

Wichtige Motive stellen dabei das Streben nach Reduktion von Kosten und der wahrgenommenen Unsicherheit des Austausches dar. Geschäftsbeziehungen sollen Wettbewerbsvorteile erzielen, zu Effizienz- und Innovationsgewinnen führen und den Zugang zu limitierten Ressourcen verbessern. Dabei scheinen Beziehungen umso stabiler zu sein, je größer die Aussicht auf künftige Gewinne, je höher die transaktionsspezifischen Investitionen und je weniger Personen involviert sind. Geschäftspartner führen eine Kosten-Nutzen Bilanz der Beziehung mittels der sie über Erfolg oder Misserfolg der Partnerschaft entscheiden. Erst wenn die Partner einander vertrauen steigt die Bereitschaft, in die Beziehung verstärkt zu investieren. Geschäftsbeziehungen können jedoch auch aus der Perspektive der Überlebenssicherung betrachtet werden. Dabei stellen stabile Geschäftsbeziehungen eine Möglichkeit dar, Ressourcen die nicht in der eigenen Organisation vorrätig sind zu beziehen. Die entstehenden Handlungsspielräume der Geschäftspartner können durch den Aufbau und Einsatz von Macht möglichst reduziert werden. Schließlich dienen Geschäftsbeziehungen auch der Reduktion sachlicher, zeitlicher und relationaler Komplexität der Umwelt oder stellen eine Anpassung an Erwartungen der Gesellschaft dar. Wird die Umwelt von Unternehmen als Selektionskriterium betrachtet, so stellen Geschäftsbeziehungen eine Möglichkeit dar, Wandel innerhalb des Unternehmens zu initiieren um dadurch überlebensfähig zu bleiben.

Teils auf Ansätzen der Organisationstheorie aufbauend, beschäftigt sich Kapitel 3 stärker mit den **Nutzenerwartungen** der Geschäftspartner (Unterfrage 2: „Welche Nutzenerwartung knüpfen die Geschäftspartner an internationale Beziehungen?") und mit konkreten Hinweisen für eine umfassende Analyse von Geschäftsbeziehungen. Die Marketingsichtweise dient schließlich der Ableitung von Maßnahmen zur Umsetzung eines Beziehungsmanagements. Die Gestaltung von Beziehungen zu der Umwelt stellt eine zentrale Aufgabe des Relationship Marketing dar. Unternehmen richten ihr Angebot nicht länger auf einen anonymen Massenmarkt aus, sondern versuchen möglichst exakt den Wünschen und Bedürfnissen individueller Kunden zu entsprechen. Dabei stellt der Verkauf erst den Anfang der Marketingaktivitäten dar. Der Aufbau und die Pflege langfristiger Beziehungen verlangt ein Umdenken in den Unternehmen.

Langfristige Beziehungen basieren auf dem Einhalten von Versprechen, dem Teilen von Vorteilen, regelmäßigen Interaktionen und gegenseitigem Vertrauen. Dies trifft insbesondere für Geschäftsbeziehungen in industriellen Märkten zu. Industriegütermärkte zeichnen sich durch eine höhere Markttransparenz, komplexere Leistungsbündel, abgeleiteten Bedarf und organisationales Beschaffungs- bzw. Verkaufsverhalten aus. Die Interaktionsansätze von KUTSCHKER und KIRSCH sowie der IMP–Gruppe berücksichtigen diese Besonderheiten. Sie gelangen zu dem Ergebnis, dass Geschäftsbeziehungen geprägt werden vom Streben nach Kostenersparnissen und dem Zugang zu Know-how des Partners, von Macht und Abhängigkeit, von Einflussnahmen der Geschäftspartner, von Konflikten und Kooperationen, von sozialer Distanz und Kommunikation, von Adaptionen und Vertrauen sowie Selbstverpflichtung und Zielen, Erfahrungen, Ressourcen und Technologie. Geschäftsbeziehungen engen den Handlungsspielraum der beteiligten Unternehmen ein.

Internationale Geschäftsbeziehungen existieren nicht losgelöst von ihrem Umfeld. Dementsprechend stellt sich insbesondere die Frage nach **kulturellen Einflussfaktoren** auf die Geschäftsbeziehung (Unterfrage 3: „Wie üben kulturelle Faktoren Einfluss auf internationale Geschäftsbeziehungen aus?"). Diese Frage wird mit dem in vorliegender Arbeit entwickelten „**dynamischen Fünf-Schicht Modell**" zur Analyse des Einflusses von Kultur auf internationale Geschäftsbeziehungen beantwortet. Das Modell umfasst die Schichten der Nationalkultur, Branchenkultur, Unternehmenskultur, Subkultur und Geschäftsbeziehungskultur. Die Entstehung der Geschäftsbeziehungskultur als verhaltenssteuerndes System gemeinsamer Grundannahmen, Werte und Regeln wird alternativ als Ergebnis einer Akkulturation bzw. der Ausbildung einer Dritt-Kultur erklärt, wobei letzterem Ansatz in der Mehrzahl der Fälle der Vorzug zu geben ist. Dabei scheint die Bereitschaft zur Entwicklung einer Geschäftsbeziehungskultur maßgeblich von der Bedeutung der Eigenkultur abhängig zu sein. Auch die Größe der kulturellen Distanz zwischen den Nationalkulturen, Unternehmenskulturen und Subkulturen dürfte Einfluss auf die Möglichkeit des Auftretens und das Ausmaß von Konflikten nehmen.

Kapitel 5 beschäftigt sich mit den Grundlagen der **Zufriedenheit** und macht deutlich, dass Zufriedenheit eine **subjektive, emotionale Reaktion auf einen kognitiven Vergleichsprozess** zwischen wahrgenommenen Wertgewinn (als Resultat des Kaufs) und erwartetem Wertgewinn (vor dem Kauf) darstellt. Da Zufriedenheit nicht direkt beobachtbar ist, kommt der Konzeption des hypothetischen Konstruktes große Bedeutung zu. Auf Basis der umfassenden Darstellung empirischer Forschungsergebnisse in Kapitel 6 wird Zufriedenheit in internationalen Geschäftsbeziehungen zunächst als ein mehr**faktorielles** Konstrukt konzipiert. Folgende **Faktoren** konnten identifiziert werden: Verpflichtung (Kap. 6.2.1), Vertrauen (Kap. 6.2.2), Abhängigkeit, Interdependenz und Macht (Kap. 6.2.3), Kooperation und Konflikt (Kap. 6.2.4), gemeinsame Grundannahmen, geteilte Werte und gemeinsame Ziele (Kap. 6.2.5), Informationsaustausch und Kommunikation (Kap. 6.2.6), Anpassungen (Kap. 6.2.7), spezifische Investitionen (Kap. 6.2.8), Opportunismus (Kap. 6.2.9), vertragliche Bindungen (Kap. 6.2.10), organisatorische Bindungen, Schnittstellen und strukturelle Knoten (Kap. 6.2.11), soziale Bindungen und soziale Normen (Kap. 6.2.12), Komplexität und Struktur der Interaktionen (Kap. 6.2.13) sowie Wertgenerierung und Kosten-Nutzen Relation (Kap. 6.2.14).

Es wurde bereits darauf hingewiesen, dass die Vielzahl an Faktoren, welche die Entstehung von Zufriedenheit mit internationalen Geschäftsbeziehungen beeinflussen, einer weiteren Ordnung unterzogen werden müssen. Eine Unterteilung des Zufriedenheitskonstruktes in die **Dimensionen** <Ökonomische Zufriedenheit> und <Nicht ökonomische Zufriedenheit> erscheint hilfreich. Damit wird Zufriedenheit mit internationalen Geschäftsbeziehungen als **mehrdimensionales, mehrfaktorielles Konstrukt** konzipiert.[1]

**Ökonomische Zufriedenheit** bezeichnet die Zufriedenheit einer Geschäftspartei hinsichtlich jener Faktoren, die sich auf ökonomische Größen beziehen. Damit basiert die ökonomische Zufriedenheit bspw. auf der ökonomischen Kosten-Nutzen Relation der Beziehung, auf Investitionen, die getätigt werden sowie auf transaktionsspezifischen Anpassungen und technischen Bindungen. Ökonomische Zufriedenheit bedeutet Zufriedenheit „(...) with the general effectiveness and

[1] Homburg/Giering (Konzeptualisierung) 114

productivity of the relationship with its partner, as well as with the resulting financial outcomes."[1]

**Nicht-ökonomische Zufriedenheit** basiert auf den nicht wirtschaftlichen, psycho-sozialen Inhalten einer Geschäftsbeziehung. Dazu zählen bspw. Vertrauen, Verpflichtung sowie soziale Bindungen. Nicht-ökonomische Zufriedenheit nimmt einen positiven Einfluss auf die Geschäftsbeziehung, da die Partner gemeinsame Interaktionen positiv und angenehm empfinden. „A channel member satisfied with the non-economic aspects of the relationship appreciates the contacts with its partner and, on a personal level, likes working with it because it believes the partner is concerned, respectful, and willing to exchange ideas."[2]

Nachfolgend werden die einzelnen Faktoren den Dimensionen „Ökonomische Zufriedenheit> und <Nicht-ökonomische Zufriedenheit> zugeordnet. Die Zuordnung erfolgt aufgrund der persönlichen Einschätzung des Autors basierend auf der Analyse empirischer Studien in Kapitel 6. Sie ist akzentuierend zu verstehen, da viele Faktoren Aspekte beider Dimensionen beinhalten.

---

[1] Geyskens/Steenkamp/Kumar (Meta-Analysis) 224

[2] Geyskens/Steenkamp/Kumar (Meta-Analysis) 224

Tabelle 46: Zufriedenheitsfaktoren internationaler Geschäftsbeziehungen

| Zufriedenheitsfaktoren internationaler Geschäftsbeziehungen | | |
|---|---|---|
| **Konstrukt** | **Dimension** | **Faktoren** |
| ZUFRIEDENHEIT | **Ökonomische Zufriedenheit** | Kalkulatives Commitment (Verpflichtung) |
| | | Austauschbarkeit (Abhängigkeit) |
| | | Wertgenerierung und Kosten-Nutzen Relation |
| | | Anpassungen |
| | | Spezifische Investitionen |
| | | Opportunismus |
| | | Vertragliche Bindungen |
| | | Organisatorische Bindungen |
| | | Komplexität und Struktur der Interaktionen |
| | **Nicht-Ökonomische Zufriedenheit** | Affektives Commitment (Verpflichtung) |
| | | Vertrauen |
| | | Motivationale Investments (Abhängigkeit) |
| | | Kooperation |
| | | Konflikt |
| | | Macht |
| | | Gemeinsame Grundannahmen und Werte |
| | | Gemeinsame Ziele |
| | | Informationsaustausch |
| | | Soziale Bindungen |
| | | Kommunikation |

Im Rahmen der gegenständlichen Arbeit erfolgt erstmalig eine Synthese einer umfassenden organisationstheoretischen-, marketingtheoretischen- und interkulturellen Betrachtung des Untersuchungsobjektes internationaler Geschäftsbeziehungen. Dadurch gelingt die Identifikation und Zuordnung von Kernfaktoren, welche für die Zufriedenheit in internationalen Geschäftsbeziehungen maßgeblich sind. Gleichzeitig versteht sich die Arbeit als Wegweiser für eine Indikator- enentwicklung, welche für eine Messung der Faktoren unumgänglich ist. Damit hat der Verfasser vorliegender Arbeit eine fundamentale Basis sowohl für Wissenschaft als auch Praxis gelegt. Den Praktiker mag insbesondere das „dynamische Fünf-Schicht Modell“ zur kritischen Hinterfragung der eigenen Bereitschaft des Eingehens grenzüberschreitender Geschäftsbeziehungen anregen. Wertvolle Hinweise erhält er auch aus Kapitel 6, in dem detailliert die Kernfaktoren eines Beziehungs- managements aufgezeigt werden. Für den Wissenschafter bieten sich nachfolgend angeführte Forschungsvorhaben.

## 7.2 Ausblick

(1) Zunächst erscheint die Durchführung einer Metaanalyse mit dem Ziel der Ordnung sowie Untersuchung auf Überschneidungen der aufgelisteten Faktoren aus Kapitel 6.2 besonders erfolgversprechend. Die **Metaanalyse** ist eine Methode, um Unstimmigkeiten zwischen empirischen Befunden sowie konfligierenden Untersuchungsergebnissen zu erklären und darauf aufbauend Erkenntniszuwächse zu generieren.[1] Die <Analyse der Analysen> wirkt gleichermaßen zusammen-fassend, strukturierend und integrierend. Der Begriff Metaanalyse wurde von GLASS bereits 1976 in die sozialwissenschaftliche empirische Forschung eingeführt, obwohl bereits davor metaanalytische Arbeiten veröffentlicht wurden.

Der Begriff der Metaanalyse bezeichnet keine einheitliche Methodik, sondern eine Gruppe von Verfahren, mit denen die **Ergebnisse verschiedener Untersuchungen** eines Forschungsbereichs **quantitativ zusammengefasst werden**. Gleichzeitig wird die **Gültigkeit (Validität)** solcher zusammenfassender Aussagen in einem interessierenden Forschungsgebiet **erhöht** und die Beziehung der Ausprägungen von ähnlichen Variablen analysiert. Die statistischen Maßnahmen umfassen Regeln zur Erhöhung der Objektivität der Metaanalyse sowie Techniken zur quantitativen Beschreibung und Integration von Effekten, zur Absicherung der Aussagen gegenüber Zufallsfehlern und zur Interpretation der erhaltenen Befunde.[2] „The essence of meta-analysis is comparison of similar but not necessarily identical estimates of quantities measured in different settings – that is, under various treatments in a sort of natural experimental design."[3]

Dieses „quasi-experimentelle" Design grenzt die Metaanalyse von anderen Verfahren der Ergebniszusammenfassung (insbesondere narrativen Literaturreviews) ab, welchen mangelnde Einhaltung wissenschaftlicher Standards wie bspw. das Fehlen der Dokumentation der Selektionskriterien vorgeworfen wird. Die Metaanalyse stellt eine besondere Form der Sekundäranalyse dar. Im Vorgehen und in der Datenerhebung ist sie mit einer Primäranalyse vergleichbar. Zu letzterer grenzt sie sich

---

[1] Fricke/Treinies (Einführung Metaanalyse) 1

[2] Fricke/Treinies (Einführung Metaanalyse) 1

[3] Farley/Lehmann (Meta-Analysis) 1

jedoch dadurch ab, als nicht Personen mit Hilfe eines Erhebungsinstrumentes analysiert werden, sondern Forschungsberichte auf der Grundlage eines fragebogenähnlichen Kodierungsbogen zusammengefasst werden.[1] Somit kann der Ablauf der Metaanalyse in leicht abgeänderter Form von einem typischen (Primär-) Marktforschungsprozess übernommen werden.

(2) Aufbauend auf den Ergebnisse der Metaanalyse könnte eine **Ableitung zielführender Indikatoren** zur Messung der identifizierten Faktoren erfolgen. Dabei würde sich eine Zusammenstellung möglicher Indikatoren aus unterschiedlichen empirischen Studien – wie in nachfolgender Tabelle angedeutet - bieten. Zusätzlich sollten jedoch die statistischen Ergebnisse der Indikatoren zur Konzeption des Erhebungsinstrumentes herangezogen werden.

**Tabelle 47: Beispiel: Mögliche Indikatoren zur Messung von Kooperation**

| Autor | Faktor | Indikator |
|---|---|---|
| Andaleeb (Behavioral Intentions) | Kooperation | 1. [der Käufer] sollte mit [dem Verkäufer] bei der Produktentwicklung zusammenarbeiten.<br>2. [der Käufer] sollte sich bemühen mit [dem Verkäufer] als Team zu arbeiten.<br>3. [der Käufer] sollte eine harmonische Beziehung zu [dem Verkäufer] aufbauen und erhalten.<br>4. [der Käufer] sollte nicht mit [dem Verkäufer] kooperieren. |
| Baker/ Simpson/ Siguaw/ (Market Orientation) | Kooperationsnormen | 1. Egal wessen Schuld, Probleme sind gemeinsame Verantwortung.<br>2. Beide Seiten kümmern sich um die Profitabilität des Partners.<br>3. Eine Seite nutzt eine starke Verhandlungsposition nicht aus.<br>4. Beide Seiten sind zu Veränderungen der Zusammenarbeit bereit.<br>5. Wir müssen zusammen arbeiten um erfolgreich zu sein.<br>6. Wir haben kein Problem dem anderen Vorteile zukommen zu lassen. |
| Boyle/ Dwyer (Distribution Channels) | Leistung der Beziehung | 1. Mit meinem Lieferanten habe ich eine effiziente Arbeitsbeziehung.<br>2. Die Koordination mit meinem Lieferanten läuft problemlos.<br>3. Jeder Planungs- und Austauschprozess mit diesem Lieferanten wird erfolgreich abgeschlossen.<br>4. Insgesamt betrachtet, funktioniert die Erfüllung unserer Aufgaben sehr gut. |

[1] Lipsey (Variabels) 121

(3) Schließlich müsste das **empirische Forschungsdesign** sowohl auf die **Besonderheiten des Industriegütermarketings**, als auch auf jene der **internationalen Marktforschung** abgestimmt werden. Das in der Metaanalyse entworfene Modell könnte nachfolgend einer **kausalanalytischen Überprüfung** unterzogen werden. Spannend scheint hierbei insbesondere eine Auseinandersetzung mit nationalspezifisch bedingten Unterschieden in der Bedeutung der einzelnen Faktoren für die Zufriedenheit. Zusätzlich dürfte die Bedeutung der einzelnen Faktoren auch von der jeweiligen Phase des Lebenszyklus der Geschäftsbeziehung abhängen.

(4) Weiterführenden Forschungsbedarf sieht der Verfasser in dem von ihm entworfenen „**dynamischen Fünf-Schicht Modell**" zur Analyse des Einflusses von Kultur auf internationale Geschäftsbeziehungen. Insbesondere der dynamische Aspekt des Modells und somit die Frage der Entstehung und Wirkung der Beziehungskultur bedarf weiterführender Analysen. Darüber hinaus lässt sich das Modell sehr gut mit den **Lebenszyklusmodellen** von Geschäftsbeziehungen verknüpfen.

Der Verfasser vorliegender Arbeit ist überzeugt, einen Beitrag zum besseren Verständnis eines zunehmend bedeutenden Themas in Wissenschaft und Praxis geleistet zu haben und hofft, dass die aufgezeigten weiterführenden Forschungsvorhaben in naher Zukunft realisiert werden.

# Literaturverzeichnis


ABRAHAMSON Eric / FOMBRUN Charles J. (Networks) Forging the Iron Cage: Interorganizational Networks and the Production of Macroculture, in: Journal of Management Studies, vol. 29, 1992, p. 175-194

ABRAHAMSON Eric / FOMBRUN Charles J. (Macorcultures) Macrocultures: Determinats and Consequences, in: The Academy of Management Review, vol.19, 1994, p. 728-747

ALBAUM Gerald / STRANDSKOV Jesper / DUERR Edwin (Internationales Marketing) Internationales Marketing und Exportmanagement, München: Pearson Studium 2001

ALBRECHT Karl (Service) At America´s Service: How Corporations can Revolutionize the Way they treat their Customers, Homewood: Dow Jones Irwin 1988

ALLAIRE Yvan (Theories) Theories of Organizational Culture, in: Organizational Studies, vol. 5, 1984, p.193-226

ALCHIAN Armen A. / DEMSETZ Harold (Property Rights) The Property Rights Paradigm, in: Journal of Economic History, vol. 33, 1973, p. 16-27

ALDRICH Howard E. (Evolving) Organizations Evolving, London: Sage Publications 1999

ALDRICH Howard E. (Organizations) Organizations and environments, Englewood Cliffs: Prentice Hall 1979

ALLEN Natalie J. / MEYER John P. (Commitment) The Measurement and Antecedents of Affective, Continuance, and Normative Commitment to the Organization, in: Journal of Occupational Psychology, vol. 63, 1990, p. 1-18

ANDERSON James C. (Business Markets) Relationships in Business Markets: Exchange Episodes, Value Creation, and Their Empirical Assessment, in: Journal of the Academy of Marketing Science, vol. 23, No. 4, 1995, p. 346-350

ANDERSON Erin / WEITZ Barton (Channels) The Use of Pledges to Build and Sustain Commitment in Distribution Channels, in: Journal of Marketing Research, vol. 29, 1992, p. 18-34

ANDERSON Erin / WEITZ Barton (Channel Dyads) Determinants of Continuity in Conventional Industrial Channel Dyads, in: Marketing Science, vol. 8, 1989, p. 310 - 323

ANDERSON Erin / LODISH L M. / WEITZ Barton (Resource Allocation) Resource Allocation behavior in conventional channels, in: Journal of Marketing Research, vol. 24, 1987, p. 85-97

ANDERSON Eugene W. /SULLIVAN Mary W. (Satisfaction) The Antecedents and Consequences of Customer Satisfaction for Firms, in: Marketing Science, vol. 12, 1990, p. 125-143

ANDERSON James C. / NARUS James A. (Model) A Model of Distributor Firm and Manufaturer Firm Working Partnerships, in: Journal of Marketing, vol. 54, 1990, p. 42 - 58

ARBEITSGRUPPE Soziologie (Denkweise): Denkweise und Grundbegriffe der Soziologie: eine Einführung; Frankfurt/Main: Campus Verlag 1988

ARBEITSKREIS der Schmalenbach Gesellschaft „Das Unternehmen im Markt" (Geschäftsbeziehungen) Vertikale Geschäftsbeziehungen zwischen Industrie und Handel, in: KAAS Klaus P.: Kontrakte, Geschäftsbeziehungen, Netzwerke – Marketing und Neue Institutionenökonomik, Zfbf: Sonderheft 35, Düsseldorf; Frankfurt/Main: Handelsblatt 1995

ARGYLE Michael (Interaktion) Soziale Interaktion, Köln: Kiepenheuer&Wirtsch 1972

ARROW Kenneth J. (Organisation) Wo Organisation endet: Management an den Grenzen des Machbaren; Wiesbaden: Gabler 1980

ARROW Kenneth J. (Theory) Toward a theory of price adjustments, in: ABRAMOVITZ Moses: The Allocation of Resources, Stanford: Univ. Press 1959

AXELROD Robert (Cooperation) The Evolution of Cooperation, New York: Basic Books 1984

AXELROD Robert (Kooperation) Die Evolution der Kooperation, München: Oldenbourg 1988

BABIN Barry J. / GRIFFIN Mitch (Satisfaction) The Nature of Satisfaction: An Updated Examination and Analysis, in: Journal of Business Research, vol. 41, 1998, p. 127-136

BACHMANN Reinhard (Trust) Trust, power and control in trans-organization relations, in: Organization Studies, vol. 22, 2001, p. 337-358

BACKHAUS Klaus (Industriegütermarketing) Industriegütermarketing, München: Vahlen 1997

BACKHAUS Klaus / BÜSCHKEN Joachim (Paradox) The Paradox of Unsatisfying but stable Relationships – A Look at German Car Suppliers, in: Journal of Business Research, vol. 46, 1999, p. 245-257

BACKHAUS Klaus / ERICHSON Bernd / PLINKE Wulff / WEIBER Rolf (Analysemethoden) Multivariate Analysemethoden: Eine anwendungsorientierte Einführung, Berlin: Springer 1996

BAGOZZI Richard (Exchange) Marketing as Exchange, in: Journal of Marketing, vol. 39, 1975, p. 32-39

BALIGH Helmy H. (Cultural Setting) The fit between the organization structure and its cultural setting: Aspects of Islamic cultures, in: International Business Review vol. 7, 1998, p. 39-49

BALLING Richard (Kooperation) Kooperation: Strategische Allianzen, Netzwerke, Joint Ventures und andere Organisationsformen zwischenbetrieblicher Zusammenarbeit in Theorie und Praxis, Frankfurt/Main: Lang 1998

BANNING Thomas (Lebensstil) Lebensstilorientierte Marketing-Theorie: Analyse und Weiterentwicklung modelltheoretischer und methodischer Ansätze der Lebensstil-Forschung im Marketing, Heidelberg: Physica Verlag 1987

BARZEL Yoram (Property Rights) Economic Analysis of Property Rights, Cambridge: Cambridge Univ. Press 1989

BAUER Hans H. (Erkenntnisobjekt) Marktliche Einzeltransaktion und Geschäftsbeziehung sowie Sach- und Dienstleistungen als jeweils eigenständige Erkenntnisobjekte? Koreferat zum Aufsatz von Werner Hans Engelhardt und Jörg Freiling, in: Marketing ZFP, Jg. 17, Nr. 1, p. 44-47

BAUER Hans H. (Marktabgrenzung) Marktabgrenzung, Berlin: Duncker&Humblot 1989

BÄURLE Iris (Internationalisierung) Internationalisierung als Prozessphänomen: Konzepte – Besonderheiten – Handhabung, Wiesbaden: Gabler 1996; zugl. Univ. Diss. Kath. Univ. Eichstätt 1996

BECKER Jochen (Marketing Konzeption) Marketing-Konzeption, Grundlagen des strategischen Marketing-Managements, München: Vahlen 1993

BECKETT-CAMARATA Elizabeth Jane, CAMARATA Martin R., BARKER Randolph T. (Global Environment) Integrating Internal and External Customer Relationships through Relationship Managment: A Strategic Response to a Changing Global Environment, in: Journal of Business Research, vol. 41, 1998, p. 71-81

BEESKOW Werner (Qualität) Qualität der Versorgung und Versorgungszufriedenheit: Eine Untersuchung zur Bestimmung des Versorgungsniveaus der Bevölkerung im Bereich der Waren des täglichen Bedarfs, Frankfurt am Main; Bern; New York: Lang 1985

BEREKHOVEN Ludwig / ECKERT Werner / ELLENRIEDER Peter (Marktforschung) Marktforschung. Methodische Grundlagen und praktische Anwendung, Wiesbaden: Gabler 1999

BERGER Peter L. / LUCKMANN Thomas (Konstruktion) Die gesellschaftliche Konstruktion der Wirklichkeit: Eine Theorie der Wissenssoziologie, Frankfurt: Fischer-Taschenbuch- Verl. 1980

BERRY Leonard L. (Relationship) Relationship Marketing, in: BERRY / SHOSTACK / UPAH: Emerging Perspectives on Service Marketing, Chicago: AMA 1983

BERRY Leonard L. (Services) Relationship Marketing of services – growing interest, emerging perspectives, in: Journal of the American Marketing Science, vol. 23, 1995, p. 236-45

BERRY John W. (Accultaration) Accultaration: A Comparative Analysis of Alternative Forms; in: SAMUDA R.J. / WOODS S. L.: Perspectives in Immigrant and Minority Education, New York: Lanham 1983

BIALASZEWSKI D. / GIALLOURAKIS M. (Trust Perceptions) Perceived communication skills and resultant trust perceptions within the channel of distribution, in: Journal of the Academy of Marketing Science, vol. 13, 1985, p. 206-217

BIDNEY David (Anthropology) Theoretical Anthropology, New York: Schocken Books 1970

BLOIS Keith J. (Trust) Trust in Business to Business Relationships: An evaluation of its status, in: Journal of Management Studies, vol. 36, 1999, p. 197-215

BLOMMEN Daniel (Macht) Interortganisationale Macht und Abhängigkeit im Absatzkanal: Determinanten und Wirkungen, Aachen:Shaker 1997, zugl. Diss. Humboldt Universität, Berlin

BOGARDUS Emory (Distances) Measuring Social Distances; in: Journal of Applied Sociology, vol. 10, 1925, p. 299-308

BOGASCHEWSKY Ronald (Kooperation) Vertikale Kooperationen – Erklärungsansätze der Transaktionskostentheorie un ddes Beziehungsmarketing; in: KAAS Klaus P.: Kontrakte, Geschäftsbeziehungen, Netzwerke – Marketing und Neue Institutionenökonomik, Zfbf: Sonderheft 35, Düsseldorf; Frankfurt/Main: Handelsblatt 1995

BOLFING Claire P. / WOODRUFF Robert B. (Situational Involvement) Effects of Situational Involvement on Consumers´use of Standards in Satisfaction/Dissatisfaction Processes, in: Journal of Consumer Satisfaction, Dissatisfaction and Complaining Behavior, vol. 1, 1988, p. 16-24

BORTZ Jürgen / DÖRING Nicola (Forschung) Forschungsmethoden und Evaluation, Berlin; Heidelberg: Springer 1995

BOUNDS Greg / YORKS Lyle / ADAMS Mel & Ranney (Management) Beyond Total Quality Management: Toward the emerging paradigm, New York: McGraw-Hill 1994

BOYLE Brett A., DWYER F. Robert (Distribution Channels) Power, Bureaucracy, Influence, and Performance: Their Relationships in Industrial Distribution Channels, in: Journal of Business Research, vol. 32, 1995, p. 189-200

BOYLE Brett A. / DWYER Robert F. / ROBICHEAUX R. / SIMPSON J. (Influence Strategies) Influence Strategies in Marketing Channels: Measures and Use in Different Relationship Structures, in: Journal of Marketing Research, vol. 25, 1992

BRENNAN Ross / TURNBULL Peter W. (Adaptive Behavior) Adaptive Behavior in Buyer-Supplier Relationships, in: Industrial Marketing Management, vol. 28, 1999, p. 481-495

BRENNAN Ross / TURNBULL Peter (Adaptations) Adaptations in Buyer – Seller Relationships; in: NAUDE Peter / TURNBULL Peter W.: Network Dynamics in International Marketing, Oxford: Pergamon 1998

BRESSER Rudi K.F. (Geleitwort) Geleitwort, in SYDOW Jörg: Strategische Netzwerke: Evolution und Organisation; Wiesbaden: Gabler 1992

BRICKLEY J.A. / DARK F.H. (Form) The choice of organisational form: the case of franchising, in: Journal of Financial Economics, vol. 18, 1987, p. 401 - 420

BROCK David M. / BARRY David / THOMAS David C. (Multinational Planning) „Your forward is our reverse, your right, our wrong“: Rethinking multinational planning processes in light of national culture, in: International Business Review, vol.9, 2000, p. 687-701

BROWN James R. / JOHNSON Jean L. / KOENIG Harold F. (Channel Power) Measuring the souces of marketing channel power: A comparison of alternative approaches, in: International Journal of Research in Marketing, vol. 12, 1995, p.333-354

BUDÄUS Dietrich / GERUM Emar / ZIMMERMANN Gebhard (Verfügungsrechte) Betriebswirtschaftslehre und Theorie der Verfügungsrechte, Wiesbaden: Gabler 1988

BURMANN Christoph (Konsumentenzufriedenheit) Konsumentenzufriedenheit als Determinante der Marken- und Händlerloyalität, in: Marketing Zeitschrift für Forschung und Praxis, 13.Jg., 1991, p. 249-258

BUTTLE Francis (Relationship Marketing) Relationship Marketing, in: BUTTLE Francis: Relationship Marketing: theory and practice. London: Paul Chapman Publishing Ltd. 1996

CADOTTE Ernest R. / WOODRUFF Robert B. / JENKINS Roger L. (Expectations) Expectations and Norms in Models of Consumer Satisfaction, in: Journal of Marketing Research, vol. 24, 1987, p. 305-314

CANNON Joseph P. / PERREAULT William D. Jr. (Buyer-Seller Relationships) Buyer-Seller Relationships in Business Markets, in: Journal of Marketing Research, vol. 36, 11/1999, p. 439-460

CASRNIS Fred L. (Third-Culture) Foundations for the study of Intercultural Communication based on a third-culture building modell, in: International Journal of Intercultural Relations, vol.23, 1999, p. 91-116

CASTELL William (Science) M&A art and science, in: European Business Forum, issue 4, 2000, p.8-9

CHURCHILL Jr: Gilbert A. / SURORENANT Carol (Investigation) An Investigation into the Determinants of Customer Satisfaction, in: Journal of Marketing Research, vol. 29, 1982, p. 491-504

CLARK Terry / MARTIN Charles (Forgotten Relationship) Customer – to – Customer: The forgotten relationship in Relationship Marketing; in: SHETH Jagdish / PARVATIYAR Atul: Relationship Marketing: Theory, Methods and Applications, Research Conference Proceedings: Emory 1994

COASE Ronald H. (Firm) The nature of the firm, in: Econonomica, vol. 4, 1937, p.386-405

COOPER Harris (Guidelines) Scientific guidelines for conducting integrative research reviews, in: Review of Educational Research, vol. 52, 1992, p. 291 - 302

COOPER Harris / HEDGES Larry V. (Hrsg.) (Handbook) The Handbook of Research Synthesis, New York: Russel Sage Foundation 1994

CROSBY Lawrence A. / EVANS Kenneth R. / COWLES Deborah (Relationship Quality) Relationship Quality in Services Selling: An Interpersonal Influence Perspective, in: Journal of Marketing, vol. 54, 1990 p. 68-82

CYERT Richard M. / MARCH J.G. (Firm) A behavioral theory of the firm, Englewood Cliffs: Prentice Hall 1963

DAVIDOW Moshe / DACIN Peter A. (Complaint Behavior) Understanding and Influencing Complaint Behavior: Improving Organizational Complaint Management, in: BRUCKS Merrie / MacINNIS Deborah J.: Advances in Consumer Research, vol.24, 1997, p. 450-455

DEAL Terrence E. / KENNEDY Allan A. (Cultures) Corporate Cultures: The Rituals of Corporate Life, Reading: Addison-Wesley Publishing Company 1982

DICHTL Erwin / ENGELHARDT Werner H. (Investitionsgütermarketing) Investitionsgütermarketing, in: Wirtschaftswissenschaftliches Studium, 9Jg., Nr. 4, 1997

DICHTL Erwin / HARDOCK Petra / OHLWEIN Martin / SCHELLHASE Martin (Zufriedenheit) Die Zufriedenheit des Lebensmitteleinzelhandels als Anliegen von Markenartikelunternehmen, in DBW - Die Betriebswirtschaft, vol. 57, 4/97, p. 491-505

DILLER Hermann (Marketinglexikon) Vahlens großes Marketinglexikon, München: Vahlen 1992

DILLER Hermann / KUSTERER (Beziehungsmanagement) Beziehungsmanagement: Theoretische Grundlagen und explorative Befunde, in: Marketing ZFP, Jg. 10, Nr. 3, S 211-220

DiMAGGIO Paul (Culture) Culture and Economy, in: SMELSER Neil J. / SWEDBERG Richard: The Handbook of Economic Sociology, New Jersey: Princeton University Press 1994

DION Paul / EASTERLING Debbie / MILLER Shirley Jo (Buyer/Seller Relationships) What Is Really Necessary in Successful Buyer/Seller Relationships?, in: Industrial Marketing Management, vol. 24, 1995, p.1-9

DOKTOR Robert / TUNG Rosalie L. / Von GLINOW Mary Ann (Internationale Dimensions) Incorporating International Dimensions in Management Theory Building, in: Academy of Management Review, vol. 16, 1991, p. 259-261

DONALDSON Lex (Anti-Management) American anti-management theories of organization: A critique of paradigm proliferation, Cambridge: Cambridge University Press 1995

DRIESEBERG Thomas (Lebensstilforschung) Lebensstil-Forschung: Theoretische Grundlagen und praktische Anwendungen, Heidelberg: Physica Verlag 1995

DRUCKER Peter F. (Management) The Practice of Management, New York: Harper 1954

DÜLFER Eberhard (Umweltberücksichtigung) Zum Problem der Umweltberücksichtigung im <Internationalen Management>, in: PAUSENBERGER Ehrenfried: Internationales Management: Ansätze und Ergebnisse betriebswirtschaftlicher Forschung, Stuttgart: Poeschel 1981

DÜLFER Eberhard (Internationales Management) Internationales Management in unterschiedlichen Kulturbereichen, München: Oldenbourg 1991

DÜLFER Eberhard (Kulturbereich) Management in fremden Kulturbereichen, in: WITTMANN Waldemar et al.: Handwörterbuch der Betriebswirtschaftslehre, Stuttgart: Schäffer-Poeschel 1993

DWYER Robert F. / SCHURR Paul H. / OH Sejo (Relationships) Developing Buyer-Seller Relationships, in: Journal of Marketing, vol. 51, 1987, p. 11-27

EBERS Mark / GOTSCH Wilfried (Theorien) Institutionenökonomische Theorien der Organisation; in: KIESER Alfred: Organisationstheorien, Stuttgart: Kohlhammer 1999

EMERSON Richard M. (Power Dependence) Power dependence relations, in: American Sociological Review, vol.27, 1962 sowie Abdruck in: OLSEN Marvin E: / MARGER Martin N.: Power in Modern Societies, Boulder: Westview Press 1993

ENGELHARDT Werner H. / KLEINALTENKAMP Michael / RECKENFELDERBÄUMER (Leistungsbündel) Leistungsbündel als Absatzobjekte: Ein Ansatz zur Überwindung der Dichotomie von Sach- und Dienstleistungen, in: Schmalenbach Zeitschrift für betriebswirtschaftliche Forschung, 45Jg. Nr. 5 1993

ENGELHARDT Werner H. / GÜNTER Bernd (Investitionsgüter) Investitionsgüter-Marketing: Anlagen, Einzelaggregate, Teile, Roh- und Ersatzstoffe, Energieträger, Stuttgart: Kohlhammer 1981

EISENHARDT Kathleen M. (Agency) Agency Theory: An Assessment and Review, in: Academy of Management Review, vol.14, 1989

FARLEY John U. / LEHMANN Donald R. (Meta-Analysis) Meta-Analysis in Marketing. Generalization of Response Models. Masachusetts, Toronto: Lexington Books 1986

FARMER D.A. / Mac MILLAN K. (Suppliers) Voluntary collaboration vs. „disloyalty" to suppliers, in: Journal of Purchasing and Material Management, 1976

FESTINGER Leon (Cognitive Dissonance) A Theory of Cognitive Dissonance, Stanford: Stanford University Press 1957

FOMBRUN Charles J. (Reputation) Reputational Rankings: Institutionalizing social audits of corporate performance, New York University: Stern School of Business 1993

FONTENOT Renée J. / WILSON Elizabeth J. (Relational Exchange) Relational Exchange: A Review of Selected Models for a Prediction Matrix of Relationship Activities, in: Journal of Business Research, vol. 39, 1997, p. 5-12

FORD David (Development) The development of buyer-seller relationships in industrial markets; in: FORD David: Understanding business markets: interaction, Relationships, Networks, London: Academic Press 1990

FORD David (Decades) Two Decades of Interaction, Relationship and Networks; in: NAUDE Peter / TURNBULL Peter W.: Network Dynamics in International Marketing, Oxford: Pergamon 1998

FORD David / HAKANSSON Hakan / JOHANSON Jan (Interact) How do Companies interact?; in: Industrial Marketing and Purchasing, vol.1, 1986, p. 26 – 41

FORNELL Claes (Barometer) A National Customer Satisfaction Barometer: The Swedish Experience, in: Journal of Marketing, vol. 56, 1992, p. 6-21

FORSTER Nick (Cross-cultural) Expatriates and the impact of cross-cultural training, in: Human Resource Management Journal, vol. 10, 2000, p. 63-79

FRAZIER Gary L. / SUMMERS John O. (Inluence Strategies) Interfirm Influence Strategies and Their Application Within Distribution Channels, in: Journal of Marketing, vol. 48, 1984, p. 43-55

FRAZIER Gary L. / SPEKMAN Robert E. / O´NEAL Charles R. (Just-in-time) Just-in-time Exchange Relationships in Industrial Markets, in: Journal of Marketing, vol. 52, 1988, p. 52-67

FRICKE Reiner / TREINIES Gerhard (Einführung) Einführung in die Metaanalyse, Bern, Stuttgart, Toronto: Huber 1985

GADDE Lars-Erik / HAKANSSON Hakan (Purchasing) Professional Purchasing, London: Routledge 1993

GALBRAITH Jay R. (Organization) Organization design, Reading: Addison-Wesley 1977

GANSKE Torsten (Mitbestimmung) Mitbestimmung, Property – Rights – Ansatz und Transaktionskostentheorie: Eine ökonomische Analyse, Frankfurt/Main: Lang 1996, zugl. Univ. Diss. Frankfurt: 1995

GARDIAL Sarah F. / WOODRUFF Robert B. / BUMS Mary J. / SCHUMANN David W. / CLEMONS Scott (Comparison Standards) Comparison Standards: Exploring their Variety and the Circumstances surrounding their use, in: Jorunal of Customer Satisfaction, Dissatisfaction and Complaining Behavior, vol.6, 1993, p. 63-73

GASSENHEIMER Jule B. / STERLING J. U. / ROBICHEUAX R. A. (Relationships) Long-Term Channel Relationships, in: International Journal of Physical Distribution&Logistics, vol. 26, 1996, p. 94-116

GEERTZ Clifford (Interpretation) The Interpretation of Cultures: Selected Essays, New York: Basic Books 1990

GEMÜNDEN Hans Georg (Conflicts) Coping with Inter-Organizational Conflicts. Efficient Interaction Strategies for Buyer-Seller Organizations, in: Journal of Business Research, vol. 13, 1995, p. 405-420

GEMÜNDEN Hans Georg / HEYDEBRECK Peter (Netzwerke) Geschäftsbeziehungen in Netzwerken. Instrumente der Stabilitätssicherung und Innovation; in: KLEINALTENKAMP Michael / SCHUBERT Klaus: Netzwerkansätze im Business-to-Business-Marketing, Wiesbaden: Gabler 1994

GEMÜNDEN Hans Georg / SCHAETTGEN Martin / WALTER Achim (Relationships) Functional Patterns of International Business Relationships; Paper presented at the 8th IMP conference in Lyon, 1992, zugl. Institut für Angewandte Betriebswirtschaftslehre & Unternehmensführung der Universität Fridericiana zu Karlsruhe

GEMÜNDEN Hans Georg / WALTER Achim / HELFERT Gabi (Grenzüberschreitende) Grenzüberschreitende Geschäftsbeziehungen – Erfolgsfaktoren und Gestaltungsempfehlungen für kleine und mittlere Unternehmen, Münster: LIT 1996

GEMÜNDEN Hans Georg (Development) The Development of IMP – an Analysis of the Conference Proceedings 1984-96; in: GEMÜNDEN Hans Georg / RITTER Thomas / WALTER Achim: Relationships and Networks in International Markets, Oxford: Pergamon 1997

GEMÜNDEN Hans Georg (Innovationsmarketing) Innovationsmarketing: Interaktionsbeziehungen zwischen Hersteller und Verwender innovativer Investitionsgüter, Tübingen: Mohr 1981

GERSCH Martin (Geschäftsbeziehungen) Vernetzte Geschäftsbeziehungen : Die Nutzung von EDI als Instrument des Geschäftsbeziehungsmanagement, Wiesbaden: Gabler 1998; zugl. Univ. Diss. Bochum 1997

GEYSKENS Inge / STEENKAMP Jan-Benedikt E.M. / KUMAR Nirmalya (Meta-Analysis) A Meta-Analysis of Satisfaction in Marketing Channel Relationships, in: Journal of Marketing Research, vol. 36, 1999, p. 223-238

GEYSKENS Inge / STEENKAMP Jan-Benedikt E.M. / SCHEER Lisa K. / KUMAR Nirmalya (Relationship commitment) The effects of trust and interdependence on relationship commitment: A trans-Atlantic study, in: International Journal of Research in Marketing, Vol.13, 1996, p. 303-317

GIERL Heribert (Opportunismus) Opportunismus in Geschäftsbeziehungen: Ursachen und Gegenmaßnahmen, in: Der Markt, vol. 40, 2001, p. 55-65

GIERL Heribert (Geschäftsbeziehungen) Opportunismus in langfristigen Geschäftsbeziehungen, in: zfbf, vol. 52, 3/2000, p. 107-140

GIERL Heribert (Marketing) Marketing, Stuttgart: Kohlhammer 1995

GORDON Ian (Relationship) Relationship Marketing: new strategies, techniques and technologies to win the customers you want and keep them forever, Canada: Wiley 1998

GORDON George G. (Culture) The Relationship os Corporate Culture to Industry Sector and Corporate Performance, in: KILMANN Ralph H. / SAXTON M. / SERPA R.: Gaining Control of the Corporate Culture, San Francisco: Jossey-Bass 1985

GORDON George G. (Determinants) Industry Determinants of Organizational Culture, in: Academy of Management Review, vol. 16, 2/1991, p. 396-415

GRANT Robert M. (Analysis) Contemporary Strategy Analysis: Concepts, Techniques, Applications, Malden: Blackwell 1998

GRIMSCHITZ Georg (Relationship Marketing) Relationship Marketing: Grundlagen – Instrumente – Anwendung. Dargestellt am Beispiel eine wissenschaftlichen Gesellschaft, Wien: Dissertation 1999

GRÖNROOS Christian (School) Relationship Marketing: The Nordic School Perspective; in: PARVATIYAR Atul / SHETH Jagdish: Handbook of Relationship Marketing, Thousand Oaks: Sage Publications 2000

GRÖNROOS Christian (New Paradigm) A Relationship Approach To Marketing: The Need For A New Paradigm, Meddelanden Working Papers (190), Swedish School Of Economics And Business Administration 1989

GRÖNROOS Christian (Paradigm Shift) From Marketing Mix to Relationship Marketing: Towards a Paradigm Shift in Marketing, Key Note Paper der Management Decision Konferenz, England 1996; ebenso in: Asia-Australia Marketing Journal, vol. 2, 1/1994

GRÖNROOS Christian (Quo Vadis) Quo Vadis, Marketing? Toward a relationship marketing paradigm, in: Journal of Marketing Management, vol. 10, 1994, p. 347-360

GRÖNROOS Christian (Service) Service Management and Marketing: Managing the moments of truth in service competition, Lexington: Lexington 1990

GRUNDLACH Gregory T. / MURPHY Patrick E. (Relational Marketing) Ethical and Legal Foundations of Relational Marketing Exchanges, in: Journal of Marketing, vol. 57, 1993, p. 35-46

GUMMESSON Evert (Paradigm Shift) Why Relationship Marketing is a Paradigm Shift: Some Conclusions from the 30Rs Approach; Background Paper der Managment Decision Konferenz, England 1996

GUMMESSON Evert (Theoretical Framework) Toward a theoretical framework of Relationship Marketing, in: SHETH Jagdish / SÖLLNER Albrecht: Development, Management and Governance of Relationships; 1996 International Conference on Relationship Marketing, Berlin 1996

GUNDLACH Gregory T. / ACHROL Ravi S. / MENTZER John T. (Commitment) The Structure of Commitment in Exchange, in: Journal of Marketing, vol. 59, 1995 p. 78-92

GUNDLACH Gregory T. / Cadotte Ernest R. (Interdependence) Exchange Interdependence and Interfirm Interaction: Research in a Simulated Channel Setting, in: Journal of Marketing Research, vol. 31, 1994, p. 516-532

GÜTH Werner (Kooperation) Kooperation in Marktwirtschaften, Tübingen: Mohr Verlag 1974

GÜTH Werner (Spieltheorie) Spieltheorie und ökonomische (Bei)Spiele, Berlin, Heidelberg: Springer 1999

HAKANSSON Hakan / SNEHOTA Ivan (Perspective) The IMP Perspective – assets and liabilities of business relationships, in: PARVATIYAR Atul / SHETH Jagdish: Handbook of Relationship Marketing, Thousand Oaks: Sage Publications 2000

HAKANSSON Hakan / SNEHOTA Ivan (Burden) The Burden of Relationships or Who´s Next; in: NAUDE Peter / TURNBULL Peter W.: Network Dynamics in International Marketing, Oxford: Pergamon 1998

HAKANSSON Hakan (International Marketing) International Marketing and Purchasing of Industrial Goods. An Interaction Approach; Chichester: Wiley 1982

HALINEN Aino (Time and Temporality) Time and Temporality in Research Design: A Review of Buyer-Seller Relationship Models, in: NAUDE Peter / TURNBULL Peter W.: Network Dynamics in International Marketing, Oxford: Pergamon 1998

HALL Edward T. / HALL Mildred Reed (Cultural Differences) Understanding Cultural Differences: keys to success in West Germany, France, and the United States, Yarmouth: Intercultural Press 1996

HALL Stuart (Representation) Cultural representations and signifying practices, London: Sage 1997

HALLEN Lars / JOHANSON Jan / SEYED-MOHAMED Nazeem (Adaptation) Interfirm Adaptation in Business Relationships, in: Journal of Marketing, vol. 55, 1991, p. 29-37

HALSTEAD Diane (Comparison Standards) The use of Comparison Standards in Customer Satifaction Research and Management: A Review and proposed Typology, in: Journal of Marketing Theory and Practice, 1999, p. 13-26

HANNAN Michael T. / FREEMAN John (Population Ecology) The population ecology of organisations, in: American Journal of Sociology, vol. 82 1977

HANNAN Michael T. / FREEMAN John (Structural Inertia) Structural inertia and organizational change, Annual Review of Sociology, vol. 49 1984

HANNAN Michael T. / FREEMAN John (Organizational) Organizational ecology, Cambridge: Harvard Univ. Press 1989

HANSEN Scott W. / POWERS Thomas L. / SWAN John E. (Complaints) Modelling Industrial Buyer Complaints: Implications for Satisfying and Saving Customers, in: Journal of Marketing Theory and Practice, vol. 5, 1997, p. 12-22

HARNISCHFEGER Uwe (Relations) Umziehen in ein House of Relations?, in: Absatzwirtschaft, Sondernummer Oktober 1996

HARRIS Lloyd / OBGONNA Emmanuel (Culture change) Employee responses to culture change efforts, in: Human Resource Management Journal, vol. 8, 1998, pages 78-92

HARRIS Marvin (Kulturanthropologie) Kulturanthropologie: Ein Lehrbuch, Frankfurt/Main: Campus 1989

HARRIS Simon / DIBBEN Mark (National Values) Trust and Co-operation in Business Relationship Development: Exploring the Influence of National Values, in: Journal of Marketing Management, Vol. 15, 1999, p. 463-483

HARVEY David (Postmodernity) The Conditions of Postmodernity, Oxford: Blackwell 1989

HEIDE Jan B. / JOHN Georg (Norms) Do Norms Matter in Marketing Relationship, in: Journal of Marketing, vol. 56, 1992, p. 32-44

HEIDE Jan B. / JOHN Georg (Dependence) The role of dependence balancing in safeguarding transaction-specific assets in conventional channels, in: Jurnal of Markeing, vol. 52, 1988, p. 20-35

HEINEN Edmund (Entscheidungen) Grundlagen betriebswirtschaftlicher Entscheidungen: Das Zielsystem der Unternehmung, Wiesbaden: Gabler 1971

HENNART Jean-Francois (Theory) A Theory of Multinational Enterprise, USA: University of Michigan 1982

HENNIG-THURAU Thorsten (Klassifikation) Die Klassifikation von Geschäftsbeziehungen mittels Kundenportfolios, in: PAYNE/RAPP: Handbuch Relationship Marketing, Konzeption und erfolgreiche Umsetzung, München: Vahlen 1999

HENNIG-THURAU Thorsten / HANSEN Ursula (Relationship) Relationship Marketing – Some Reflections on the State-of-the-Art of the Relational Concept; in: Hennig-Thurau/Hansen: Relationship Marketing – Gaining Competitive Advantage Through Customer Satisfaction and Customer Retention, Berlin: Springer 2000

HERRMANN Andreas / HUBER Frank (Kundenloyalität) Kundenloyalität als Erfolgsdeterminante im Marketing: Ergebnisse einer kausalanalytischen Studie im Automobilsektor, in: Journal für Betriebswirtschaft, 1997, p. 4-25

HERRMANN-PILLATH Carsten (Kultur) China - Kultur und Wirtschaftsordnung: eine system- und evolutionstheoretische Untersuchung; Stuttgart 1990

HEYDEBRECK Peter (Verflechtung) Technologische Verflechtung – Ein Instrument zum Erreichen von Produkt- und Prozessinnovationserfolg, Frankfurt am Main: Lang 1996

HILDEBRANDT Lutz (Validierung) Kausalanalytische Validierung in der Marketingforschung, in: HILDEBRANDT Lutz / HOMBURG Christian: Die Kausalanalyse: Ein Instrument der empirischen betriebswirtschaftlichen Forschung, Stuttgart: Schäffer-Poeschel 1998

HININGS Christopher R. / GREENWOOD Royston (Change) The dynamics of strategic change, Oxford: Blackwell 1988

HOFSTEDE Geert (Subcultures) Identifying organizational subcultures: An empirical approach, in: Journal of Management Studies, vol 35, 1998, p. 1-12

HOFSTEDE Geert (Cultures) Cultures and Organizations: Software of the Mind, London: McGraw-Hill 1991

HOFSTEDE Geert (Interkulturelle Zusammenarbeit) Interkulturelle Zusammenarbeit: Kulturen – Organisationen – Management, Wiesbaden: Gabler 1993

HOFSTEDE Geert (Consequences) Culture´s Consequences: international differences in work-related values, Becerly Hills: Sage 1980

HOFSTEDE Geert / BOND Michael H. / LUK Chung-Leung (Individual Perceptions) Individual perceptions of organizational cultures: A methodological treatise on levels of analysis, in: Organization Studies, vol. 14, 1993, p. 483-503

HOLMLUND Maria (Framework) A theoretical framework of perceived service quality in business relationships, Helsinki: Swedish School of Ecomomics and Business Administration 1996

HOMANS George Caspar (Verhalten) Elementarformen sozialen Verhaltens, Köln: Opladen 1968

HOMANS George Caspar (Social) Social behavior: its elementary forms, New York: Harcourt, Brace & World 1974

HOMANS George Caspar (Behavior) Social behavior: its elementary forms, New York: Harcourt, Brace & World 1961

HOMBURG Christian / FAßNACHT Martin / WERNER Harald: (Operationalisierung) Operationalisierung von Kundenzufriedenheit und Kundenbindung, in: HOMBURG Christian / BRUHN Manfred: Handbuch Kundenbindungsmanagement: Grundlagen – Konzepte – Erfahrungen, Wiesbaden: Gabler 1998

HOMBURG Christian / KIEDAISCH Ingo (Geschäftsbeziehungen) Die Qualität internationaler Geschäftsbeziehungen: Theoretische Überlegungen und empirische Befunde, in: Die Betriebswirtschaft, vol.59, 1/99, p. 22-43

HOMBURG Christian / RUDOLPH Bettina (Kundenzufriedenheit) Theoretische Perspektiven zur Kundenzufriedenheit, in: SIMON Hermann / HOMBURG Christian: Kundenzufriedenheit: Konzepte - Methoden - Erfahrungen, Wiesbaden:Gabler 1995

HOMBURG Christian / RUDOLPH Bettina (Kausalanalyse) Die Kausalanalyse als Instrument zur Messung der Kundenzufriedenheit im Industriegütermarketing, in: HILDEBRANDT Lutz / HOMBURG Christian: Die Kausalanalyse: Ein Instrument der empirischen betriebswirtschaftlichen Forschung, Stuttgart: Schäffer-Poeschel 1998

HOMBURG Christian / GIERING Annette / HENTSCHEL Frederike: (Zusammenhang) Der Zusammenhang zwischen Kundenzufriedenheit und Kundenbindung, in: HOMBURG Christian / BRUHN Manfred: Handbuch Kundenbindungsmanagement: Grundlagen – Konzepte – Erfahrungen, Wiesbaden: Gabler 1998

HOMBURG Christian / GIERING Annette (Konzeptualisierung) Konzeptualisierung und Operationalisierung komplexer Konstrukte – Ein Leitfaden für die Marketingforschung, in: HILDEBRANDT Lutz / HOMBURG Christian: Die Kausalanalyse: Ein Instrument der empirischen betriebswirtschaftlichen Forschung, Stuttgart: Schäffer-Poeschel 1998

HOMBURG Christain / HILDEBRANDT Lutz (Kausalanalyse) Die Kausalanalyse: Bestansaufnahme, Entwicklungsrichtungen, Problemfelder, in: HILDEBRANDT Lutz / HOMBURG Christian: Die Kausalanalyse: Ein Instrument der empirischen betriebswirtschaftlichen Forschung, Stuttgart: Schäffer-Poeschel 1998

HOPF Michael (Informationen) Informationen für Märkte und Märkte für Informationen. Zugl. Frankfurt, Diss., Frankfurt/Main: Barudio&Hess 1983

HOWARD Michael C. (Anthropology) Contemporary Cultural Anthropology, Glenview: Scott 1989

HUNT Shelby D. / NEVIN John R. (Power) Power in a channel of distribution:Souces and Consequences, in: Journal of Marketing Research, vol. 10. 1974, p. 186-193

HUNTER John E. / SCHMIDT Frank L. (Methods) Methods of Meta-Analysis. Correcting Error and Bias in Research Findings. Newbury Park, CL, London, New Delhi: Sage Publications Inc. 1990

IACOBUCCI Dawn (Defining) Toward Defining Relationship Marketing; in: SHETH Jagdish / PARVATIYAR Atul: Relationship Marketing: Theory, Methods and Applications, Research Conference Proceedings: Emory 1994

IMP Group (Interaction) An Interaction Approach, in: International Marketing and Purchasing of Industrial Goods, Chichester: Wiley 1982; reprinted in: FORD David: Understanding Business Markets: Interaction, Relationships and Networks, London: Academic Press 1990

INGLEHART Ronald / GRANATO James / LEBLANG David (Einfluss) Der Einfluss von Kultur auf das Wirtschaftswachstum, in: INGLEHART Ronald: Modernisierung und Postmodernisierung: Kultureller, wirtschaftlicher und politischer Wandel in 43 Gesellschaften, Frankfurt am Main: Campus 1998

JAMESON Frederick (Postmodernism) Postmodernism or the Cultural Logic of Late Capitalism, London: Verso 1991

JANISCH Monika (Anspruchsgruppenmanagement) Das strategische Anspruchsgruppenmanagement: Vom Shareholder Value zum Stakeholder Value; Bern: Haupt 1993

JARILLO Jose Carlos (Networks) On Strategic Networks, in: Strategic Management Journal, vol. 9, 1988

JOHNSTON Wesley J. / LEWIN Jeffrey E. / SPEKMAN Robert E. (International) International Industrial Marketing Interactions: Dyadic and Network Perspectives; in: Journal of Business Research, vol. 46, 1999, p. 259-271

JONES Gareth R. (Exchange Perspective) Transaction costs, property rights, and organizational culture: An exchange perspective, in: Administrative Science Quarterly, vol. 28, 1983, p. 454-67

JONES Thomas O. / SASSER W. Earl (Satisfied Customers) Why Satisfied Customers Defect, in: Harvard Business Review, 1995, p. 88-99

JOST Peter J. (Organisation) Organisation und Koordination. Eine ökonomische Einführung, Wiesbaden: Gabler 2000

JUNG Sabine (Geschäftsbeziehung) Das Management von Geschäftsbeziehungen: Ein Ansatz auf transaktionskostentheoretischer, sozialpsychologischer und spieltheoretischer Basis, zugl. Diss., Wiesbaden: Gabler 1999

KAAS Klaus P. (Institutionenökonomik) Marketing und Neue Institutionenökonomik, in: KAAS Klaus P.: Kontrakte, Geschäftsbeziehungen, Netzwerke – Marketing und Neue Institutionenökonomik, Zfbf: Sonderheft 35, Düsseldorf; Frankfurt/Main: Handelsblatt 1995

KAAS Klaus P. (Marketing) Marketing zwischen Markt und Hierarchie, in: KAAS Klaus P.: Kontrakte, Geschäftsbeziehungen, Netzwerke – Marketing und Neue Institutionenökonomik, Zfbf: Sonderheft 35, Düsseldorf; Frankfurt/Main: Handelsblatt 1995

KAAS Klaus P. (Kontraktgütermarketing) Kontraktgütermarketing als Kooperation zwischen Prinzipalen und Agenten, in: Zfbf, vol. 44, 10/1992, p.884-901

KAAS Klaus P. / RUNOW Herbert (Ergebnisse) Wie befriedigend sind die Ergebnisse der Forschung zur Verbraucherzufriedenheit?, in: HANSEN Ursula / SCHOENHEIT Ingo: Verbraucherzufriedenheit und Beschwerdeverhalten, Frankfurt/Main; New York: Campus Verlag 1987

KAASE Max (Loyalität) Loyalität als Einstellung zu sozialen Objekten, in: HOYOS Carl (Hrsg): Grundbegriffe der Wirtschaftspsychologie: Gesamtwirtschaft, Markt, Organisation, Arbeit; München: Kösel 1980

KALWANI Manohar U. / NARAYANDAS Narakesari (Relationships) Long-Term Manufactorer-Supplier Relationships: Do They Pay Off for Supplier Firms?, in: Journal of Marketing, vol. 59, 1995, p. 1-16

KARMANN Alexander (Principal) Principal – Agent Modelle und Risikoallokation. Einige Grundprinzipien, in: Wirtschaftswissenschaftliches Studium, Heft 11/1992

KAUFMANN Patrick / STERN Louis W. (Relational Exchange) Relational Exchange, Contracting Norms, and Conflict in Industrial Exchange, in: Advances in Distribution Channel Research, vol. 1, 1992, p. 135-159

KELLER Ingrid (Dilemma) Das CI-Dilemma: Abschied von falschen Illusionen, Wiesbaden: Gabler 1990

KELLER Eugen von (Management) Management in fremden Kulturen – Ziele, Ergebnisse und methodische Probleme der kulturvergleichenden Managementforschung, Bern: Haupt 1982

KERN Egbert (Interaktionsansatz) Der Interaktionsansatz im Investitionsgütermarketing: Eine konfirmatorische Analyse, Berlin: Duncker & Humblot 1990, Zugl.: Münster, Univ., Diss., 1989

KIESER Alfred / WOYWODE Michael (Evolutionstheoretische) Evolutionstheoretische Ansätze, in: KIESER Alfred: Organisationstheorien, Stuttgart: Kohlhammer 1999

KIM Keysuk / FRAZIER Gary L. (Distributor Commitment) Measurement of Distributor Commitment in Industrial Channels of Distribution, in: Journal of Business Research, vol. 40, 1997, p. 139-154

KIM Keysuk (Interfirm Power) On Interfirm Power, Channel Climate, and Solidarity in Industrial Distributor-Supplier Dyads, in: Journal of the Academy of Marketing Science, vol. 28, 3/2000, p. 388-405

KIRSCH Werner / KUTSCHKER Michael (Marketing) Das Marketing von Investitionsgütern: Theoretische und empirische Perspektiven eines Interaktionsansatzes, Wiesbaden: Gabler 1978

KIRSCH Werner / KUTSCHKER Michael / LUTSCHEWITZ Hartmut (Ansätze) Ansätze und Entwicklungstendenzen im Investitionsgütermarketing: auf dem Weg zu einem Interaktionsansatz, Stuttgart: Poeschl 1980

KLEIN Saul / FRAZIER Gary L. / ROTH Victor J. (Transaction Cost) A Transaction Cost Analysis Model of Channel Integration in International Markets, in: Journal of Marketing Research, vol. 27, 1990, p. 196-208

KLEINALTENKAMP Michael (Business-to-Business) Einführung in das Business-to-Business-Marketing; in: KLEINALTENKAMP Michael / PLINKE Wulff: Technischer Vertrieb: Grundlagen des business-to-business Marketing, Berlin: Springer 2000

KLEINALTENKAMP Michael (Beschaffung) Investitionsgüter-Marketing als Beschaffung externer Faktoren; in: THELEN Eva / MAIRAMHOF Gaby B.: Dienstleistungsmarketing: Eine Bestandsaufnahme, Tagungsband zum 2.Workshop für Dienstleistungsmarketing Innsbruck, Frankfurt: Lang 1993

KLEINALTENKAMP Michael / EHRET Michael (Prozessmanagement) Prozessmanagement im Technischen Vertrieb: Neue Konzepte und erprobte Beispiele für das Business-toBusiness Marketing, Berlin: Springer 1998

KLEMM Gustav (Culturgeschichte) Allgemeine Culturgeschichte der Menschheit. Band 1, Leipzig: Teubner 1843

KLICHE Mario (Innovationsmanagement) Industrielles Innovationsmanagement, Wiesbaden: Gabler 1991

KLIMECKI Rüdiger / PROBST Gilbert (Interkulturelles) Interkulturelles Lernen, Diskussionsbeitrag Nr.4, Management Forschung und Praxis, Universität Konstanz 1992

KLUCKHOHN Clyde (Study) The study of culture, in: LERNER / LARSWELL: The Policy Studies, Stanford: University Press 1951 zu KNYPHAUSEN-AUFSESS Dodo (Unternehmensführung) Theorie der strategischen Unternehmensführung: State of the Art und neue Perspektiven, Wiesbaden: Gabler 1995

KOBI Jean-Marcel / WÜTHRICH Hans A. (Schlüsselgröße) Unternehmenskultur: Schlüsselgröße des Erfolgs, in: Output, vol. 14, 1985, p. 23-28

KOBI Jean-Marcel / WÜTHRICH Hans A. (Unternehmenskultur) Unternehmenskultur – verstehen, erfassen und gestalten. Landsberg: Moderne Industrie 1986

KOGUT Bruce / SINGH Harbir (Entry Mode) The Effect of National Culture on the choice of Entry Mode, in: Journal of International Business Studies, vol. 19 1988 pages 411 – 433

KOON HUAT LOW Brian (Relationship) Long-Term Relationship in Industrial Marketing – Reality or Rhetoric?, in: Industrial Marketing Management, vol. 25, 1996, p. 23-35

KORTE Christian (Measurement) Customer satisfaction measurement: Kundenzufriedenheitsmessung als Informationsgrundlage des Hersteller- und Handelsmarketing am Beispiel der Automobilwirtschaft. Diss., Frankfurt am Main; Berlin; Bern; New York; Paris; Wien: Lang 1995

KOSLOWSKI Peter (Wirtschaftsethik) Wirtschaftethik – ein neues Paradigma der Wirtschaftswissenschaft und der Philosophie?, in: KOSLOWSKI Peter: Neuere Entwicklungen in der Wirtschaftsethik und Wirtschaftsphilosophie, Berlin: Springer 1992

KOSLOWSKI Peter (Kultur) Wirtschaft als Kultur: Wirtschaftskultur und Wirtschaftsethik in der Postmoderne, Wien: Passagen 1989

KOTHANDARAMAN Prabakar / WILSON David T. (Relationship Strategy) Implementing Relationship Strategy, in: Industrial Marketing Management, vol. 29, 2000, p. 339-349

KOTLER Philip (Total Marketing) Total Marketing; in: Business Week Advance, Executive Brief. 2, 1992

KOTLER Philip / FOX Karen (Strategic) Strategic Marketing for Educational Institutions, New Jersey: Prentice Hall 1995

KOTLER Philip / BLIEMEL Friedrich (Marketing-Management) Marketing-Management: Analyse, Planung, Umsetzung und Steuerung, Stuttgart: Schäffer-Poeschel 1999

KRAUSE Detlef (Soziologie) Ökonomische Soziologie: Einführende Grundlegung des ökonomischen Programms in der Soziologie, Stuttgart: Enke 1989

KRÄKEL Matthias (Organisation) Organisation und Management, Tübingen: Mohr Siebeck 1999

KREIKEBAUM Hartmut (Unternehmensplanung) Strategische Unternehmensplanung, Stuttgart: Kohlhammer 1989

KROEBER Alfred L. (Anthropology) Anthropology: Race, Laguage, Culture, Psychology, Prehistory, New York: Hartcourt 1948

KROEBER-RIEL Werner / WEINBERG (Konsumentenverhalten) Konsumentenverhalten, München: Vahlen 1999

KROEBER-RIEL Werner (Konsument) Konsumentenverhalten, München: Vahlen 1984

KRÜGER Sabine Maria (Kundenbindung) Profitabilitätsorientierte Kundenbindung durch Zufriedenheitsmanagement: Kundenzufriedenheit und Kundenwert als Steuerungsgröße für die Kundenbindung in marktorientierten Dienstleistungsunternehmen, München: FGM-Verl. 1997

KUBICEK Herbert (Bezugsrahmen) Heuristischer Bezugsrahmen und heuristisch angelegte Forschungsdesigns als Elemente einer Konstruktionsstrategie empirischer Forschung; in: KÖHLER Richard: Empirische und handlungstheoretische Forschungskonzeptionen der Betriebswirtschaftslehre, Stuttgart: Poeschl 1977

KUMAR Nirmalya / SCHEER Lisa K. / STEENKAMP Jan-Benedict E.M. (Fairness) The Effects of Supplier Fairness on Vulnerable Resellers, in: Journal of Marketing Research, vol. 32, 1995, p. 54-65

KÜPPER Willi / FELSCH Anke (Macht) Organisation, Macht und Ökonomie: Mikropolitik und die Konstitution organisationaler Handlungssysteme, Wiesbaden: Westdeutscher Verlag 2000

KUTSCHKER Michael (Internationalisierungsstrategie) Dynamische Internationalisierungsstrategie, in: ENGELHARD Johann / REHKUGLER Heinz: Strategien für nationale und internationale Märkte. Konzepte und praktische Gestaltung, Wiesbaden: Gabler 1994

KUTSCHKER Michael (Evolution) Evolution, Episoden und Epochen: Die Führung von Internationalisierungsprozessen, in: ENGELHARD Johann: Strategische Führung Internationaler Unternehmen, Wiesbaden: Gabler 1996

LATANE Bibb (Creation) Dynamic social impact: The creation of culture by communication, in: Journal of Communication, vol. 46,1996, p. 13-25

LaTOUR Stephan A. / PEAT Nancy C. (Conceptual) Conceptual and Methodological Issues in Consumer Satisfaction Research, in: Advances in Consumer Research, 1979, p. 431-437

LAWRENCE Paul R. / LORSCH Jay W. (Organization) Organization and environment; Managing Differentiation and Integration, USA: Harvard University, 1967

LEVINE Sol / WHITE Paul E. (Framework) Exchange as a Conceptual Framework for the Study of Interorganizational Relationships, Administrative Science Quarterly, 05/1961

LEVITT Theodore (Verkaufsabschluss) Der Verkaufsabschluss ist erst der Anfang, in: PAYNE Adrian / RAPP Reinhold: Handbuch Relationship Marketing, Konzeption und erfolgreiche Umsetzung, München: Vahlen 1999

LEWIN Jeffrey E. / JOHNSTON Wesley J. (Relationship) Relationship Marketing Theory in Practice: A Case Study, in: Journal of Business Research, vol. 39, 1997, p. 23-31

LI Fuan / GREENBERG Barnett A. / LI Tiger (Definition) Toward a general definition of relationship marketing, in: American Marketing Association, Conference Proceedings 1997

LI Hanlin (Grundstruktur): Die Grundstruktur der chinesischen Gesellschaft: Vom traditionellen Klansystem zur modernen Danwei-Organisation; Opladen: Westdeutscher Verlag 1991

LUHMANN Niklas (Trust) Trust and Power, Chichester: Wiley 1979

LUOSTARINEN Reijo (Internationalization) Internationalization of the Firm: An empirical Study of the Firm with Small and Open domestic Markets with special emphasis on lateral Rigidity as a behavioral characteristic in Strategic Decision-Making, Helsinki: Helsinki School of Economics 1989, zugl. Diss. Helsinki School of Economics

LUSCH Robert F. / BROWN James R. (Marketing Channels) Interdependency, Contracting, and Relational Behavior in Marketing Channels, in: Journal of Marketing, vol. 60, 1996, p. 19-38

LUTHANS Fred (Differences) Value Differences and Similarities across Cultures, in: LUTHANS Fred / HODGETTS Richard: International Management, New York: McGraw-Hill 1997

MACAULAY Stewart (Non-Contractual Relations) Non-Contractual Relations in Business: A Preliminary Study, in: American Sociological Review, vol. 28, 1996, p. 55-69

MACNEIL Ian R. (Social Contract) The New Social Contract, New Haven: Yale University Press 1980

MACNEIL Ian R. (Contracts) Contracts: Adjustment of Long-Term Economic Relations Under Classical, Neoclassical and Relational Contract Law, in: Northwestern University Law Review, vol. 72, 1978 p. 854-902

MAURITZ Hartmut (Geschäftsbeziehung) Interkulturelle Geschäftsbeziehungen, Wiesbaden: Deutscher Universitätsverlag 1996

MEFFERT Heribert (Kundenorientierung) Kundenorientierung und Kundenzufriedenheit im Investitionsgütermarketing – Zwei Seiten einer Medaille? in: BÜSCHKEN Joachim / MEYER Margit / WEIBER Rolf (Hrsg.) Entwicklungen des Investitionsgütermarketing, Wiesbaden: Gabler 1998

MEFFERT Heribert / SCHWETJE Thomas (Messprobleme) Meßprobleme der Kundenzufriedenheit – Erfahrungen aus einem Marktforschungsprojekt, in: ERICHSON Bernd / HILDEBRANDT Lutz: Probleme und Trends in der Marketing-Forschung: Festschrift für Professor Dr. Peter Hammann zum 60. Geburtstag, Stuttgart: Schäffer-Poeschel 1998

MEYER Anton / DORNACH Frank (Benchmarking) Branchenübergreifendes Benchmarking für Dienstleistungs-Anbieter aus Kundensicht – Das Beispiel „Das Deutsche Kundenbarometer – Qualität und Zufriedenheit“, in: MEYER Anton: Handbuch Dienstleistungs-Marketing. Bd. 1, Stuttgart: Schäffer-Poeschel 1998

MEYER John W. / ROWAN Brian (Organizations) Institutionalized Organizations: Formal Structure as Myth and Ceremony, in: American Journal of Sociology, vol. 83/2, 1977

MIELL Dorothy / DUCK Steve W. (Friendships) Strategies in Developing Friendships, in: WINSTEAD B.A. / DERLEGA V.J.: Strategies in Developing Friendships, New York: Springer 1986

MIKL-HORKE Gertraude (Arbeitspapier) Arbeitspapier zum Seminar „Wirtschaft und Kultur", Wirtschaftuniversität Wien WS 2000/2001

MIKULA Gerold (Theorien) Psychologische Theorien des sozialen Austausches; in: FREY Dieter / IRLE Martin: Theorien der Sozialpsychologie, Band II, Gruppen- und Lerntheorien, Bern: Hans Huber 1985

MILLER Danny / FRIESEN Peter H. (Organizations) Organizations: A Quantum View, Englewood Cliffs: Prentice Hall 1984

MILLER John A. (Satisfaction) Stuying Satisfaction, Modifying Models, Elicting Expectations, Posing Problems, and Making Meaningful Measurements, in: HUNT Keith H.: Conceptualization and Measurement of Consumer Satisfaction/ Dissatsifaction, Cambridge: Marketing Science Institute 1977

MOHR Jakki J. / FISHER Robert J. / NEVIN John R. (Interfirm Relationships) Collaborative Communication in Interfirm Relationships: Moderating Effects of Integration and Control, in: Journal of Marketing, vol. 60, 7/1996, p. 103-115

MORGAN Robert M. / HUNT Shelby (Competitive Advantage) Relationship-Based Competitive Advantage: The Role of Relationship Marketing in Marketing Strategy, in: Journal of Business Research, vol. 46, 1999, p. 281-290

MORGAN Robert M. / HUNT Shelby D. (Commitment-Trust) The commitment-trust theory of relationship marketing; in: Journal of Marketing, vol. 58, 3/1994, p.20-39

MORRIS Michael H. / BRUNYEE Janinne / PAGE Michael (Relationship Marketing) Relationship Marketing in Practice – Myths and Realities, in: Industrial Marketing Management, vol. 27, 1998, p. 359-371

MOORMAN Christine / ZALTMAN Gerald / DESHPANDE Deshpande (Relationships) Relationships between Providers and Users of Marketing Research: The Dynamics and Trust Within an Between Organisations, in: Journal of Marketing Research vol. 29, 1992, p. 314 - 329

NAGEL Claudia (Kultur) Zur Kultur der Organisation: Eine organisationspsychologische Untersuchung in der Automobilindustrie, Frankfurt: Peter Lang 1995; zugl. Diss. Hagen, Fernuniversität 1994

NEUBERGER Oswald (Theorie) Theorien der Arbeitszufriedenheit, Stuttgart; Berlin: Kohlhammer 1974

NIELSON Charles C. (Relationship) An empirical examination of the role of „closeness" in industrial buyer-seller relationships, in: European Journal of Marketing, vol 32, 5/6/1998

NIESCHLAG Robert / DICHTL Erwin / HÖRSCHGEN Hans (Marketing) Marketing, Berlin: Duncker und Humblot, 1997

NORDSTRÖM Kjell A. (Internationalization) The Internationalization Process of the Firm: Searching for New Patterns and Explanations, Stockholm: Institute of International Business 1991, zugl. Diss. Stockholm School of Economics

NORTH Douglass C. (Institutionen) Institutionen, institutioneller Wandel und Wirtschaftsleistung, Tübingen: Mohr 1992

OLIE Rene (International Mergers) Shades of culture and institutions in international mergers, in: Organization Studies, vol. 15, 1994, p. 381-406

OLIVER Richard L. (Satisfaction) Satisfaction: A behavioral perspective on the consumer, New York: Mc. Graw-Hill 1997

OLIVER Richard L. / WINER Russell S. (Framework) A Framework for the Formation and Structure of Consumer Expectations: Review and Propositions, in: Journal of Economic Psychology, vol. 8, 1987, p. 469-499

OLSEN Rasmus Friis / ELLRAM Lisa M. (Relationships) A Portfolio Approach to Supplier Relationships, in: Industrial Marketing Management, vol. 26, 1997, p.101-113

OUDENHOVEN Jan Pieter van (National Cultures) Do organizations reflect national cultures? A 10-nation study, in: International Journal of Intercultural Relations, vol. 25, 2001, p. 89-107

OUDENHOVEN Jan Pieter van / DeBOER T. (International Mergers) Complementarity and similarity of partners in international mergers, in: Basic and Applied Social psychology, vol. 17, 1995, p. 343-356

PALMER Adrian (Influences) Cultural Influences on Relationship Marketing, in: Hennig-Thurau/Hansen: Relationship Marketing – Gaining Competitive Advantage Through Customer Satisfaction and Customer Retention, Berlin: Springer 2000

PARVATIYAR Atul / SHETH Jagdish (Conceptual) The Domain and Conceptual Foundations of Relationship Marketing; in: PARVATIYAR Atul / SHETH Jagdish: Handbook of Relationship Marketing, Thousand Oaks: Sage Publications 2000

PARVATIYAR Atul / SHETH Jagdish (Paradigm Shift) Paradigm Shift in Marketing Theorie and Approach: The Emergence of Relationship Marketing, in PARVATIYAR Atul / SHETH Jagdish: Relationship Marketing:Theorie, Methods and Applications, Atlanta: Emory University 1994

PAYNE Adrian (Multiple Markets) Relationship Marketing: Managing Multiple Markets; in: Cranfield School of Management: Marketing Management – A Relationship Marketing Perspective, London: MacMillan Press 2000

PAYNE Adrian (Perspective) Relationship Marketing – The U.K. Perspective, in: PARVATIYAR Atul / SHETH Jagdish: Handbook of Relationship Marketing, Thousand Oaks: Sage Publications 2000

PAYNE Adrian / RAPP Reinhold (Relationship) Relationship Marketing: Ein ganzheitliches Verständnis von Marketing, in: PAYNE Adrian / RAPP Reinhold: Handbuch Relationship Marketing, Konzeption und erfolgreiche Umsetzung, München: Vahlen 1999

PEPELS Werner (Einordnung) Einordnung des Business-to-Business Marketing, in: PEPELS Werner: Business-to-Business Marketing: Handbuch für Vertrieb, Technik, Service, Neuwied: Luchterhand 1999

PERLAS Nicanor (Globalisierung) Die Globalisierung gestalten: Zivilgesellschaft, Kulturkraft und Dreigliederung, Frankfurt am Main: Info3-Verlag 2000

PERLITZ Manfred (Management) Internationales Management, Stuttgart: Lucius und Lucius 1995

PETERAF M A. (Cornerstones) The Cornerstones of Competitive Advantage: A Resource-based View, in: Strategic Management Journal (14) 1993

PETERS Michael R. (Machtbeziehungen) Machtbeziehungen in Distributionssystemen: Eine Analyse anhand des Distributionssystems für Lebensmittel, Hamburg: Universität Diss. 1980

PETERS Thomas J. / WATERMAN Robert H. (Excellence) In search of excellence: Lessons from Americas best-run companies, New York: Harper&Row 1982

PFEFFER Jeffrey (Directions) New Directions for Organization Theory, Oxford: Oxford Univ. Press 1997

PFEFFER Jeffrey (Theory) Organizations and Organization Theory, Boston: Pitman 1982

PFEFFER Jeffrey / SALANCIK Gerald (Organizations) The External Control of Organizations. A Resource Dependence Perspective, New York: Harper&Row 1978

PICOT Arnold (Verfügungsrechte) Der Beitrag der Theorie der Verfügungsrechte zur ökonomischen Analyse von Unternehmensverfassungen, in: BOHR Kurt / DRUKARCZYK Jochen / DRUMM Hans J. / SCHERRER Gerhard: Unternehmensverfassungen als Problem der Betriebswirtschaftslehre, Berlin: Schmidt 1981

PICOT Arnold (Transaktionskosten) Transaktionskosten: Ein zentraler Beitrag zur wirtschaftswissenschaftlichen Analyse, in: Wirtschaftswissenschaftliches Studium, Heft 2 1992

PICOT Arnold (Organisationstheorie) Transaktionskostenansatz in der Organisationstheorie: Stand der Diskussion und Aussagewert, in: Die Betriebswirtschaft, 42 (2) 1982

PICOT Arnold / DIETL Helmut / FRANK Egon (Organisation) Organisation: Eine ökonomische Perspektive, Stuttgart: Schäffer-Poeschel 1999

PICOT Arnold / REICHWALD Ralf / WIGAND Rolf (Unternehmung) Die grenzenlose Unternehmung: Information, Organisation und Management, Wiesbaden: Gabler 1996

PLINKE Wulff (Geschäftsbeziehungsmanagement) Grundlagen des Geschäftsbeziehungsmanagements, in: KLEINALTENKAMP Michael / PLINKE Wulff: Geschäftsbeziehungsmanagement, Berlin: Springer 1997

PLINKE Wulff (Marktorientierung) Ausprägung der Marktorientierung im Investitionsgütermarketing, in: zfbf 9, vol. 44, p. 830-846

PLINKE Wulff (Marktprozesse) Grundlagen des Marktprozesses, in: KLEINALTENKAMP Michael / PLINKE Wulff: Technischer Vertrieb: Grundlagen des Business to Business Marketing, Berlin: Springer 2000

PLINKE Wulff (Geschäftsbeziehung) Die Geschäftsbeziehung als Investition; in: SPECHT Günter / SILBERER Günter / ENGELHARDT Werner Hans: Marketing Schnittstellen, Stuttgart: Poeschel 1989

PORAC Joseph F. / THOMAS Howard / WILSON Fiona / PATON Douglas / KANFER Alaina (Model) Rivalry and the industry model of Scottish knitwear producers, in: Administrative Science Quarterly, vol. 40, 2/1995, p. 203-221

PORTER Michael E. (Wettbewerbsstrategie) Wettbewerbsstrategie: Methoden zur Analyse von Branchen und Konkurrenten, Frankfurt: Campus 1983

PRAHALAD C. K. / HAMEL Gary (Competence) The Core Competence of the Corporation, in: Harvard Business Review vol. 68, 3/1990

PRANGE Christiane (Networks) Managing business networks: an inquiry into managerial knowledge in the multimedia industry. Zugl. Geneve, Univ. Diss Frankfurt/Main: Lang 1998

PROVAN Keith G. / SKINNER Steven J. (Opportunism) Interorganizational Dependence and Control as Predictors of Opportunism in Dealer-Supplier Relations, in: Acadamy of Management Journal, vol. 32, 1989, p. 202-212

McQUISTON Daniel H. (Maintaining Relationships) A Conceptual Model for Building and Maintaining Relationships between Manufacturers' Representatives and Their Principals, in: Industrial Marketing Management, vol. 30, 2001, p. 165-181

REDDY Srinivas K. / CZEPIEL John A. (Buyer-Seller Relationships) Measuring and Modeling the Effects of Long-Term Buyer-Seller Relationships in Corporate Financial Services Markets, in: Journal of Business Research, vol. 46, 1999, p.235-244

REINEKE Rolf-Dieter (Akkulturation) Akkulturation von Auslandsakquisitionen, eine Untersuchung zur unternehmenskulturellen Anpassung; Wiesbaden: Gabler 1989

REITER B. J. (Contracts) Good Faith in Contracts, in: Valparaiso University Law Review, vol. 17, 1983, p. 705-734

REYNOLDS P. D. (Culture) Organizational Culture as Related to Industry, Position and Performance: A Preliminary Report, in: Journal of Management Studies, vol.23, 1986, p. 333-345

RICHTER Rudolf (Institutionen) Institutionen ökonomisch analysiert: Zur jüngeren Entwicklung auf dem Gebiet der Wirtschafttheorie, Tübingen: Mohr 1994

RICHTER Rudolf / FURUBOTN Eirik (Institutionenökonomik) Neue Institutionenökonomik: Eine Einführung und kritische Würdigung, Tübingen: Mohr 1996

ROGERS Martha / PEPPER Don (Relationship Marketing) Relationship Marketing – Planning for Share of Customer, Not Market Share; in SHETH / PARVATIYAR: Relationship Marketing – Theory, Methods and Applications, Atlanta 1994

RÖSSL Dietmar (Austauschbeziehungen) Gestaltung komplexer Austauschbeziehungen: Analyse zwischenbetrieblicher Kooperation, Wiesbaden: Gabler 1994. Zugl.: Wien, Wirtschaftuniversität, Habil.-Schrift 1993

ROTHLAUF Jürgen (Interkulturelles Management) Interkulturelles Management: mit Beispielen aus Vietnam, China, Japan, Rußland und Saudi-Arabien, München: Oldenbourg 1999

RUDOLPH Bettina (Industrie) Kundenzufriedenheit im Industriegüterbereich. Neue betriebswirtschaftliche Forschung; Band 241, Wiesbaden: Gabler 1998. Zugl.: Koblenz, Wiss. Hochsch. für Unternehmensführung, Diss. 1997

RUNOW Herbert (Verbraucherzufriedenheit) Zur Theorie und Messung der Verbraucherzufriedenheit, Frankfurt am Main: Barudio und Hess 1982

RUST Roland T. / OLIVER Richard L. (Customer) Should We Delight the Customer?, in: Journal of the Academy of Marketing Science, vol.28, 2000, p. 86-94

SACKMANN Sonja A. (Kulturmanagement) Kulturmanagement. Lässt sich Unternehmenskultur „machen"?, in: SANDER: Politische Prozesse in Unternehmen, Berlin: 1989

SAYER Andrew (Cultural Studies) Cultural Studies and the „Economy" stupid. Environment and Planning, in: Society and Space, 12/1994

SCHARNBACHER Kurt / KIEFER Guido (Kundenzufriedenheit) Kundenzufriedenheit. Analyse, Messbarkeit und Zertifizierung, München; Wien: Oldenbourg 1998

SCHELLING Thomas C. (Conflict) The Strategy of Conflict, Cambridge: Harvard University Press 1960

SCHEIN Edgar H. (Missing Concept) Culture: The missing concept in organizational studies; in: Adminaistrative Science Quarterly, vol. 41, 1996, p. 229-240

SCHEIN Edgar H. (Culture) Organizational Culture and Leadership: A Dynamic View, San Francisco: Jossey-Bass 1985

SCHERER Frederic M. / ROSS David (Structure) Industrial Market Structure and Economic Performance, Boston: Houghton Mifflin 1990

SCHMID Stefan (Multikulturalität) Multikulturalität in der internationalen Unternehmung: Konzepte – Reflexionen – Implikationen, Wiesbaden: Gabler 1996, zugl. Diss. Katholische Universität Eichstätt

SCHNEIDER Dieter (Kernkompetenzen) Vorläufer der Lehre von den Kernkompetenzen: von Xenophons Kyrupaedie über Babbage´s Prinzip zu Lists „Gesetz der Kraftvereinigung“, in: GLASER Horst / SCHRÖDER Ernst F. / WERDER Axel: Organisation im Wandel der Märkte, Wiesbaden: Gabler 1998

SCHOCH Rolf (Interaktionsprozess) Der Verkaufsvorgang als sozialer Interaktionsprozess: Eine theoretische und empirische Untersuchung des Verhaltens von Käufern und Verkäufern in der Verkaufssituation, dargestellt am Beispiel des Verkaufs eines Investitionsgutes, Winterthur: Schellenberg 1969

SCHRADER Stephan (Kooperation) Kooperation, in HAUSCHILDT Jürgen / GRÜN Oskar: Ergebnisse empirischer betriebswirtschaftlicher Forschung. Zu einer Realtheorie der Unternehmung, Stuttgart: Schäffer-Poeschel 1993

SCHREYÖGG Georg (Verfügungsrechte) Die Theorie der Verfügungsrechte als allgemeine Organisationstheorie, in: BUDÄUS Dietrich / GERUM Emar / ZIMMERMANN Gebhard (Verfügungsrechte) Betriebswirtschaftslehre und Theorie der Verfügungsrechte, Wiesbaden: Gabler 1988

SCHREYÖGG Georg / GRIEB Christine (Branchenkultur) Branchenkultur – Ein neues Forschungsgebiet; in: GLASER Horst / SCHRÖDER Ernst F. / WERDER Axel: Organisation im Wandel der Märkte, Wiesbaden: Gabler 1998

SCHÜLE Fritz M. (Diversifikation) Diversifikation und Unternehmenserfolg. Eine Analyse empirischer Forschungsergebnisse. Wiesbaden: Gabler 1992. Neue betriebswirtschaftliche Forschung; Bd. 93. Gleichzeitig: Dissertation Universität München.

SCHÜLLER Alfred (Einführung) Einführung; in: SCHÜLLER Alfred: Property Rights und ökonomische Theorie, München: Vahlens 1983

SCHURR Paul H. / OZANNE Julie L. (Exchange Processes) Influences on Exchange Processes: Buyer s Preconceptions of a Sellers Trustworthiness and Bargaining Toughness, in: Journal of Consumer Research, vol. 11, 1985, p. 939 - 953

SCHÜTZ Alfred (Social World) The phenomenology of the social world, New York: Northwestern Univ. Press 1967

SCHÜTZ Alfred / PARSONS Talcott (Theorie) Zur Theorie sozialen Handelns: Ein Briefwechsel, Frankfurt: Suhrkamp 1977

SCHÜTZ Alfred / LUCKMANN Thomas (Strukturen) Strukturen der Lebenswelt; Band 1, Frankfurt: Suhrkamp 1994

SCHÜTZE Roland (Kundenzufriedenheit) Kundenzufriedenheit: After-Sales-Marketing auf industriellen Märkten. Diss., Wiesbaden: Gabler 1992

SCHWERK Anja (Dynamik) Dynamik von Unternehmenskooperationen, zugl. Freie Univ. Diss. Berlin 1998, Berlin: Duncker und Humblot 2000

SCOTT Richard W. (Organisationstheorie) Grundlagen der Organisationstheorie, Englewood Cliffs: Prentice Hall 1986

SCOTT Richard W. / MEYER John W. (Theory) Developments in institutional theory, in: SCOTT Richard W. / MEYER John W.: Institutional Environments and Organizations: Structural Complexity and Individualism, Thousand Oaks: Sage Publ. 1994

SEGALL Marshall H. (Psychology) Cross-Cultural Psychology. Human Behavior in Global Perspective; Monterey 1979

SEGALL Marshall H. / DASEN Pierre R. / BERRY John W. / POORTINGA Ype H. (Behavior) Human Behavior in Global Perspective: An Introduction to Cross-Cultural Psychology, Boston: Allyn & Bacon 1999

SHANI D. / CHALASANI S. (Niches) Exploiting Niches using Relationship Marketing, in: The Journal of Consumer Marketing, vol. 9, 3/1992

SHARLAND Alex (Negotiation Process) The Negotiation Process as a Predictor of Relationship Outcomes in International Buyer-Supplier Arrangements, in: Industrial Marketing Management, vol. 30, 2001, p. 551-559

SHARMA Sanjay (Trespass) Trespass or symbiosis? Dissolving the boundaries between strategic marketing and strategic management; in: Journal of Strategic Marketing, vol.7, 1999

SHARMA Arun / SHETH Jagdish (Relationship Marketing) Relationship Marketing: An Agenda for Inquiry, in: Industrial Marketing Management, vol. 26, 1997

SHETH Jagdish (Paradigm) Relationship Marketing: Paradigm Shift or Shaft?, in: PARVATIYAR Atul / SHETH Jagdish: Handbook of Relationship Marketing, Thousand Oaks: Sage Publications 2000

SIEHL C. / MARTIN J. (Symbolic Management) The role of symbolic management: How can managers effectively transmit organizational culture?, in: HUNT J.C. / HOSKING D. / SCHRIESHEIM C. / STEWART R.: Leaders and Managers: International Perspectives on Managerial Behaviour and Leadership, New York: Pergamon 1984

SIMON Hermann / HOMBURG Christian (Kundenzufriedenheit) Kundenzufriedenheit: Konzepte – Methoden – Erfahrungen, Wiesbaden: Gabler 1998

SIXTL Friedrich (Meßmethoden) Meßmethoden der Psychologie. Theoretische Grundlagen und Probleme, Weinheim/Basel 1982

SMELSER Neil (Theorien) Soziologische Theorien; in: BÖGENHOLD Dieter: Moderne amerikanische Soziologie, Stuttgart: Lucius&Lucius 2000

SMIRCICH Linda (Concepts) Concepts of Culture and Organizational Analysis, in: Administrative Science Quarterly, vol. 28, 1983, p. 339-358

SONDERGAARD Mikael (Research Note) Research Note: Hofstede´s Consequences: A Study of Reviews, Citataions and Replications, in: Organization Studies, vol. 15, 1994, p. 447-456

SPEKMAN Robert E. / SAWHENY Kirti (Alliances) Toward a Conceptual Understanding of the Antecedents of Strategic Alliances, Report Nr. 90-114, Cambridge: Marketing Science Institute 1990

SPENDER J. C. (Recipes) Industry Recipes, Oxford: 1989; zitiert nach: SCHREYÖGG Georg / GRIEB Christine (Branchenkultur) Branchenkultur – Ein neues Forschungsgebiet; in: GLASER Horst / SCHRÖDER Ernst F. / WERDER Axel: Organisation im Wandel der Märkte, Wiesbaden: Gabler 1998

SPRENG Richard A. / OLSHAVSKY Richard W. (Desires Congruency Model) A Desires Congruency Model of Consumer Satisfaction, in: Journal of the Academy of Marketing Science, vol. 21, 1993, p. 169-177

SPRENG Richard A. / OLSHAVSKY Richard W. (Satisfaction) A Desires-as-Standard Model of Consumer Satisfaction: Implications for Mesauring Satisfaction, in: Journal of Consumer Satisfaction, Dissatisfaction and Complaining Behavior, vol. 5, 1992, p. 45-54

STAEHLE Wolfgang H. (Management) Management, München: Vahlen 1999

STAUSS Bernd / SEIDEL Wolfgang (Zufriedenheitsermittlung) Prozessuale Zufriedenheitsermittlung und Zufriedenheitsdynamik bei Dienstleistungen. In: SIMON Hermann / HOMBURG Christian (Hrsg.): Kundenzufriedenheit. Konzepte – Methoden – Erfahrungen, Wiesbaden: Gabler 1998

STAUSS Bernd / SEIDEL Wolfgang (Beschwerdemanagement) Beschwerdemanagement: Fehler vermeiden - Leistung verbessern - Kunden binden, München; Wien: Hanser 1998

STEFFENHAGEN Hartwig (Konflikte) Konflikt und Kooperation in Absatzkanälen: Ein Beitrag zur verhaltensorientierten Marketingtheorie, Wiesbaden: Gabler 1975

STEINMANN Horst / SCHREYÖGG Georg (Management) Management: Grundlagen der Unternehmensführung: Konzepte – Funktionen – Fallstudien, Wiesbaden: Gabler 1993

STERN Louis W. / EL-ANSARY Adel I. (Marketing Channels) Marketing Channels, Englewood Cliffs: Prentice Hall 1988

STRÜBING Martin (Unternehmenskooperation) Die interkulturelle Problematik deutsch-französischer Unternehmenskooperationen, Wiesbaden: Dt. Univ.-Verl. 1997

SWEENEY Eammon P. / HARDAKER Glenn (Nationale Culture) The Importance of Organizational and National Culture, in: European Business Review, Internetversion: www.mcb.co.uk/services/articles, abgefragt: 08.08.2001

SYDOW Jörg (Netzwerke) Strategische Netzwerke – Evolution und Organisation, Wiesbaden: Gabler 1992

TEDESCHI James T. / SCHLENKER Barry / BONOMA Thomas (Conflict) Conflict, Power and Games, Chicago: Aldine 1973

TOMCZAK Torsten / BELZ Christian (Kundennähe) Kundennähe realisieren, St. Gallen: Thexis 1996

TOURAINE Alain (Culture) Culture without Society, in: Cultural Values, volume 2, 1/1998

TRAWICK I. Fred / SWAN John E. (Complaint Behavior) Complaint Behavior by Industrial Buyers: Buyer Roles and Organizational Factors, in: Southern Marketing Association, 1982, p. 81-83

TRÖNDLE Dirk (Kooperationsmanagement) Kooperationsmanagement: Steuerung interaktioneller Prozesse bei Unternehmenskooperationen, Bergisch Gladbach: Eul 1987, Zugl.: Freiburg (Breisgau), Univ., Diss., 1986

TROMMSDORF Volker (Konsumentenverhalten) Konsumentenverhalten, Stuttgart; Berlin; Köln: Kohlhammer 1993

TROMPENAARS Fons (Globales Managen) Handbuch Globales Managen: Wie man kulturelle Unterschiede im Geschäftsleben versteht, Düsseldorf: Econ 1993

TROMPENAARS Fons (Waves) Riding the waves of culture – understanding cultural diversity in business, London: Brealey 1994

TRUMPP Andreas (Kooperation) Kooperation unter asymmetrischer Information. Eine Verbindung von Prinzipal-Agenten-Theorie und Transaktionskostenansatz, zugl. Diss. Hamburg 1994, Neuried: ars una 1995

TSE David K. / WILTON Peter C. (Models) Models of Consumer Satisfaction Formation: An Extension, in: Journal of Marketing Research, vol. 25, 1988, p.204-212

TUNDER Ralph (Transaktionswert) Der Transaktionswert der Hersteller-Handel-Beziehung; Hintergründe, Konzeptualisierung und Implikationen auf Basis der Neuen Institutionenökonomik; Wiesbaden: Deutscher Universitäts-Verlag 2000

TURNBULL Peter W. / VALLA Jean Paul (International) Strategies for International industrial marketing, London: Croohelm 1988

TURNBULL Peter W. / VALLA Jean Paul (Strategies) Strategies for international industrial marketing. The management of customer relationships in european industrial markets: Interaction, Relationships, Networks; London: Academic Press 1986

TURNBULL Peter W. / CUNNINGHAM M. T. (Marketing) International Marketing and Purchasing, London: Macmillan 1981

TURNER Charles (Modernity) Modernity and Politics in the Work of Max Weber, London: Routledge 1992

TURNER Gregory B. / LeMAY Stephan A. / HARTLEY Mark / WOOD Charles M. (Buyer-Seller Relationships) Interdependence and Cooperation in Industrial Buyer-Seller Relationships, in: Journal of Marketing, vol. 64, 2000 p. 16-24

TYLOR Edward (Primitive) Primitive Culture, London: Murray 1871

USUNIER Jean-Claude / WALLISER Björn (Interkulturell) Interkulturelles Marketing: Mehr Erfolg im internationalen Geschäft, Wiesbaden: Gabler 1993

VAHLNE Jan-Erik / NORDSTRÖM Kjell A. (Psychic Distance) Is the Globe Shrinking? Psychic Distance and the Establishment of Swedisch Sales Subsidiaries During the Last 100 Years, Lardeo/Texas: Conference Proceedings: Annual Conference of the International Trade and Finance Association 1992

VALLA Jean-Paul (Approach) The French Approach to Europe, in: TURNBULL Peter W. / VALLA Jean-Paul: Strategies for International Industrial Marketing, London: Croom Helm 1986

VESTER Frederic (Neuland): Neuland des Denkens: vom technokratischen bis zum kybernetischen Zeitalter; Stuttgart: Deutsche Verlags-Anstalt 1980

WALGENBACH Peter (Organisationstheorie) Institutionalistische Ansätze in der Organisationstheorie, in: KIESER Alfred: Organisationstheorien, Stuttgart: Kohlhammer 1999

WALLIS J.J. / NORTH D.C. (Measuring) Measuring the Transaction Sector in the American Economy 1870-1970, in: ENGERMANN S.L. / GALLMANN R.E.: Long-Term Factors in American Economic Growth, Chicago: Univ. Press 1986; zitiert nach: PICOT Arnold / DIETL Helmut / FRANK Egon (Organisation) Organisation: Eine ökonomische Perspektive, Stuttgart: Schäffer-Poeschel 1999

WEBER John A. (Partnering) Partnering with Resellers in Business Markets, in: Industrial Marketing Management, vol. 30, 2001, p. 87-99

WEBSTER Frederick E. (Changing Role) The Changing Role of Marketing in the Corporation: In: Journal of Marketing, New York, vol. 56, 4/1992, p. 1-18

WEBSTER Frederick E. / WIND Yoram (Behavior) Organizational buying behavior, Englewood Cliffs: Prentice Hall 1972

WEHRLI Hans Peter (Beziehungsmarketing) Beziehungsmarketing in unterschiedlichen Kontexten, in: SCHMENGLER Hans Joachim / FLEISCHER Arnulf (Hg): Marketing Praxis - Jahrbuch 1999, Düsseldorf 1999

WEIBER Rolf / BEINLICH Georg (Geschäftsbeziehung) Die Bedeutung der Geschäftsbeziehung im Systemgeschäft, in: Marktforschung und Management, vol.38, 1994, p. 120-127

WEIS Hans Christian / STEINMETZ Peter (Marktforschung) Marktforschung, Ludwigshafen (Rhein): Kiehl 1998

WERANI Thomas (Geschäftsbeziehungen) Der Wert von kooperativen Geschäftsbeziehungen in industriellen Märkten, zugl. Diss., Linz: Trauner 1998

WERNERFELT B (Resource) A Resource-based View of the Firm, in: Strategic Management Journal vol. 5, 1984

WERP Rüdiger (Geschäftsbeziehungen) Aufbau von Geschäftsbeziehungen, Wiesbaden : Dt. Univ.-Verl.: Gabler 1998

WILLIAMS Alvin / RAO C. P. (Complaining Behavior) Industrial Buyer Complaining Behavior, in: Industrial Marketing Management, vol. 9, 1980, p. 299-304

WILLIAMSON Oliver E. (Institutionen) Die ökonomischen Institutionen des kapitalismus: Unternehmen, Märkte, Kooperationen. Die Einheit der Gesellschaftswissenschaften, Tübingen: Mohr 1990

WILSON David (Modell) An Integrated Modell of Buyer-Seller Relationships, in: Journal of the Academy of Marketing Science, vol. 23, 1995, p 335-350

WILSON David / MÖLLER Kristan (Relationships) Buyer – Seller Relationships: Alternative Conceptualizations; in: PALIWODA Stanley: New Perspectives on International Marketing, London: Routledge 1991

WILSON Elizabeth J. / VLOSKY Richard P. (Partnering Relationship) Partnering Relationship Activities: Building Theory from Case Study Research, in: Journal of Business Research, vol. 39, 1997, p. 59-70

WINTHROP Robert H. (Concepts) Dictionary of Concepts in Cultural Anthropology, Westport: Greenwood Press 1991

WITT Frank H. (Theorietraditionen) Theorietraditionen der betriebswirtschaftlichen Forschung: deutschsprachige Betriebswirtschaftslehre und angloamerikanische Management- und Organisationsforschung, zugl. Univ. Diss. Wuppertal, Wiesbaden: Gabler 1995

WOLFF Brigitta (Koordination) Ökonomische Aspekte menschlicher Koordination: Peter Koslowskis Wirtschaftsethik und ökonomische Theorien der Koordination in der Betriebswirtschaftlehre, in: ZWIERLEIN Eduard: Postmoderne Kultur und Wirtschaft: Eine Auseinandersetzung mit Peter Koslowski, Idstein: Schulz-Kirchner 1993

WOODRUFF Robert B. / CADOTTE Ernest R. / Jenkins Roger L. (Satisfaction) Modeling Consumer Satisfaction Processes Using Experience_Based Norms, in: Journal of Marketing Research, vol. 20, 1983, p. 296-304

YOUNG Joyce A. / GILBERT Faye W. / McINTYRE Faye S. (Relationalism) An Investigation of Relationalism across a Range of Marketing Relationships and Alliances, in: Journal of Business Research, vol. 35, 1996, p. 139-151

ZIMMERLI Walther Christoph (Zukunft) Die Zukunft des Marktes und die Aufgabe der Unternehmen: Szenarien einer neuen Kultur der Wirtschaft, Köln: AGV M und E Köln 1998

ZUCKER Lynn G. (Theories) Institutional theories of organizations, in: Annual Review of Sociology, vol. 13, 1987